Tilman von Brand · Annett Lehmann · Ronny Röwert · Susanne Tanejew

Digital Deutsch unterrichten

Grundlagen, Impulse, Perspektiven

Unter Mitarbeit von Kristina Koebe

Klett | Kallmeyer

Bibliografische Information der Deutschen Nationalbibliothek
Die Deutsche Nationalbibliothek verzeichnet diese Publikation in der Deutschen Nationalbibliografie; detaillierte bibliografische Daten sind im Internet über http://dnb.d-nb.de abrufbar.

Impressum

Tilman von Brand · Annett Lehmann · Ronny Röwert · Susanne Tanejew
Digital Deutsch unterrichten
Grundlagen, Impulse, Perspektiven

1. Auflage 2021

Redaktion: Daniela Brunner, Korschenbroich
Realisation: Sabrina Zimmermann
Umschlagfoto: © Gorodenkoff/stock.adobe.com
Druck: Beltz Grafische Betriebe GmbH, Bad Langensalza
Printed in Germany

ISBN: 978-3-7727-1576-1

Tilman von Brand · Annett Lehmann · Ronny Röwert · Susanne Tanejew

Digital Deutsch unterrichten

Grundlagen, Impulse, Perspektiven

Unter Mitarbeit von Kristina Koebe

Klett | Kallmeyer

Vorwort

Dieses Buch ist kein Plädoyer für digitalen Unterricht. Ebensowenig erhebt es den Anspruch, eine abgeschlossene Mediendidaktik für die Fachdidaktik Deutsch darzulegen. Vielmehr ist es vor dem Hintergrund der vielfältigen Erfahrungen mit Unterricht unter Pandemiebedingungen unser Ziel, Perspektiven aufzuzeigen, wie einerseits Unterricht auch dann realisiert werden kann, wenn nicht alle Lernenden zur selben Zeit im selben Raum sitzen. Andererseits wollen wir aber auch Möglichkeiten vorstellen, den herkömmlichen Klassenunterricht digital zu begleiten. Es stellt demnach einen ersten, pragmatischen Schritt dar auf dem Weg zu einem zunehmend digital geprägten Lehren und Lernen: Digitale Apps und Tools versprechen neue Möglichkeiten, die Unterrichtspraxis im Fach Deutsch anders zu gestalten.

In Folge der Corona-Pandemie ist einerseits die Notwendigkeit der Ermöglichung digitaler Lehr-Lernformen gestiegen, um teils überhaupt Unterrichtsgeschehen aufrecht halten zu können. Somit ist der Einstieg in den digital gestützten Deutschunterricht für Lehrkräfte grundsätzlich leichter geworden. Gleichzeitig ist die Komplexität der digitalen Unterrichtsentwicklung und -gestaltung gestiegen, denn Fragen der Digitalisierung sind in aller Munde und prägen mit ihren Begleiterscheinungen mehr denn je unseren Alltag. Dieses Buch widmet sich genau dieser Herausforderung, Lehrkräfte auch unter komplexen Bedingungen konkret zu inspirieren und zu befähigen, unter Berücksichtigung eigener fachlicher Schwerpunkte und methodischer Vorlieben den Deutschunterricht unter digitalen Vorzeichen zu gestalten. Es soll Berufsanfängerinnen und -anfänger ebenso ansprechen wie erfahrene Lehrkräfte, technische Laien ebenso wie *Digital Natives* oder zumindest im Umgang mit digitalen Medien Versierte. Das erfordert einen Spagat, der hier und dort zu Unter- und Überforderungen führen wird.

Wir nähern uns dem Thema im Wesentlichen von zwei Seiten, nachdem zunächst grundsätzliche Begrifflichkeiten geklärt und Konzepte vorgestellt werden. Einerseits werden bewährte Methoden des Deutschunterrichts daraufhin befragt, ob und wie sie unter den Bedingungen von Distanzunterricht zu realisieren sind und inwiefern digitale Medien auch im Präsenzunterricht sinnvoll eingesetzt werden könnten, um die mit den Methoden verbundenen Ziele zu erreichen. Andererseits werden Apps und Tools vorgestellt und in Hinblick auf ihre didaktischen Potenziale für das Fach diskutiert. Insofern greifen die Teile stark ineinander und sind durch zahlreiche Querverweise miteinander verzahnt.

Greifswald, Lübeck, Hamburg, Großhansdorf & Rostock im Juni 2021
Susanne Tanejew, Ronny Röwert, Annett Lehmann,
Tilman von Brand & Kristina Koebe

1 Digitale Potenziale im Unterricht

Die Entwicklung und Umsetzung eines zeitgemäßen Fachunterrichts stellt die zentrale Gestaltungsaufgabe für Lehrkräfte dar. Nicht nur, aber besonders seitdem das Schulsystem mit den Folgen der Corona-Pandemie konfrontiert ist, stehen Lehrende vor der Herausforderung, das Potenzial digitaler Technologien bestmöglich und gewinnbringend zu nutzen. Das Lehren und Lernen mit und über digitale Medien wird für Lehrkräfte zunehmend von der Kür zur Pflicht, um Unterricht und Kompetenzentwicklung überhaupt zu ermöglichen. Dabei sehen sich Lehrkräfte mit einer enormen Komplexität konfrontiert, da Fragen der technischen Ausstattung, der rechtlichen Unbedenklichkeit von Tools sowie Passung neuer Anwendungen für die eigene Unterrichtspraxis in der Fläche der Schullandschaft nur bedingt geklärt sind.

1.1 Bildung in der digitalen Welt als Anspruch zeitgemäßer Schulbildung

Digitalisierung ist mittlerweile viel mehr als nur ein Begriff in unserem alltäglichen Sprachgebrauch. In einer zunehmend digital geprägten Welt, insbesondere im Zuge des Umgangs mit der Corona-Pandemie, ist die schulische Unterrichtsgestaltung mit grundlegenden Anforderungen und daraus resultierenden Veränderungen konfrontiert. Digitale Medien bergen Potenziale, um einerseits neue Lernwege zu ermöglichen sowie Lernprozesse zu unterstützen und auf der anderen Seite Schülerinnen und Schüler auf eine immer stärker digitalisierte Lebens- und Arbeitswelt vorzubereiten. Die Lernenden haben vor diesem Hintergrund also umso mehr digitale Kompetenzen (weiter) zu entwickeln, um in einer veränderten Lebens- und Arbeitswelt gestaltend zu wirken. Gleichzeitig ist auch der Fachunterricht gefordert, digitale Möglichkeiten so zu nutzen, dass Grundkompetenzen wie Lesen und Schreiben sowie der Erwerb von Fachinhalten wie die Bearbeitung, Analyse und Interpretation von Texten bestmöglich gefördert werden.

1.2 Digital wird normal

Die Digitalisierung bestimmt mittlerweile nicht nur berufsbezogene Prozesse, sondern auch unser privates und alltägliches Handeln. Diese geweitete gesellschaftliche Perspektive gilt es zu berücksichtigen, bevor man sich mit digitalen Möglichkeiten im Rahmen des Deutschunterrichts näher beschäftigt.

Täglich umgeben uns eine Flut von Informationen und ein unendliches Angebot an Medieninhalten. Diese überraschen mit Bildern, Videomaterial, Illustrationen und Audio in immer vielfältigeren Darstellungen und Formaten. War die Medienproduktion vor einigen Jahren noch Aufgabe klassischer Institutionen wie Agenturen, Redaktionen und Rundfunkanstalten, die eine Vielzahl von Menschen im Wesentlichen mit den gleichen Medien erreichte, haben heute alle Mediennutzenden die Möglichkeit, Inhalte niederschwellig zu produzieren und auf verschiedensten Kanälen zu publizieren. Dabei erreichen sie mit ihren Nachrichten Menschen rund um den Globus und kommunizieren nicht mehr nur einseitig, sondern in unterschiedlichste Richtungen miteinander. Grenzen von Raum und Zeit scheinen wie aufgelöst.

Daneben sind auch Unternehmen zu Produzierenden im Bereich Medien geworden und versprechen sich dadurch Markenbekanntschaft und -bindung auf Nachfrageseite. Dabei erreichen sie durch ausgereifte Marketingstrategien und Algorithmen die Konsumentinnen und Konsumenten immer zielgerichteter und mischen sich auf einer Vielzahl von Kommunikationskanälen mit den Inhalten privater Nutzender. Relevante Informationen von Werbung zu unterscheiden, ist immer schwieriger geworden, auch deshalb, weil „Influencer" das Bild eines „normalen" Menschen abgeben, dabei jedoch gesteuert und zielgerichtet kommerzielle Botschaften verbreiten. Zwar ist dies mittlerweile ein offenes Geheimnis, doch erschwert die Geschwindigkeit der Mediennutzung und Informationsverarbeitung oft die bewusste und kritische Auseinandersetzung mit entsprechenden Inhalten. So ist grundsätzlich zu beobachten, dass eine Vielzahl von Menschen bei der Konfrontation mit Informationen im Internet die Glaubwürdigkeit der Quellen kaum hinterfragt bzw. hinterfragen kann. Es sind sogar deutliche Mängel bei der Informationskompetenz einschließlich des Suchens, Abrufens und der Bewertung geeigneter Quellen sowie deren Zuordnung in der Breite der Bevölkerung festzustellen. So zeigte eine von der OECD vorgelegte Sonderauswertung der PISA-Studie von 2018, dass etwa die Hälfte der 15-Jährigen beim Lesen digitaler Texte nicht in der Lage ist, zwischen Fakten und Meinungen zu unterscheiden (OECD 2021). Auch im Rahmen von politischen Debatten können Daten oft durch eine irreführende Darstellung verzerrt werden. Manipulationen werden nicht immer erkannt. Konsequenzen dessen zeigen sich bereits realpolitisch deutlich z. B. im Rahmen von US-Präsidentschaftswahlen oder der Meinungsbildung rund um den Brexit.

Gleichzeitig verschwimmen die Grenzen zwischen digitalen Medien und eine Unterscheidung lässt sich kaum noch vornehmen. Smartphones erlauben neben dem Telefonieren auch das Fotografieren, das Recherchieren und durch das Installieren von Applikationen auch viele weitere Funktionen. Die Omnipräsenz digitaler Medien und Inhalte prägt das Leben vieler Menschen, und man sorgt sich um die steigende Mediennutzungszeit von Kindern und Jugendlichen. Auch wenn sogenannte *Digital Natives* auf unterschiedlichsten sozialen Netzwerken unentwegt miteinander kommunizieren, fehlt nicht selten das Bewusstsein für Werte, Regeln und Konsequenzen.

Auch im beruflichen Kontext ist eine entsprechende Netiquette oft nicht ausgeprägt, und es bestehen Defizite bei der Fähigkeit zur digital basierten kollaborativen und interdisziplinären Zusammenarbeit. Schon lange sind die benannten Herausforderungen im Umgang mit Medien bekannt und breit diskutiert. Das deutsche Bildungssystem tut sich ebenfalls weiterhin schwer damit, diesem gesellschaftlichen Auftrag der Medienbildung hinreichend gerecht zu werden. Laut einer Studie des Stifterverbands fühlen sich immer noch zwei Drittel der Menschen in Deutschland (70 %) unsicher im Umgang mit digitalen Technologien. Im Rahmen der Medienkompetenzbewertung von Auszubildenden wurde das Reflexionsvermögen digitaler Inhalte bei 26 % der Lernenden als zu gering eingeschätzt (Gilroy 2020). Es gibt also nachweislich eine Reihe von Defiziten, die es abzubauen gilt. Nachdem der Europäische Rat schon 2006 die Digitalkompetenz als sogenanntes Life Skill definiert hatte (vgl. Pietraß 2010), dauerte es noch zehn Jahre, bis entsprechende Kompetenzanforderungen verbindlich in Form der KMK-Strategie „Bildung in der digitalen Welt" (KMK 2017) in schulische Handlungsaufträge übersetzt wurden.

Literaturhinweise:

KMK 2017: Bildung in der digitalen Welt. Strategie der Kultusministerkonferenz. URL: https://www.kmk.org/fileadmin/Dateien/veroeffentlichungen_beschluesse/2018/Strategie_Bildung_in_der_digitalen_Welt_idF._vom_07.12.2017.pdf

OECD 2021: 21st-Century Readers: Developing Literacy Skills in a Digital World, PISA, OECD Publishing, Paris. URL: https://doi.org/10.1787/a83d84cb-en

Pietraß, Manuela 2010: Digital Literacies. In: Bachmair, Ben (Hrsg.): Medienbildung in neuen Kulturräumen. Die deutschsprachige und britische Diskussion. Wiesbaden: VS Verlag für Sozialwissenschaften. URL: https://doi.org/10.1007/978-3-531-92133-4_5

Gilroy, Patrick 2020: Fähigkeiten für die digitale Welt – Engagement als Chance. URL: https://www.ziviz.de/download/file/fid/656

1.3 Lehren und Lernen mit Medien und über Medien

Im Zuge von Schulschließungen und damit neu diskutierter Unterrichtsformen wie dem Distanz- oder Hybridunterricht rückte das Lernen mit digitalen Medien in den Vordergrund der Aufmerksamkeit. Damit werden klassische Fragen der Mediendidaktik, also des Lehrens und Lernens mit Medien, angesprochen. Diese grundsätzliche Einordnung hilft Lehrkräften, sich professionell zu verorten und aktuelle Herausforderungen im Kontext zu betrachten.

Die Mediendidaktik setzt sich mit „den Funktionen, der Auswahl, dem Einsatz [...], der Entwicklung, Herstellung und Gestaltung sowie den Wirkungen von Medien in Lehr- und Lern-Prozessen" (De Witt/Czerwionka 2007, S. 32) auseinander. Diese Beschäftigung mit Formen des Lehrens und Lernens mit Medien, aktuell insbesondere digitalen Medien, als mediendidaktische Herausforderung ist jedoch nicht unabhängig von dem damit zusammenhängenden erweiterten Erziehungs- bzw. Bildungsauftrag der Schulen und Lehrkräfte zu betrachten. Neben dem bestmöglichen Einsatz digitaler Medien im Unterricht sind Lehrkräfte bereits vor der Corona-Pandemie gefordert, das Lehren und Lernen über digitale Medien als Unterrichtsgegenstand zu thematisieren. Diesen erweiterten medienpädagogischen Anspruch versteht die KMK in ihrer verbindlichen Strategie „Bildung in der digitalen Welt" so, „[...] dass Lehrkräfte digitale Medien in ihrem jeweiligen Fachunterricht professionell und didaktisch sinnvoll nutzen sowie gemäß dem Bildungs- und Erziehungsauftrag inhaltlich reflektieren können" (KMK 2017, S. 19). Die verstärkte Medienanwendung ist also zusammen mit den Schülerinnen und Schülern kritisch zu reflektieren. Folglich haben sich Lehrkräfte also auch immer zu vergegenwärtigen, dass die vielfältigen und insbesondere im Zuge der Corona-Pandemie gesammelten Medienerfahrungen zu thematisieren sind. Zur Medienkompetenz unter Lehrkräften gehört also der erweiterte Anspruch, dass Lehrkräfte selbst technisch-kompetent und didaktisch-reflektiert mit Medien für ihre Unterrichtskontexte umgehen können. Hierzu kommen aus der Mediendidaktik Deutsch bereits seit Jahren konkrete Vorschläge (vgl. etwa Frederking/Krommer/Möbius 2014, Knopf 2015, Frederking/Krommer/Maiwald 2018, Wampfler 2017, Krommer et al. 2019), die unter der Corona-Pandemie noch präzisiert wurden (etwa Wampfler 2020, Klee/Wampfler/Krommer 2021).

Literaturhinweise:

DeWitt/Czerwionka 2007: Mediendidaktik. Bielefeld: Bertelsmann. URL: https://www.die-bonn.de/doks/2007-mediendidaktik-01.pdf

Frederking; Volker/Krommer, Axel/Maiwald, Klaus 2018: Mediendidaktik Deutsch. 3., völlig neu bearbeitete und erweiterte Auflage. Berlin: Erich Schmidt

Frederking; Volker/Krommer, Axel/Möbius, Thomas (Hg.) 2014: Digitale Medien im Deutschunterricht. Reihe Deutschunterricht in Theorie und Praxis. Band 8. Herausgegeben von Winfried Ulrich. Baltmannsweiler: Schneider

Klee, Wanda/Wampfler, Philippe/Krommer, Axel (Hg.) 2021: Hybrides Lernen. Zur Theorie und Praxis von Präsenz- und Distanzlernen. Weinheim/Basel: Beltz

KMK 2017: Bildung in der digitalen Welt. Strategie der Kultusministerkonferenz. URL: https://www.kmk.org/fileadmin/Dateien/veroeffentlichungen_beschluesse/2018/Strategie_Bildung_in_der_digitalen_Welt_idF._vom_07.12.2017.pdf

Knopf, Julia (Hg.) 2015: Medienvielfalt in der Deutschdidaktik. Erkenntnisse und Perspektiven für Theorie, Empirie und Praxis. Baltmannsweiler: Schneider

Krommer, Axel/Lindner, Martin/Mihajlović/Muuß-Merholz, Jöran/Wampfler, Philippe 2019:

Routenplaner #digitale Bildung. Auf dem Weg zu zeitgemäßem Lernen. Eine Orientierungshilfe im digitalen Wandel. Mit Beiträgen von Lisa Rosa und Kathrin Passig. Hamburg: ZLL21. URL: https://routenplaner-digitale-bildung.de/wp-content/uploads/2020/10/Routenplaner%20Digitale%20Bildung%20mit%20Cover%20und%20Ruecken%2004092020%20v1.pdf

Wampfler, Philippe 2017: Digitaler Deutschunterricht. Neue Medien produktiv einsetzen. Göttingen: Vandenhoeck & Ruprecht

Wampfler, Philippe 2020: Digitales Schreiben. Blogs & Co. Im Unterricht. Stuttgart: Reclam

1.4 Der Begriffsdschungel digitaler Bildung

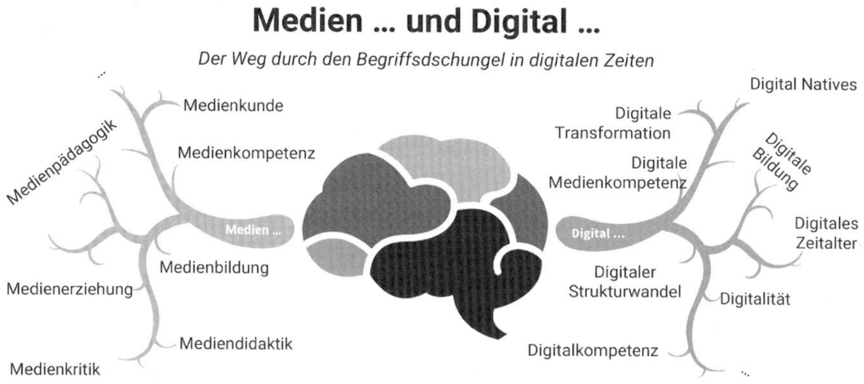

Abb. 1: Der Begriffsdschungel digitaler Bildung (Quelle: eigene Abbildung)

Durch die Digitalisierung und den damit einhergehenden Einsatz von unterschiedlichen Endgeräten und Software verschmolzen Bildungsprozesse mit digitalen Technologien unter dem Begriff E-Learning. E-Learning ist als „ein Oberbegriff für alle Varianten der Nutzung digitaler Medien zu Lehr- und Lernzwecken, sei es auf digitalen Datenträgern oder über das Internet, etwa um Wissen zu vermitteln, für den zwischenmenschlichen Austausch oder das gemeinsame Arbeiten an digitalen Artefakten“ (Kerres 2018, S. 6) zu verstehen. E-Learning umfasst allgemein formuliert alle Formen von Lernprozessen, bei denen elektronische Medien zum Einsatz kommen. Unter diese Prozesse fallen die zuerst unterschiedenen Formen Computer-Based-Training (CBT) und Web-Based-Training (WBT). Beim Computer-Based-Training findet der Lernzuwachs durch die Nutzung eines computerbasierten Lernprogrammes statt, wobei die Daten auf einem Träger wie einem USB-Stick gespeichert werden, wohingegen das Web-Based-Training, wie der Begriff schon sagt, über Internetdienste stattfindet.

Hier haben sich in den letzten Jahrzehnten Konzepte zum Einsatz digitaler Medien im Unterricht sowie entsprechende Technologien stark weiterentwickelt. Während man sich mit der Lehrmittelforschung der 1980er-Jahre noch entsprechend behavioristischer und kognitivistischer Lehr-Lerntheorien um „die möglichst optimale Darbietung und weitgehende Standardisierung von Lerninhalten in Bezug auf Aufbau, Text-Bild-Kombinationen und Feedback" (Petko 2014, S. 43) bemühte, wurde in den letzten Jahrzehnten stattdessen nach medialen Möglichkeiten zur Förderung offenen und selbstgesteuerten Lernens gesucht. Dies bringt besondere Anforderungen an Werkzeuge und Lehr-Lernsysteme mit sich. Sie müssen zugunsten ihrer Potenzialentfaltung so konstruiert und aufgebaut sein, dass sie Lehr-Lernprozesse zu unterstützen vermögen. Als besondere Möglichkeiten bieten sich hier laut Kerres multimediale Lerninhalte, Simulationen und Lernspiele an, die eine interaktive Bearbeitung erlauben sowie Funktionen der Kooperation und Kommunikation bieten. Es lassen sich somit Lernarrangements kreieren, die entlang vorgegebener Interaktionsstrukturen verlaufen oder eine Struktur zum selbstgesteuerten und individuellen Lernen bereitstellen (vgl. Kerres 2018, S. 105).

Literaturhinweise:

Kerres, Michael 2018: Mediendidaktik. Konzeption und Entwicklung mediengestützter Lernangebote. 5. Auflage. München: Oldenbourg

Petko, Dominik 2014: Einführung in die Mediendidaktik. Lehren und Lernen mit digitalen Medien. Weinheim/Basel: Beltz Verlag

1.5 Digital ist besser? Ein kurzer Exkurs zur Mehrwert-Frage

Die Potenziale digitaler Medien sind nicht von der Hand zu weisen. Sie lassen sich mit den Möglichkeiten der Personalisierung, multimodalen Interaktion, Bewusstheit sowie Reflexion des Lernprozesses zusammenfassen (Arnold et al. 2018). Häufig wird in Diskussionen zum Einsatz neuer digitaler Medien dabei noch in Kategorien wie Pro versus Kontra digitale Medien gedacht und argumentiert. In diesem Kontext wird dann häufig unter Lehrkräften und in der Bildungspolitik auch nach „Mehrwerten" der digitalen Medien gefragt (vgl. Krommer 2018). Diese Diskussionen laufen schnell Gefahr, dass sie polarisierend und/oder ideologisch geführt werden. Schließlich sind Unterrichtskontexte und Bildungsprozesse komplex und von unterschiedlichsten individuellen und lokalen Kontextfaktoren abhängig. In dieser Gemengelage spielen digitale, andere oder keine Medien nur eine Rolle von vielen. Im Endeffekt erzeugen digitale Medien an sich noch keinen Mehrwert, denn sie können auch von Lehrenden falsch eingesetzt und/oder von Lernenden unzweckmäßig in Unterrichtskontexten verwendet werden. Daher wird für entsprechende Diskussionen im Kollegium, mit Eltern oder auf bildungspolitischer Ebene der Begriff des „Potenzials“ für digitale Medien in Bildungszusammenhängen vorgeschlagen (Vodafone Stiftung 2020). Es ist ein Hinweis darauf, dass bestimmte digitale Medien wie Tools oder Apps ganz grundsätzlich das Potenzial haben, Lernprozesse positiv zu unterstützen, jedoch weiter von der Annahme ausgegangen wird, dass technische Anwendungen in der Unterrichtspraxis für sich allein genommen keine Veränderungen, Mehrwerte oder Wirkungen auslösen. Auf Grundlage dieses Verständnisses können wir „Potenzial“ als eine unter bestimmten Bedingungen realisierte Verwirklichung der mit digitalen Medien verknüpften Wirkungen verstehen. Es gilt nämlich auch für den Unterricht, was der CEO von Telefónica bereits 2015 sinngemäß konstatierte: Ein schlechter analoger Prozess ist nach dem Einsatz von digitalen Lösungen eben auch nur ein schlechter digitaler Prozess (Computerwoche 2021).

Literaturhinweise:

Arnold, Patricia/Kilian, Lars/Thillosen, Anne/Zimmer, Gerhard 2018: Handbuch E-Learning. Lehren und Lernen mit digitalen Medien. 5. Auflage. Bielefeld: Bertelsmann

Computerwoche 2021: Die besten IT-Sprüche 2015. URL: https://www.computerwoche.de/g/die-besten-it-sprueche-2015,106507,3

Krommer, Axel 2018: Wider den Mehrwert! Oder: Argumente gegen einen überflüssigen Begriff. URL: https://axelkrommer.com/2018/09/05/wider-den-mehrwert-oder-argumente-gegen-einen-ueberfluessigen-begriff/

Vodafone Stiftung 2020: URL: https://www.vodafone-stiftung.de/wp-content/uploads/2020/10/Studie_Vodafone-Stiftung_Digitale-Optimalschulen.pdf

B

Exemplarisches Lernszenario I: Distanzunterricht I

Kaya, 43, Gymnasiallehrerin (Gemeinschaftsschule) in einer 11. Klasse

Klassenkommunikation außerhalb des Unterrichts

Nachdem unsere Schule im Jahr 2020 mit den unterschiedlichsten Tools in Unterrichtskontexten Erfahrungen gesammelt hat, haben wir uns alle darauf verständigt, unser *Moodle*-basiertes Lernmanagementsystem als zentrale Plattform für die Kommunikation zu verwenden. Dort finden die Schülerinnen und Schüler alle aktuellen Dateien, die zeitlich und schematisch für den Deutschunterricht kategorisiert sind. Auch die Eltern finden dort an einem Ort alle Unterlagen, gerade wenn etwas ausgedruckt werden muss.

Da andere Lehrkräfte auch *Moodle* nutzen und die Plattform mit dem Forum, dem Chat und weiteren Informationsseiten relativ überladen ist, habe ich mich dazu entschlossen, den Schülerinnen und Schülern meiner Jahrgangsstufen im Fach Deutsch einmal pro Woche die besonders wichtigen, gerade relevanten Informationen über das *Moodle*-System als E-Mail

an ihre jeweils hinterlegten E-Mail-Adressen zu schicken. Dort erwähne ich, welche Aufgaben in der aktuellen Woche bearbeitet werden sollen, und teile den genauen Link zu den Dateien in *Moodle*. Außerdem kündige ich dort Termine wie Videokonferenzen mit Teilnahmelinks der Unterrichtsstunden an.
Ebenso hat sich als praktikabel herausgestellt, dass ich für jede Klasse einmal pro Woche für 30 Minuten eine Zeit festgelegt habe, in der ich auf allen angekündigten digitalen Wegen über die Distanz einzeln für die Schülerinnen und Schüler sowie Eltern erreichbar bin. In der Zeit antworte ich direkt auf meine E-Mails der entsprechenden Deutsch-Klasse im Jahrgang, bin telefonisch erreichbar und habe das *Moodle*-Forum sowie den *Moodle*-Chat im Blick. Gerade schüchterne Lernende melden sich gern über diesen direkten Weg bei akuten Rückfragen. Mit diesem Mix an digitalen Mitteln überbrücke ich die herausfordernde Zeit des Distanzunterrichts.

Geräte

Gerade im Distanz-Unterricht ist eine für mich passende vielfältige, aber nicht zu überfrachtende Ausstattung an Endgeräten besonders wichtig. Inzwischen arbeite ich am liebsten mit einer Mischung aus Laptop mit Bildschirm und Tablet. Auf dem *Windows*-basierten Laptop mit Bildschirm habe ich alle wichtigen Dokumente und Plattformen geöffnet. So kann ich schnell im *Moodle*-System alle Informationen wiederfinden oder neu teilen. Das *Android*-basierte Tablet nutze ich vor allem für die direkte Kommunikation. Dort lasse ich das in *Moodle* integrierte Videokonferenzsystem *BigBlueButton* laufen, da ich weiß, dass es hier technisch stabil läuft. So habe ich die Schülerinnen und Schüler immer im Blick und auch andersherum. Das Tablet steht direkt neben dem an den Laptop angeschlossenen Bildschirm, sodass ich nur leicht neben die Kamera gucke, wenn ich während der Videokonferenzen in Dokumenten bin, die mir bei Erklärungen helfen. Wenn ich möchte, kann ich mich auch mit dem Laptop in die Videokonferenzen einwählen, um Dokumente zu zeigen, aber am Ende des Tages ist es für mich immer wichtig, zwischen all den Dateien und Programmen über den Laptop die Klasse live zu sehen. Darüber hinaus nutze ich das Tablet, um Erklärvideos mittels *ScreenCast* und der *Telecine*-App aufzunehmen, denn dort findet die Aufzeichnung statt, während ich routiniert alle notwendigen Informationen zum Erklären über den Laptop aufrufe.

Digitale Unterrichtssitzungen

Über meine Wochenankündigungen per *Moodle* erhalten die Schülerinnen und Schüler meiner Deutsch-Klasse am Anfang der Woche die Hinweise zu den aktuell relevanten Dokumenten, Aufgaben und Zielsetzungen. Zu Beginn der digitalen Unterrichtsstunde über das in das *Moodle* integrierte Videokonferenzsystem *BigBlueButton* nutze ich bewusst die ersten fünf Minuten zum Ankommen, um technische Probleme zu überwinden, Raum für erste Rückfragen zu geben und die Konzentration meinerseits sowie die der Schülerinnen und Schüler trotz vielfältiger häuslicher Ablenkung auf die Unterrichtsstunde zu richten. Fortlaufend kann ich die Klasse und die Klasse mich über das Videokonferenz-Fenster meines Tablets sehen.

Über den Laptop bin ich zum Teilen des Bildschirms zusätzlich in *BigBlueButton* eingewählt. Zum Einstieg in den Unterricht teile ich meistens meinen Bildschirm und wähle bewusst die zur Verfügung gestellten Dateien über *Moodle* so an, dass Schülerinnen und Schüler mir beim Suchen und Finden der relevanten Dateien zuschauen können. So vermittle ich einerseits Grundlagen zu Medien und andererseits sehen die Lernenden, wo was in *Moodle* zu finden ist. Nachdem ich einen Impuls zu einem allgemeinen Thema wie einer literarischen Epoche über den geteilten Bildschirm gezeigt habe, gebe ich die Möglichkeit für Rückfragen oder Kommentare dazu, die über Chat, nur Audio oder Audio mit Video gestellt werden können. Hier rufe ich mir bewusst in Erinnerung, dass ich auch eine sogenannte digitale Stille aushalte und nutze jede Möglichkeit, Reaktionen der Schülerinnen und Schüler (wie ein fragender Blick, ein sogenanntes Unmuten des Mikrofons oder Beiträge im Chat) für diese Diskussion aufzugreifen und zu verstärken.
Anschließend nutze ich die Unterrichtsstunde, um Schülerinnen und Schüler alleine oder am liebsten in Kleingruppen von drei bis vier Lernenden etwas selbst erarbeiten zu lassen. Zum Beispiel habe ich eine literarische Textpassage in *Moodle* hinterlegt und bitte die Schülerinnen und Schüler, diese in 15 Minuten Stillarbeit zu lesen und dabei gern – sofern das Gerät mobil ist oder sie über einen Drucker verfügen – dafür an den Lieblingsort bei sich zu Hause zu gehen. Mit ihren Geräten bleiben die Lernenden in der Videokonferenz, sie machen lediglich ihr Audio und Video aus, um sich konzentrieren zu können.
Im Anschluss kommen die Schülerinnen und Schüler in von mir vorbereitete Breakout-Räume in *BigBlueButton* zurück, um dort für etwa 20 bis max. 30 Minuten in einer spontan zusammengestellten Gruppenkonstellation mit drei weiteren Mitschülerinnen und -schülern eine Aufgabe zu lösen, wie zum Beispiel prägnante Worte der Epoche im Text zu identifizieren. Die Ergebnisse halten sie in einem von mir pragmatisch vorbereiteten *Etherpad* fest, in dem für jede der Gruppen eine Überschrift der Ergebnisse mit leeren Zeilen vorbereitet ist.
Nach Ende der 20 bis 30 Minuten hole ich alle Schülerinnen und Schüler in den Hauptraum von *BigBlueButton* zurück und teile meinen Bildschirm mit den Ergebnissen im Pad. So sehen alle die gemeinsam erarbeiteten Ergebnisse. Nun rufe ich nach und nach einzelne Gruppen auf und bitte darum, die Ergebnisse im Plenum zu präsentieren. So sehen wir alle das Gleiche auf dem Bildschirm und ich kann gut weitere Hinweise und Rückmeldungen zu den Ergebnissen geben.

Zum Abschluss der digitalen Unterrichtsstunde verweise ich auf noch ausstehende wichtige Punkte meiner letzten Wochenankündigung bzw. auf meine kommende Wochenankündigung, damit die Schülerinnen und Schüler immer das Gefühl haben, alle wichtigen Informationen auch zu Hause in der Distanz zu erhalten.

2 Von Bedien- zu Medienkompetenzen

2.1 Alte und neue Anforderungen an Lehrkräfte

Damit Lehrkräfte digitale Medien im Unterricht als Lehr- und Lernmittel sinnstiftend und angemessen einsetzen und sich Schülerinnen und Schüler im Unterricht mit medienspezifischen Inhalten auseinandersetzen können, sollten Lehrkräfte entsprechende Fähigkeiten und Fertigkeiten ausprägen. Diese Kompetenzen lassen sich in Anlehnung an Herzig und Martin (2018, S. 95 f.) in drei Bereiche untergliedern:

- Das Lehren und Lernen mit digitalen Medien als *Unterstützung des Lernprozesses*: Hier müssen Lehrkräfte die Fähigkeit besitzen, Medienangebote zu finden und hinsichtlich eines didaktisch sinnvollen Einsatzes im Unterricht zu bewerten. Außerdem gilt es, Materialien zu entwickeln sowie zu optimieren und entsprechende digital gestützte Unterrichtsszenarien vorzubereiten, durchzuführen und zu evaluieren.
- Das Lehren und Lernen über Medien als *Mittel von Bildung und Mündigkeit*: Hier gilt es für Lehrkräfte, Unterricht zu konzipieren und umzusetzen, in welchem Medien selbst und ihre rechtlichen, ökonomischen und sozialen Aspekte zum Gegenstand des Lernens werden. Ziel sind Kenntnisse, Fähigkeiten und Fertigkeiten, die ein sachgerechtes, selbstbestimmtes, kreatives und sozial verantwortliches Medienhandeln der Lernenden in einer digital geprägten Lebens- und Arbeitswelt ermöglichen.
- Die *Wirksamkeit von Lehrkräften* bei der medienbezogenen Schulentwicklung: Hinsichtlich der Gestaltung pädagogischer, organisatorischer, technischer und personeller Rahmenbedingungen sollten Lehrkräfte bei medienbezogenen Schulentwicklungsaufgaben eine aktive Rolle wahrnehmen.

Eine entsprechende Qualifizierung von Lehrkräften zur Entwicklung erforderlicher Kompetenzen für Anwendungssituationen und Aufgabenstellungen im Zusammenhang von Schule und Unterricht soll laut KMK in allen Phasen der Lehrkräftebildung gelingen. Das gilt sowohl in der ersten und zweiten Phase der Ausbildung als auch durch bedarfsgerechte Qualifizierungs- und Fortbildungsangebote (KMK 2012, S. 7). Lehrkräfte für das Fach Deutsch, die häufig vor individuellen Herausforderungen im Bereich digitaler Unterrichtsgestaltung stehen, sollten sich diesen breiten Kontext vor Augen führen. Ein entsprechend geweiteter Blick sollte Lehrerinnen und

Lehrern aufzeigen, dass Umstellungen auf hochwertige und zeitgemäße digitale Formate auf vielen Ebenen Entwicklungen und Kompetenzerweiterungen erfordern.

Literaturhinweise:

Herzig, Bardo/Martin, Alexander 2018: Lehrerbildung in der digitalen Welt. Konzeptionelle und empirische Aspekte. In: Ladel, Silke/Knopf, Julia/Weinberger, Armin (Hrsg.): Digitalisierung und Bildung. Wiesbaden: Springer

KMK 2012: Medienbildung in der Schule. URL: https://www.kmk.org/fileadmin/veroeffentlichungen_beschluesse/2012/2012_03_08_Medienbildung.pdf

2.2 Kompetenzrahmen geben Orientierung

Für die Zielstellungen, dass Lehrende digitale Medien im Unterricht als Lehr- und Lernmittel sinnstiftend und angemessen einsetzen und Schülerinnen und Schüler im Unterricht mithilfe digitaler Medien Lernfortschritte erzielen, können Kompetenzrahmen Orientierung geben.

In den letzten Jahren wurde in der Bildungspolitik ein besonderer Fokus darauf gelegt, medienpädagogische Kompetenzen bei Lehrkräften konkreter zu definieren und verbindlich in der Lehrkräftebildung zu verankern. Auch für Schülerinnen und Schüler erfolgten entsprechende bildungspolitische Anstrengungen. Aufgrund der Struktur des Bildungsföderalismus wurden und werden dafür entsprechende Konzepte bzw. Modelle auf unterschiedlichen Ebenen entwickelt und implementiert. Bundesländer sowie die Kultusministerkonferenz (KMK) haben eigene Kompetenzrahmen für den Umgang mit Medien in Bildungskontexten entwickelt. Diese neuen Perspektiven für die schulische Medienbildung zielen häufig auf Kompetenzentwicklungen bei Lernenden ab, teils aber auch auf Kompetenzentwicklungen bei Lehrkräften.

Für ersteren Fall ist insbesondere der Kompetenzrahmen der KMK-Strategie „Bildung in der digitalen Welt“ aus dem Jahr 2016/2017 zu erwähnen. Für Lehrkräfte gibt es auf Bundeslandebene unterschiedliche Kompetenzrahmen. Auch auf europäischer Ebene wurde ein praxisnaher Kompetenzrahmen für medienbezogene Fähigkeiten entwickelt, der Lehrkräften in der schulischen Praxis eine Hilfestellung sein kann, um sowohl den Status quo als auch Entwicklungen auf der Ebene medienpädagogischer Kompetenzen zu verorten und zu benennen. Der Europäische Rahmenplan für digitale Kompetenz von Lehrenden (DigCompEdu) richtet sich an Lehrkräfte auf allen Bildungsebenen, von der frühkindlichen bis zur Hochschul- und Erwachsenenbildung, somit auch der allgemeinen und beruflichen Bildung und Ausbildung, der Sonderpädagogik und des nicht-formalen Lernens.

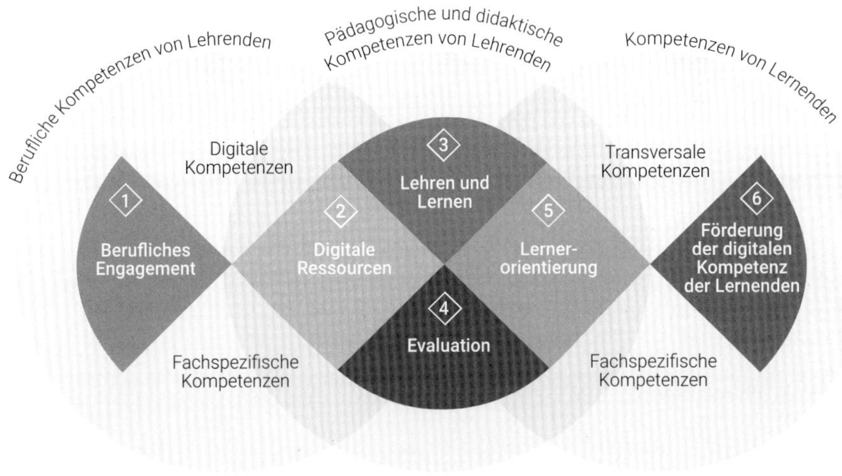

Abb. 2: DigCompEDU – Europäischer Rahmenplan für digitale Kompetenz von Lehrenden (Quelle: Europäische Kommission 2017)

Der DigCompEdu stellt einen allgemeinen Bezugsrahmen dar, dessen Ziel es ist, Lehrende beim Einsatz digitaler Medien zur Verbesserung und Innovation von Bildungsangeboten zu unterstützen. Der Kompetenzrahmen ist gegliedert in sechs Kompetenzbereiche mit insgesamt 22 Kompetenzen, die nachfolgend dargestellt sind. Die Kompetenzbereiche unterteilen sich dabei folgendermaßen (von links nach rechts):

- Der Bereich 1 konzentriert sich auf das berufliche Umfeld,
- der Bereich 2 auf die Auswahl, Erstellung und Veröffentlichung von digitalen Ressourcen,
- der Bereich 3 auf das Lehren und Lernen mit digitalen Medien,
- der Bereich 4 auf die Erhebung und Analyse lernrelevanter Daten sowie Bereitstellung von Feedback,
- der Bereich 5 auf den Einsatz digitaler Medien zur Differenzierung und Individualisierung sowie die aktive Einbindung der Lernenden und
- der Bereich 6 auf die Förderung der digitalen Kompetenz der Lernenden.

Die Bereiche 2 bis 5 bilden den pädagogischen und didaktischen Kern des Kompetenzrahmens. Sie sind besonders für die digitale (Weiter-)Entwicklung der Handlungskompetenz von Lehrkräften für die Fachdidaktik Deutsch relevant. Diese Kompetenzen beschreiben, wie Lehrende digitale Medien effektiv und innovativ einsetzen können, um Lehr- und Lernstrategien zu verbessern. Um zu erfahren, wo Lehrkräfte selbst mit ihren Digitalkompetenzen stehen, können sie auf der Website der Europäischen Kommission eine

Online-Selbsteinschätzungvornehmen:https://ec.europa.eu/eusurvey/runner/DigCompEdu-S-DE.

Eine entsprechende Selbsteinschätzung kann Ausgangspunkt für den Austausch im Deutsch-Fachkollegium sein oder Orientierung für weitere Kompetenzentwicklungen im Bereich des eigenen medienpädagogischen Profils als Lehrkraft geben.

Literaturhinweise:

Europäische Kommission 2017: Europäischer Rahmen für die Digitale Kompetenz von Lehrenden (DigCompEdu). URL: https://ec.europa.eu/jrc/sites/jrcsh/files/digcompedu_leaflet_de-2018-09-21pdf.pdf

Europäische Kommission 2019: Education and training monitor 2019. URL: https://op.europa.eu/en/publication-detail/-/publication/d41a0625-e00e-11e9-9c4e-01aa75ed71a1/language-en

2.3 Qualifizierungs- und Austauschangebote zu digitaler Bildung

Insbesondere die Zeit der Corona-Pandemie mit der Anforderung an Lehrkräfte, Unterrichtskonzepte kurzfristig umzuorganisieren, hat gezeigt, dass der Fortbildungsbedarf häufig sehr konkret und dringend ist. Bei der Vielzahl von Möglichkeiten für entsprechende Angebote im Internet fehlen teilweise die Orientierung und manchmal das notwendige Wissen. Zur Hilfestellung bei der Umsetzung von Fernunterricht werden einige nützliche Portale und Webseiten aufgeführt, die Lehrkräften vielfältige Fortbildungsangebote zur Verfügung stellen und sie auch über dieses Buch hinaus stets dazu befähigen sollen, aktuelle (Weiter-)Entwicklungen im Bereich der digitalen (Deutsch-)Unterrichtsgestaltung zu verfolgen.

- *Universitätsverbund für digitales Lehren und Lernen in der Lehrer/-innenbildung*: Auf der Seite des digiLL werden digitalisierungsbezogene, mediendidaktische und -pädagogische Kompetenzen von Lehrerinnen und Lehrern gefördert. Es gibt kostenlose, offene Qualifikationsmöglichkeiten rund um die Erstellung von digitalen Lernmaterialien und die Gestaltung von Lehr-Lernprozessen mit digitalen Medien: https://digill.de/lernmodule/.
- *Fobizz – Online-Fortbildungen für Lehrkräfte*: Hier gibt es kostenfreie sowie -pflichtige online basierte Fortbildungsangebote für das ganze Kollegium mit Kursen zum Einsatz digitaler Medien in Schule und Unterricht: https://fobizz.com/.
- *iMooX – Offene Online Kurse rund um die digitale pädagogische Praxis*: Hier werden offene Online-Kurse (Massive Open Online Courses) zu unterschiedlichen Themen angeboten, darunter Lehren und Lernen mit digitalen Medien, Sicherheit im Internet und digitale Kompetenzen: https://imoox.at/mooc/.

- *Virtuelle PH*: Die Virtuelle PH sieht sich als Unterstützungspartnerin der Pädagogischen Hochschulen und berät bei der Umsetzung von digital-innovativen Lehr- und Lernkonzepten. Hier findet man Hinweise, wie Lehre und Lernen digital gestützt umsetzbar ist, und Hilfestellungen bei der Nutzung von Lernplattformen, digitalen Tools und Werkzeugen: https://www.virtuelle-ph.at/corona/.
- *Twitter bzw. #Twitterlehrerzimmer*: Unter dem Hashtag #twitterlehrerzimmer bzw. #twlz werden von engagierten Lehrkräften täglich neue Erfolgsgeschichten, kreative Einfälle und jede Menge Tipps auf der sozialen Plattform *Twitter* geteilt. Als Inspirationsquelle zu Tools, Methoden, Hindernissen und Lösungsmöglichkeiten dient es schulischen Lehrkräften über Bundeslandgrenzen hinaus als lösungsorientierte Austauschplattform zu Fragen des Lehrens und Lernens mit digitalen Möglichkeiten. Einen ersten Eindruck kann man sich auch verschaffen, ohne bei *Twitter* angemeldet zu sein: https://twitter.com/hashtag/twitterlehrerzimmer.
- *mobile.schule/#molol*: Unter diesen Namen werden in den letzten Jahren sehr große und populäre Tagungen, seit 2020 rein online, zum Thema digitale Bildung durchgeführt, die sich insbesondere durch Praxisbeiträge auszeichnen. Inzwischen gibt es viele davon ausgehende Ablegerkonzepte wie Webinare, eine Fortbildungsflatrate etc.: https://mobile.schule/.
- *[D-3] Deutsch Didaktik Digital*: Projekt zur Konzeption und Gestaltung digitalen Lehrens und Lernens in der #Deutschdidaktik an der Martin-Luther-Universität Halle-Wittenberg. Hier werden speziell für die Fachdidaktik Deutsch Unterrichtsbausteine sowie konkrete Hilfestellungen für die Unterrichtspraxis angeboten: https://d-3.germanistik.uni-halle.de/.
- Einzelne Deutsch-Lehrkräfte und -didaktiker teilen auf ihren Blogs und in sozialen Medien eigene Aufsätze, Anregungen, Unterrichtserfahrungen und -beispiele wie Axel Krommer (https://axelkrommer.com), Philippe Wampfler (https://philippe-wampfler.ch), Marcus von Amsberg (https://ivi-education.de), Bob Blume (https://bobblume.de/) oder das Institut für zeitgemäße Prüfungskultur e. V. (https://pruefungskultur.de/).

2.4 Rechtliche Fragen

2.4.1 Urheberrecht

Das Urheberrecht nach § 1 und § 11 des Urheberrechtsgesetzes schützt „Urheber von Werken der Literatur, Wissenschaft und Kunst“ und ihre „geistigen und persönlichen Beziehungen zum Werk und in der Nutzung des Werkes“. Dieses Gesetz greift automatisch, sobald ein Werk – sei es eine Zeichnung, ein aufgenommenes Video oder ein Bild – entstanden ist, ohne dass der Urheber oder die Urheberin dieses Recht aktiv einfordern muss. 70 Jahre (bei Bildern 50 Jahre) nach Ableben entsprechender Urheberinnen bzw. Urheber verfällt das Urheberrecht, sodass Texte (und Bilder) dann frei genutzt werden dürfen. Auch bei anderen gemeinfreien Werken, wie Gesetzestexten, anonymen Texten oder etwa Parlamentsdebatten, besteht bei Verwendung keine Gefahr, gegen das Urheberrecht zu verstoßen. Sind Werke nicht gemeinfrei, können sie nicht einfach genutzt, vervielfältigt und verbreitet werden. Allerdings besteht die Möglichkeit, dass Urheberinnen und Urheber oder deren Nachfahren Nutzungsrechte erteilen (Hoegg 2011, S. 230).

Für Lehrkräfte stellt das Einhalten von Nutzungsrechten gerade in digitalen Zeiten eine große Herausforderung dar. Zwar gelten für den Bildungsbereich sogenannte Schrankenregelungen, die das absolute Recht der Urheberinnen und Urheber, wie ein Werk zu nutzen ist, einschränken, doch gestalten sich diese in der Praxis nicht immer einfach, denn sie orientieren sich überwiegend an der analogen und geschlossen gestalteten Bildung (Hirsch 2020). Kein Problem stellt das Vervielfältigen und Weitergeben eigens erstellter Inhalte dar, sofern keine (urheberrechtsgeschützten) fremden Materialien verarbeitet wurden. Bei der Nutzung fremder Inhalte muss hingegen zunächst unterschieden werden, auf welche Art und Weise sie genutzt werden. Wird ein Text beispielsweise nur vorgelesen oder ein Musikstück gespielt, handelt es sich um eine „unkörperliche Wiedergabe“, die hinsichtlich des Urheberrechts unproblematisch ist. Werden diese Inhalte allerdings aufgezeichnet, vervielfältigt oder öffentlich zugänglich gemacht, kann dies gegen das Urheberrecht verstoßen.

Analog der Regelung des „kleinen Teils“ bei analogen Medien können auch begrenzte Ausschnitte von Werken im Internet kopiert werden, sofern sie der Veranschaulichung im Unterricht dienen. Hierbei muss allerdings die Quelle angegeben werden. Fremde Lerninhalte dürfen eigentlich nur innerhalb einer Klasse genutzt, aber nicht an andere Lehrkräfte weitergegeben werden. Ausnahmen können für vom Kultusministerium eingerichtete Lernplattformen gelten (Hoegg 2011, S. 230).

Insbesondere im Kontext digital gestützter Unterrichtsentwicklung stellen sich Urheberrechtsfragen auch bei Bildern. Neben den zuvor angedeuteten direkten Urheberrechtsfragen, also den Rechten der fotografierenden Person, stellen sich darüber hinaus Fragen der Persönlichkeitsrechte. Allgemein gilt, dass Personen der Veröffentlichung ihres Abbilds explizit zustimmen müssen. Insbesondere bei der Veröffentlichung von Arbeitsblättern bzw. Lernvideos im Internet ist daher besondere Vorsicht geboten.

Potenziale von Offenen Bildungsmaterialien (OER)

Der richtige Umgang mit Unterrichtsmaterial und damit einhergehenden potenziellen Urheberrechtsverstößen hat sich im Kontext der Digitalisierung nicht vereinfacht. Deshalb bietet es sich vor allem im Bildungsbereich an, auf Lehr- und Lernressourcen zurückzugreifen, die unter einer offenen Lizenz veröffentlicht werden sowie ohne Gebühr und ohne (oder mit geringfügigen) Einschränkungen weiter genutzt werden können. Diese Bildungsmaterialien bezeichnet man als „Open Educational Recources“ (OER). Im Bildungsbereich werden vor allem die international anerkannten und standardisierten Creative Commons Urheberrechtslizenzen verwendet.

Unter CC0 (CC Zero) können Inhalte beliebig verwendet und weiterbearbeitet werden, ohne dass Verweise oder Ähnliches vorgenommen werden müssen, da die Lizenz eine gemeinfreie Nutzung eines urheberrechtlich geschützten Werkes erlaubt. Soll die Nutzung an bestimmte Bedingungen geknüpft sein, wird das CC modular durch andere Kürzel erweitert. So gibt CC BY an, dass bei der Weiterverwendung der Name des Urhebers oder der Urheberin angegeben werden soll. Ein typischer Hinweis dazu bestünde aus Name, Titel des Inhalts, Name bzw. Organisationsname des Urhebers oder der Urheberin, die Lizenzbedingung und die Quellenangabe. Die Ergänzung SA (Share Alike) besagt, bei Weiterverwendung solle neben der Namensnennung das Werk unter derselben Lizenz verbreitet werden. NC (No Commercial) steht dafür, dass das Material nicht kommerziell genutzt und ND (No Derivates), dass es nicht verändert werden darf (Hirsch, 2020).

Die wichtigsten Kürzel noch einmal auf einen Blick:

- CC0 (CC Zero): Um Werke der Gemeinfreiheit zu überlassen, kann es mit CC0 eindeutig gekennzeichnet werden.
- CC BY: Bei Weiterverwendung muss man den Namen des Urhebers nennen.
- CC BY SA: Bei Weiterverwendung muss der Name des Urhebers genannt werden. Weiterverbreitung ist nur unter derselben Lizenz möglich.

Um OER-Materialien ausfindig zu machen, bieten sich die Nutzung von Filtermöglichkeiten der Standard-Suchmaschinen oder auf OER spezialisierte Suchmaschinen an.

Einige Beispiele sind:
http://search.creativecommons.org/
http://www.bildungsserver.de/elixier/
https://wirlernenonline.de/
https://open-educational-resources.de/oer_materialien/
https://www.projekt-gutenberg.org/
https://unsplash.com/ (großes Portal für lizenzfreie Bilder)

Weiterführende Hintergrundinformationen und Erklärungen zu OER:
https://open-educational-resources.de/was-ist-oer-3-2/

Literaturhinweise:

Hirsch, Nele 2020: Unterricht digital. Methoden, Didaktik und Praxisbeispiele für das Lernen mit Online-Tools. URL: https://epale.ec.europa.eu/sites/default/files/nele_hirsch-unterricht_digital.pdf

Hoegg, Günther (2011): SchulRecht! für schulische Führungskräfte. 3. Auflage. Weinheim/Basel: Beltz

Muuß-Merholz, Jöran 2018: Freie Unterrichtsmaterialien finden, rechtssicher einsetzen, selbst machen und teilen. Weinheim/Basel: Beltz. URL: https://www.was-ist-oer.de/wp-content/uploads/sites/17/2018/01/Joeran-Muuss-Merholz-Freie-Unterrichtsmaterialien-Beltz-2018.pdf

2.4.2 Datenschutz

Nicht ohne Grund werden heutzutage Daten als Gold bezeichnet. Unternehmen speichern aus wirtschaftlichem Interesse große Mengen Informationen und erstellen umfassende Persönlichkeitsprofile, die Rückschlüsse auf Verhaltensweisen, Vorlieben und Eigenschaften der Menschen erlauben. Einige Geschäftsmodelle basieren dabei auf der kostenlosen Bereitstellung unterschiedlichster Dienste unter der Bedingung der gleichzeitigen Datenerhebung. Zwar werden diese Daten auch zur Entwicklung sehr hilfreicher Technologien (z. B. im Gesundheitssektor) genutzt, doch sind sich viele Menschen im eigenen Umgang mit diesen Daten aufgrund fehlender Sachkompetenz und undurchsichtiger Bedingungen nicht immer der Risiken und Gefahren bewusst.

Zum Schutz müssen Bildungseinrichtungen ihrer Pflicht nachkommen, den Lernort Schule sowie Szenarien im Hybrid- und Fernunterricht als sicheren Raum zum Lehren und Lernen zu gestalten und dabei entsprechende rechtliche Vorgaben zu beachten. Neben den Bemühungen um sichere Schulnetzwerke sowie um Verträge mit Hard- und Software-Unternehmen, die sicherstellen, dass keine Daten nach außen gelangen, müssen Lehrkräfte bei der Integration digitaler Medien im Unterricht einige Aspekte zum Datenschutz berücksichtigen. Da sich die Frage, ob ein digitales Medium beim Einsatz im Unterricht datenschutzrechtlich sicher ist, nicht immer mit einem klaren Ja oder Nein beantworten lässt, stellt dies eine große Herausforderung für Lehrkräfte dar. Es gilt nämlich zu bewerten, wie digitale Medien integriert und deren Funktionalitäten genutzt werden können, sodass sie einer datenschutzkonformen Unterrichtsgestaltung entsprechen. Selten werden bei der Nutzung kostenloser digitaler Medien und Anwendungen keinerlei Daten erhoben. Werden doch Informationen gespeichert, muss überprüft werden, auf welchen Servern und ob sie gemäß den Vorgaben der EU-Datenschutz-Grundverordnung gespeichert und verarbeitet werden.

Als Antwort auf eine fortschreitende Digitalisierung wurde im April 2016 die Europäische Datenschutz-Grundverordnung (DS-GVO) vom Europäischen Parlament verabschiedet, die seit ihrer Wirksamkeit im Mai 2018 den datenschutzrechtlichen Rahmen innerhalb der Europäischen Union reglementiert. Ziel sind Lösungen zum Schutz der Privatsphäre im Rahmen neuer Technologien und Datenverarbeitungen zum Tracking und zur Profilbildung. Hiermit soll „das Grundrecht auf informationelle Selbstbestimmung durch höhere Transparenz und mehr Mitbestimmung der Bürgerinnen und Bürger mit Blick auf ihre Daten“ gestärkt und gleichzeitig ein „zukunftsorientierte[r] Rechtsrahmen für datenverarbeitende Unternehmen und innovative Geschäftsmodelle“ geschaffen werden (BMWI 2021).

Zentrales Ziel ist neben einem europaweit einheitlichen Datenschutzniveau die Pseudonymisierung größerer Datenmengen, die im Rahmen von Big-Data-Analysen erhoben werden. Das bedeutet, dass Identifikationsmerkmale wie Namen so verschlüsselt werden, dass ein Personenbezug maßgeblich erschwert wird. Außerdem werden „das Recht auf Vergessen“ sowie auf Auskunft mittels größerer Transparenz der Unternehmen und Datenportabilität gefordert.

Teilweise werden Daten zwar entsprechend der Europäischen Datenschutz-Grundverordnung erhoben, aber an Dritte für Markt- und Meinungsforschung weitergegeben. Diese dürfen nur für genau die Erfüllung dieses Zwecks verarbeitet werden. Besondere Vorsicht gilt bei Angeboten, bei denen keine Angaben zum Datenschutz gemacht werden und die EU-Datenschutz-Grundverordnung nicht greift.

Umgang mit Datenschutz an Schulen und im Unterricht

Doch was bedeutet all dies für Schulen und den Unterricht mit digitalen Medien? Immer noch herrschen Unklarheiten, die auch durch Verweise auf die Ordnung selbst sowie durch Bemühungen mithilfe von Handreichungen nicht immer direkt gelöst werden können.

Es herrscht Einigkeit darüber, dass schulische Prozesse nicht durch die Sorge um mögliche Rechtsverletzungen geprägt sein sollten. Deshalb ist zur Erfüllung umfangreicher rechtlicher Anforderungen sowie die Umsetzung von Unterricht mit Ausnutzung der Chancen digitaler Medien ein sicherer Rechtsrahmen für Schulen unabdingbar. Da dieser jedoch noch nicht an allen Schulen gewährleistet werden kann bzw. auch Entscheidungen durch Lehrkräfte selbst getroffen werden müssen, sind letztere nicht selten auch in der Pflicht, einige wichtige Aspekte zum Schutz der Daten von Schülerinnen und Schülern zu beachten. Deshalb sollten bei internen Fortbildungen an Schulen nicht nur Schulleitungen als Verantwortliche adressiert werden, sondern Datenschutzbeauftragte als Multiplikatoren im Sinne der Verankerung von

Fachwissen und der kollaborativen Erarbeitung schulspezifischen Wissens dienen (Forum Bildung Digitalisierung 2020). Außerdem gilt es besonders für Lehrkräfte, Datenschutz nicht nur als Last, sondern ebenso als Chance zu verstehen. Schülerinnen und Schüler müssen auf ihr Leben in einer digitalisierten Welt vorbereitet werden, und Datenschutz ist als Möglichkeit der Selbstbestimmung eine wichtige Komponente der demokratischen Grundrechte (ebd.). Da Schülerinnen und Schüler im schulischen und privaten Kontext tagtäglich Daten im Internet hinterlassen, gehört zur Medienkompetenz, dass sie im Umgang mit Datenschutz geschult und über Risiken und Maßnahmen aufgeklärt werden.

Empfehlungen für die schulische Praxis

In der Praxis lassen sich im Umgang mit digitalen Medien einige potenzielle Gefahren ausschließen. Zum einen sollten E-Mails nicht über Anbieter mit US-amerikanischen Servern, sondern ausschließlich über Dienste mit Verschlüsselungstechnik verschickt werden. Schulen haben mittlerweile überwiegend eigene Lösungen zur verschlüsselten Übermittlung über schuleigene Server gefunden.

Lehrkräfte, die eigene Geräte für die Arbeit nutzen, müssen darauf achten, dass diese zum einen durch ein Passwort und zum anderen durch einen geeigneten Anti-Viren-Schutz gesichert sind. Empfohlen wird auch ein verschlüsselter Stick zur Sicherung personenbezogener Daten, denn wurden Daten auf dem eigenen Rechner gespeichert, müssen diese verschlüsselt vorliegen und dürfen nicht verarbeitet werden. Viele Cloud-Dienste können nicht genutzt werden, da diese oft nicht den EU-DS-GVO-Richtlinien entsprechen.

So individuell, lokal und spezifisch die Fragen beantwortet werden müssen, können hier dennoch einige Hinweise zu Fragen des Datenschutzes angeboten werden:

- Es sollten möglichst keine personenbezogenen oder sensiblen Daten in neuen und ungeprüften digitalen Anwendungen eingegeben werden. Das bedeutet, dass bei Unsicherheit bezüglich des Datenschutzes auf Klarnamen von Schülerinnen und Schülern verzichtet und eher Pseudonyme verwendet werden.
- Werden personenbezogene Daten verarbeitet, muss die Einwilligung der Eltern grundsätzlich in Betracht gezogen und nach Prüfung ggf. eingeholt werden.
- Es sollte möglichst im schulinternen bzw. gesicherten WLAN gelernt und gearbeitet werden.
- E-Mails sollten möglichst von und an schuleigene Server bzw. Anwendungen verschickt werden.

- Schülerinnen und Schüler sollten grundsätzlich auch im Fachunterricht Deutsch für einen souveränen Umgang mit ihren Daten sensibilisiert werden (siehe Kompetenzbereich der KMK-Strategie „Schützen und sicher agieren").

Bei der didaktischen Auswahl von Anwendungen zur Unterrichtsgestaltung und -umsetzung ist zu überprüfen, inwieweit personenbezogene Daten erhoben werden und diese somit datenschutzkonform sind. Zur entsprechenden Überprüfung werden hier einige Fragen vorgestellt:
- Ist eine Registrierung von der Lehrkraft und/oder von den Schülerinnen und Schülern für die Nutzung der Anwendung zwingend notwendig?
- Werden (personenbezogene) Daten bei der Nutzung der Anwendung erhoben?
- Wo werden die Daten bei der Nutzung der Anwendung gespeichert?
- Gilt die EU-Datenschutz-Grundverordnung für die Anwendung im Allgemeinen?

Weiterführende Links:
https://www.gew.de/tipps-zum-datenschutz/
https://dikola.uni-halle.de/toolbox/?s=09
https://dsgvo-gesetz.de/
https://deutsches-schulportal.de/schulkultur/dsgvo-was-muessen-schulen-jetzt-beachten/
https://www.schulministerium.nrw.de/themen/recht/datenschutz-im-schulbereich
https://eur-lex.europa.eu/legal-content/DE/TXT/PDF/?uri=CELEX:32016R0679&from=DE

Literaturhinweise:
BMWI 2021: Europäische Datenschutz-Grundverordnung. URL: https://www.bmwi.de/Redaktion/DE/Artikel/Digitale-Welt/europaeische-datenschutzgrundverordnung.html
Forum Bildung Digitalisierung 2020: Datenschutz und Bildungauftrag in der digitalen Welt. URL: https://magazin.forumbd/ausgabe01/datenschutz-und-bildungsauftrag-in-der-digitalen-welt/

2.5 Digitale Umgebungen für Lehrende und Lernende

2.5.1 Technische Ausstattung

Um digitalen Unterricht für alle Schülerinnen und Schüler zu ermöglichen, ist eine technische Infrastruktur mit geeigneten Geräten, Programmen und der Anbindung an Netzwerke ein zentraler Faktor. Mögliche damit verbundene Versäumnisse in Schulkontexten und der daraus resultierende Handlungsdruck wurden nicht zuletzt seit den Anforderungen an digitale Lehr- und Lernformate während der Corona-Pandemie 2020 besonders deutlich. Deshalb wurden neue Finanzierungen und Ressourcen bereitgestellt.

Schulen sind seit Langem bemüht, Klassen mit Geräten auszustatten, doch neben der Auswahl und Anschaffung stellen die Wartung und das Gerätemanagement eine große Herausforderung für die Bildungseinrichtungen dar. Zwar wurden mittlerweile kostengünstige Geräte entwickelt, die für den Einsatz in Schulen konzipiert und mit entsprechenden Programmen und Sicherheitsvorkehrungen ausgestattet sind. Doch neben den hohen Kosten stellt sich die Frage, wie man der Abhängigkeit und dem Einfluss kommerzieller Anbieter in Bildungskontexten begegnet. Möchte man einen relativ neutralen Bildungsraum schaffen, lässt sich digitales Lernen kaum ohne privatwirtschaftliche Angebote realisieren. Tech-Unternehmen bieten Angebote in Form von Fortbildungen, Zertifizierungen und Produkten an, die eine langfristige Bindung und Abhängigkeit der Schulen mit sich bringen. Zwar beteuern sie, die Bildungsbranche vor allem unterstützen zu wollen und hier entsprechend moralischer und ethischer Standards zu handeln, doch haben sich Lehrkräfte vor Augen zu führen, dass es sich auch hier um Wirtschaftsunternehmen handelt, die Geld verdienen und Marktanteile sichern möchten. Im Umgang mit diesem Thema gibt es noch keine einheitliche Strategie, sondern einige schulische Maßnahmen sowie rahmende Medienentwicklungspläne. Dazu gehören z. B. das Beauftragen von Zwischenunternehmen, die Geräte und Software neutral bewerten, passende Empfehlungen für ein größeres Netz an Schulen aussprechen und Hard- und Software beschaffen. Andere Schulen setzen, wo es geht, auf Open-Source-Angebote, um entsprechende Pfadabhängigkeiten zu vermeiden. Um Schulen zu unterstützen und sicherzustellen, dass der Einfluss kommerzieller Interessen in Bildungskontexten nur bedingt wirkt, sind grundsätzliche Abwägungen aus Sicht von Lehrkräften und weiteren Bildungsverantwortlichen unverzichtbar.

2.5.2 Hardware

Sind wenige Geräte vorhanden oder lässt sich der Einsatz nur mit großem Aufwand realisieren, müssen Lehrkräfte enorme konzeptionelle Anstrengungen auf sich nehmen, um didaktisch sinnvolle und realisierbare Einsatzszenarien für digitale Lernprozesse zu entwickeln. Deshalb und um allen Lernenden einen individuellen Lernprozess zu ermöglichen, steht außer Frage, dass eine 1:1-Ausstattung erstrebenswert ist, bei der jedem Schüler und jeder Schülerin ein Gerät zum Lernen zur Verfügung steht.

Die Bereitstellung einheitlicher Geräte hat vor allem den Vorteil, dass diese einfacher gewartet und mit den gleichen Programmen ausgestattet werden können. Andererseits entsprechen einheitliche Geräte oft nicht den individuellen Anforderungen, verhindern ein vertrautes Nutzungsverhalten und sind nur bedingt mobil zu verwenden, insbesondere zu Hause.

Eine andere Möglichkeit ist, dass Lernende ihre eigenen Geräte mit in die Schule bringen (*bring your own device* bzw. BYOD), jedoch wird dies nicht selten kontrovers diskutiert. Zwar sind bei der Ausstattung nur technische Minimalanforderungen zu erfüllen, sodass die Geräte internetfähig sind und ein Browser genutzt werden kann, doch auch dafür notwendige Kosten sind nicht für alle Familien aufzubringen. Es besteht die Gefahr, dass Geräte zum Statussymbol an Schulen werden. BYOD sollte deshalb als Übergangslösung umgesetzt werden, solange Schulen nicht in der Lage sind, allen Lernenden ein eigenes Gerät zur Verfügung zu stellen. Bei der entsprechenden praktischen Anwendung sind laut Steppuhn einige Aspekte zu beachten. Demnach sollte eine Display-Größe von zehn Zoll nicht unterschritten werden und eine richtige Tastatur vorliegen. Außerdem sind technische Voraussetzungen wie Audio, Kamera und ein USB-Anschluss wichtige Faktoren. Auch eine lange Akkulaufzeit ist anzuraten, da in Schulen nur bedingt Auflademöglichkeiten für viele Geräte vorhanden sind. Vor diesem Hintergrund sollten Schülerinnen und Schüler darauf hingewiesen werden, dass Geräte am besten aufgeladen in die Schule gebracht oder optional aufgeladene mobile Powerbanks mitgebracht werden sollen (vgl. Steppuhn 2019, S. 28).

Auch wenn sich Smartphones nicht zum Erstellen umfangreicher Textdokumente oder Präsentationen eignen, so bieten sie mit den Funktionalitäten wie Messinstrumenten, Rechner und Kamera trotzdem ein gewisses mediendidaktisches Potenzial und können – wenn passend – im Unterricht mit einbezogen werden.

In jüngster Zeit werden auch neue mobile Endgeräte in Schulkontexten beobachtet und diskutiert. Smartwatches bzw. Wearables, die als Smartphones bzw. Ergänzungen zu diesen ähnlich einer Armbanduhr getragen werden, erfreuen sich nicht nur in Geschäftskontexten zunehmender Beliebtheit. Dies stellt Lehrkräfte vor neue Herausforderungen. Auch merkte Josef Kraus vom Deutschen Lehrerverband schon vor einigen Jahren an, dass „[...] die Abdeckung mit Handys längst nicht mehr nur 100 Prozent beträgt. Der Trend geht eher zum Zweithandy“ (vgl. Vitzthum 2015). Daraus ergeben sich Herausforderungen wie beispielsweise zusätzliches Ablenkungspotenzial für Lernende oder Möglichkeiten des Betrugs in Prüfungen. Andererseits lassen sich diese neuen Endgeräte in bestimmten Kontexten, so etwa im Sportunterricht, auch konstruktiv einsetzen. Es stellen sich jedoch in gleichem Maße medienerzieherische Fragen (z. B. Aspekte des Datenschutzes), sodass Lehrkräfte hier gemeinsam mit dem Kollegium eine Sensibilität entwickeln sollten, bevor vorschnelle Entscheidungen wie ein Verbot getroffen werden.

Unabhängig von der Geräteausstattung der Lehrkräfte einerseits und der Schülerinnen sowie Schüler andererseits stellen sich davon losgelöst Fragen der Hardware-Ausstattung für Schulen. Das betrifft Smartboards ebenso wie zusätzliche Geräte wie z. B. Musiklautsprecher. Smartboards bzw. interaktive Whiteboards erlauben zum einen das Abspielen und Bearbeiten multimedialer Inhalte wie Videos, zum anderen können auch aufgeschriebene Ergebnisse relativ leicht digital gesichert und zur Dokumentation des digital erstellten Tafelbildes mit Lernenden im Nachgang geteilt werden. Spätestens im Zuge der Abrufung der Mittel des Digitalpaktes haben Schulen spezifische Lösungen für Smartboards geschaffen. Lehrkräfte sollten aber insbesondere prüfen, welche Softwareanwendungen bzw. Apps sich eignen, um die Potenziale des Smartboards für eigene Unterrichtskontexte bestmöglich auszuschöpfen.

Zusätzlich stellt sich für Lehrkräfte die Frage, welche Hardware- bzw. IT-Ausstattung für die Arbeit zu Hause notwendig und empfehlenswert ist. Hier gelten ähnliche Tipps, wie sie auch für das Homeoffice vielfältig im Internet zu finden sind. Dies betrifft grundsätzliche Fragen der Einrichtung eines Homeoffice-Arbeitsplatzes wie z. B. den Schreibtisch mit einer ergonomischen Sitzposition sowie die Hardware-Ausstattung dafür. Es empfiehlt sich, durch aktuelle Recherchen nach Tipps zu geeigneten Webcams, Mikrofonen bzw. Headsets sowie Monitoren als sinnvolle Ergänzungen von Endgeräten (Laptop bzw. Tablet) zu suchen.

Literaturhinweise:

Steppuhn, Detlef 2019: Smart School. Die Schule für morgen. Wiesbaden: Springer

Vitzthum, Thomas: Die Smartwatch revolutioniert das Spicken. In: Die Welt vom 24.06.2015. URL: https://www.welt.de/politik/deutschland/article143001410/Die-Smartwatch-revolutioniert-das-Spicken.html

2.5.3 Software

Um Lerninhalte abzurufen, Lösungen zu erarbeiten sowie zu kommunizieren, aber auch eigene Inhalte zu erstellen und aufzubereiten, sind entsprechende Programme (Software) auf den Geräten notwendig. Je nach Betriebssystem sind einige Anwendungen wie z. B. Texteditor, Rechner und Browser bereits auf dem Gerät vorinstalliert.

Am bekanntesten ist das *Microsoft-Office*-Paket. Es gibt zwar Angebote für den Bildungseinsatz, doch ist die Anschaffung für Schulen oder Lernende immer noch kostspielig, und es stellen sich Fragen des Datenschutzes, die mit Kultusministerien abzustimmen sind. Hier gibt es neben kommerziellen Anbietern auch einige Open-Source-Programme, die kostenfrei zur Verfügung gestellt werden (u. a. *LibreOffice*). Diese bieten ähnliche Funktionalitäten und sind nach einer kurzen Anwendungsphase ebenso intuitiv bedienbar.

Grundsätzlich stellen sich Fragen zur Auswahl und Installation von Software auf Geräten bei Lehrkräften sowie Schülerinnen und Schülern auf zwei

Ebenen. Zum einen hängt die Installation bei bestimmten Software-Anwendungen vom installierten Betriebssystem ab. Die bekanntesten Betriebssysteme sind *Windows* (Microsoft), *macOS* (Apple) und die Open-Source-Variante *Linux*. Darüber hinaus gibt es auch auf mobilen Endgeräten wie Smartphones und Tablets grundlegend unterschiedliche Betriebssysteme wie *Android* oder *iOS*. Dies beeinflusst nicht selten, welche Software-Anwendungen oder Apps installiert werden können.

Auf der zweiten Ebene ergeben sich dann davon ausgehend, welche Möglichkeiten für die Verwendung von Software und Apps bestehen. In Portalen mit Übersichten für Tools und digitale Anwendungen in Schulkontexten wie dem www.digitallearninglab.de/tools finden sich Angaben zu den Betriebssystemen, mit denen diese kompatibel sind. Sofern möglich, sollten Lehrkräfte für sich sowie für die Schule bei der Anschaffung von Geräten Entscheidungen zur Wahl der Geräte und damit häufig auch der dazugehörigen Betriebssysteme danach treffen, mit welchen für die schulische Unterrichtsentwicklung passenden Software-Lösungen diese in den Einklang zu bringen sind.

2.5.4 Internet

In der jüngsten repräsentativen JIM-Studie von 2020 gaben 96 % der Jugendlichen im Alter von 12 bis 19 Jahren an, ein Smartphone zu besitzen. Die gleichen jungen Menschen verbringen durchschnittlich 258 Minuten pro Tag online (mpfs 2020). Verwendet wird das Internet vor allem zur Informationssuche und als Instrument zur Kommunikation. Entsprechend einer Erhebung der Bitkom (2019) nutzen Kinder im Alter von sechs bis sieben Jahren das Internet noch im Wesentlichen zum Schauen von Filmen und Hören von Musik, während Jugendliche im Alter von 16 bis 18 Jahren neben Videofunktionen vor allem Kommunikationsmöglichkeiten über Social-Media-Kanäle nutzen. Dazu gehören je nach Alter die Dienste und Plattformen *WhatsApp, Instagram, Snapchat, Facebook, TikTok* und *Twitter*. Um sich über neueste Nachrichten zu informieren, wird vor allem Bewegtbildmaterial konsumiert, und es werden dafür Videoportale (54 %) und Social-Media-Kanäle (40 %) besucht. In Bezug auf die Sicherheit ihrer Daten gaben 67 % der Befragten an, darauf zu achten, welche Informationen sie selbst über sich ins Internet stellen und 58 % der Jugendlichen bestätigten, sie würden darauf achten, welche Informationen (Fotos, Kommentare) über sie im Internet sichtbar sind. Bezogen auf Lernen im und durch das Internet schätzen 66 % der Kinder und Jugendlichen ein, ihr Wissen durch das Internet erweitern zu können, und 30 % der Befragten gaben an, ihre Leistung in der Schule/Ausbildung durch das Internet verbessert zu haben.

Das Internet kann aus vielerlei Gründen als Bildungsraum bezeichnet werden. Es stellt laut Arnold et al. zum einen ein „intensiv genutztes Informations- und Kommunikationsmedium dar“ (Arnold et al. 2018, S. 64 f.) und ist gleichzeitig ein Kommunikationskanal, der eine „kritisch reflexive[n] Auseinandersetzung mit Informationen durch den Austausch mit anderen in der Netzgemeinschaft [bietet], die dazu führt, dass Informationen kontextualisiert und mit bereits Bekanntem (Vorwissen) verknüpft werden“ (ebd.). Es wird also durch eine tiefe Auseinandersetzung mit dem Thema und eine darauf bezogene Kommunikation der Wissenstransfer unterstützt (ebd.) und dadurch werden wiederum Kompetenzen gefördert.

Auch wenn der Ausbau des WLANs einer der drei wesentlichen Bereiche des 2019 verabschiedeten und ratifizierten Digitalpaktes war, sind deutsche Schulen dahingehend immer noch nicht gut ausgestattet und schneiden auch im europäischen Vergleich eher schlecht ab. Laut der Studie „ICT in Education (ESSIE) 2019“ waren Schulen in Deutschland unter dem Europäischen Durchschnitt digital und mit WLAN ausgestattet (Europäische Kommission 2019, S. 90).

Literaturhinweise:

Arnold, Patricia/Kilian, Lars/Thillosen, Anne/Zimmer, Gerhard 2018: Handbuch E-Learning. Lehren und Lernen mit digitalen Medien. 5. Auflage. Bielefeld: Bertelsmann

Bitkom 2019: Kinder und Jugendliche in der digitalen Welt. URL: https://www.bitkom.org/sites/default/files/2019-05/bitkom_pk-charts_kinder_und_jugendliche_2019.pdf

Europäische Kommission 2017: URL: https://ec.europa.eu/jrc/sites/default/files/digcompedu_leaflet_de-2018-09-21pdf.pdf

Europäische Kommission 2019: Education and training monitor 2019. URL: https://op.europa.eu/en/publication-detail/-/publication/d41a0625-e00e-11e9-9c4e-01aa75ed71a1/language-en

mpfs 2021: JIM-Studie 2020. URL: https://www.mpfs.de/fileadmin/files/Studien/JIM/2020/JIM-Studie-2020_Web_final.pdf

2.5.5 Kosten

Die technische Ausstattung von Schulen bedeutet immense Kosten für die Länder, Kommunen und den Bund. Bis zu 2,8 Milliarden Euro müssten, je nach Szenario der Lernenden-Computer-Relation, laut Studie der Bertelsmann Stiftung aus dem Jahr 2016 jährlich investiert werden, um die über 33.000 Schulen mit Desktop-PCs, Notebooks oder Tablets auszustatten. Dieser Betrag setzt sich in der Erhebung aus Kosten für Endgeräte, Präsentationstechnik und Peripherie, Internetzugang, LAN und WLAN, zentrale Dienste, Software- und Lizenzen, Prozessen für (Bedarfs-)Planung, Umsetzung und Steuerung, dem technischen Betrieb und Support sowie pädagogische Unterstützung zusammen. Zur Finanzierung stellen im Rahmen des

Digitalpakts in einem Zeitraum von 2019 bis 2024 fünf Milliarden Euro der Bund und kommunale sowie private Schulträger bzw. Länder weitere etwa 550 Millionen Euro zur Verfügung. Da die Mittel aus unterschiedlichen Gründen nur langsam abgerufen wurden und Schulen während der Corona-Pandemie nicht über genügend technische Mittel verfügten, um Schülerinnen und Schüler mit Laptops, Notebooks und Tablets für den digitalen Unterricht zu Hause auszustatten, wurden vom Bund zum Zweck der Sofortausstattung bis zur Wiederaufnahme des Regelbetriebs während der Corona-Pandemie weitere 500 Millionen Euro bereitgestellt.

Die im Rahmen des Digitalpakts bereitgestellten Mittel decken allerdings laut der Gewerkschaft Erziehung und Wissenschaft (GEW) nur ein gutes Viertel des kalkulierten Gesamtbedarfs aller Schulformen. Außerdem wird kritisiert, dass die Digitalisierung von Schulen lange auf die Ausstattung von Hard- und Software reduziert wurde. Um die Geräte gewinnbringend im Unterricht einzusetzen, müssen Fortbildungen angeboten und didaktische Szenarien entwickelt werden. Darüber hinaus gilt es, Lehrkräfte nicht mit dem Support und der Wartung der Infrastruktur zu belasten, sondern über die durch den Digitalpakt geförderten Strukturen für Administration und Wartung hinaus auch Personal und Sachkosten zu finanzieren (GEW 2019, S. 18).

Kritisch zu sehen sind neben Fragen der schulischen Ausstattungen ebenso die Finanzierung des Ausbaus von Internet durch öffentliche Gelder sowie die Kosten und monatlichen Gebühren für Eltern. Hier profitieren im Wesentlichen große IT-Unternehmen, und die gesetzlich verankerte Lernmittelfreiheit wird aufgehoben (Lankau 2017, S. 135).

Lehrkräfte sollten vor dem Hintergrund dieser komplexen Voraussetzungen für die Finanzierung von Geräten, Software und Support also stets Möglichkeiten der Kostenübernahme durch bewilligte oder zu bewilligende Mittel aus dem Digitalpakt und den dazugehörigen Medienentwicklungsplänen prüfen.

Literaturhinweise:

GEW 2019: Empfehlungen zur Umsetzung des Digitalpakts. URL: https://www.gew.de/fileadmin/media/publikationen/hv/Bildung-digital/2019-09-Digitale-Ausstattung-web.pdf

Lankau, Ralf 2017: Kein Mensch lernt digital. Über den sinnvollen Einsatz neuer Medien im Unterricht. Weinheim/Basel: Beltz

2.5.6 Lernplattformen

Learning Management Systeme (LMS) oder auch Learning Content Management Systeme (LCMS) spielen bei der Gestaltung formaler E-Learning-Angebote eine zentrale Rolle. Lernplattformen ermöglichen durch Erweiterungen von Funktionalitäten Zugänge ins Internet und tragen so zu einer

Entgrenzung des Lernens durch neue digitale Lernmaterialien und -werkzeuge bei (Arnold et al. 2018). Damit ergeben sich vielseitige Lösungen für die digitale Unterrichtsgestaltung. Sie bieten z. B. Möglichkeiten zur Organisation, Gestaltung, Durchführung und Evaluation von Lehr-/Lernprozessen (ebd.). Sie zeichnen sich durch einen hohen Datenschutz aus und eröffnen Lernenden und Lehrenden einen gemeinsamen virtuellen Bildungsraum zum Arbeiten und Lernen. Außerdem gibt es viele Optionen der Administration und Rollenvergabe. Lernplattformen verfügen zwar über begrenzte Funktionalitäten, doch können sie durch externe Angebote (z. B. offene Bildungsressourcen) und verschiedene Plugins und Apps erweitert werden. Multimediale und interaktive Angebote können in Form von Bildern, Lernvideos, Simulationen und Quizze eingebunden werden. Darüber hinaus lassen sich Wikis, Blogs und E-Portfoliosysteme zur Unterstützung von Kommunikations- und Kooperationsprozessen integrieren, die dort geschützt und lerngegenstandsbezogen eingesetzt werden können (ebd.). Ein besonderes Potenzial zur Individualisierung des Lernprozesses bietet das Einrichten von Lernpfaden. Den Schülerinnen und Schülern können Materialien und Aufgaben leistungsstandbezogen und je nach Ergebnissen bei Lernkontrollen zugänglich gemacht werden.

Grundsätzlich lässt sich zwischen kommerziellen und frei nutzbaren Angeboten unterscheiden. Außerdem bestehen Unterschiede im Umgang mit den Daten, je nachdem, ob die Lösung cloudbasiert ist oder die Daten auf eigenen bzw. frei wählbaren Servern abgelegt werden.

Lange war es den Schulen in Deutschland überlassen, ob und welche Lernplattform sie einsetzen. Mittlerweile gibt es je Bundesland empfohlene Lösungen, und entsprechende Verankerungen der nun genannten Plattformlösungen werden durch Fortbildungen unterstützt.

- *Moodle*: Die Open-Source-Plattform ist frei nutzbar und wird von einer großen Community stetig und transparent weiterentwickelt (s. Abb. 3, S. 38). Dies ist ein großer Vorteil dieses Systems, denn Fehler werden schnell behoben und neue Lösungen zur Verbesserung bereitgestellt. Um Lerninhalte für alle Betriebssysteme kompatibel und dauerhaft nutzbar zu machen, wird der SCORM-Standard (Shareable Content Object Reference Model) unterstützt. Außerdem können ganze Kurse durch die Erstellung eines ZIP-Ordners auf einem anderen *Moodle*-Server importiert und Inhalte somit in verschiedenen Systemen verwendet werden. *Moodle* bietet mit einer Vielzahl von Bausteinen jede Menge Möglichkeiten zur Kursgestaltung und erlaubt darüber hinaus die Integration weiterer Optionen durch Plug-ins. Es bietet unterschiedliche Übungs- und Prüfungsszenarien, Möglichkeiten zur Kommunikation durch das Verschicken von Nachrichten, Foren und Chatfunktion sowie eine Reihe von Umfrage-, Abstimm- und Quizfunktionen.

Ein Nachteil gegenüber kommerziellen Angeboten ist, dass *Moodle* nicht über Funktionalitäten für Videokonferenzen oder Whiteboard-Funktionen verfügt. Allerdings lässt sich je nach Einrichtung des *Moodle*-Systems auch auf das Konferenztool *BigBlueButton* zurückgreifen.

- *Iserv*: *Iserv* ist ein kostenpflichtiger Schulserver, der seit dem Jahr 2000 von einem Softwareunternehmen mit Hauptsitz in Braunschweig entwickelt wird. Die Daten liegen auf einem lokalen Server der Schule und sind von überall erreichbar. Dadurch werden ein hoher Grad an Sicherheit und Datenschutz sowie eine gute Performance und hohe Ausfallsicherheit gewährleistet. Außerdem können Inhalte je nach Freischaltung auch schulübergreifend abgerufen werden, was einen einfachen Austausch von Materialien erlaubt. Es besteht die Möglichkeit, Dokumente hochzuladen und Aufgaben z. B. in Form von Wochenplänen zu organisieren, Dokumente mit Office-Programmen zu erstellen, kollaborativ zu arbeiten sowie Feedback und Korrekturen von Mitlernenden und Lehrkräften zu hinterlegen und Videokonferenzen umzusetzen. Es lassen sich zudem Umfragen erstellen sowie Gruppen mit Informationen, Terminen und Abgaben organisieren.
- *Itslearning*: Dies ist eine 1999 ins Leben gerufene kommerzielle Lern- und Communityplattform. Sie funktioniert cloudbasiert und stellt viele Möglichkeiten zur Unterstützung von Lehr-Lernprozessen bereit. Dazu werden Funktionalitäten zur Kommunikation wie Mitteilungen, Benachrichtigungen und Rundschreiben sowie Videokonferenzmöglichkeiten bereitgestellt. Zum Austausch und zur Kooperation dienen Projekträume, Materialbibliotheken und Gruppenaufgaben. Die *Office*-Cloud ermöglicht das kollaborative Arbeiten mit Produkten von *MS Office*. *Itslearning* kann über eine Mobile App oder webbasiert aufgerufen werden. Neben multimedialen Inhalten können Umfragen, Diskussionen und Tests umgesetzt und Lernprozesse können durch Kompetenzraster und Fortschrittsberichte erfasst werden. Zwar werden die Daten auf europäischen und US-amerikanischen Servern abgelegt, doch erfüllt *Itslearning* die Anforderungen der DS-GVO.
- *Schul-Cloud* (HPI): Die HPI *Schul-Cloud* wird, unterstützt durch das Bundesministerium für Bildung und Forschung, seit 2016 vom Hasso-Plattner-Institut (HPI) als Open-Source-Software entwickelt. Sie steht Schulen kostenlos zur Verfügung, sichert datenschutzkonformen Zugriff und gewährleistet Datensouveränität. Die Software steht lizenzfrei (Open Source) zur Verfügung. Hervorgehoben wird, dass die Funktionalitäten zusammen mit Lehrenden und Lernenden nach dem Prinzip der User-Zentriertheit weiterentwickelt werden und die *Schul-Cloud* somit für den praktischen Gebrauch optimiert ist. Die Software bietet eine technische Grundlage für

eine endgerätunabhängige Umsetzung digitaler Lehr-Lernprozesse. Materialien können bereitgestellt, gemeinsam bearbeitet, ausgetauscht und sicher gespeichert sowie Kommunikationsmöglichkeiten durch eine Chatfunktion und Videokonferenzen genutzt werden.

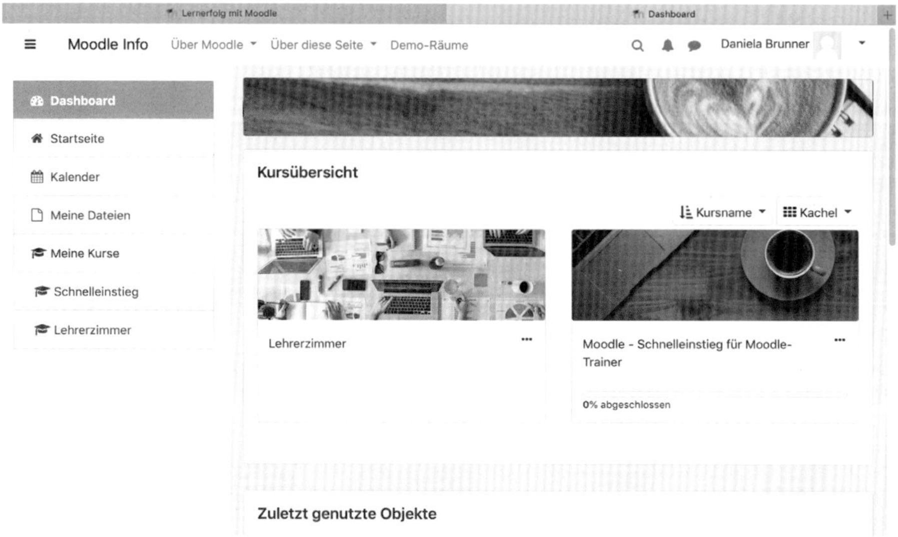

Abb. 3: Einstiegsseite der Lernplattform *Moodle* (Quelle: Screenshot)

2.5.7 Videokonferenz-Tools

Videokonferenz-Tools ermöglichen heutzutage nicht nur Gespräche zwischen zwei oder mehr Personen über weite Entfernungen hinweg, sondern auch die Umsetzung vielfältiger Lehr-Lernszenarien im Distanzunterricht, in Blended Learning oder hybriden Formaten. Beherrschen Lehrkräfte erst einmal die Oberfläche und Grundfunktionalitäten der Tools, können unterschiedlichste Methoden vom Lehrervortrag bis zu interaktiven Gruppenarbeiten digital umgesetzt werden.

Vor einer ersten Videokonferenz sollten sich Lehrende mit den Funktionalitäten vertraut machen. Hat man die Möglichkeit, ein Tool mit dem Kollegium auszuprobieren, ist es ratsam, denkbare kritische Eventualitäten durchzuspielen. Das gibt Sicherheit im Umgang.

Einige Voreinstellungen bei der Erstellung eines Termins können helfen, unerwünschte Besuchende fernzuhalten. Außerdem lassen sich Meetings durch Passwörter schützen und durch das Einrichten eines Warteraums das Eintreten unerwünschter Teilnehmender verhindern. Bei Schwierigkeiten können Personen aus Meetings entfernt oder ihre Funktionalitäten eingeschränkt werden. Mittlerweile gibt es eine Vielzahl von Anbietern. Die Produkte unterscheiden sich im Wesentlichen durch mögliche Teilnehmendenzahlen, den Datenschutz sowie die Systemstabilität. Bei kostenlosen Varianten sind die Funktionalitäten etwas begrenzter. Alle Tools sind intuitiv nutzbar und mit ähnlichen Grundfunktionalitäten ausgestattet.

Beim Eintreten in eine Videokonferenz können Teilnehmende einen Namen bestimmen, der sich auch später noch beliebig anpassen lässt. Je nach Kontext der Konferenz sollte entschieden werden, ob ein Klarname oder ein Pseudonym verwendet wird. Alle Teilnehmenden können die Videofunktion deaktivieren. Das ist dann sinnvoll, wenn die Internetverbindung nicht stabil, die Interaktion während einer Präsentation nicht wichtig ist oder die Privatsphäre geschützt werden soll. Eine besondere Funktionalität stellt das Einstellen eines Hintergrundbildes zum eigenen Video dar. Hier können meist Motive aus einer Bibliothek ausgewählt oder ein eigenes Bild hochgeladen werden. Dies ist dann besonders sinnvoll, wenn man sein privates Umfeld nicht für andere Teilnehmerinnen und Teilnehmer sichtbar machen möchte. Neben der Kamera lässt sich auch das Mikrofon ein- und wieder ausstellen. Gerade bei größeren Veranstaltungen oder bei einer Präsentation sollten die Teilnehmenden ihre Mikrofone ausschalten, um störende Nebengeräusche zu vermeiden. In einer Liste werden die Namen aller Teilnehmenden angezeigt. Signalisiert ein Teilnehmer oder eine Teilnehmerin durch „Handheben" das Bedürfnis eines Wortbeitrags, wird dies ebenfalls in der Teilnehmendenliste sichtbar.

Die meisten Videokonferenztools verfügen über eine Chatfunktion, über die man Nachrichten und Dokumente an alle oder einzelne Teilnehmende schicken kann. Diese Funktionalität kann von dem Moderator/der Moderatorin unterbunden werden. Gerade zur Präsentation von Dokumenten wie z. B. *PowerPoint*-Präsentationen eignet sich die Funktion „Bildschirm teilen". Hier lassen sich von den Präsentierenden der gesamte Bildschirm oder ein bestimmtes Fenster auswählen. Die Berechtigung zur Freigabe lässt sich durch den Moderator bzw. die Moderatorin steuern sowie in den Einstellungen vornehmen. Einige Tools erlauben das Aufzeichnen der Konferenzen, um auf die Informationen nach Ablauf der Konferenz zuzugreifen oder sie einem größeren Kreis von Interessenten zur Verfügung zu stellen.

- *BigBlueButton*: Das Video- und Webkonferenztool ist eine Open-Source-Anwendung, die auf eigenen Servern betrieben werden kann, sodass der Datenschutz gewährleistet wird. Die Möglichkeiten der Integration in Lernplattformen wie *Moodle, Iserv* oder der *Schul-Cloud* wurden insbesondere im Zuge der Corona-Pandemie in vielen Bundesländern genutzt. Das Videokonferenzsystem wurde speziell für Bildungskontexte entwickelt und bietet die gemeinsame Nutzung von Video, Audio, Whiteboard, Chat und Bildschirmfreigabe für die Kommunikation und Zusammenarbeit in

Unterrichtskontexten (s. Abb. 4, S. 42). Darüber hinaus gibt es die Möglichkeit, Teilnehmende in kleinere gruppenbezogene Videokonferenz-Räume zu schicken (sogenannte Breakout-Rooms).

- *Jitsi*: *Jitsi Meet* ist ebenfalls eine Open-Source-Anwendung und erlaubt niedrigschwellige, webbasierte Videokonferenzen für den Einsatz in Seminaren und im Unterricht. Zwar besteht nicht die gleiche Vielzahl von Einstellungsmöglichkeiten wie in kommerziellen Lösungen wie *Zoom* oder *Microsoft Teams*, doch ist die Anwendung kostenlos und beinhaltet alle wichtigen Funktionalitäten. Außerdem ist keine Registrierung notwendig und es werden hohe Datenschutzstandards gewährleistet. Die Teilnehmenden gelangen über einen Link im Browser in die Konferenz, müssen also keine zusätzliche Applikation installieren. Darüber hinaus verfügt *Jitsi* über grundsätzlich ähnliche Basisfunktionalitäten wie *BigBlueButton*. Auch ohne eigenes Videokonferenzsystem an der Schule gibt es die Möglichkeit, mit *Jitsi* Videokonferenzen zu initiieren, beispielsweise über Websites wie www.senfcall.de.
- *Microsoft Teams*: Das Produkt von Microsoft wurde 2017 für Kommunikations- und Kollaborationsprozesse entwickelt. Der Dienst ist Teil anderer *Microsoft*-Produkte und kann kostenlos, dann aber mit beschränkter Teilnehmendenzahl genutzt werden. Durch Funktionalitäten wie den Terminkalender lassen sich Videokonferenzen planen und Einladungen an Teilnehmende verschicken. Außerdem können Kanäle für Gruppen angelegt und so mehrere Personen angeschrieben und zu einem Termin eingeladen werden. Bei Videokonferenzen lassen sich wie in anderen Programmen der Bildschirm teilen, Mikro und Video an- und ausstellen und der Termin aufnehmen. Als lizenzierte Version für Bildungsprozesse hält *Teams for Education* einige Zusatzoptionen für Lehrkräfte bereit, wie die Möglichkeit, den Schülerinnen und Schülern Aufgaben bereitzustellen, Rückmeldungen zu geben und ein Whiteboard zu nutzen. Zu *Microsoft Teams* bestehen vielfältige datenschutzbezogene Bedenken, sodass hier sorgfältige Klärungen vor dem Einsatz vorzunehmen sind.
- *Zoom*: *Zoom* ist ein auch über Bildungskontexte hinaus weitverbreitetes Videokonferenztool. Hiermit lassen sich digitale Meetings, Webinare und größere Veranstaltungen umsetzen. Es kann kostenfrei, dann aber mit einigen Einschränkungen, genutzt werden. Beispielsweise ist die Dauer der Videokonferenz bei mehr als zwei Personen beschränkt. Außerdem sind weniger Funktionen auf der Oberfläche auswählbar. Ist man in Besitz einer Lizenz, gibt es weitreichende Möglichkeiten der Terminkoordination und -einstellungen. *Zoom* ist mit dem Rechner oder Smartphone webbasiert oder per Applikation nutzbar. Es besteht obendrein die Möglichkeit, sich über eine Telefonnummer auditiv dazuzuschalten. Um im Rahmen einer größeren *Zoom*-Konferenz kleine Gesprächs- oder Arbeitsgruppen umzusetzen, kön-

nen wie bei *BigBlueButton* vom Moderator oder der Moderatorin sogenannte „Breakout-Rooms“ eingerichtet und gestartet werden, bei der die Teilnehmenden durch Zufall oder manuell einer gewünschten Gruppenanzahl zugeordnet werden können. Mit einer *Zoom*-Lizenz lassen sich einige Sicherheitseinstellungen tätigen. Um beispielsweise den Beitritt unbefugter Personen einer Konferenz zu unterbinden, können auf der Konto-, Gruppen- oder Benutzerebene Warteräume aktiviert werden. Alle Personen können erst den Raum betreten, nachdem der Moderator oder die Moderatorin die Personen zugelassen hat. Eine andere Möglichkeit ist, die Videokonferenz durch ein Kennwort zu schützen. Dies lässt sich auf der Ebene einzelner Meetings festlegen oder es kann auf der Benutzer-, Gruppen- oder Kontoebene aktiviert werden. Nach anfänglichen Sicherheitslücken passte *Zoom* den Datenschutz durch Updates schrittweise an. Da es zum Schutz einiger Einstellungen bedarf und der Umgang des Unternehmens mit Userdaten nicht transparent ist, darf dieses Videokonferenz-Tool in vielen Bundesländern nicht für die Unterrichtsgestaltung verwendet werden.

- *Adobe Connect*: Vereinzelt wird in Bildungszusammenhängen (u. a. in Lehrkräftefortbildungen) auch *Adobe Connect* als Videokonferenzplattform eingesetzt. Die Anwendung läuft über den Browser, und es ist keine separate Software notwendig. Die Anwendung verfügt über alle Basisfunktionalitäten der davor beschriebenen Anwendungen wie Video-, Audio- und Chatkommunikation sowie die Möglichkeit der Bildschirmfreigabe und Aufzeichnung.
- *wonder.me:* Dieses Videokonferenz-Tool (ehemals *Yotribe*) wurde 2020 von einem Berliner Start-up entwickelt (s. Abb. 5, S. 42) . Es verfügt über ähnliche Funktionalitäten wie andere Tools, unterscheidet sich aber im Umgang mit dem virtuellen Raum sowie in der Art der Interaktion zwischen den Nutzenden. Zutritt in eine Konferenz bekommt man über einen Link, aber anders als bei vielen anderen Tools betritt man den Raum als Avatar (in Form eines Kreises mit Bild) und kann sich durch Klicken mit der Maus auf der Fläche bewegen. Befindet man sich in der Nähe eines anderen oder mehrerer Avatare, lässt sich ein Gespräch beginnen. Man sieht die Teilnehmer und Teilnehmerinnen dann über die Videofunktion und kann wie üblich Dokumente präsentieren. Möchte man die Unterhaltung beenden, klickt man einfach auf einen anderen Punkt im Raum und verlässt so die Gesprächssituation. Um der Konferenz eine spezielle Atmosphäre zu verleihen, kann der Host ein Hintergrundbild auswählen. Es lässt sich außerdem ein niederschwelliger Gesprächsanlass schaffen, indem der Host eine Icebreaker Frage bestimmt, die beim Betreten der Konferenz von allen Teilnehmenden beantwortet wird. Jeder Avatar ist dann mit seiner individuellen Antwort sichtbar.

Für themengebundene Gespräche oder Arbeitsgruppen kann der Host mehrere Felder anlegen und den Raum so strukturieren. Die Teilnehmenden treffen sich dann je nach Zuordnung oder Interesse auf den themenbezogenen Arealen.

Durch die Möglichkeiten, sich im virtuellen Raum zu bewegen und zufällige oder flüchtige Gespräche zu führen, eignet sich das Programm *wonder.me* zum Netzwerken und Kennenlernen. Gleichzeitig werden agile Methoden für Arbeitsgruppen oder die Unterrichtsgestaltung ermöglicht und damit die Nachteile anderer Videokonferenz-Tools wie der starre Referierenden-Modus sowie die unflexible Gesprächsaufnahme aufgelöst.

Abb. 4: Oberfläche des Videokonferenz-Tools *BigBlueButton* (Quelle: Screenshot)

Abb. 5: Oberfläche des Videokonferenz-Tools *wonder.me* (Quelle: Screenshot)

2.5.8 Tools zur Selbstorganisation von Lehrkräften

Digitale Anwendungen können Lehrkräfte nicht nur dabei unterstützen, den Deutschunterricht anders zu gestalten, sondern auch die Unterrichtsvor- und -nachbereitung erleichtern. Nicht selten sind ganzheitliche digitale Prozesse auch eine erfolgskritische Bedingung für eine gelungene digital geprägte Unterrichtsgestaltung. Das betrifft zunächst die Frage, welche Notizen handschriftlich auf Papier gebracht und wie diese – wenn notwendig – digital verfügbar gemacht werden (Foto, Scanner oder Abtippen), aber auch Aspekte wie die Gestaltung von Arbeitsblättern und Dokumentation der Lernergebnisse der Schülerinnen und Schüler. Die Frage, wie Lehrkräfte sich mit digitalen Anwendungen am besten selbst organisieren können, ist nicht erschöpfend zu beantworten. Dennoch werden nachfolgend exemplarisch Hinweise gegeben, die Lehrkräfte dabei inspirieren sollen, sich auch grundsätzlich zu ihrer digitalen Selbstorganisation Gedanken zu machen:

- *Wissensmanagement*: Interessante Impulse für die Unterrichtsgestaltung begegnen Lehrkräften häufiger als geplant, und nicht selten findet man die besten Beispiele später nicht mehr wieder. Tools wie *Edutags* funktionieren wie Lesezeichen-Systeme, sodass Lehrkräfte spannende Links schnell dauerhaft speichern können. Mit *Edutags* können Lesezeichen online verwaltet und auch mit anderen Nutzenden geteilt werden. Neben einer solchen Verwaltung von Links für Websites stellen sich für Lehrkräfte und ihr erfolgreiches Wissensmanagement auch die Fragen, wie und wo Notizen am besten gespeichert und verwaltet werden. Tools wie *Microsoft OneNote* oder *Evernote* können dabei helfen, geräteübergreifend alle Gedanken strukturiert zu notieren und diese Notizen leicht verfügbar zu haben. So geht kein guter Gedanke verloren.
- *Scannen*: Die Corona-Pandemie hat gezeigt, dass die passende Infrastruktur zum Drucken und Scannen nicht immer in der Schule oder daheim verfügbar ist. Als praktisch haben sich für das einfache Scannen daheim sogenannte Scan-Apps auf dem Smartphone erwiesen. Hier reichen Angebote von kommerziellen, bezahlpflichtigen Lösungen wie *ScannerPro* oder *CamScanner*, die eine Optimierung und Umwandlung fotografierter Dokumente zu PDF-Dokumenten ermöglichen, bis hin zu kostenfreien Open-Source-Lösungen wie *NAPS2*.
- *Gestaltung*: Neben klassischen Anwendungen zur Gestaltung von Unterrichtsblättern oder -präsentationen wie *Microsoft Office*-Lösungen gibt es auch andere Tools. Zum Beispiel ist *Canva* eine kommerzielle Anwendung mit unzähligen Vorlagen, ähnlich wie *Genially*, und *Tutory* ist eine deutschsprachige Plattform zur Gestaltung und Veröffentlichung von eigenen digitalen Arbeitsblättern.

- *Smartboard-Software*: Parallel zur steigenden Anzahl von Smartboards bzw. interaktiven Whiteboards in Klassenzimmern gibt es auch immer mehr dazu passende Tools und Apps. Eine bekannte browserbasierte Anwendung, für die keine Installation auf dem Rechner notwendig ist, ist *ClassroomScreen*. Der eigene Bildschirm des Laptops oder Tablets kann auf das Smartboard projiziert werden. Innerhalb der Anwendung können nicht nur Informationen visualisiert, sondern auch Teilfunktionen wie eine Stoppuhr, eine Ampel für Still- oder Gruppenarbeit angezeigt oder zufällige namentliche Gruppeneinteilungen genutzt werden.
- *Kalender und Terminfindung*: Spätestens im Zuge der Corona-Pandemie und digital gestützter Unterrichtsformate sowie andererseits sich ständig abwechselnder Unterrichtsformen und damit auch -zeiten stellt sich die Frage nach einer digitalen Organisation des Arbeitskalenders. Hier ist aus individueller Perspektive der Lehrkraft zu überlegen, wie Kalender auf verschiedenen Geräten synchronisiert werden können und wie Kalender schulbezogener IT-Lösungen zu integrieren sind. Neben großen internationalen Plattformanbietern wie *Google* etc. bieten auch deutsche Unternehmen Lösungen wie die Web-App *Schulplaner* an.
  Darüber hinaus gibt es Tools, die für das Suchen und Finden gemeinsamer Termine hilfreich sind. Über einen Link können Personen anklicken, welche Zeitfenster ihnen passen und welche nicht. So finden sich Termine mit dem Kollegium leicht ohne viel Kommunikation. *Doodle* ist die bekannteste Website, aber mittlerweile gibt es auch Alternativen wie das von der TU Dresden entwickelte *Dudle* (dudle.inf.tu-dresden.de).
- *Screenshots*: Nicht selten ist es hilfreich, sehr einfach einen bestimmten Ausschnitt des Computers als Bild für andere Zwecke zu verwenden, zum Beispiel, um einen technischen Fehler auf dem eigenen PC als Bild per Mailanhang zu verschicken. Dafür gibt es Software, die dies leicht ermöglicht. Das *Snipping Tool* bzw. *Greenshot* ist für *Windows*-basierte Geräte eine geeignete Anwendung. Nach Installation kann das Programm per Druck-Taste gestartet und dann einfach per Maus der für den Screenshot ausgewählte Bildschirmbereich ausgewählt werden. Der Bildausschnitt lässt sich dann per Copy-Paste in andere Kontexte integrieren oder als Bilddatei speichern.
- *E-Mails*: Im Kontext der Corona-Pandemie hat sich die klassische E-Mail als zentraler Ankerpunkt der Kommunikation erwiesen. Aktuelle schulische Anweisungen, Rückfragen von Lernenden sowie Benachrichtigungen der Lernmanagementsysteme lassen sich über E-Mails steuern.
- *Notenverwaltung*: Es gibt unterschiedlichste, in der Regel kommerzielle und kostenpflichtige Apps, mit denen Lehrkräfte eine digitale Notenverwaltung umsetzen können. Tools wie *Notenbox*, *Tapucate* oder *Teachertool* bieten diese Funktionalität und häufig darüber hinaus noch Funktionen wie Kalender und Kursheftverwaltung.

- *QR-Codes* und *URL-Verkürzer*: Um das Teilen langer, komplizierter Website-Adressen (auch URL genannt) mit Schülerinnen und Schülern zu erleichtern, erfreuen sich QR-Codes großer Beliebtheit. Insbesondere für das schnelle Abrufen von Links über Smartphones oder Tablets sind sogenannte QR-Code-Generatoren nützlich. Entsprechende Anwendungen legen unterschiedlich großen Wert auf Datenschutz. Unter www.goqr.me sind verschiedene Open-Source-basierte QR-Code Generatoren gelistet.
  Darüber hinaus gibt es auch die Möglichkeit, lange und komplizierte Website-URLs mit sogenannten URL-Shortener-Anwendungen zu verkürzen. Eine datenschutzkonforme Lösung ist www.t1p.de.
- *Datensicherung und Backups*: Last but not least gilt es, in einer zunehmend von digitalen Dokumenten und Arbeitsprozessen geprägten Welt regelmäßig entsprechende Daten zu sichern. Lehrkräften wird geraten, Backups (Sicherung wichtiger Daten) vorzunehmen. Die Möglichkeiten der Umsetzung hängen hier insbesondere vom Betriebssystem ab, jedoch sind entsprechende Anleitungen relativ leicht per Suchmaschine zu identifizieren. Es ist ratsam, sich hier zeitliche Routinen zu überlegen, wie beispielsweise zu bestimmten Tagen um die Zeugnisvergabe herum oder zu Beginn bzw. zum Ende von bestimmten Ferien. Für die technische Umsetzung sollte man sich vorher nochmal nach Tipps umschauen, doch allgemein gilt, dass man sich entscheiden sollte, ob man die Daten in einer Cloud (mit Datenschutzfragen verknüpft) oder auf einem externen Gerät wie einer Festplatte oder einem USB-Stick sichert. Außerdem gilt es, zu überlegen, wie man die gesicherten Daten und Informationen gut verschlüsselt (insbesondere im Fall externer Geräte wie USB-Sticks).

2.6 Anforderungen an Schulen

Spätestens die Herausforderungen infolge der Corona-Pandemie haben gezeigt, dass eine wirksame und erfolgreiche Umstellung auf neue digital gestützte Unterrichtskontexte für eine einzelne Lehrkraft kaum alleine zu bewältigen ist. Der Erfolg bei der Umstellung auf neue Formen der digitalen Unterrichtsgestaltung hing nicht selten von der ganzen Schulgemeinschaft ab. Von dieser Feststellung gehen zwei Botschaften an Deutsch-Lehrkräfte aus:

Einerseits sollten Lehrkräfte die Verantwortung für Erfolge und Misserfolge bei der Umstellung auf stärker digital gestützten Unterricht nicht nur bei sich sehen. Einzelne Lehrkräfte sind häufig mit bestimmten IT-Voraussetzungen konfrontiert, und nur in diesem häufig sehr begrenzten Rahmen digitaler Lernumgebungen lassen sich Unterrichtskonzepte umsetzen. Andererseits sind Lehrkräfte auch selbst eine zentrale Säule der Schulgemeinschaft und können damit Voraussetzungen wie IT-Ausstattungen, Medienentwicklungspläne, Konzepte der Medienerziehung und interne Fortbildungsformate selbst gestalten und prägen. Vor diesem Hintergrund soll nachfolgend das Verständnis von Schulentwicklung im Kontext von Digitalisierung geschärft werden, da hier ein Hebel für erfolgreichen digital umgesetzten Deutschunterricht gesehen wird.

Digitalisierungsbezogene Schulentwicklung als Schlüssel

Die infolge der Corona-Pandemie an das Bildungssystem im Allgemeinen und Schulen im Besonderen herangetragenen Herausforderungen zur digitalen Transformation des Lehrens und Lernens verdeutlichen den dafür notwendigen Handlungsbedarf wie ein Brennglas. Schulen standen und stehen vor der Herausforderung, in kürzester Zeit neue Strukturen und Prozesse wie neue Kommunikationsinfrastrukturen, neue Prüfungsformen, neue Wege der Inhaltsvermittlung sowie schulinterne Abstimmungsformate zu etablieren, um einen möglichst gleichwertigen Unterricht aufrecht erhalten zu können. Einzelne Lehrkräfte stießen nicht selten schnell an Grenzen der eigenen Handlungsfähigkeit, wenn zeitnah neue technische Infrastrukturen mit entsprechendem Service und Support, neue technische Geräte und Softwarelösungen notwendig wurden, rechtliche Unsicherheiten mit Bezug auf neue digitale Lehr-Lernszenarien zu lösen und formelle Rahmenbedingungen wie Bildungspläne sowie Informations- und Berichtspflichten einzuhalten waren. Schulen sind als Bildungsorganisationen nicht erst, aber insbesondere im Zuge der Folgen der Corona-Pandemie gefordert, institutionelle Lösungen für Lehrkräfte und somit auch für Schülerinnen und Schüler umzusetzen.

Zur Gestaltung dieser Herausforderung identifizieren Eickelmann und Gerick (2017) für die digitalisierungsbezogene Schulentwicklung fünf Dimensionen, in denen Transformationsprozesse in Schule angestoßen werden können: Organisationsentwicklung, Unterrichtsentwicklung, Personalentwicklung, Kooperationsentwicklung sowie Technologieentwicklung (s. Abb. 6).

Es zeigt sich hier für Lehrkräfte ein Bild, das sich in den zuvor beschriebenen Aspekten der Hardware- und Softwareausstattung, der Notwendigkeit für Vernetzung und Weiterbildung sowie grundsätzlich in der begrifflichen Auseinandersetzung schon äußerte: Unterrichtsentwicklung ist und bleibt der zentrale Hebel, um Schülerinnen und Schüler in einer digital geprägten Welt in ihrer Kompetenzentwicklung zu begleiten, doch bedingt erfolgreiche digitale Unterrichtsentwicklung ein Handeln auch auf anderen Ebenen der Schulentwicklung. So kann der grundsätzliche Handlungsauftrag auch an Lehrkräfte für das Fach Deutsch formuliert werden, dass „[…] eine erfolgreiche Umset-

Abb. 6: Fünf Dimensionen digitalisierungsbezogener Schulentwicklung (Quelle: Eickelmann/Gerick 2017, S. 70)

zung schulischer Zielsetzungen im Kontext der Digitalisierung Maßnahmen und Veränderungen auf allen Ebenen von Schule erfordert" (Labusch/Eickelmann/Conze 2020, S. 14). Lehrkräfte des Faches Deutsch können daher für sich prüfen, welchen Beitrag sie zur Personalentwicklung (z. B. Mikrofortbildungen), zur Organisationsentwicklung (z. B. Arbeitsgruppen), zur Technologieentwicklung (z. B. Formulieren von Anforderungen für digitale Anwendungen) oder zur Kooperationsentwicklung (z. B. regionale Partnerschaften mit außerschulischen Bildungsanbietern) leisten können. Eine erfolgreiche digitalisierungsbezogene Schulentwicklung unter Beteiligung möglichst vieler Akteure der Schulgemeinschaft kann dann auch einen wirksamen Beitrag zur (Weiter-)Entwicklung des Unterrichts im Fach Deutsch leisten.

Literaturhinweise:

Eickelmann, Birgit/Gerick, Julia 2017: Lehren und Lernen mit digitalen Medien – Zielsetzungen, Rahmenbedingungen und Implikationen für die Schulentwicklung. In: Schulmanagement-Handbuch, 164 (4), S. 54–81

Labusch, Amelie/Eickelmann, Birgit/Conze, Daniela 2020: Gestaltung digitaler Schulentwicklung in Deutschland. Münster: Waxmann Verlag

2.7 Digital geprägte Unterrichtsformen

Spätestens infolge der auch sehr öffentlichen und gesellschaftlichen Diskussionen rund um die Umstellung von Unterricht auf digitale Formate sind verschiede Begriffe zur grundsätzlichen Unterrichtsform verwendet worden. Im Folgenden soll der Versuch unternommen werden, in die vielfach sehr unterschiedlich verwendeten Begriffe etwas Klarheit und Ordnung zu bringen. Bei den nachfolgend präsentierten Formen von Unterricht handelt es sich eher um Variationen als um trennscharf voneinander abgrenzbare Kategorien. Sie alle sind innerhalb des Spektrums Präsenzunterricht mit digitalen Komponenten bis Online- oder Distanzunterricht zu verorten. Die Unterschiede sind eher graduell und ergeben sich aus der Art der Kombination beider Bestandteile bzw. dem Grad der Digitalisierung. Argumentiert man unterrichtsorganisatorisch, lassen sich drei grundlegende Varianten unterscheiden: Präsenzunterricht, hybrider Unterricht und Distanzunterricht (auch Online- oder Fernunterricht bzw. Homeschooling). Hier im Fokus stehen unterschiedliche Mischungen von Präsenz und Distanz, die entweder zusammenführen (hybrides Lernen / Blended Learning / Digitale Anreicherung) oder als vordefinierte zeitliche Abfolge (Wechselunterricht) realisiert werden.

2.7.1 Blended Learning

Blended Learning hat sich zwar als Begriff etabliert, doch herrscht nicht immer Einigkeit über die Definition. Das gängigste Verständnis ist die Kombination aus Online- und Präsenzunterricht (Graham 2006). Dabei kann mit Präsenz auch ein virtueller Raum gemeint sein, in dem ein Seminar, eine Besprechung oder eine Vorlesung stattfindet. Es besteht der Anspruch, durch die Kombination medialer Lehr-Lernarrangements neue Formen des Lernens zur Kompetenzentwicklung von Individuen oder Gruppen zu schaffen. Doch es herrscht mittlerweile Einigkeit darüber, dass die Kombination aus E-Learning und Präsenz nicht automatisch einen didaktischen Nutzen hat oder gar effektiv ist (Kerres 2018, S. 10). Damit einher geht die Annahme, dass digitale Medien bestimmte Personen wie Experten oder andere Gesprächsteilnehmer sowie einige Lernkontexte nicht ersetzen können (Arnold et al. 2018, S. 23).

2.7.2 Homeschooling

Werden Kinder nicht in der Schule, sondern zu Hause von den Eltern, Nahestehenden der Familie oder von Privatlehrkräften unterrichtet, spricht man von „Homeschooling“ oder auch „Home Education“. Dieser Bildungsansatz ist allerdings nicht immer trennscharf abzugrenzen. Dabei ist nicht klar, ab welchem Verhältnis zwischen schulischer oder häuslicher Lernzeit Home Education gilt und ob jeder Fernlernkurs automatisch als Homeschooling zu kategorisieren ist (Spiegler 2008, S. 12). Auch die beiden Begriffe Homeschooling und Home-Education bringen laut Spiegler ein sprachliches Problem mit sich, da dem einen eher die Übersetzung von „Bildung“ und dem anderen die Übersetzung von „Erziehung“ zuzuordnen ist. Im Deutschen gibt es eine Reihe weiterer Begriffe wie „Hausunterricht“, „Heimunterricht“ und „häuslicher Unterricht“ oder je nach Selbstverständnis der Akteure auch „freies Lernen“, die als Synonyme für Homeschooling verwendet werden.

Im Gegensatz zu Deutschland, in dem Homeschooling durch die gesetzlich verankerte Schulpflicht nicht erlaubt ist, werden in Ländern wie den USA etwa 2 % und in Kanada und Neuseeland etwa 1 % der Kinder zu Hause unterrichtet. Oft seien der Grund für das Homeschooling allerdings nicht die Abgrenzung zum Lernort Schule, sondern fehlende Alternativen durch ökonomische Zwänge oder fehlende Bildungseinrichtungen, so Spiegler (vgl. ebd.). Während sich seit den 1970er-Jahren in den USA Homeschooling zu einer größeren Bewegung mit professionellen Lobbyorganisationen entwickelte, ist der Ansatz in Deutschland lange Zeit unerforscht geblieben.

2.7.3 Hybrides Lernen

Was Hybridunterricht ist, lässt sich, ähnlich wie viele andere der hier konturierten Unterrichtsformen, eher über ein verbreitetes Verständnis als durch eine klare Grenzziehung bestimmen – und unterliegt unverkennbar auch zeitlichen Veränderungen (vgl. u. a. Kantereit 2020). Es ist davon auszugehen, dass der Begriff alle Mischungen von Präsenz- und Fernunterricht beschreibt und damit dem Blended Learning sehr ähnelt. Grundsätzlich kann aber davon ausgegangen werden, dass hybrides Lernen sowohl Wechselunterricht als auch jene Unterrichtslösungen miteinschließt, in denen ein Teil der Klasse im Klassenraum und der andere aus der Distanz am Unterricht teilnimmt – oder Lernende in der Schule sind, aber digitale Anreicherungen in den Unterricht einfließen. Damit werden hier Lehr- und Lernformen zusammengefasst, die sehr unterschiedliche Anforderungen an die Lehrkraft stellen und für die Lernenden sehr unterschiedliche Lernsettings schaffen. Essenziell für eine Realisierung sind die Bereitstellung einer gemeinsamen, datensicheren Arbeitsplattform, eines Konferenzsystems sowie die ausreichende Verfügbarkeit von Geräten (Laptops, PCs, Pads o. Ä.) für Lehrende und Lernende und die für deren sichere Handhabung nötige technische Kompetenz. Ist all dies gewährleistet, kann hybrides Lernen sowohl einzelnen wie auch Gruppen von Lernenden gezielten Wissens- und Kompetenzerwerb, aber auch eine entsprechende Festigung und Überprüfung ermöglichen. Ideal scheint ein Einsatz digitaler Angebote in der Phase der Festigung: Hier können sie individuelle Lernwege oder -tempi ermöglichen und teilweise auch automatisierte und damit unmittelbare Ergebniskontrollen bereitstellen. Die Vermittlung neuer Kenntnisse oder Methoden sollte so weit wie möglich im Präsenzunterricht erfolgen, da eine persönliche Interaktion der Lehrkraft am meisten Aufschluss über den Grad des Verständnisses bzw. der Verinnerlichung gibt.

2.7.4 Wechselunterricht

Der Wechselunterricht zählt zu den am klarsten von anderen Formen abgrenzbaren und damit als Modell definierbaren Kombinationen medialer Lehr-Lern-Arrangements. Es handelt sich hierbei um einen im Vorfeld klar geplanten (meistens wochen-, ggf. aber auch tageweisen) Wechsel von Präsenz- und Distanzunterricht. Kann dieser längerfristig geplant werden, lassen sich stärker für den Präsenzunterricht geeignete Unterrichtsprozesse (vor allem die Vermittlung von Wissen oder Methoden und Teile der Ergebnissicherung) plan- und didaktisch sinnvoll mit jenen kombinieren, bei denen sich sowohl Kommunikation als auch Arbeitsprozesse gut oder sogar besser über digitale Kommunikation und Angebote umsetzen lassen (Projektarbeit in Arbeitsteilung, Festigungsphasen mit individuellem Lerntempo, ggf. auch individuellen Lernwegen). Auch die stärkere Orientierung von Distanzunterricht an Schriftlichkeit bzw. der höhere Anteil von Mündlichkeit im Präsenzunterricht sind bei einer längerfristigen Planung von Wechselunterricht mitzudenken, um diesen möglichst gewinnbringend zu gestalten. Eine soziale Herausforderung stellt die Tatsache dar, dass Wechselunterricht oft mit der Segmentierung von Lerngemeinschaften in kleinere Gruppen einhergeht. Hier werden sowohl die zwischenmenschlichen Kontakte als auch die Möglichkeit des Austauschs zwischen den Gruppen stärker reduziert als bei gemeinsamen Realisierungen von Distanzunterricht oder hybriden Lernformen. Deshalb scheint es wichtig und geboten, regelmäßig hybride Arbeitsphasen und digitale Konferenzen einzuplanen und Aufgabenstellungen so zu gestalten, dass eine digitale Kooperation gefordert oder zumindest befördert wird.

2.7.5 Digitale Anreicherung

Der Kerngedanke digitaler Anreicherungen besteht darin, Präsenzunterricht durch Integration digitaler Phasen oder Angebote so zu gestalten, dass ein optimaler, kompetenzorientierter Lernprozess gelingt. Neue Medien werden genau (und nur) da einbezogen, wo es dem Lehr-Lern-Zyklus dient und dies für einen bestmöglichen Kompetenzzuwachs ratsam scheint. Insofern ist diese Form des Unterrichts primär von didaktischen Überlegungen und nicht von organisatorischer Notwendigkeit geleitet, so dass die Frage im Mittelpunkt stehen kann, welche Organisationsform bzw. welches Medium und welche Methode dem Lernziel und den Stärken der unterrichteten Gruppe bzw. Individuen am meisten gerecht werden. Digitale Anreicherungen sind u. a. da empfehlenswert, wo sie Binnendifferenzierung ermöglichen bzw. Raum für individuelle Lernwege oder Lerntempi schaffen, neue Quellen für einen Wissenserwerb erschließen oder ein stärker verzahntes kooperatives Arbeiten ermöglichen. Hier können beispielsweise Apps oder Tools zur Festigung von erworbenem Wissen zum Einsatz kommen oder mittels digitaler Plattformen, *Padlets* etc. die Zusammenarbeit in Kleingruppen im Rahmen eines Projektes realisiert werden. Eine weitere verbreitete Möglichkeit der digitalen Anreicherung findet sich im Bereich der motivierenden Ergebnispräsentation bzw. der Aufbereitung von Ergebnissen a) auf dadurch noch ansprechendere Weise (häufig durch Kombination von Text, Bild, Film und/oder Ton) oder b) spezifisch für ein digitales Präsentationsmedium wie Blogs, Social Media, *YouTube*, Website etc. aufbereitet (u. a. Böhnert & Lemke 2018, S. 40). Und nicht zuletzt sind digitale Anreicherungen da empfehlenswert und ein Gewinn für die Lernenden, wo es um Thematisierung literarischer Texte oder Sachtextthemen in anderen Medien geht (Heiderich 2018, S. 49 – 57) und so der Zugriff auf den Text niedrigschwelliger gestaltet werden kann.

2.7.6 Distanz-Lernen

Distanz-Lernen ist dem sehr verwandt, was in Pandemiezeiten häufig als Homeschooling bezeichnet wurde, nuanciert dieses aber insofern, als es nicht notwendig eine länger andauernde Phase des ausschließlichen Unterrichtens in der eigenen Häuslichkeit beschreibt, sondern auch eine stunden- oder tageweise Realisierung meinen kann. Stärker als bei den hybriden Lehr- und Lernformen besteht hier die pädagogische und didaktische Herausforderung (auch) darin, den Kontakt zu den Lernenden intensiv genug zu gestalten und den Lernfortschritt so zu überwachen, dass ein gutes Lernklima erhalten bleibt. Da Distanz-Lernen in hohem Maße auf Selbstorganisation setzt und dies gerade für jüngere Lernende eine große Belastung darstellt, sind hier regelmäßige Gespräche über Videokonferenzen empfehlenswert. Außerdem sollten die Lehr-Lern-Zyklen bzw. Arbeitsprozesse in (altersadäquat) kleinere Bestandteile segmentiert werden, die jeweils mit der Möglichkeit zum Austausch, zur Klärung oder der Ergebnissicherung enden. Auch die Dokumentation des Arbeitsfortschritts über Lernplattformen, Lerntagebücher oder Ergebnisse dokumentierende Tools (ggf. auch Lernquizze, Apps etc.) kann sich hier als sehr hilfreich erweisen. Dabei gilt es auch zu bedenken, dass Distanzlernen tendenziell stärker schriftlich basiert ist und Arbeitsphasen demzufolge anders organisiert und zeitlich geplant werden müssen. Außerdem ist – auch durch Abstimmung zwischen den Lehrkräften verschiedener Fächer – für die nötige Abwechslung zu sorgen, um ein angemessenes Verhältnis von Einzelarbeit und Interaktion, aber auch eine (relative) methodische Vielfalt zu gewährleisten. Das Potenzial von Distanzunterricht liegt im Bereich der individuellen Ausgestaltung von Lernwegen: Sofern die Lernenden über das nötige Alter und die nötigen technischen Kompetenzen verfügen, kann durch variierende Aufgabenstellungen und ggf. auch ergänzende Bereitstellungen von Material oder Inhalten sehr binnendifferenziert gearbeitet werden. Die Lernenden arbeiten im eigenen Tempo, ggf. auch in unterschiedlichen Intervallen und ausgerichtet an ihrem individuellen Lernniveau. Voraussetzung hierfür ist natürlich in hohem Maße die Bereitstellung der geeigneten Ausrüstung und Tools bzw. Software. Stehen diese zur Verfügung, können Bildschirme zum gemeinsamen Anschauen von Filmen oder Präsentationen geteilt, das Ansehen durch einen Gruppenchat begleitet, Abfragetools (*Mentimeter* o. A.) zur Einholung von Stimmungsbildern oder automatisierte bzw. interaktive Quizlösungen zur Erfassung von Lernständen genutzt werden etc. –, wobei dies den regelmäßigen persönlichen und unbedingt auch ab und an individuellen Austausch zwischen Lehrkraft und Lernenden nicht ersetzen kann. Außerdem sollte gewährleistet sein, dass das Spektrum technischer Optionen nicht so groß und die Angebote nicht so komplex in der Handhabung sind, dass die Lernenden kaum Arbeitsroutinen entwickeln und diese so als Erleichterung bzw. Hilfsmittel wahrnehmen können.

2.7.7 Flipped Classroom bzw. Inverted Classroom

Beim Szenario des Flipped Classrooms, teilweise auch synonym als Inverted Classroom bezeichnet, handelt es sich um einen umgedrehten Unterricht. Im Unterschied zum klassischen Unterrichtsverständnis werden in diesem didaktischen Konzept die üblichen Lehr-Lernprozesse aus dem Klassenzimmer ausgelagert. Das bedeutet, dass die Inhaltsvermittlung, in der Lernende eher passiv sind, nicht im synchronen Unterrichtskontext, also im Klassenzimmer stattfindet, sondern in asynchrone Formate übertragen wird. Schülerinnen und Schüler erarbeiten sich dann eher selbstgesteuert und zeit- sowie ortsunabhängig die Inhalte. Dies kann unter anderem durch Videos erfolgen. Der gemeinsame Präsenzunterricht wird dann insbesondere genutzt, um die erarbeiteten und vorher vertieften Inhalte zu diskutieren, Rückfragen zu klären und kritisch zu hinterfragen sowie ggf. in Transferphasen auf andere Kontexte zu übertragen.

B

Exemplarisches Lernszenario II: Wechselunterricht

Susanne, Gymnasiallehrerin in einer 8. Klasse

Klassenkommunikation

Ein Teil der Klasse kommuniziert in einem privaten Chat über *WhatsApp*. Die Gruppe steht allen offen, aber wird nicht von allen genutzt, da zum einen nicht nur schulische Dinge kommuniziert werden und zum anderen, weil es auch schon Probleme im Chat gab, z. B. weil die Sprache oder die Uhrzeit der Nachrichtenversendung nicht angemessen waren oder Administratoren ihre Befugnisse in der Gruppe genutzt haben, um andere aus verschiedenen Gründen aus der Gruppe auszuschließen. Ich beteilige mich nicht am Chat, bekomme aber über die Gespräche mit der Klasse, mit einzelnen Schülerinnen und Schülern oder Eltern regelmäßig etwas mit und thematisiere Probleme und angemessene Kommunikation immer wieder im Unterricht, wobei auch grundsätzliche Herausforderungen des Handelns im Internet eine Rolle spielen. Der wichtigste Termin für den unmittelbaren Austausch ist die Klassenleiterstunde, die einmal wöchentlich sowohl im Präsenz-, als auch im Wechsel- und digitalen Unterricht stattfindet. Im Wechselunterricht schaltet sich die Lerngruppe im Distanzunterricht über die Videokonferenz in den Klassenraum dazu. Hier besprechen wir gemeinsam die Woche, halten die anstehenden Aufgaben, Tests und Abgaben aller Fächer gemeinsam im Wochenplan fest und klären Fragen und Anliegen. Wichtiger Bestandteil insbesondere im Distanzunterricht ist eine kleine Motivationsphase, die meist mit der Nutzung eines digitalen Tools verbunden ist, sodass die Lernenden zu Hause mitmachen können.

Wir nutzen beispielsweise *StrangeGarden*, um gemeinsame Fotocollagen zu kreieren, *Pixton*, um ein aktuelles Klassenfoto mit digitalen Avataren zu erzeugen, ein digitales Spiel oder eine Umfrage, um die aktuelle Stimmung zu erfassen (Lob dich mal! Meckere mal!).

Für die tägliche Kommunikation nutzen wir die Nachrichtenfunktion unserer Lernplattform *Moodle*, mit der sowohl Nachrichten an Einzelpersonen, als auch an die Kursgruppe versandt werden können, sowie E-Mails. Alle Schülerinnen, Schüler und Lehrkräfte haben eine schulische E-Mail-Adresse bei *BytecampWebmail*, die ausschließlich für die schulische Kommunikation verwendet wird und der in *Moodle* hinterlegten Mailadresse entspricht. Ich nutze einen Mailverteiler für die Schülerinnen, Schüler und die Eltern, nachdem diesem Kommunikationsweg auf der ersten Elternversammlung zugestimmt wurde. Ich beantworte die Fragen möglichst zeitnah, für längere Anfragen nutze ich auch die Zeit am Abend. Gespräche mit den Schülerinnen und Schülern finden überwiegend in der Schule statt, aber auch individuelle Videokonferenzen in den Pausen oder geplante Schüler-Eltern-Gespräche finden im Wechselunterricht häufig digital statt. Im Wechselunterricht ist die Chatfunktion wichtig für den Austausch mit der Lerngruppe, die zu Hause ist. Die Lernenden nutzen den Chat lieber, um ihre Nachfragen zu einer Aufgabe zu stellen, als sie laut über das Mikrofon auszusprechen.

Alle Informationen zur Unterrichtsorganisation und zu Änderungen im Distanzunterricht erhalten die Klasse und die Eltern per Mail, über die Schulhomepage und die Informationsseite auf *Moodle*.

Geräte

Unser Klassenzimmer ist sehr gut ausgestattet und verfügt über einen festen Computer mit Internetzugang, eine mobile Kamera mit integriertem Mikrofon, einen Beamer mit entsprechender Leinwand, eine Dokumentenkamera, Lautsprecher und einen OH-Projektor. In den Nebenräumen gibt es Computerarbeitsplätze für die Lernenden, zudem haben wir mehrere iPad-Klassensätze. Für den Wechsel- und Distanzunterricht habe ich inzwischen ein Notebook von der Schule erhalten, das normalerweise einem Chemieraum zugeordnet ist. Es ist ein älteres, größeres Modell und ich nutze es nur für Videokonferenzen. Die Unterrichtsvorbereitung erledige ich nach wie vor auf meinem privaten Gerät. Materialien, die ich im Unterricht nutzen möchte, speichere ich auf einem USB-Stick. Da nicht alle Räume in der Schule in dieser Weise ausgestattet sind, habe ich mein Notebook in der Regel dabei und nutze mein Smartphone für die Einrichtung eines Hotspots, wenn ich Medien aus dem Internet einbinden möchte. Demnächst soll es für jede Lehrkraft ein neues, personalisiertes Notebook geben. Die meisten Lernenden meiner Klasse arbeiten mit einem Notebook, insbesondere die Jungen der Klasse haben PCs, die sie normalerweise zum Computerspielen verwenden und gut beherrschen. Einige nutzen iPads für die Bearbeitung der Aufgaben und wenige greifen auf das Smartphone zurück. Noch während des ersten Corona-Lockdowns haben wir erfasst, wer kein Endgerät zur Verfügung hat. Diese Schülerinnen und Schüler konnten nach der zentralen Anschaffung durch den Schulträger ein Notebook als Leihgerät erhalten, sodass alle gut ausgestattet sind. Nur die Internetverbindung auf dem Land lebender Kinder stellt mitunter ein Hindernis dar.

Im Unterricht

Eine Herausforderung des Wechselunterrichts besteht darin, die Inhalte und Materialien so auf- und vorzubereiten, dass sie sowohl mit der Lerngruppe in der Schule als auch von den Schülerinnen und Schülern zu Hause bearbeitet werden können und beim nächsten Wechsel jeweils zur Verfügung stehen. Im Distanzunterricht arbeiten wir überwiegend mit digitalen Materialien, beispielsweise Arbeitsblättern, die ich zumeist mit *Sejda* als interaktive PDF-Dokumente erstelle, sodass sie direkt am PC oder Tablet bearbeitet werden können. Die Lerngruppe in der Schule bearbeitet die Aufgaben in der Regel handschriftlich auf Papier. Nur eine Schülerin nutzt ihr privates iPad inzwischen auch in der Schule und erledigt ihre Aufgaben und Mitschriften handschriftlich, aber eben digital. Es passiert häufiger, dass die Homeschooling-Lerngruppe die digital bearbeiteten Aufgaben beim Wechsel in den Präsenztag nicht dabei hat, was wir leider noch nicht mit der generellen Nutzung von Tablets oder PCs im Unterricht auffangen können, sondern mit einem Vorrat an zusätzlichen Kopien bzw. dem gemeinsamen Blick auf das digitale Dokument über den Beamer oder die Dokumentenkamera. Diese Hürde entfällt, wenn die Aufgaben im Arbeitsheft bearbeitet werden und wir das Lehrbuch nutzen. Da ich regelmäßig Arbeitsergebnisse einsammle, sind die Lernenden dann allerdings dafür verantwortlich, ihre Ergebnisse zu digitalisieren. Die meisten machen dies mit einem Foto, wobei die Lesbarkeit nicht immer gegeben ist. Persönlich bevorzuge ich Scans,

wenn ich Buchseiten oder Ähnliches digital benötigte. Diese erstelle ich inzwischen nicht mehr mit dem Scanner, sondern mit der Notizen-App meines Smartphones.
Während ich im Distanzunterricht die Bereitstellung der Aufgaben entweder direkt über unsere Lernplattform *Moodle* vornehme oder über ein dort eingebundenes *Padlet*, strukturiere ich die Unterrichtsstunden im Wechselunterricht grundsätzlich mit einem *Padlet*. Dies hat sich bewährt, weil die Lernenden so einen sehr guten Überblick über die Unterrichtseinheit, den organisatorischen Ablauf des Wechselunterrichts sowie die Aufgaben und Materialien der einzelnen Unterrichtsstunden haben und ich die Posts mit den ganz unterschiedlichen Inhalten schneller und unkomplizierter einbinden kann. Für die Abgabe von Erarbeitungsaufgaben verwende ich in der Regel die Aufgaben-/Abgabe-Funktion in *Moodle*, die unter dem *Padlet* eingebunden wird. Dies hat den Vorteil, dass ich einen Überblick über die Abgaben habe, direkt auf die Dokumente zugreifen kann, ohne sie extra herunterladen zu müssen, und unmittelbar ein Feedback formulieren oder eine Bewertung abgeben kann. Bei ausführlicheren Rückmeldungen kann ich zudem ergänzend eine Audio- oder Textdatei hochladen. Zusätzliche Hausaufgaben gebe ich im Wechselunterricht nicht auf.
Eine Doppelstunde beginne ich zumeist mit beiden Gruppen, wobei sich die Gruppe im Homeschooling über die Videokonferenz dazuschaltet. Ich empfinde den gemeinsamen Start als wichtig, weil die Klasse so zumindest etwas voneinander mitbekommt, die Lernenden zu Hause dabei unterstützt werden, eine Tages- und Lernstruktur zu finden, und die Möglichkeit haben, Nachfragen zu stellen. Längere Arbeitsphasen plane ich so, dass sich die Schülerinnen und Schüler zu Hause dann nach einer gewissen Zeit aus der Konferenz abmelden und die Aufgabe allein beenden. Bei Partner- oder Gruppenarbeiten eröffne ich Breakout-Räume, während die Lernenden in der Schule unsere kleinen Arbeitsräume aufsuchen. Ich kann mich digital oder analog in die Räume begeben, wenn es Fragen oder Probleme gibt. Ich plane etwas mehr Zeit dafür ein, sodass ich sowohl regelmäßig Lüften als auch den Chatverlauf verfolgen kann. Die Auswertung der Arbeitsergebnisse der Einzelarbeit bespreche ich mit der Homeschooling-Gruppe in der nächsten Präsenzstunde. Für die Präsentation von Ergebnissen der Partner- oder Gruppenarbeiten nutzen wir entweder den mündlichen Austausch in der Videokonferenz oder ein digitales Tool, dass kooperatives Arbeiten ermöglicht.

Fazit und Ausblick

Der Wechselunterricht ist von allen Formen des digitalen Unterrichtens die aufwendigste und die unbefriedigendste. Zum einen liegt das daran, dass der Unterricht quasi doppelt geplant werden muss, weil sich digitale Lernszenarios nicht ohne Weiteres ins analoge Klassenzimmer übertragen lassen und andersherum. Dies liegt vor allem an der technischen Ausstattung im Klassenzimmer. Bei der digitalen Unterrichtsplanung kann ich voraussetzen, dass alle ein digitales Endgerät mit Zugang zum Internet haben. In der Schule ist dies nicht der Fall, sodass ich z. B. für die Bereitstellung von Materialien auf analoge Möglichkeiten zurückgreifen muss. Voraussetzung für einen gelingenden Wechsel wäre eine entsprechende Ausstattung in der

Schule, insbesondere ein Zugang zu einem Schul-WLAN. Zum anderen bringt der Wechselunterricht auch noch größere Herausforderungen für die Schülerinnen und Schüler mit sich, weil sie aus dem Rhythmus kommen, insbesondere wenn es einen tageweisen Wechsel gibt. Nichtsdestotrotz sind wir natürlich dankbar für jedes Zusammenkommen in der Klasse, denn Deutschunterricht lebt vom sozialen Miteinander.

Literaturhinweise:

Arnold, Patricia/Kilian, Lars/Thillosen, Anne/Zimmer, Gerhard 2018: Handbuch E-Learning. Lehren und Lernen mit digitalen Medien. 5. Auflage. Bielefeld: Bertelsmann

Böhnert, Katharina/Lemke, Ilka 2018: Haten, hashtaggen, posten, liken. Kommunikationspraktiken in den Social Media und ihre sprachliche Realisierung als Gegenstand im Deutschunterricht. In: Praxis Deutsch Nr. 267: Sprache – Denken – Wirklichkeit, S. 40–43

Graham, Charles R. 2006: Blended Learning Systems: Definition, Current Trends, and Future Directions. In: Bonk, Curt J./Graham, Charles R. (Eds.): Handbook of Blended Learning: Global Perspectives, Local Designs. San Francisco: Pfeiffer Publishing, S. 3–21

Heiderich, Jens F. 2018: „Willkommen in der neuen Reality-Dokusoap". Das Himbeerreich – Theatertrailer und -text im Zusammenspiel betrachten. In: Praxis Deutsch Nr. 270: Nebentexte, S. 49–57

Herzig, Bardo/Martin, Alexander 2018: Lehrerbildung in der digitalen Welt. Konzeptionelle und empirische Aspekte. In: Ladel, Silke/Knopf, Julia/Weinberger, Armin (Hrsg.): Digitalisierung und Bildung. Wiesbaden: Springer

Kantereit, Tim 2020: Hybrid-Unterricht 101 – Ein Leitfaden zum Blended Learning für angehende Lehrer:innen. Visual Ink Publishing

Kerres, Michael 2018: Mediendidaktik. Konzeption und Entwicklung mediengestützter Lernangebote. 5. Auflage. München: Oldenbourg

Klee, Wanda/Wampfler, Philippe/Krommer, Axel (Hg.) 2021: Hybrides Lernen. Zur Theorie und Praxis von Präsenz- und Distanzlernen. Weinheim/Basel: Beltz

Spiegler, Thomas 2008: Home Education in Deutschland. Hintergründe – Praxis – Entwicklung. Wiesbaden: VS Verlag für Sozialwissenschaften

3 Methoden des Deutschunterrichts

Im Folgenden werden zentrale Verfahren und Methoden des Deutschunterrichts jeweils daraufhin befragt, ob und inwiefern sie sich digital transformieren lassen. Sortiert nach Kompetenzbereichen werden dazu in enger Anlehnung an Baurmann/von Brand/Menzel/Spinner 2020 einzelne Methoden kurz in ihren Zielen und Abläufen beschrieben und anschließend Wege aufgezeigt, wie eine Realisierung in präsenten oder digitalen Lernsettings sinnvollerweise gestaltet werden könnte. Zudem wird immer wieder auch auf digitale Tools und Apps verwiesen, die in Kap. 4 ausführlicher vorgestellt werden.

3.1 Sprechen und Zuhören

Das *Sprechen und Zuhören* ist gleichermaßen Lerngegenstand und Lernmedium und prägt nahezu alle Phasen und Formen des Unterrichts. Als Lerngegenstände sind dabei mono- wie dialogische Kommunikationssituationen von Bedeutung. In den meisten Fällen werden diese im Unterricht zwischen den Lernenden initiiert, was dazu führt, dass sie überwiegend von Flüchtigkeit geprägt sind, sofern sie nicht aufgezeichnet werden. Die Schülerinnen und Schüler sowie die Lehrkraft müssen sich Besonderheiten also wahlweise merken oder mithilfe von Aufzeichnungen memorieren, wobei sich unterschiedliche Wahrnehmungen wegen fehlender Beweise im Nachhinein nur schwer objektivieren lassen. Hier kann (digitale) Technik gut unterstützend genutzt werden.

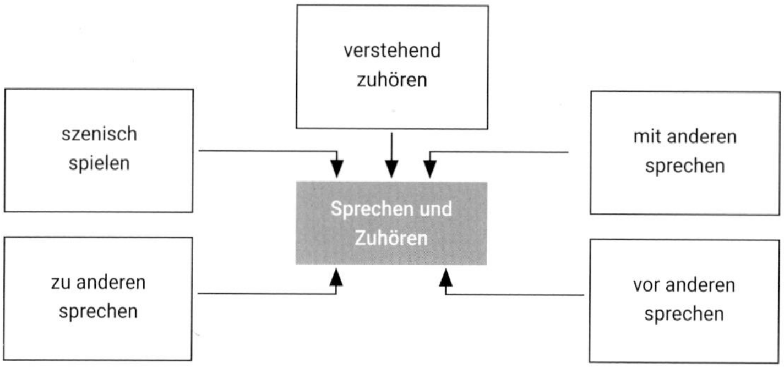

Abb. 7: Die Teilhandlungen des Kompetenzbereichs „Sprechen und Zuhören" (Quelle: Nationale Bildungsstandards)

Während monologische Formen des Sprechens (vor anderen/zu anderen sprechen) gut digital gespeichert und auch auf Distanz verwirklicht werden können, sofern mögliche Reaktionen nicht berücksichtigt werden sollen, bedarf es bei dialogischen Formen prinzipiell wenigstens einer Live-Situation, in der die Lernenden sich aufeinander beziehen können. Zur reinen Analyse könnten aber beispielsweise Aufzeichnungen von Talksendungen sinnvoll eingesetzt werden. Das szenische Spiel erfordert einen stärkeren Einbezug von Gestik und Mimik sowie deren genaue Wahrnehmung bei den Mitspielenden, sodass hier das Beisammensein im gleichen Raum wünschenswert ist. Die Schulung des Hörverstehens wiederum erfolgt sowohl an Aufnahmen als auch live in realen Kommunikationssituationen und kann so in Einzel-, Partner-, Gruppen oder Plenumsarbeit erfolgen.

3.1.1 Vorlesen/Vortragen

Beschreibung

Das Vorlesen/Vortragen reicht vom lauten Lesen eines unbekannten Textes bis hin zum auswendig gelernten Rezitieren eines Gedichts. Flüssiges und sinnbetontes Lesen und Sprechen sind dabei die zentralen zu entwickelnden Kompetenzen; hinzu kommen ggf. passende Gestik und Mimik. Zugleich sind Vorlesen und Vortragen wichtige erste Schritte, um später frei vor anderen zu sprechen (vgl. 3.1.2 und 3.1.3) oder gar szenisch zu spielen (vgl. 3.1.6 und 3.2.8). Das Vorlesen wiederum hängt dabei einerseits stark von der Fähigkeit zum flüssigen Lesen (vgl. 3.2.1) ab, ist aber zugleich ein gutes Mittel, um dieses zu trainieren. Rosebrock/Nix bezeichnen deshalb auch die „Fähigkeit zum ausdrucksstarken Vorlesen" als „vierte Dimension der Leseflüssigkeit" (Rosebrock/Nix 2020, S. 39). Bis heute wird das Vorlesen in den Schulen häufig noch in Form des Reihumlesens realisiert, bei dem kurze Passagen eines unbekannten Textes von mehreren/vielen Lernenden nacheinander vorgelesen werden, was in der Fachdidaktik vielfach und aus unterschiedlichen Gründen kritisiert wurde und wird (vgl. ebd., S. 44 f.).

Das ausdruckstarke Vorlesen oder gar – meist auswendige – Vortragen sollte als eigenständige Kompetenz des mündlichen Sprachgebrauchs im Unterricht als Lerngegenstand begriffen und solchermaßen bewusst gefördert werden, sodass den Lernenden bewusst wird, dass die Zielperspektive darin besteht, „laut, flüssig, variabel, sinngebend gestaltend und zuhörerorientiert" (von Brand 2020, S. 18) lesen zu können. Hierfür bietet sich ein vierschrittiges Verfahren an, das aus einer Notationsphase, einer Übungsphase, der Lesung und einer Auswertungsphase besteht.

1. Vorbereitungs-Notationsphase

Die Lernenden bereiten in Einzel- oder Partnerarbeit ihren zu lesenden Text vor, indem sie ihn mit Hilfen/Notationen versehen. Beispiel: Sinneinheiten mit Zäsurstrich (') abgrenzen, Pausen mit Pausenstrich markieren (|), sinntragende Wörter unterstreichen, ggf. betonte Silben mit Akzentstrich, besonders betonte mit zwei Akzentstrichen versehen.

↓

2. Übungsphase

Wegen der Möglichkeit, Hilfestellungen zu leisten, wird im Unterricht mit dem Üben begonnen, was zu Hause fortgesetzt werden kann. Auftrag: Auf Prosodie achten, indem diese auch variiert wird (Tonhöhe, Tonschwere, Wort-/Satzmelodie, Rhythmus, Lautstärke, Tempo, Pausierung). Gegebenenfalls wird in dieser Phase auch die Notation angepasst.

↓

3. Lesung

Mit der Lesung werden die Arbeitsergebnisse präsentiert. Wichtig sind eine ruhige, evtl. feierliche Atmosphäre und ggf. eine Einweisung des Publikums bzgl. seiner Funktion: Denkbar sind hier sowohl die Beurteilung (z. B. mithilfe eines Bewertungsratsers) oder auch die Bewältigung von Aufgaben zum Hörverstehen.

↓

4. Auswertungsphase

Für die Auswertungsphase kommen v. a. drei Varanten in Frage: 1. Feedback durch die Lehrkraft, 2. offenes Feedback durch die Klasse, 3. Beurteilung durch einen kriteriengeleiteten Beurteilungsbogen. Einen solchen gibt es beispielsweise im Rahmen des Vorlesewettbewerbs des Börsenvereins des Deutschen Buchhandels (www.Vorlesewettbewerb.de).

Abb. 8: Phasen des gezielten Vorlesens (vgl. von Brand 2020, S. 18–21)

Während die Lesung bereits die erste Stufe des Vortragens darstellt, besteht eine mögliche Progression darin, kurze Texte auch auswendig vortragen zu lassen, wie es häufig mit Gedichten geschieht. Strenggenommen, liegt hier der Fokus nicht mehr oder überhaupt nicht auf dem Lesen, sondern auf der sinngemäßen Betonung. In der unterrichtlichen Herangehensweise decken sich aber beide Kompetenzen weitgehend, nur dass der auswendige Vortrag ergänzende Memorierungsfähigkeiten erfordert.

Digitale Lösungen

Technisch liegt sowohl für den Präsenzunterricht als auch für das Lernen auf Distanz das didaktische Potenzial in Audio- und Videorekordersoftware und der mit Text, Ton und Bild arbeitenden Software, die in Form von Apps und Webanwendungen wie *Audacity* (vgl. 4.1.1) oder *MovieMaker* (vgl. 4.6.2) zahlreich und in der Regel in kostenlosen Versionen zur Verfügung steht. Damit lässt sich nicht nur dem Problem der Flüchtigkeit des mündlichen Vortrags begegnen, sondern es lassen sich auch zusätzliche Lehr-Lern-Settings entwickeln, die den Lernenden die Relevanz ihrer Arbeit verdeutlichen, indem konkrete Lebensweltbezüge hergestellt werden.

Die Aufnahme per Ton oder gar Video bietet aber neben der Konservierungsfunktion auch allerhand Motivationspotenzial, indem reale Vorlesesituationen simuliert werden können:

- Hörbuch (Hörspiel)
- Nachrichtenpräsentation
- Vorlesen literarischer Texte für jüngere Kinder oder ältere Menschen
- Podcast erstellen
- Radiosendung einsprechen
- Buchpräsentation/BookTube

Wird eine dieser Vorlesesituationen gewählt, bietet sich ein Einstieg über die Rezeption von (ggf. gelungeneren und weniger gelungenen) Beispielen dieses Formats an (vgl. 4.6.7 Hörbücher von *Wortwuchs*). Auf diese Weise lassen sich Qualitätskriterien ableiten, die dann auch an die Produkte der Lernenden angesetzt werden. Gerade in den videogestützten Formaten ist besonders darauf zu achten, dass der Schwerpunkt auf der Güte des Vorlesens liegt und nicht durch andere performative Kriterien verdrängt wird.

Die so gewonnenen Produkte lassen sich sowohl im Präsenz- wie im Distanzunterricht vergleichen und durch mehrmaliges Abspielen auch detailliert begutachten. Zudem besteht die Möglichkeit, besonders gelungene Produkte medial auch einer größeren Öffentlichkeit zu präsentieren.

Literaturhinweise:

Baurmann, Jürgen/Menzel, Wolfgang 2006: Vorlesen – vortragen. In: Praxis Deutsch Nr. 199: Vorlesen und Vortragen, S. 6–13

von Brand, Tilman 2020: Leseprobe. In: Baurmann, Jürgen/Ders./Menzel, Wolfgang/Spinner, Kaspar H.: Methoden im Deutschunterricht. Exemplarische Lernwege für die Sekundarstufe I und II. 4. Auflage. Hannover: Kallmeyer/Klett, S. 18–21

Rosebrock, Cornelia/Nix, Daniel 2020: Grundlagen der Lesedidaktik und der systematischen schulischen Leseförderung. 9., aktualisierte Neuauflage. Baltmannsweiler: Schneider

Spinner, Kaspar H. 2000: Szenisches Vortragen von Gedichten. In: Ensberg, Claus u. a. (Hg.): Deutschunterricht: Zugang zu den Lernenden finden. Braunschweig, S. 101–113

3.1.2 Referieren

Beschreibung

Dem Referieren kommt über die Fachgrenzen des Deutschunterrichts hinaus in der Schule eine herausgehobene Bedeutung zu. Das primäre Ziel besteht darin, ein Auditorium – in diesem Fall die Mitschülerinnen und Mitschüler sowie die Lehrkraft – über einen Sachverhalt zu informieren. Dabei kommt es vor allem auf drei Dimensionen an: 1. den Inhalt und dessen Aufbereitung, 2. die Rhetorik und 3. die visuelle Unterstützung des Vortrags, die aber anders als bei der Präsentation nicht zwingend nötig ist. Das Referieren reicht dabei von einer kurzen Zusammenfassung im Unterricht erarbeiteter Ergebnisse bis hin zum umfassend vorbereiteten Vortrag zu einem Sachverhalt oder Gegenstand. Curricular fest verankert ist vielerorts beispielsweise die Buchvorstellung. Für komplexere Formen bietet sich ein fünfschrittiges Verfahren an (vgl. Abb. 9, S. 61/62). Da Referate von den übrigen Lernenden nicht selten als langweilig und wenig lehrreich wahrgenommen werden, sollte bereits früh besonderes Augenmerk auf die Zeitgestaltung (klare Zeitbegrenzung) und den Publikumsbezug gerichtet werden. Ein Peer-Feedback statt – oder zumindest zusätzlich zu – einer Benotung durch die Lehrkraft kann dabei helfen, letzteren Aspekt zu stärken, indem das Publikum selbst die Möglichkeit erhält rückzumelden, wie es den Vortrag fand. Sofern dies kriteriengeleitet geschieht, kann zudem die Transparenz der Beurteilung gesteigert werden. Hilfreiche Beurteilungsbögen dazu finden sich u. a. bei Gora 2021.

1. Themenfindung

Da das Referieren Lernegegenstand und Lernmedium sein kann, ist das Themenspektrum nahezu unbegrenzt. Sofern es nicht vorgegeben ist, sollte es mit überschaubarem Aufwand erschlossen werden können und auch beim Rest der Klasse Interesse wecken. Während in den unteren Klassen freiere Themen üblich sind, wird es später zunehmend fachbezogener.

↓

2. Sammlung und Auswertung von Informationen

Wenn eine sinnvolle Recherche frühzeitig Gegenstand des Unterrichts gewesen ist, können sich die Lernenden selbstständig auf die Suche nach geeigneten, relevanten Informationen zum Thema machen. In jüngeren Klassen bietet sich eine geringfügige Lenkung z. B. durch WebQuests (vgl. 3.2.14) oder die Nennung konkreter Quellen an.

↓

↓

3. Anordnung der Inhalte und Formulierung des Textes
Auch eine sinnvolle Gliederung und das Ausformulieren des Vortrags sollte bereits im Vorfeld thematisiert worden sein. Hier sind vor allem Vorkenntnisse und Interessen des Publikums mit notwendigen Informationen zur Sache in Beziehung zu setzen. Ein Handout hilft nicht nur dem Publikum, sondern auch schon bei der Gliederung.

↓

4. Üben des Vortrags
Ziele sind hier, eine wirkungsvolle Rhetorik zu entwickeln und beim finalen Vortrag weitgehend frei zu sprechen. Hilfreich ist das Üben vor Publikum, vor dem Spiegel oder die Aufnahme des Geübten, sodass man Wirkungsweise, Stimmführung, Gestik, Mimik, Publikumsbezug, Inhalt und Struktur testen bzw. analysieren kann.

↓

5. Vortrag
Nun geht es vor allem um die Performance. Während die Gliederung und der Vortragstext ja schon vorbereitet sind, ist jetzt neben Gestik, Mimik, Körperhaltung, Aussprache und Sprechtempo vor allem der Kontakt zum Publikum wichtig. Hier helfen Blickkontakt, unmittelbare Ansprache und ggf. das verbale und/oder nonverbale Eingehen auf Reaktionen aus dem Auditorium.

Abb. 9: Phasen der Vorbereitung und Durchführung eines Referats (vgl. von Brand 2020, S. 25–28)

Digitale Lösungen

Ähnlich dem Vorlesen (vgl. 3.1.1) bieten sich auch für das Referieren Potenziale im Digitalen, die im gemeinsamen Unterricht wie im Distanzlernen gleichermaßen genutzt werden können. Zwar ist das Sprechen vor Publikum eine wesentliche Teilfähigkeit, die es beim Referieren auszubilden gilt, im Sinne einer Progression lässt sich dieser Aspekt aber auch zunächst ausblenden, indem Referate als Videovorträge konzipiert werden, bei denen der gestalterische Schwerpunkt aber weiter auf dem Vortragen und nicht einer medialen Präsentation liegt, auch wenn die Grenzen fließend sind. Hier sind vor allem drei Formate zu nennen, für die es zahlreiche Beispiele auf den einschlägigen Videoplattformen gibt:

- *BookTubes*: BookTubes sind eine Sparte von *YouTube*-Videos (vgl. 4.6.8), in denen Userinnen und User Bücher vorstellen, besprechen und rezensieren, also eine multimediale Form der Buchvorstellung.

- *Erklärvideos*: Erklärvideos sind das Video-Pendant zum Referat schlechthin und eines der beliebtesten Formate auf *YouTube*. Jedes erdenkliche Thema kann hier bereits niederschwellig und intuitiv mit entsprechenden digitalen Tools aufbereitet werden, z. B. mit *Simpleshow* (vgl. 4.6.4) – von Handlungsanweisungen bis zum Fachvortrag (vgl. Arnold/Zech 2019).
- *Animationsfilme*: Mithilfe der Formatvorlage „Science Report“ in der App *Toontastic* (vgl. 4.3.4) kann ein Referatsthema als animierter Trickfilm präsentiert werden. Der Text zum Animationsfilm wird eingesprochen, und die verschiedenen Gliederungspunkte entsprechen den einzelnen Szenen des Reports.

Die digitale Transformation des Referats hat neben eventuellen Motivierungsfunktionen Vorzüge im Lebensweltbezug und damit einhergehend in der starken Betonung des Adressatenbezugs. Während einzelnen Lernenden im klassischen Referat oftmals nicht klar ist, ob sie sich primär an die Mitschülerinnen und Mitschüler oder an die sie benotende Lehrkraft richten sollen, objektiviert sich das Publikum in der Anonymität, und die neutralen Kriterien der Beurteilung treten klarer hervor. Diese können aufgrund der Konservierung auch mehrfach geprüft und ggf. zusätzlich vergleichend angelegt werden.

Wie schon gesagt, können derartige Videos die Interaktion mit Publikum während eines Referats nicht ersetzen. Allerdings kann asynchrone Kommunikation erfolgen, indem bei einer Veröffentlichung sogar viele weitere Nutzende das kommentieren können, indem das Video breiter geteilt wird. Um den Lernenden erfolgreiche Kommunikation zwischen Referierenden und Auditorium zu verdeutlichen, bietet sich die Analyse von Videos an, in denen dies ein tragender Aspekt eines Vortrags war, wie etwa in folgenden Beispielen:

- PARADOX 16 — Richard David Precht: „Bildung versus Wissen“: https://www.youtube.com/watch?v=on-O5v3UcBk
- Prof. Dr. Ganteför: Relativitätstheorie für Laien: https://www.youtube.com/watch?v=FT8dTB2T4vY

Literaturhinweise:

Arnold, Sebastian/Zech, Jonas 2019: Kleine Didaktik des Erklärvideos. Erklärvideos für und mit Lerngruppen erstellen und nutzen. Braunschweig: Westermann

von Brand, Tilman 2020: Referieren. In: Baurmann, Jürgen/Ders./Menzel, Wolfgang/Spinner, Kaspar H.: Methoden im Deutschunterricht. Exemplarische Lernwege für die Sekundarstufe I und II. 4. Auflage. Hannover: Kallmeyer/Klett, S. 25–28

Gora, Stephan 2021: Praktische Rhetorik. Rede und Gesprächstechniken in der Schule. 2. Auflage. Hannover: Kallmeyer/Klett

3.1.3 Präsentieren

Beschreibung

Das Präsentieren ist eng mit dem Referieren verwandt, allerdings stärker gegenstandsbezogen. Als Fähigkeit hat es nicht nur in vielen Berufen große Bedeutung, sondern auch im Privaten. Dabei ist die Liste von Dingen lang, die präsentiert werden können: Gegenstände, Lernergebnisse, Sachverhalte, Bücher, Videos, Grafiken etc. Dementsprechend umfangreich sind auch die Teilfähigkeiten, derer es für eine gelungene Präsentation bedarf. Baurmann/Berkemeier (2004, S. 7) stellen dazu ein Stufenmodell vor, das Gegenstände und erforderliche Anforderungen zueinander in Beziehung setzt, sodass deutlich wird, wie man Teilfähigkeiten sukzessive und ganz gezielt entwickeln kann.

	Üben + Vortragen	Visualisieren	Sprechvorlagen erstellen	Exzerpieren	geeignete Primärtexte finden
eine im Unterricht behandelte Grafik mit eigenen Worten präsentieren	■				
einen im Unterricht behandelten Sachverhalt präsentieren	■	■			
einen vertrauten Sachverhalt präsentieren (Beispiele: das eigene Hobby, Aktivitäten in einem Verein u. dgl.)	■	■	■		
Präsentation eines Themas basierend auf Textvorgaben (Beispiele: Buchvorstellung, Vorstellung ausgewählter Sehenswürdigkeiten vor einer Klassenfahrt)	■	■	■	■	
selbstständige Präsentation zu einem vorgegebenen Thema	■	■	■	■	■

Abb. 10: Präsentationsarten (Quelle: Baurmann / Berkemeier 2004, S. 7)

Für eine umfangreiche, vorbereitete Präsentation kann die im Folgenden dargestellte, im Detail modifizierbare Schrittung hilfreich sein:

1. Präsentation vorbereiten

Zunächst wird die Aufgabenstellung analysiert: Welcher Gegenstand ist wem mit welchem Ziel und welchen Medien zu präsentieren? Mithilfe von Mindmap und/oder Cluster lassen sich zentrale Informationen zusammentragen und systematisieren, bevor ggf. in einer Recherche fehlende Informationen gesammelt werden. Text- und Bildmaterial werden abschließend für das Präsentationsmedium aufbereitet.

2. Präsentation üben

In einem Probedurchgang wird der Vortrag geübt, zugleich aber auch ggf. das Funktionieren der Technik geprüft und für die Erfordernisse des Publikums/Raums eingerichtet. In Bezug auf Präsentationsfolien ist insbesondere darauf zu achten, dass das Verhältnis aus gesprochener Sprache (Vortrag) und schriftlich präsentiertem Text stimmig ist. Schwachstellen werden in dieser Phase identifiziert.

↓

3. Präsentation optimieren

Anschließend werden die Schwächen behoben: Sowohl im mündlichen Vortrag (z. B. Ausdruck, Überleitungen, Ansprache des Publikums), auf Handlungsebene (z. B. Zeigegesten, Umschaltvorgänge) als auch in der digitalen Präsentation (z. B. fehlerhafter Seitenaufbau, inhaltliche Fehler) werden notwendige Anpassungen vorgenommen. Auch hier ist insbesondere auf das Verhältnis der Ebenen (Sprache, Körper, Gegenstand) zu achten.

↓

4. Präsentation durchführen

Die Präsentation wird nun vor Publikum durchgeführt. Ggf. erhält das Publikum Beobachtungs- und/oder Reflexionsbögen, mit deren Hilfe der Vortrag am Ende ausgewertet wird.

↓

5. Präsentation beurteilen/bewerten

Nach der Möglichkeit, inhaltliche Rückfragen zu stellen, kann die Präsentation evaluiert werden. Dafür bieten sich – bestenfalls in der Lerngruppe entwickelte – Kriterienraster an, die in verbale, nonverbale und mediale Realisierung unterteilt sind.

Abb. 11: Schrittung der Durchführung einer Präsentation

Digitale Lösungen

Das Präsentieren ist im vergangenen Jahrzehnt ohnehin verstärkt unter der Perspektive medialer Aufbereitung didaktisch diskutiert worden (vgl. Baurmann/ Berkemeier 2014). Ist der hier vorgestellte Präsentationsablauf noch sehr auf Präsenz ausgerichtet, so bieten sich heutzutage – sowohl in Präsenz-Settings als auch in Distanz – folgende vollständig digitalisierte Präsentationsformate an:

- Grafisch aufbereitete Blatt-Präsentation (Handouts, Anleitungen, Produktpräsentationen) (z. B. per *Canva* [vgl. 4.7.3], *Microsoft Sway, Visme*)
- Besprochene multimediale Präsentation (z. B. *Genially* [vgl. 4.7.3], *PowerPoint, Powtoon, Visme, Prezi*)
- *PowerPoint*-Präsentation mit Videoeinblendung

- Videopräsentation mit virtuellen (Folien-)Hintergründen (z. B. per *Zoom*)
- *Simpleshow*-Präsentation (vgl. 4.6.4)
- Homepage/Blog (vgl. 3.3.9, 4.7.1); Darstellung in sozialen Medien
- Wiki (vgl. 3.2.13)
- Video: Lernvideo, Tutorials/How-Tos, Let's Play, Trailer, Rezept-Videos, BookTubes (vgl. 4.6.8)

Digitale Präsentationsformen sind hochgradig alltagsrelevant und ermöglichen eine größere Verbreitung als das Sprechen vor Publikum. Zugleich stellen sie aber auch andere/neue Anforderungen, deren Bewältigung gezielt geschult werden muss. Oftmals sind hier spezielle Fähigkeiten der Nutzung technischer Infrastruktur gefragt. Damit einhergehend wandeln sich aber auch die didaktischen Anforderungen. Während bei der Präsentation vor Publikum sowohl die räumlichen Gegebenheiten als auch der unmittelbare Bezug zum Publikum von großer Bedeutung sind, sind sie nun zunächst virtuelle Größen. Der Raum ist lediglich auf einer abstrakten Ebene relevant, während das Publikum in aller Regel antizipiert werden muss: Wen möchte ich ansprechen? Wen spreche ich möglicherweise noch mit an? Während ein live Präsentierender in einer *Zoom*-Konferenz noch ansatzweise Reaktionen sehen kann, werden solche z. B. auf Videoplattformen wie *YouTube* (vgl. 4.6.8) oder *TikTok* (vgl. 4.6.6) erst zeitversetzt per Kommentar oder Likes ersichtlich. Insofern sollte im Unterricht immer auch die Präsentationsumgebung mit thematisiert werden.

Literaturhinweise:

Baurmann, Jürgen/Berkemeier, Anne 2014: Präsentieren – multimedial. In: Praxis Deutsch. H. 244. S. 4–11

von Brand, Tilman 2020: Präsentieren. In: Baurmann, Jürgen/Ders./Menzel, Wolfgang/Spinner, Kaspar H.: Methoden im Deutschunterricht. Exemplarische Lernwege für die Sekundarstufe I und II. 4. Auflage. Hannover: Kallmeyer/Klett, S. 29–31

von Brand, Tilman 2020: Youtube. In: Praxis Deutsch, H. 283, S. 4–13

3.1.4 Amerikanische Debatte

Beschreibung

Die amerikanische Debatte ist eine stark formalisierte Art der Diskussion, die vor allem dazu gedacht ist, eine demokratische Streitkultur zu etablieren. Durch ihre Überstrukturierung verlangt sie konstruktive Gesprächsführung, effektive Argumentationstechnik, aber auch kooperatives Verhalten. Als Pro-Kontra-Debatte wird sie in zwei bis drei Runden mit mehreren klar definierten Abläufen vollzogen. Voraussetzung ist ein in der Gruppe strittiges Thema mit der für die Altersstufe angemessenen Komplexität.

Der Gesamtablauf lässt sich in drei Phasen untergliedern:

1. Vorbereitungsphase

Die Lernenden bilden drei Gruppen: Je eine Pro- und eine Kontragruppe mit gleicher Teilnehmendenzahl (mind. vier Personen) sowie eine Jury. Alle anderen werden zu Zuschauerinnen und Zuschauern, denen man Beobachtungsaufgaben geben kann, aber nicht muss.
Die drei Gruppen planen nun die eigentliche Debatte, indem die Debattengruppen Pro- und Kontraargumente (unter Berücksichtung möglicher Gegenargumente) sammeln und gewichten. Die Argumente werden auf die Personen verteilt und die Sitzordnung wird festgelegt (vgl. Abb. 13). Die Jury formuliert Beobachtungsschwerpunkte (z. B. Argumentation, Auftreten, sprachliche Gestaltung, Stringenz) und bewertet am Ende die Diskussion, hat ansonsten aber keine Funktion im Ablauf.

↓

2. Debattenphase

Die Debattenphase besteht aus drei Realisierungsphasen, wobei eine Verkürzung auf zwei Phasen denkbar wäre, indem a) Phase 1 und 2 zusammengezogen werden oder b) auf die freie Runde verzichtet wird.

a) Hinrunde (vgl. Abb. 13): Die Mitglieder aus Pro- und Kontragruppe sitzen sich jeweils gegenüber. Abwechselnd nennen die sich gegenübersitzenden Teilnehmenden ihre vorbereiteten Argumente. Das Argument des Gegenübers muss man sich jeweils merken oder notieren, da keine direkte Reaktion vorgesehen ist. Sind alle Argumente vorgetragen, beraten sich die Gruppen erneut, wie man die gegnerischen Argumente entkräften kann.
b) Rückrunde (vgl. Abb. 14): Die Sitzordnung und auch die Zuordnung der Argumente bleiben bestehen. Allerdings darf nun jeweils zunächst das Argument des Gegenübers entkräftet werden. Die Argumente beziehen sich also aufeinander.
c) Freie Runde (vgl. Abb. 15): Ohne erneute Beratung kommt es dann sofort zur freien Runde. Die Reihenfolge ist aufgehoben und jede/-r Teilnehmende darf auf alle Äußerungen reagieren. Eventuell ist eine Moderatorin oder ein Moderator hilfreich, ebenso eine feste Zeitvorgabe.

↓

3. Reflexionsphase

Zunächst schätzen sich die Debattierenden selbst ein. Kriterien, an denen sich auch die Jury orientiert, können dafür hilfreich sein. Zusätzlich dürfen aber auch emotionale Aspekte genannt werden (z. B. „fand ich unfair", „hat mich überrascht"). Hier sollen die zuvor strengen Rollen wieder aufgehoben werden und eine offene Selbstreflexion möglich sein. Abschließend nimmt die Jury eine umfassende und kriteriengestützte Gesamteinschätzung der Debatte und der einzelnen Teilnehmerinnen und Teilnehmer vor.

Abb. 12: Phasen der amerikanischen Debatte (vgl. von Brand 2020, S. 33–37)

Hinrunde: Vortrag vorbereiteter Statements

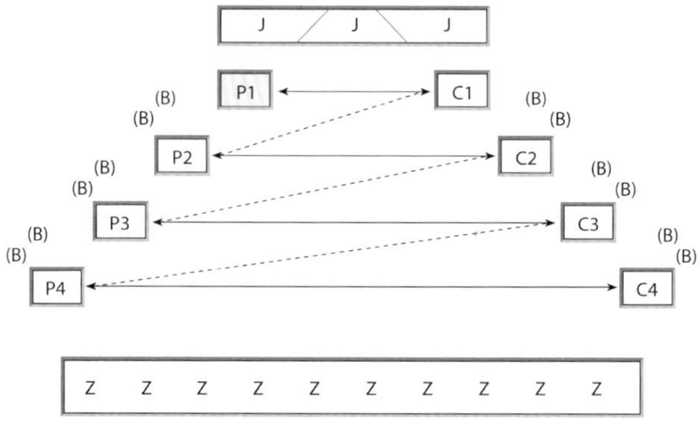

Abb. 13: Ablauf der Hinrunde (Quelle: Rode-Florin 2000, S. 52)

Rückrunde: Diskussion auf Dialogbasis

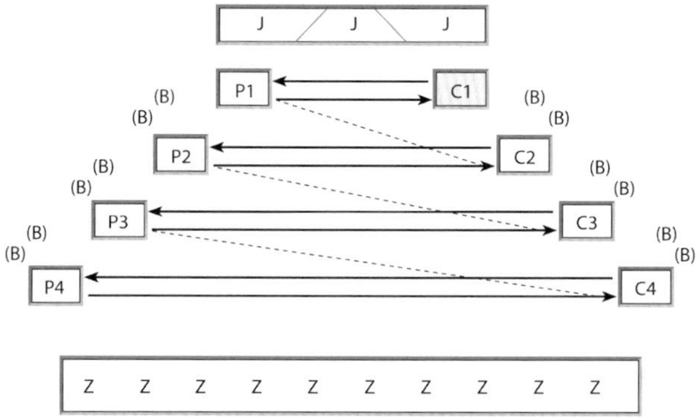

Abb. 14: Ablauf der Rückrunde (Quelle: Rode-Florin 2000, S. 53)

Freie Runde: Offene Diskussion aller Beteiligten

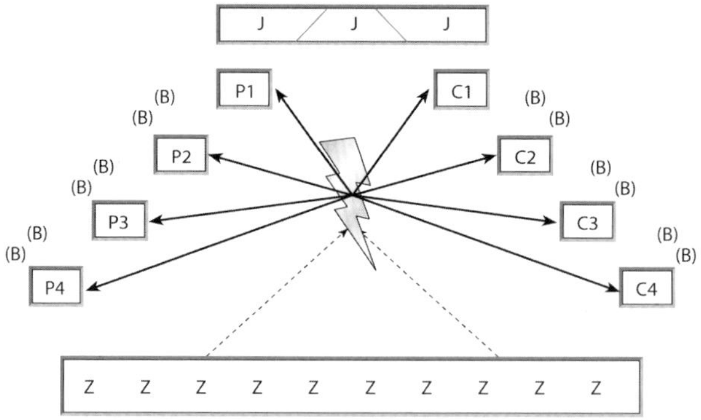

Abb. 15: Ablauf der freie Runde (Quelle: Rode-Florin 2000, S. 53)

Digitale Lösungen

Auch wenn die amerikanische Debatte am Ende von der auch physischen Konfrontation der Kontrahentinnen und Kontrahenten lebt, bietet gerade die Strukturiertheit verschiedene Möglichkeiten, das Aufeinandertreffen und Debattieren digital vorzubereiten, indem die drei Teilphasen des Debattierens zusätzlich zerdehnt werden. Das bietet sich für Präsenzunterricht und Distanzunterricht gleichermaßen an. Dies kann gestuft geschehen oder indem man lediglich eine der folgenden Alternativen/Vorbereitungsverfahren durchführt:

a) *schriftlich*: Für die ersten beiden Debattenphasen (Hinrunde, Rückrunde) wird ein Schema erstellt, nach welchem die konkurrierenden Gruppen nach und nach ihre Argumente schriftlich eintragen. Die Jury beurteilt das ausgefüllte Blatt am Ende der jeweiligen Phase. Alternativ kann das Diskussions-Tool *Kialo Edu* (vgl. 4.1.4) zum Einsatz kommen, um die Argumente zu sammeln und eine erste Gewichtung vorzunehmen. Von Vorteil dabei ist, dass die Argumente der Gegenseite im Strukturbaum eingesehen und ggf. gleich berücksichtigt werden können. Auch mit dem Kooperations-Tool *ScrumLR* (vgl. 4.8.4) lassen sich Diskussionen vorbereiten und durchführen. Die jeweiligen Gruppen notieren in der ersten Phase in der Positiv- und Negativ-Spalte eines „Simple Retros“ ihre Argumente, die in der zweiten Runde ausgetauscht und auch digital gewichtet werden. In der dritten Phase erfolgt die offene Diskussion. Statt des Austauschs über die Kommentar- und Chatfunktion wäre auch eine Videokonferenz denkbar. Arbeitet man mit einer schriftlichen Vorlage, kann die Freie Runde als offener Chat, beispielsweise mit dem Messenger Tool des schulischen Lernmanagementsystems wie *RocketChat* oder einem eigenen externen Messenger Tools wie *Signal*, gestaltet werden. Je nachdem, wie impulsiv die Gruppe ist, kann es sinnvoll sein, dass zunächst nur die Debattenteilnehmerinnen und -teilnehmer am Chat teilnehmen. Denkbar wäre auch die Ernennung einer Moderationsperson, die den Ablauf steuert. In der Praxis ist es sinnvoll, teilnehmende Schülerinnen und Schüler zu bitten, vor die Namen der chattenden Personen bereits ein großes P bzw. C in den Account-Einstellungen zu schreiben, sodass man auf Anhieb sieht, aus welcher Gruppe der Beitrag stammt. Die schriftliche Variante legt den Schwerpunkt auf die Argumentation und ist damit sehr sachbezogen (selbst wenn auch hier unsachlich oder persönlich argumentiert werden kann). Sie stellt damit auch ein gutes Training für argumentierende Texte dar.

b) *verbal*: Ähnlich der schriftlichen Erarbeitung wird auch hier der Kommunikationsaspekt zerdehnt, indem die einzelnen Argumente mündlich eingesprochen und der Gegenseite dann konserviert zur Verfügung gestellt werden. Der Schwerpunkt verlagert sich nun ein wenig hin zu rhetorischen und intonatorischen Gesichtspunkten, die in einem verbalen Schlagabtausch ja ebenfalls von zentraler Bedeutung sind. Hier ist es jetzt aber sinnhaft, die dritte Phase in herkömmlicher Form oder zumindest in einer Videokonferenz durchzuführen (siehe nachfolgender Praxistipp), damit man wirklich zu einer offenen Diskussion gelangt.

c) *audiovisuell*: Parallel zur nur auditiv veranstalteten Variante, kommt nun Videografie – wiederum in einer zerdehnten Realisation der ersten zwei Phasen – zum Einsatz. Nun können die Mitglieder der gegnerischen Gruppe sowie die Jury zusätzlich durch Körpersprache, Gestik und Mimik überzeugt werden. Auch hier bietet es sich an, die freie Runde wie vorgesehen oder in einer Videokonferenz stattfinden zu lassen.

Literaturhinweise:

von Brand, Tilman 2020: Amerikanische Debatte. In: Baurmann, Jürgen/Ders./Menzel, Wolfgang/Spinner, Kaspar H.: Methoden im Deutschunterricht. Exemplarische Lernwege für die Sekundarstufe I und II. 4. Auflage. Hannover: Kallmeyer/Klett, S. 33–37

Rode-Florin, Uwe 2000: Kooperativ streiten: Die amerikanische Debatte. In: Praxis Deutsch Nr. 160, S. 50–54

Praxistipp: Gruppen bilden in Videokonferenzsoftware

In vielen Unterrichtssettings ist es notwendig, Schülerinnen und Schülern auch bei der Arbeit im Klassenverband Gruppen zuzuweisen (z. B. Pro-/Kontra-Gruppen). Bestimmte Verfahren sehen darüber hinaus konkrete Anordnungen im Raum vor, die sich per Konferenzsoftware nur über Umwege realisieren lassen.

Virtuelle Hintergründe nutzen

Da die meisten Konferenzsoftwares keine individuelle Anordnung der Kacheln erlauben, kann es hilfreich sein, über virtuelle Hintergründe die Zugehörigkeiten zu Gruppen kenntlich zu machen. Entweder nutzt man dafür in der Software vorhandene Abbildungen, die sich stark unterscheiden, oder erstellt einfarbige Bild-Dateien, die man den Schülerinnen und Schülern vorab per E-Mail zukommen lässt. Auf diese Weise lassen sich vielfache Zuordnungen und Abstufungen vornehmen. Beispielsweise können fünf im Rollenspiel darstellende Figuren leuchtende Farben bekommen (Gelb, Grün, Rot, Blau, Weiß) und die jeweiligen Teammitglieder dieselbe Farbe in geringerer Sättigung. So lassen sich dann auch schnelle Rollenwechsel realisieren, z. B. kann ein Schüler oder eine Schülerin aus dem Team, der/die kurzfristig die Rolle übernimmt, dies per Reaktion (Handzeichen o. Ä.) anzeigen.

Anordnung der Kacheln
Nur wenige Videokonferenzsysteme erlauben eine eigenständige Anordnung der Kacheln – zumal für alle Teilnehmenden in identischer Reihenfolge. Vielmehr besteht sogar die Schwierigkeit, dass die Reihenfolge bei den einzelnen Teilnehmerinnen und Teilnehmern unterschiedlich voreingestellt ist. Bei *Zoom* (zumindest im Falle einer installierten Software) ist eine eigenständige Anordnung möglich. Zudem kann der Host die getroffene Anordnung für alle vorschreiben. Auf diese Weise können Gruppenzugehörigkeiten auch grafisch hergestellt werden, etwa indem die Kacheln aller Teilnehmenden der Gruppe A nach links und der Gruppe B nach rechts gesetzt werden. Wenn der Host Kacheln neu anordnet, lässt sich in den Ansichtseinstellungen „Videoaufteilung des Hosts verfolgen" anklicken, und alle Teilnehmenden haben dieselbe Anordnung, vorausgesetzt, sie sind nicht über den Browser eingeloggt.

Breakout-Rooms
Für Gruppenarbeiten hat sich die Einrichtung von Breakout-Rooms bewährt, die in den gängigen Konferenzsoftwares möglich ist. Auch wenn man als Host die Möglichkeit hat, in die einzelnen Räume einzutreten, fehlt allerdings ein der Klassenzimmersituation vergleichbarer Überblick. Aus diesem Grund bietet sich eine stärkere Strukturierung an, bei der klare Regeln festgesetzt und Verantwortlichkeiten festgelegt werden. So sollte mindestens ein Moderator oder eine Moderatorin bestimmt werden und im besten Fall auch eine Person, die die Ergebnisse festhält. Für die Präsentation kann in einer einfachen Variante das Notieren in „Geteilte Notizen" oder dem Chat sinnvoll sein, komplexere Ergebnisse sollten auf virtuellen Whiteboards/Tafeln festgehalten werden (z. B. *Classroomscreen*).

3.1.5 Fishbowl

Beschreibung
Fishbowl ist eine Methode, die primär dazu dient, Gruppendiskussionen zu strukturieren. Dazu werden zunächst mehrere (ca. 4 bis 8) Gruppen gebildet – meist unterteilt in Pro und Kontra –, die sich Argumente zu einer strittigen Frage überlegen. Je eine Vertreterin oder ein Vertreter jeder Gruppe setzt sich in einen inneren Stuhlkreis, alle anderen werden in einem äußeren Stuhlkreis platziert. Daraufhin diskutieren nun die Anwesenden des inneren Stuhlkreises mit oder ohne Steuerung durch einen Moderator oder eine Moderatorin unter Verwendung der zuvor gesammelten Argumente. Die Teilnehmerinnen und Teilnehmer des äußeren Stuhlkreises sind als Beobachtende tätig, ggf. unter Verwendung konkreter Beobachtungsaufträge. Die Diskussion kann daraufhin in folgenden Varianten fortgesetzt werden:

a) Der innere Stuhlkreis hat einen zusätzlichen freien Stuhl, der spontan von Zuhörerinnen und Zuhören eingenommen werden kann, um die eigene Gruppe zu unterstützen (vgl. Abb. 16).

b) Schülerinnen und/oder Schüler des Innenkreises können von denen aus dem Außenkreis ersetzt werden (vgl. Abb. 17), wenn im Innenkreis die Argumente ausgehen oder die Lehrkraft zu dominante Diskussionsteilnehmerinnen oder -teilnehmer austauschen möchte. Denkbar wäre auch, eine feste Zeitvorgabe zu machen, nach denen die Gruppen einzelne Vertreterinnen und Vertreter austauschen müssen.

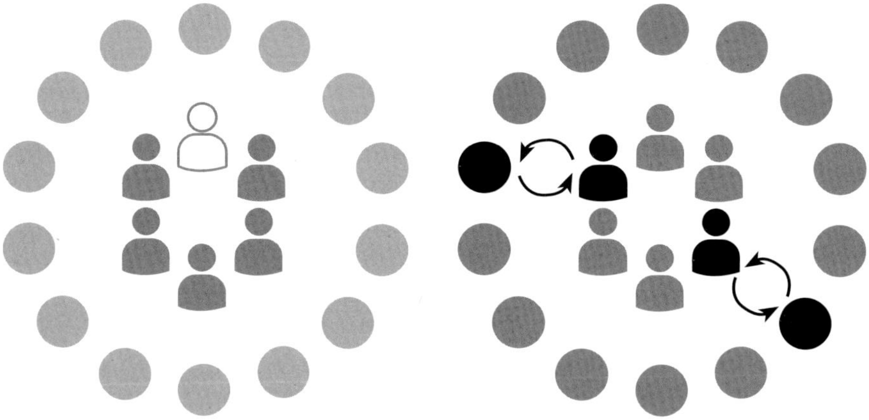

Abb. 16/17: Der Aufbau einer Fishbowl-Diskussion

Digitale Lösungen

Die Fishbowl-Methode bietet durch den Aufbau der zwei Stuhlkreise auch optisch eine klare Gliederung, sodass die zugrundeliegenden Gesprächsregeln leichter zu verstehen sind. Sofern man die räumliche Möglichkeit hat und im Präsenzunterricht lernen kann, bietet sie gerade durch ihre auch physische Dynamik Vorteile, die digital kaum zu ersetzen sind. Anstelle der Beobachtungsaufgaben ließe sich aber auch hier durch Videografie eine fundiertere Analyse vornehmen, die wegen der geringen Zahl der Teilnehmenden im Innenkreis sehr präzise durchgeführt werden könnte.

Zwar lässt sich der folgende – modifizierbare – Analyse- und Bewertungsbogen auch für die Beobachtung in einer Live-Situation nutzen, die Videografie böte jedoch die Möglichkeit, einzelne Stellen wiederholt zu betrachten, sodass man stärker in eine Situation der Reflexion der Beschaffenheit des Diskutierens käme und nicht so sehr auf die unmittelbare Performanz achten müsste.

Analyse-/Bewertungsbogen Fishbowl		
Teilnehmerin/Teilnehmer 1		
Kriterium	**Bewertung**	**Ggf. Beispiel/Beleg**
Diskutiert sachlich	00000	
Lässt andere zu Wort kommen /ausreden	00000	
Bleibt beim Thema	00000	
Stellt Bezüge zu vorhergehenden Beiträgen her	00000	
Argumentiert stringent	00000	
Argumentiert fair	00000	
Argumentiert engagiert	00000	
Spricht verständlich	00000	
...	00000	

Tab. 1: Bewertungsbogen für eine Fishbowl-Diskussion

Für den Distanzunterricht ist die Fishbowl-Methode schwieriger zu realisieren. Hier bietet es sich vor allem an, die Struktur grafisch über die Videokonferenzsoftware abzubilden, wobei *Zoom* hierfür die besten Voraussetzungen bietet (vgl. Praxistipp S. 70/71). Hier sind vor allem die Optionen „Kamera an/aus", „virtuelle Hintergründe" zur klaren Gruppenzuordnung und der „private Chat" hilfreich, mit dem die Übernahme des aktiven Parts angezeigt werden kann.

Literaturhinweise:

von Brand, Tilman 2020: Fishbowl. In: Baurmann, Jürgen/Ders./Menzel, Wolfgang/Spinner, Kaspar H.: Methoden im Deutschunterricht. Exemplarische Lernwege für die Sekundarstufe I und II. 4. Auflage. Hannover: Kallmeyer/Klett, S. 37 f.

3.1.6 Rollenspiel

Beschreibung

Das Rollenspiel ist Unterrichtsgegenstand und -methode gleichermaßen und hat als methodische Großform im Sprach- wie in Literaturunterricht in unterschiedlichen Formen seinen Platz. Während es im Literaturunterricht vor allem als Darstellendes Spiel oder als Szenische Interpretation (vgl. 3.2.8) realisiert wird und der Erschließung von Texten dient, kommen im Sprachunterricht vorrangig Varianten des Simulationsspiels zum Einsatz. Solche dienen der Förderung der mündlichen Ausdrucks-, und Argumentationsfähigkeiten, aber auch des Empathievermögens. In einem Probehandeln werden hier – etwa im Konfliktrollenspiel – fremde Perspektiven eingenommen, um andere Sichtweisen zu verstehen und aus diesen heraus zu handeln. Rollenspiele können dabei nach Lothar Krappmann vier Zielperspektiven haben, die gleichwohl kombiniert entwickelt und gefördert werden können (vgl. Abraham 2008, S. 84):

- *Empathie* (Fähigkeit sich in andere Menschen hineinzuversetzen und ihre Haltung zu verstehen),
- *Rollendistanz* (Fähigkeit, die dargestellte Rolle neutral beurteilen, aber auch, sie wieder ablegen zu können),
- *Ambiguitätstoleranz* (Fähigkeit, die Positionen der dargestellten Rollen aushalten zu können),
- *kommunikative Kompetenz* (Fähigkeit, die dargestellte Rolle sprachlich und darstellerisch auszufüllen).

Im Gegensatz zu literarischen Rollenspielen ist im eigentlichen Rollenspiel das Rolleninventar an realistische Situationen angelehnt (z. B. ein Gespräch von Schulleitung, Eltern und Schülervertretung zu einem aktuellen Konfliktthema). Rollenspiele sind in der Regel nach folgendem Schema aufgebaut:

1. Vorbereitung

Zunächst wird geklärt, was die Rolle ausmacht, wie sie also darzustellen ist. Gegebenenfalls wird analysiert/recherchiert, was für Positionen sie vertreten würde, und es werden entsprechende Argumente/Textbausteine gesammelt.

↓

2. Durchführung

Das Rollenspiel folgt einem klaren Spielauftrag (beispielsweise Kompromiss zu einem konkreten Problem x, Podiumsdiskussion zum Thema y). Das Spiel wird durchgeführt, bis der Auftrag erfüllt ist, die Lehrkraft das Spiel unterbricht oder eine fest vorgegebene Zeit abgelaufen ist. Abraham schlägt zudem drei Interaktionsmöglichkeiten vor: a) Das Spiel wird angehalten und Spielerinnen/Spieler werden durch Zuschauende eingerichtet, b) das Spiel wird angehalten und Spielerinnen/Spieler werden ersetzt und c) Lernende können den Spielerinnen/Spielern per Alter-Ego-Technik etwas einflüstern (vgl. Abraham 2008, S. 89 f.).

↓

3. Rollendistanz

In dieser Phase wird den Lernenden ermöglicht, aus ihren Rollen herauszukommen und wieder zu sich selbst zu finden. Bei konfliktreichen, persönlichen Auseinandersetzungen kann es hilfreich sein, in einem Gespräch zu thematisieren, wie man Angriffe oder Kritik erlebt hat.

↓

4. Reflexion

Abschließend wird das Spiel vor allem von Beobachtenden ausgewertet: Ist das Ziel erreicht worden? Wer hat wodurch überzeugt, wer eher nicht?

Abb. 18: Phasen des Rollenspiels

Digitale Lösungen

Im hybriden Deutschunterricht ist es nicht nur sinnvoll, Rollenspiele zu videografieren, also videobasiert zu dokumentieren, um sie anschließend fundierter und detaillierter auswerten zu können; vielmehr lassen sich auch Möglichkeiten der filmischen Gestaltung nutzen, um das Setting noch realistischer zu gestalten (z. B. Verkleidungen, authentische Drehorte). So lassen sich bewusster Anleihen an realen Vorbildern nehmen, wie zum Beispiel politischen Talksendungen („Anne Will", „Hart aber Fair"), aber auch an bei Lernenden beliebten (Medien-)Formaten, die bewusst mit hierarchischer Kommunikation arbeiten (Casting-Formate wie „Deutschland sucht den Superstar" oder „Germanys Next Topmodel"). Auch wenn hier immer die Gefahr einer fehlenden Fokussierung besteht, bietet sich doch die Chance, aus einer Kombination von Rezeption und Produktion Erkenntnisse über medial inszenierte Kommunikationsformen zu gewinnen.

Im rein digitalen Distanzunterricht sind Rollenspiele schwieriger zu realisieren. Hier bieten sich Inszenierungen per Videokonferenz an. So lassen sich beispielsweise in *Zoom* die Kacheln (auf jedem Endgerät separat) jeweils von den Teilnehmenden frei anordnen. Die Lehrkraft könnte vorab einen Plan erstellen, nach dem alle Lernenden die Fenster nach diesen Vorgaben selbst sortieren. Für das eigentliche Rollenspiel werden dann nur die Kameras der Spielenden eingeschaltet, sodass keine Ablenkung entsteht. Die Varianten der Durchführung (vgl. Abb. 18, Punkt 2) könnten dann über die Chatfunktion realisiert werden (Alter-Ego-Technik per privater Nachricht). Auch hier ließen sich realistische Settings konstruieren, um den Lebensweltbezug zu unterstreichen. Beispielsweise könnte eine Aufgabe lauten: Sechs Mitglieder der Schulkonferenz diskutieren per Videokonferenz mit der Schulleitung über die Aufhebung des Handyverbots an der Schule. Die Diskussion könnte per Videokonferenzsoftware wie z. B. *Zoom* aufgezeichnet und anschließend detailliert anhand eines vorab verabredeten Kriterienkatalogs analysiert und ausgewertet werden.

Mit einer Kombination aus Vidokonferenz und dem Collage-Tool *StrangeGarden* (vgl. 4.8.5) ist keine vollwertige, aber dennoch alternative Umsetzung denkbar. Die beteiligten Spielerinnen und Spieler würden sich selbst fotografieren und in die *StrangeGarden*-Collage einfügen. Vor dem passenden Hintergrund können die Figuren miteinander in Interaktion treten.

Eine noch größere Distanz zum eigenen Spiel ist gegeben, wenn digitale Avatare in die Rollen schlüpfen. Bei der Inszenierung von Gesprächen mit *Tellagami* oder *Plotagon* (vgl. 4.3.4) rücken medien-ästhetische Aspekte stärker in den Vordergrund, basieren aber dennoch auf intensiven Überlegungen zur Szene, Bewegung, Mimik und Gestik.

Literaturhinweise:

Abraham, Ulf 2008: Sprechen als reflexive Praxis. Mündlicher Sprachgebrauch in einem kompetenzorientierten Deutschunterricht. Freiburg im Breisgau: Fillibach

von Brand, Tilman 2020: Rollenspiel. In: Baurmann, Jürgen/Ders./Menzel, Wolfgang/Spinner, Kaspar H.: Methoden im Deutschunterricht. Exemplarische Lernwege für die Sekundarstufe I und II. 4. Auflage. Hannover: Kallmeyer/Klett, S. 49–51

3.1.7 Verstehendes Zuhören

Beschreibung

Eine Förderung verstehenden Zuhörens zielt darauf ab, die Lernenden zum konzentrierten Verfolgen längerer, ausschließlich akustisch präsentierter Texte zu befähigen – was die entsprechende Bereitschaft, Wahrnehmungsfähigkeit und Verständnis voraussetzt. Die Lernenden erkennen wichtige Informationen in gehörten Texten durch (intuitive oder kriteriengeleitete) Selektion. Sie sind in der Lage, diese entsprechend auszuwerten (Dokumentation und Reflexion) und schriftlich oder akustisch zu präsentieren. Im Deutschunterricht konzentriert sich eine entsprechende Kompetenzentwicklung in der Regel auf Diskussionen, Hörspiele, Hörbücher oder Rezitationen literarischer Texte. Doch auch Podcasts und Sachbuch-Hörbücher offerieren zunehmend interessantes Material für die Arbeit mit Audio-Sachtexten. Umfang und Komplexität des Hörtextes sind an Klassenstufe und bereits entwickelten Hörkompetenzen auszurichten. Dabei kann sich die Aufgabenstellung auf die Textinhalte (wichtige Informationen, besondere Informationselemente), aber auch auf eine Beobachtung von Darbietungs- oder Kommunikationsspezifika, auf verbale, nonverbale und paraverbale Aspekte konzentrieren. Denkbar ist zudem ein zweistufiger Hörprozess (zunächst allgemeines Erfassen des Textinhalts, danach mit konkretisiertem

Hörauftrag). Eine hervorragende Binnendifferenzierungsmöglichkeit ergibt sich durch Vergabe verschiedener Höraufträge an verschiedene Lernende – die sich dann, je nach Lernvoraussetzungen oder Interessenlage, individuell mehr auf sprachliche Gestaltung, Geräusche oder Musik, Intonation, die Arbeit mit Pausen o. Ä. konzentrieren. Im Anschluss an den Hörprozess werden Textinhalt oder Beobachtungen memoriert (die Zulässigkeit von Notizen oder eine Arbeit mit Arbeitsblättern sind im Vorfeld zu verabreden). Dies bildet dann die Grundlage für die Ergebnissicherung, die mündlich (z. B. im Klassengespräch oder Vortrag) oder schriftlich (z. B. als freie Rekapitulation oder gelenkt per Fragebogen) erfolgen kann, als Erfolgskontrolle aber in jedem Fall unverzichtbar ist.

Digitale Lösungen

Da die mit dieser Methode bearbeiteten literarischen Texte oder Sachtexte ohnehin schon akustisch aufbereitet sind, sind sie prädestiniert für einen Einsatz auch im Präsenz- oder Distanzunterricht. Maßgeblicher Unterschied ist die anders verlaufende Verständigung miteinander während des Hörprozesses: Eine begleitende nonverbale Kommunikation (u. a. Ausdruck von Verständnisschwierigkeiten) ist im abgewandelten Format schwer möglich. Dies kann aber durch hörbegleitende Kommunikation im Klassen- oder Gruppen-Chat kompensiert werden. Hören die Lernenden den Text unabhängig voneinander, sollte ein Weg für die recht unmittelbare Klärung auftretender Verständnisfragen verabredet sein. Ausgangspunkt des Arbeitsprozesses ist die Bereitstellung des Textes als barrierearme Audiodatei an alle Lernenden und eine Verständigung über die Aufgabenstellung im Gespräch, notfalls auch im Chat. Auch hier kann ein spezifischer Hörauftrag (Hören unter einer bestimmten Fragestellung) erteilt oder eine ungelenkte, also auf Filtern der wichtigsten Informationen gerichtete Rezeption des Textes verabredet werden. Im letzteren Falle sollte unbedingt die empfohlene Dokumentationsweise (parallel – Notizen oder Arbeitsblatt – oder im Nachgang – Memorieren des Gehörten) besprochen werden. Denkbar ist dann eine individuelle Dokumentation am eigenen PC, aber auch ein Eintrag von Beobachtungen oder auftretenden Fragen in ein gemeinsames Pad wie beispielsweise mit dem Tool *ZUMPad* (vgl. 4.2.2) oder in einem *Padlet* (vgl. 4.7.8). Weichen die Dokumentationen im Pad voneinander ab, kann dies als Grundlage für Zuhörprozesse oder auch eine Methodenreflexion dienen. Gleichzeitig sind die Pad-Einträge dann ggf. schon Grundlage der Ergebnissicherung bzw. Präsentation. Bei Sachtexten erlauben Online-Strukturierungshilfen wie *Padlet* oder auch *Kialo Edu* (vgl. 4.1.4) ggf. eine gemeinsame Untergliederung des Gehörten in Argumente und Gegenargumente, ein Sammeln von im Text formulierten Thesen o. Ä.

Eine zusätzliche Möglichkeit der Schulung des verstehenden Zuhörens ergibt sich aus dem Umstand, dass gerade im Distanzunterricht Vorträge oder ein Hochladen aufgezeichneter Audiodateien ein gebräuchliches Mittel der Ergebnissicherung sind (so etwa auch im Kontext von Gruppenpuzzles). Diese werten dann nicht nur Aufgabenstellungen aus, sondern bieten auch Gelegenheit für darin eingebettete Übungen zum verstehenden Zuhören. Hierbei können die Lernenden um Beantwortungen bestimmter Fragen zum Schülervortrag oder inhaltliches Feedback gebeten werden – gelenkt durch von der Lehrkraft bereitgestellte Fragebögen oder Feedbackformulare.

Literaturhinweise:

von Brand, Tilman 2020: Verstehendes Zuhören. In: Baurmann, Jürgen/Ders./Menzel, Wolfgang/Spinner, Kaspar H.: Methoden im Deutschunterricht. Exemplarische Lernwege für die Sekundarstufe I und II. 4. Auflage. Hannover: Kallmeyer/Klett, S. 45–47

3.1.8 Sprachspiele

Beschreibung

Sprachspiele gibt es in vielfältiger Ausformung mit ganz unterschiedlichen Zielsetzungen in den Bereichen Sprach-/Sprechfähigkeiten und Sprachbewusstsein: Artikulationsfähigkeit, Aufbau und flexible Verwendung von Wortschatz, Sprachsensibilität, phonologische Bewusstheit, Variabilität in der Sprachverwendung etc. Unter dem Begriff subsummieren sich folglich zahlreiche Mikromethoden, die durch spielerischen und kreativen Umgang mit Sprache zum Kompetenzerwerb beitragen sollen. Im Folgenden werden einige Vorschläge gemacht, die gleich unter dem Gesichtspunkt medialer Transformation vorgestellt werden.

Digitale Lösungen

- *Zungenbrecher*: Durch Audio- und Videoaufnahmen lassen sich die Anforderungen an Zungenbrecher noch erhöhen und zu einem spannenden Wettkampf ausbauen: Wer ist in der Lerngruppe in der Lage, einen Zungenbrecher fehlerfrei am schnellsten vorzutragen?
- *Tabuwörter*: Das Spiel wird in mehreren Teams gespielt: Auf Karteikarten sind Begriffe vermerkt, die ein Schüler oder eine Schülerin der Gruppe den anderen Team-Mitgliedern mündlich erklären muss. Dafür dürfen weder das Wort, Ableitungen davon oder zusätzliche tabuisierte Wörter genannt werden. Beispiel: Schule (Tabuwörter: Lehrer, Schüler, Tafel, Unterricht, lernen). Im Distanzunterricht lässt sich dieses Spiel gut in Breakout-Räumen realisieren, wobei die Wortvorgaben dann von der Lehrkraft in den privaten Chat gegeben werden müssen oder mit *Quizlet* (vgl. 4.5.7) vorbereitet und geteilt werden.

- *Reizwortgeschichten*: Den Lernenden wird eine Reihe von Wörtern genannt oder jene tragen diese selbst zusammen, aus denen sie dann zusammenhängende Erzählungen formen sollen. Sehr vielfältige Anregungen dafür sind auf *Wortsport* (vgl. 4.2.4) zu finden. Hier ließe sich hervorragend die Plot- oder Pathos-Maschine einsetzen.
- *Begriffspaare nach dem Vorbild eines Memo-Paarspiels*: Zum Memorieren von Begriffspaaren bieten sich selbst gestaltete Kartenpaare an, die es nach dem Vorbild des bekannten Paar-Spiels nacheinander aufzudecken gilt. Zum individuellen Lernen im Präsenz- wie im Distanzunterricht lassen sich solche Spiele gut per App selbst erstellen. Dafür eignen sich beispielsweise *Photo Memory, Memory Spiel mit Photos* oder, etwas weniger verspielt, *Karteikarten – Vokabeln und Wortschatz*. Sie lassen sich sehr leicht mit *Learning-Apps* (vgl. 4.5.5) erstellen.
- *Stadt – Land – Fluss mit eigenen Kategorien*: Zum Lernen von Begriffen kann auch gut das bekannte Spiel „Stadt – Land – Fluss" eingesetzt werden, z. B. mit den Kategorien Nomen – Verb – Adjektiv. Unter https://stadtlandfluss.cool lassen sich online Spiele mit eigenen Kategorien anlegen, zu denen dann gezielt Mitspielende eingeladen werden können.
- Ein ganzer Fundus von Online-Sprachspielen findet sich darüber hinaus auf der Webseite www.wortsport.org (vgl. 4.2.4), die der Poetry Slammer Bas Böttcher gestaltet hat. Digitale Sprach- und Lernspiele unterschiedlicher didaktischer Qualität finden sich zudem in unzähliger Form im Internet und den Appstores. Wichtig ist hier eine eingehende Prüfung, ob tatsächlich Lerneffekte durch das Spielen eintreten oder ob es lediglich Formen von Gamification sind, die extrinsisch motivieren sollen.

Literaturhinweise:

von Brand, Tilman 2020: Sprachspiele. In: Baurmann, Jürgen/Ders./Menzel, Wolfgang/Spinner, Kaspar H.: Methoden im Deutschunterricht. Exemplarische Lernwege für die Sekundarstufe I und II. 4. Auflage. Hannover: Kallmeyer/Klett, S. 48 f.

Praxis Deutsch. Nr. 289/2021: Spielend lernen. Hannover: Friedrich Verlag

3.2 Lesen – Umgang mit Texten und Medien

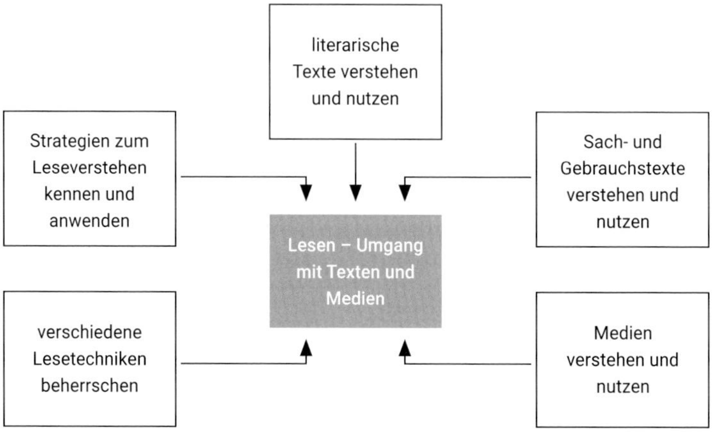

Abb. 19: Die Teilhandlungen des Kompetenzbereichs „Lesen – Umgang mit Texten und Medien" (Quelle: Nationale Bildungsstandards)

3.2.1 Wiederholtes Lautlesen

Beschreibung

Ziel des wiederholten Lautlesens ist es, die Leseflüssigkeit zu steigern, die eine zentrale Grundlage im Aufbau von Lesekompetenz darstellt. Erst wenn diese hierarchieniedrige Fähigkeit in ausreichendem Maße entwickelt ist, gelingt es zunehmend, das eigentliche Leseverstehen auszubilden, da durch Automatisierung eine mentale Entlastung stattfindet, die für hierarchiehöhere Prozesse genutzt werden kann. So müssen wichtige kognitive Ressourcen für das Dekodieren oder gar Rekodieren des Geschriebenen aufgewendet werden. Leseflüssigkeit umfasst dabei wiederum die Teilfertigkeiten Genauigkeit beim Dekodieren, Automatisierung der Worterkennung, Lesegeschwindigkeit sowie die Fähigkeit zur sinngemäßen Sequenzierung von Sätzen (vgl. Rosebrock/Nix 2020, S. 39).

Obwohl alle Lernenden über diese grundständige Fähigkeit, Texte flüssig lesen zu können, am Ende des Grundschullehrgangs verfügen sollten, sind doch an allen Schulformen bis in hohe Jahrgangsstufen bei Einzelnen immer wieder Defizite zu diagnostizieren. Daher sollte die Leseflüssigkeit auch in weiterführenden Schulformen gezielt gefördert werden. Da ein gelegentliches Vorlesen im Unterricht nicht reicht, haben sich vor allem Verfahren des *Paired Readings*, sogenannte Lautlesetandems, als effektiv erwiesen und etabliert (vgl. u.a. Rosebrock u.a. 2011, S. 123–125), bei denen leseschwächere und lesestärkere Kinder und Jugendliche gemeinsam lesen. In diesem Setting wird zunächst die Lesegeschwindigkeit der Schülerinnen und Schüler in der Klasse gemessen (vgl. ebd., S. 77–96). Anschließend werden Tandems aus schwächeren und stärkeren Leserinnen und Lesern gebildet, wobei der Leistungsabstand zwischen diesen im Querschnitt ungefähr gleich sein sollte. Das bedeutet, dass nicht der/die Schwächste mit der/dem Stärksten liest, sondern der/die Schwächste mit jemandem aus dem gehobenen Mittelfeld etc.

Diese Teams lesen nun gemeinsam einen Text von ca. 200 bis 300 Wörtern insgesamt viermal halblaut, wobei die Geschwindigkeit an dem/der Schwächeren ausgerichtet ist. Der/die schwächer Lesende kann, wenn er/sie sich sicher fühlt, ein Zeichen geben, um fortan allein weiterzulesen. Macht der/die Lesende Fehler, kann er/sie sich entweder selbst korrigieren und weiterlesen oder wird von dem/der Stärkeren korrigiert und muss ggf. an früherer Stelle erneut einsetzen (vgl. Abb. 20).

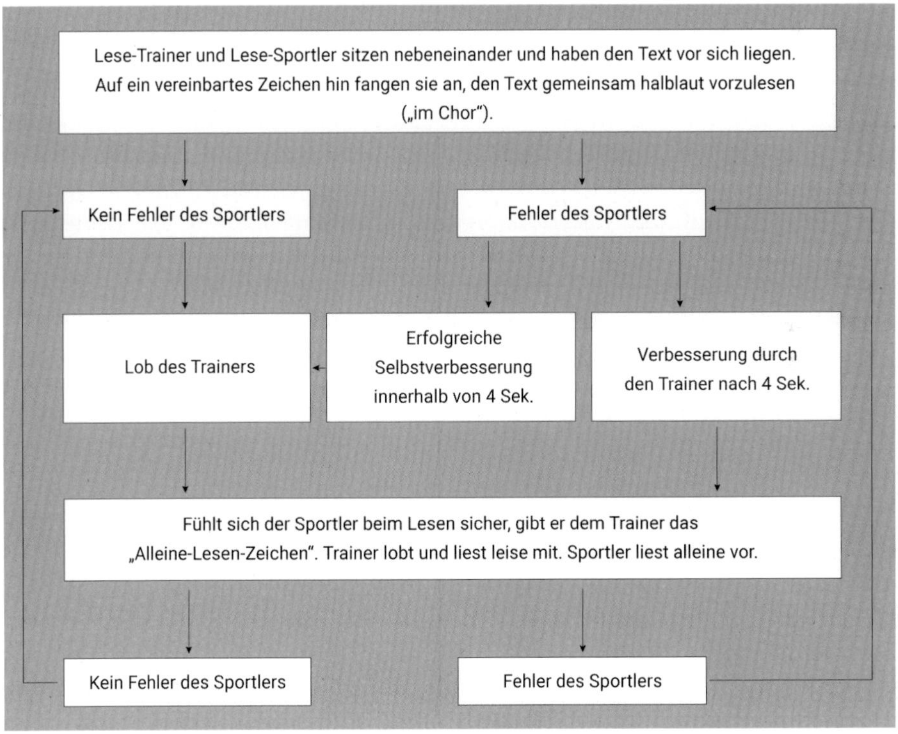

Abb. 20: Möglicher Ablauf eines Lautlesetandems (Quelle: Nix 2011, S. 146, in Anlehnung an Keith Topping)

Steffen Gailberger hat darüber hinaus für den außerschulischen Kontext das Verfahren „Lesen durch Hören" entwickelt, bei dem sich Leseflüssigkeit durch ein paralleles lautes Lesen zu Hörbüchern steigern lässt. Auch wenn hier das Fehlen sozialer Interaktion bemängelt wird (vgl. Rosebrock u. a. 2011, S. 36), hat das Verfahren doch den großen Vorteil, dass man Teile der Leseförderung in den heimischen Bereich der Lernenden verlagern kann, beispielsweise in Form eines Lesevertrags: Eltern, Lehrkräfte und Schülerinnen/Schüler einigen sich darauf, dass die Lernenden 15 Minuten am Tag parallel zu einem Hörbuch laut lesen. Die Aufgabe der Lehrkraft besteht in der Diagnose der Leseflüssigkeit und der Anregung zu möglichen Lektüren/Hörbüchern, die der Eltern in der Kontrolle des Lesens, die der Lernenden in der Durchführung.

Digitale Lösungen

Lautleseverfahren lassen sich im Distanzunterricht fast besser realisieren als in einer Klassenraumsituation, wo 30 Schülerinnen und Schüler gemeinsam sitzen und sprechen. Auch hier gilt es, eine möglichst ungestörte Atmosphäre zu schaffen, bei der sich jeweils zwei Lesende – möglichst ohne Ablenkung und Nebengeräusche – auf das Lesen des gemeinsamen Textes konzentrieren können. Auch wenn die unmittelbare soziale Interaktion etwas leidet, lässt sich dies in Videokonferenz(en) gut umsetzen, entweder parallel in Breakout-Räumen oder nach freier Zeiteinteilung durch die Lernenden. Hier können, analog zum oben formulierten Vorschlag des Lesevertrages, Teams zufällig oder bewusst ausgewählt gebildet werden. Die Teams können auch mithilfe der Methode des Lerntempoduetts gefunden werden, die sowohl im Präsenz- als auch Distanzunterricht mit der digitalen Anwendung auf *Oncoo* (vgl. 4.7.7) sinnvoll unterstützt werden kann. Die Lesetandems vereinbaren mit der Lehrkraft, dass sie drei, vier oder fünf Mal pro Woche gemeinsam 15 Minuten nach o. g. Muster lesen. Dafür können sie sich wahlweise treffen oder sich per Videokonferenz zusammenfinden. Hier wäre es ratsam, dass neben dem gemeinsam gelesenen Text auch die Videos auf dem Monitor zu sehen sind, sodass insbesondere die leseschwächere Person die Tutorin/den Tutor auch sehen kann.

Für den Hausgebrauch kann die Arbeit mit der Software *Spreeder* sinnvoll sein, die einen selbst hochgeladenen Text in variabel einzustellender Geschwindigkeit (Worte pro Minute) in einzelnen Worten präsentiert. Auf diese Weise kann man ein individuelles Lesetempo vorgeben und gezielt an der Steigerung desselben arbeiten. Allerdings gibt die Software keinerlei Hinweis auf die Richtigkeit der Dekodierung.

Literaturhinweise:

Gailberger, Steffen 2011: Lesen durch Hören. Leseförderung in der Sek. I mit Hörbüchern und neuen Lesestrategien. Weinheim/Basel: Beltz

Nix, Daniel 2011: Förderung der Leseflüssigkeit. Theoretische Fundierung und empirische Überprüfung eines kooperativen Lautlese-Verfahrens im Deutschunterricht. Weinheim/München: Juventa

Philipp, Maik/Schilcher, Anita (Hg.) 2012: Selbstreguliertes Lesen. Ein Überblick über wirksame Leseförderansätze. Seelze: Kallmeyer/Klett

Rosebrock, Cornelia 2017: Leseflüssigkeit. In: Baurmann, Jürgen/Kammler, Clemens/Müller, Astrid (Hg.): Handbuch Deutschunterricht. Theorie und Praxis des Lehrens und Lernens. Seelze: Kallmeyer/Klett, S. 108–111

Rosebrock, Cornelia/Nix, Daniel/Rieckmann, Carola/Gold, Andreas 2011: Leseflüssigkeit fördern. Lautleseverfahren für die Primar- und Sekundarstufe. Seelze: Kallmeyer/Klett

Rosebrock, Cornelia/Nix, Daniel 2020: Grundlagen der Lesedidaktik und der systematischen schulischen Leseförderung. 9., aktualisierte Neuauflage. Baltmannsweiler: Schneider

3.2.2 Lesestrategien anwenden

Beschreibung

Unter Lesestrategien werden ganz unterschiedliche geplante Herangehensweisen an Texte verstanden, die dem Ziel dienen, das Textverstehen zu steigern. Die nationalen Bildungsstandards für den mittleren Schulabschluss listen fünf konkrete Strategien auf, über die Schülerinnen und Schüler am Ende ihrer Schulzeit verfügen sollen (KMK 2003, S. 13):

- Leseerwartungen und -erfahrungen bewusst nutzen,
- Wortbedeutungen klären,
- Textschemata erfassen: z. B. Textsorte, Aufbau des Textes,
- Verfahren zur Textstrukturierung kennen und selbstständig anwenden: z. B. Zwischenüberschriften formulieren, wesentliche Textstellen kennzeichnen, Bezüge zwischen Textteilen herstellen, Fragen aus dem Text ableiten und beantworten,
- Verfahren zur Textaufnahme kennen und nutzen: z. B. Aussagen erklären und konkretisieren, Stichwörter formulieren, Texte und Textabschnitte zusammenfassen.

Etwas komplexer gerät die Übersicht von Philipp/Schilcher, in der vor allem unterschiedliche Zielsetzungen der Strategien differenziert werden (vgl. Abb. 21, S. 84).

Lesestrategien werden im Deutschunterricht meist anhand von Sachtexten trainiert, indem Kataloge wie die Fünf-Schritt-Lesemethode (SQ3R: Survey, Question, Read, Recite, Review) vermittelt und geübt werden (vgl. Rosebrock/Nix 2020, S. 75).

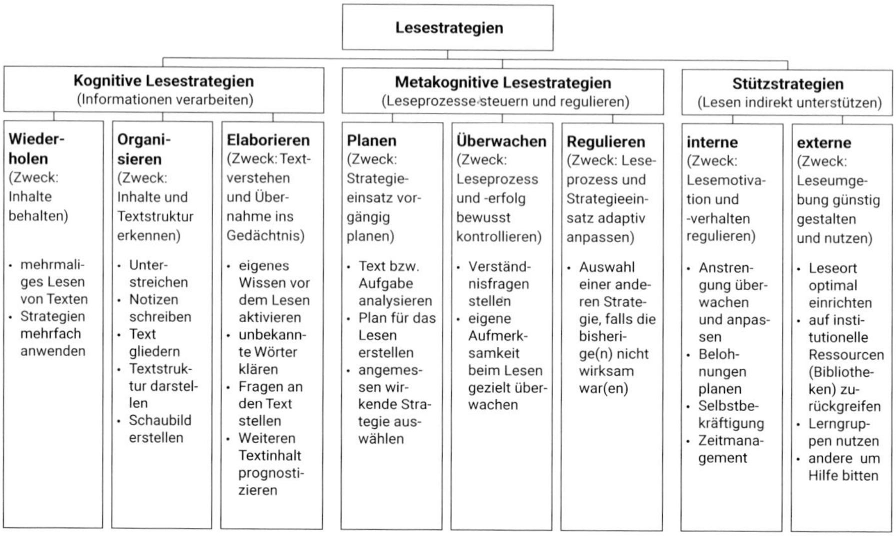

Abb. 21: Klassifikation von Lesestrategien (Quelle: Philipp/Schilcher 2012, S. 45)

Digitale Lösungen

Sowohl im Distanz- als auch im Präsenzunterricht bietet es sich an, Lesestrategien gezielt an digitalen Endgeräten zu üben: Während das Unterstreichen und Kommentieren von Textstellen auf Papier noch ähnlich gut funktioniert, sind Strategien des Gliederns oder des Formulierens von Zwischenüberschriften in einem Textverarbeitungsprogramm wie *Microsoft Word* oder *Pages* einfacher und flexibler handhabbar, weil die Übersichtlichkeit auch bei mehrmaligem Ändern gewahrt bleibt. Das Abrufen von Vorwissen kann beispielsweise darüber organisiert werden, dass auf einem Arbeitsblatt (analog wie digital) eine Kommentarspalte neben den Text gesetzt wird, in der entweder konkrete Fragen an die Lernenden formuliert werden oder – bei zunehmender Festigung der Strategien – lediglich leerer Raum gelassen wird. Ähnlich verhält es sich mit Prognosen zum weiteren Textverlauf. Das Erstellen von Schaubildern wird in 3.2.4 separat erläutert, 3.2.10 wiederum enthält ein schönes Beispiel dafür, wie Textstrukturen sichtbar gemacht werden können. Für das Klären unbekannter Wörter kann im digitalen Lesen schnell auf entsprechende Ressourcen zurückgegriffen werden; im analogen Unterricht würde man hier das Wissen der Lerngruppe bzw. der Lehrkraft nutzen, was jedoch in der Übertragung auf den Alltag nur bedingt zielführend ist, wo Hilfe zur Selbsthilfe gefordert ist.

Metakognitive Lesestrategien, die in Rahmenplänen und Lehrwerken nur selten prominent Berücksichtigung finden, bedürfen der besonders sorgfältigen Einführung durch die Lehrkraft. Hier kann ein schriftlicher Fahrplan bzw. eine Übersicht zwar hilfreich sein, Digitalität scheint dabei jedoch keinen besonderen Nutzen zu generieren. Vielmehr sollten die Lernenden aufgefordert werden, das eigene Leseverhalten zu überwachen und beispielsweise in Form eines Lerntagebuchs bzw. Portfolios (z. B. mit *Evernote, OneNote* oder in Form eines *Padlets* [vgl. 4.7.8]) zu dokumentieren. Bezüglich der externen Stützstrategien wäre jedoch zu prüfen, ob und inwiefern die Lernenden für sich Vor- und Nachteile im analogen bzw. digitalen Lesen sehen.

Literaturhinweise:

Philipp, Maik/Schilcher, Anita 2012: Selbstreguliertes Lesen. Ein Überblick über wirksame Leseförderansätze. Seelze: Kallmeyer/Klett

Rosebrock, Cornelia/Nix, Daniel 2020: Grundlagen der Lesedidaktik und der systematischen schulischen Leseförderung. 9., aktualisierte Auflage. Baltmannsweiler: Schneider

KMK 2003: Bildungsstandards für den mittleren Bildungsabschluss im Fach Deutsch. URL: www.kmk.org/fileadmin/Dateien/veroeffentlichungen_beschluesse/2003/2003_12_04-BS-Deutsch-MS.pdf

3.2.3 Zusammenfassen

Beschreibung

Das Zusammenfassen von Informationen – meist aus einem schriftlich verfassten Text – gehört zu den basalen schulischen Fähigkeiten und hat in nahezu allen Fächern seinen festen Platz. Eigentlich besteht die wesentliche Funktion darin, jemanden, der/die einen Text nicht gelesen hat, über dessen Inhalt und/oder Aussage zu informieren. In der Schule wird das Zusammenfassen jedoch auch gezielt als Lernmethode eingesetzt, wo es dann noch weitere Funktionen erfüllt (vgl. Spinner 2020): Die Schülerinnen und Schüler bilden ein sogenanntes mentales Modell des Textes, kommen also zu einem Gesamtverständnis. Zugleich liegt in der Zusammenfassung aber auch eine Kontrollfunktion; es kann geprüft werden, ob ein Text überhaupt gelesen und was dabei verstanden wurde. Die Lernenden können das eigene Verständnis auch selbst testen, indem sie prüfen, ob sie in der Lage sind, die Zusammenfassung zu vollziehen. Zu guter Letzt ist diese aber immer auch eine Art Übersetzung, denn sie erfolgt in der Regel in eigenen Worten. Gerade dieser Transfer in neue Formulierungen unterstützt die Lernenden dabei, das Zusammengefasste zu memorieren.

Je nachdem, ob es sich um pragmatische oder literarische Texte handelt, kann die Perspektive der Zusammenfassung variieren: Während man bei pragmatischen Texten von einer Aussageabsicht und auch von einer Funktion des Textes ausgehen wird, die für die Bildung des mentalen Modells zentral ist, wird man sich bei literarischen Texten (meist in Form einer *Inhaltsangabe*) meist auf die Handlung konzentrieren, aber auch nach hervorstechenden Motiven oder Eigenschaften schauen (z. B. Konfliktgestaltung, Raumbeschreibung, Verhältnis aus innerer und äußerer Handlung, Erzählperspektive etc.).

Digitale Lösungen

Für die Arbeit mit Zusammenfassungen kann es im Präsenzunterricht wie im Distanzunterricht hilfreich sein, verschiedene mediale Repräsentationen vergleichend vorliegen zu haben, sei es in Form schriftlicher Texte oder auch in Form von Audio- oder Videodateien. Im besten Fall lassen sich sowohl eine lebensweltliche Rahmung als auch ein Adressatenbezug herstellen, sodass die Lernenden die Relevanz der an sie gestellten Aufgabe erkennen. Denkbar wären die Erstellung von *BookTubes* (vgl. 3.1.3, 4.6.8), Podcasts zu in einzelnen Texten verhandelten Sachthemen oder auch Zusammenfassungen von Informationstexten für den Deutschunterricht (z. B. zur Literaturgeschichte). Die entstandenen Texte können gezielt kooperativ überarbeitet werden (vgl. 3.3.5–3.3.8). Aber auch ein beurteilender Vergleich unterschiedlicher Realisierungen kann helfen, Qualitätskriterien zu entwickeln und so die eigene Fähigkeit zum Zusammenfassen zu steigern.

Literaturhinweise:

Spinner, Kaspar H. 2020: Zusammenfassen. In: Baurmann, Jürgen/von Brand, Tilman/Menzel, Wolfgang/Ders.: Methoden im Deutschunterricht. Exemplarische Lernwege für die Sekundarstufe I und II. 4. Auflage. Hannover: Kallmeyer/Klett, S. 63–65

3.2.4 Grafisch strukturieren

Beschreibung

Ähnlich wie beim Zusammenfassen (vgl. 3.2.3) geht es auch beim grafischen Strukturieren darum, zentrale Aspekte eines Textes zusammenzustellen. Durch die grafische Aufarbeitung wird jedoch stärker die Struktur der gegebenen Informationen betont. Je nach Art des Textes muss von den Lernenden zunächst beurteilt werden, welche Art der grafischen Darstellung angemessen ist und die Inhalte am besten veranschaulicht, z. B. ein Zeitstrahl, ein Balken- oder Baumdiagramm, ein Soziogramm oder auch eine schlichte Tabelle. Zudem müssen in der Regel Kategorien gebildet, zumindest aber passende Begriffe gefunden werden.

Digitale Lösungen

Sowohl im Präsenz- wie auch im Distanzunterricht bietet es sich an, grafische Darstellungen digital anzufertigen, um sie einfach präsentieren, austauschen oder auch überarbeiten zu können. Dazu gibt es heute zahlreiche Programme und Tools (vgl. 4.7.9), die häufig auch kostenlos verfügbar sind. Zunächst enthalten die gängigen Textverarbeitungsprogramme in der Regel schon gute Werkzeuge, darunter Möglichkeiten der typografischen Gestaltung (ein beeindruckendes Beispiel findet sich in 3.2.10) oder SmartArt-Tools in *Microsoft Word* (oder auch in *Microsoft PowerPoint*). Deutlich umfangreicher sind die Möglichkeiten in der kommerziellen Software *MindManager* (früher: *MindJet*); eine kostenlose Alternative stellen *FreeMind, WiseMapping* oder *Mindomo,* eine kostengünstige *MindMeister* dar, in der zumindest eine begrenzte Zahl an Mindmaps kostenlos erstellt werden können. Stärker auf die Strukturierung gemeinsamer Arbeitsprozesse ausgerichtet sind darüber die Plattformen *Padlet* (vgl. 4.7.8), *Trello, Popplet* oder *Miro,* die aber auch zahlreiche Möglichkeiten bieten, um Textinhalte zu veranschaulichen. Viele der genannten Programme und Tools haben den Vorteil der Möglichkeit kollaborativen Arbeitens an unterschiedlichen Endgeräten. Entweder im Klassenraum oder bei begleitender Videokonferenzsoftware kann so gemeinsam auf dieselbe Datei zugegriffen und diese gemeinsam bearbeitet werden.

Literaturhinweise:

Spinner, Kaspar H. 2020: Grafisch strukturieren. In: Baurmann, Jürgen/von Brand, Tilman/Menzel, Wolfgang/Ders.: Methoden im Deutschunterricht. Exemplarische Lernwege für die Sekundarstufe I und II. 4. Auflage. Hannover: Kallmeyer/Klett, S. 65 f.

3.2.5 Leseeindrücke sammeln

Beschreibung

Das Sammeln erster Leseeindrücke nach der Lektüre eines literarischen Textes folgt der in Jürgen Krefts berühmten Phasierungsmodell formulierten Absicht, zunächst „bornierte Subjektivität“ (Kreft 1977, S. 379) zuzulassen, indem die Schülerinnen und Schüler spontan und weitgehend ungelenkt erste assoziative Gedanken und Wertungen zur erfolgten Lektüre äußern können. Gemeinhin wird das Sammeln von Leseeindrücken mündlich realisiert, was den Vorteil einer unmittelbaren Kommunikation hat, zugleich aber dazu führt, dass meist nicht alle Lernenden ihre Eindrücke äußern und zudem von ihren Vorrednerinnen und -rednern beeinflusst sind. Dies kann durch eine kurze schriftliche Aufgabe verhindert werden, indem zunächst alle Lernenden ihre Eindrücke (frei oder z. B. in Form eines Attributs, das zusammenfassend formuliert werden soll, oder allgemeiner eines Wortes) für sich aufschreiben, bevor dies dann mündlich vorgetragen wird.

Digitale Lösungen

Digitale Formate haben den Vorteil, dass die Ergebnisse anschließend geclustert werden können und man auf Grundlage dieser visuell konservierten Ergebnisse ins Gespräch darüber kommen kann, warum die Lektüre entsprechende Reaktionen ausgelöst hat. Denkbar wäre dafür die folgende Schrittung:

1. Alle Lernenden halten zunächst ihre Leseeindrücke in einem Wort/in wenigen Worten fest.
2. Anschließend übertragen sie ihre Äußerungen in ein *Padlet* oder *ZUMPad* (vgl. 4.2.2 und 4.7.8). Auch die Verwendung eines Umfragetools wie *Mentimeter* (vgl. 4.8.2) oder *AnswerGarden* (vgl. 4.8.1) wäre denkbar.
3. Gemeinsam werden die Eindrücke nun unter Oberbegriffen zusammengefasst, sodass sich, im wahrsten Sinne des Wortes, ein Meinungsbild ergibt.
4. Möglich wäre nun, dass die Lernenden mithilfe der Kommentarfunktion Nachfragen zu den Reaktionen anderer stellen und so in einen ersten (schriftlichen) Austausch kommen.
5. Wahlweise im Klassenverband oder in Gruppen (im Distanzunterricht in Breakout-Räumen) können nun die Texteindrücke unter Rückgriff auf den Text diskutiert werden. Lebendiger dürften diese Diskussionen werden, wenn man Teilnehmerinnen und Teilnehmer mit sehr unterschiedlichen Leseeindrücken in Gruppen zusammenstellt.

Ein überaus praktisches Tool zur digitalen Umsetzung der Schrittfolge ist mit der „Kartenabfrage“ auf *Oncoo* (vgl. 4.7.7) gegeben. In der Schüleransicht gibt es Karten zum Notieren der Leseeindrücke, die anschließend zur digitalen Tafel geschickt werden. Die Lehrkraft kann die Karten auf dieser nun clustern, Verbindungen mit Pfeilen herstellen und ähnliche Leseeindrücke farblich anpassen.

Alternativ bieten sich aber auch umfangreichere Formate an, um erste Leseeindrücke zu sammeln und über diese ins Gespräch zu kommen: Denkbar wären beispielsweise Kurzkritiken, BookTubes (vgl. 3.1.3), *TikTok*-Clips (BookTok) (vgl. 4.6.6), Blogbeiträge, kurze Postings in sozialen Medien o. Ä.

Literaturhinweise:

Kreft, Jürgen 1977: Grundprobleme der Literaturdidaktik. Eine Fachdidaktik im Konzept sozialer und individueller Entwicklung und Geschichte. Heidelberg: Quelle & Meyer (UTB)

3.2.6 Literarisches Gespräch

Beschreibung

Literarische Gespräche dienen der diskursiven Erschließung literarischer Texte, ohne dass dabei der Anspruch erhoben wird, eine abschließende, allgemeingültige Interpretation vorzunehmen. Vielmehr handelt es sich um einen offenen demokratischen Austausch individueller Lesarten, aber auch Emotionen oder Imaginationen, mit dem Ziel, dass dies zu neuen Erkenntnissen und vertieftem Leseverständnis führt.

Organisiert werden literarische Gespräche in der Regel in Gruppen von maximal 15 Personen, wobei man entweder mehrere Gruppen parallel arbeiten lassen kann oder ein einzelnes literarisches Gespräch ins Zentrum des Unterrichts stellt, welches der Rest der Klasse beobachtet (z. B. in Form eines Fishbowls – vgl. 3.1.5). Meist fungiert die Lehrperson als zurückhaltender Moderator des Gesprächs, bringt sich aber auch selbst als Leser/in ein. Im Gespräch tauschen sich nun alle Teilnehmenden über ihre Leseeindrücke und ihr Leseverständnis aus. Verschiedene Sichtweise führen im besten Fall zu einem Aushandlungsprozess von Textsinn, wobei es weniger um ein Überzeugen anderer von der eigenen Lesart gehen soll als vielmehr darum, gemeinsam zu komplexeren Deutungsansätzen zu kommen, indem Aussagen und Einwände immer wieder aufs Neue mit der eigenen Lesart abgeglichen und diese daraufhin präzisiert werden. Es besteht demnach kein Zwang zur Einigung, im besten Fall stehen am Ende mehrere plausible Möglichkeiten, einen Text zu verstehen, nebeneinander. Es geht also weniger darum, Texten ihre Rätselhaftigkeit zu nehmen, als vielmehr alle Beteiligten dazu zu befähigen, Mehrdeutigkeit auszuhalten und im besten Fall sogar als Gewinn zu erfahren.

Kaspar H. Spinner nennt in Anlehnung an das Heidelberger Modell des literarischen Unterrichtsgesprächs (vgl. Steinbrenner et al. 2014) verschiedene Varianten, um ein literarisches Gespräch zu initiieren, die auch miteinander kombiniert werden können (vgl. Spinner 2020, S. 81):

Gemeinsames Lesen

Der Text wird einmal laut vorgelesen. Anschließend lesen alle Beteiligten den Text noch einmal leise selbst.

Leises Lesen

Die Lernenden lesen den Text leise und anschließend lesen alle eine selbst gewählte Textstelle laut vor. Möglich wäre auch, eine konkrete Formulierung auswählen zu lassen, die Begeisterung, Verwunderung etc. ausgelöst hat.

Blitzlicht

Der Reihe nach äußern alle Teilnehmenden ihre ersten Eindrücke vom Text oder auch, welche Bilder dieser in ihnen ausgelöst hat.

Impuls

Die Lehrkraft (oder moderierende Person) setzt einen Impuls, um das Gespräch zu entfachen (z. B. „Ich bin in diesem Text ja über folgenden Satz gestolpert ..." oder „Was ich mich frage, ist ...".)

Abb. 22: Möglichkeiten, ein literarisches Gespräch zu initiieren

Während das literarische Unterrichtsgespräch nach dem Heidelberger Modell als Unterrichtsmethode relativ klaren Regeln folgt, stellt Zabka (2020) ganz viele verschiedene Möglichkeiten vor, Gespräche im Literaturunterricht gewinnbringend einzusetzen.

Digitale Lösungen

Da die Qualität literarischer Gespräche maßgeblich von der Bereitschaft und Fähigkeit der Teilnehmenden abhängt, sich aufeinander einzulassen und aufeinander einzugehen, spielt die unmittelbare soziale Interaktion eine große Rolle. Eine mediale Unterstützung und auch ein Videografieren sind daher kaum sinnvoll. Es kann zwar hilfreich sein, durch eine Aufnahme die Methode bei ihrer Einführung zu reflektieren, später jedoch werden die Teilnehmenden sehr schnell im Gespräch selbst merken, welche Wortbeiträge und welches Verhalten zielführend waren und welche nicht. Ansonsten sollte die Konzentration auf den Text, den Teilnehmenden und deren Äußerungen liegen und möglichst wenig Ablenkung erfahren. Hilfreich im Distanzunterricht kann aber die Rezeption und Diskussion von Aufzeichnungen medial inszenierter und im Internet verfügbarer Literaturgespräche sein (z. B. *Das literarische Quartett*), auch wenn die Zielsetzung hier meist in der Bewertung der Qualität und weniger im gemeinsamen Versuch, den Text zu verstehen, liegt.

Im Distanzunterricht kann allerdings gerade durch die Arbeit in Breakout-Räumen eine förderliche Intimität geschaffen werden, die es den Teilnehmenden erlaubt, sich isoliert vom Rest der Lerngruppe mit den eigenen Gruppenmitgliedern intensiv auszutauschen. Sofern mehrere Teams gebildet werden, die autonom literarische Gespräche durchführen, ist es hilfreich, klare Regeln vorzugeben und die Moderierenden ggf. auch mit ein paar Gesprächsimpulsen auszustatten. Für die Durchführung und anschließende Auswertung bieten sich vor allem zwei Varianten an, sofern alle Gruppen an denselben Texten arbeiten:

Variante 1: Schriftliche Ergebnisse

Neben dem Moderator wird noch eine Protokollantin/ein Protokollant bestimmt, der/die die zentralen Ergebnisse (die auch in offenen Fragen bestehen können) notiert und anschließend vorträgt oder in die geteilten Notizen setzt. Anschließend werden alle Gruppenergebnisse diskutiert.

Variante 2: Zweischrittiges Verfahren
Die Lernenden führen zunächst in vier bis sechs Gruppen ihre literarischen Gespräche durch. Bereits im Voraus wird je ein Gruppenmitglied bestimmt, das anschließend die Gruppe in einem literarischen Gespräch vertritt, welches in Form eines Fishbowls (vgl. 3.1.5) im Klassenverband durchgeführt wird.

Abb. 23: Varianten der Durchführung literarischer Gespräche in Kleingruppen per Videokonferenz

Literaturhinweise:
Steinbrenner, Marcus/Mayer, Johannes/Rank, Bernhard/Heizmann, Felix (Hg.) 2014: „Seit ein Gespräch wir sind und hören voneinander“. Das Heidelberger Modell des Literarischen Unterrichtsgesprächs in Theorie und Praxis. 2. Auflage. Baltmannsweiler
Spinner, Kaspar H. 2020: Literarisches Gespräch. In: Baurmann, Jürgen/von Brand, Tilman/Menzel, Wolfgang/Ders.: Methoden im Deutschunterricht. Exemplarische Lernwege für die Sekundarstufe I und II. 4. Auflage. Hannover: Kallmeyer/Klett, S. 80–82
Zabka, Thomas 2020: Gespräche über Literatur. In: Praxis Deutsch Nr. 280, S. 4–11

3.2.7 Lesetagebuch/Leseportfolio

Beschreibung

Lesetagebücher und -portfolios begleiten den individuellen Lektüreprozess umfangreicherer Texte und dienen der begleitenden Texterschließung, Dokumentation des Leseprozesses und/oder auch der Leistungsüberprüfung. Dabei erhalten die Lernenden parallel zur Aufgabe, in der Regel eine Ganzschrift zu lesen, ein Konvolut von (Wahl-)pflichtaufgaben, das sich mehr oder weniger konkret auf den zu lesenden Text bezieht. Das Lesetagebuch ist dabei meist subjektiver angelegt und bietet mehr Freiraum in der Erarbeitung, wohingegen das Leseportfolio stärker durch präzise Aufgabenstellungen geprägt ist. Die Übergänge sind hier jedoch fließend. Letzteres erlaubt das sukzessive Nachreichen und Bearbeiten von Aufgaben, während die Aufgaben eines Lesetagebuchs, ganz gleich wie konkret sie gehalten sind, in der Regel bereits vor der Lektüre vollständig vorliegen und meist der Chronologie des Textes folgen. Zudem lassen sich in das Leseportfolio auch Aufgaben und Ergebnisse des Unterrichts integrieren. Nach der Offenheit der gegebenen Aufgabenstellungen lassen sich unterschieden:

- Offene Lesetagebücher/-portfolios mit Anregungen für Bestandteile (vgl. Spinner 2020, S. 84; von Brand 2020, S. 64)
- Vorstrukturierte Lesetagebücher allgemeiner Natur (vgl. Wietzke 2006)
- Textsortenbezogene Lesetagebücher/-portfolios (vgl. von Brand 2020, S. 65)
- Einzeltextbezogene Lesetagebücher/-portfolios (vgl. von Brand 2020, S. 66 f.)

Digitale Lösungen

Handschriftliche Lesetagebücher werden oftmals liebevoll und aufwändig grafisch gestaltet. Gleichwohl hat es im Präsenz- wie im Distanzunterricht auch Vorteile, digitale Ressourcen zu nutzen, um Lesetagebücher und -portfolios (sog. e-Portfolios) ansprechend zu erstellen. Neben den technischen Möglichkeiten, Texte zu kopieren, zu überarbeiten oder auszutauschen, Bilder und Grafiken zu integrieren, die Texte kollaborativ zu erstellen oder zu bearbeiten etc., schult eine digitale Erstellung auch die Fähigkeiten im Umgang mit digitaler Textverarbeitungs- und Gestaltungssoftware.

Je nach Plattform und Zielsetzung kann die Lehrkraft nicht nur unterschiedliche inhaltliche Ausrichtungen anlegen, sondern auch strukturelle und gestalterische Schwerpunktsetzungen vornehmen. In einer einfachen Form wäre es z. B. denkbar, die Aufgaben bereits per *Word-* oder auch *PowerPoint*-Dokument vorzugeben, das dann individuell bearbeitet werden kann. Alternativ ließe sich ein näher an der Lebenswirklichkeit der Lernenden orientiertes Format wählen und beispielsweise ein Lektüre-Blog (vgl. 3.3.9, 4.7.1) anregen. Dieser kann sowohl im geschützten Raum (etwa auf einer nur Mitgliedern zugänglichen Klassenhomepage) angelegt oder auch öffentlich zugänglich gemacht werden, z. B. per *WordPress* (vgl. 4.7.1). Eine vorstrukturiertes Lesetagebuch kann gut als *Lernpfad* (vgl. 4.7.6) angelegt und kontinuierlich geführt, aber auch kontrolliert werden. In zahlreiche Lernplattformen sind darüber hinaus mehr oder weniger komplexe Tools zum Erstellen von Portfolios integriert, wie z. B. *Moodle* oder *Ilias*. Mehr Nutzungs- und Gestaltungsmöglichkeiten bieten auf e-Portfolios spezialisierte Plattformen, wie *wix.com, Mahara.de* oder *elgg.org*. Aber auch Software wie *Evernote, OneNote* oder *Telegraph* lässt sich gut für die Erstellung von Portfolios nutzen. Kleine Bücher lassen sich mit *Minibooks* (www.minibooks.ch) oder *Book Creator* (vgl. 4.2.1) erstellen.

Literaturhinweise:

von Brand, Tilman 2021: Ganzschriften im Deutschunterricht. Mittelfristige Unterrichtsplanung zu Romanen, Novellen, Dramen und Graphic Novels. 2. Auflage. Hannover: Kallmeyer/Klett, S. 62–67

Hintz, Ingrid 2011: Das Lesetagebuch. Intensiv lesen, produktiv schreiben, frei arbeiten. Bestandsaufnahme und Neubestimmung einer Methode zur Auseinandersetzung mit Kinder- und Jugendbüchern im Deutschunterricht. 6. Auflage. Baltmannsweiler: Schneider

Spinner, Kaspar H. 2020: Lesetagebuch. In: Baurmann, Jürgen/von Brand, Tilman/Menzel, Wolfgang/Ders.: Methoden im Deutschunterricht. Exemplarische Lernwege für die Sekundarstufe I und II. 4. Auflage. Hannover: Kallmeyer/Klett, S. 83–85

Wietzke, Frauke 2006: Lesezeit. Lesetagebuch. URL: https://fachportal.lernnetz.de/files/Inhalte %20der%20Unterrichtsf%C3%A4cher/Deutsch/Lesezeit%205-7.pdf

3.2.8 Szenische Verfahren

Beschreibung

Unter szenische Verfahren fallen Aktionsformen, in denen Lernende durch unbewegten oder bewegten Einsatz ihres Körpers (oder z. B. auch Puppen) Situationen darstellen, um literarische Texte besser zu verstehen (in dieser Zielsetzung liegt der bedeutendste Unterschied zum ansonsten verwandten Rollenspiel – vgl. 3.1.6). Zwar gehören zum erweiterten Spektrum auch schriftliche Methoden wie das Schreiben von Rollenbiografien, diese werden jedoch meist vorbereitend oder begleitend eingesetzt. Kaspar H. Spinner nennt insgesamt acht einzelne Methoden, in deren Reihenfolge zugleich eine Steigerung des Anspruchsniveaus liege (Spinner 2020, S. 101 f.): Eine Textstelle aus dem Stegreif spielen, Haltungen und Bewegungen von Figuren erproben, eine Situation pantomimisch spielen, Rollenbiografien schreiben und vortragen, Rolleninterviews durchführen, Standbild gestalten, innere Monologe sprechen, als Hilfs-Ich sprechen. Stärker auf Inszenierungsformen bezogen lassen sich folgende Verfahren unterscheiden:

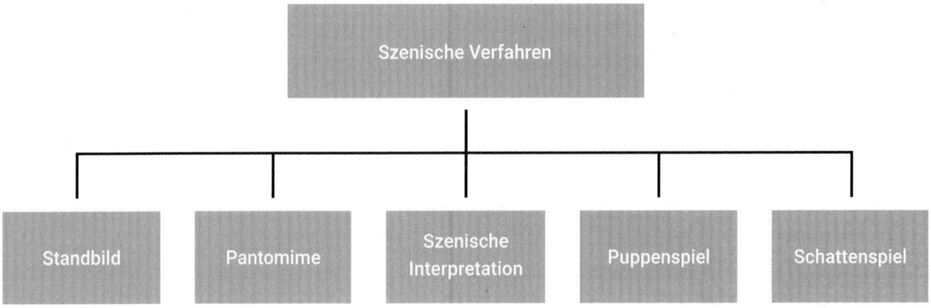

Abb. 24: Szenische Verfahren

Im Rahmen des Methodenspektrums der szenischen Interpretation nutzen Lernende (meist) Körper und Stimme, um erfahrungsbezogen und handlungsorientiert Zugänge zum Verständnis literarischer Texte zu gewinnen. Durch die Intensität der im Spiel gemachten Erfahrungen kann insbesondere empathisches Verstehen gefördert werden, indem neben kognitiver Aktivierung auch emotionale Beteiligung angestrebt wird. Lernen findet dabei sowohl während der Vorbereitung, der Inszenierung als auch der anschließenden Phase der Reflexion statt.

Digitale Lösungen

Szenische Verfahren sind zunächst – v. a. im Präsenzunterricht –, sofern sie statisch sind, gut durch Fotografie und, falls sie dynamisch sind, mit Videografie zu begleiten. Prozesse und Produkte können auf diese Weise konserviert und am Ende besser ausgewertet werden. Dadurch, dass heute praktisch alle Lernenden mit videografiefähigen Smartphones oder Tablets ausgestattet sind, lassen sich darüber hinaus leicht Aufnahmen aus verschiedenen Perspektiven realisieren, sodass auf diese Weise Details betrachtet und analysiert werden können. Auch kann wegen der Vielzahl verfügbarer digitaler Endgeräte gut in Gruppen gearbeitet werden. Im Distanzunterricht sind szenische Verfahren hingegen naturgemäß schwieriger zu realisieren. Sofern Lernende sich nicht physisch treffen können, um gemeinsam szenisch zu arbeiten, kann zumindest über Videokonferenzsoftware versucht werden, das Methodenspektrum zu nutzen. Dabei können leichte Abwandlungen des Settings in literarischen Texten zum Teil durchaus dazu führen, dass die Handlung auch digital veranschaulicht wird (z. B. wird eine im literarischen Text in der Küche angesiedelte Diskussion zweier Figuren nun in einen Videochat verlegt; der Kern des Konflikts bleibt jedoch erhalten). Ansonsten bieten sich vor allem folgende Möglichkeiten, um die Einschränkungen, die aus dem Mangel an realer Interaktion resultieren, gemindert werden:

- *Breakout-Räume*: Durch die Einteilung in Gruppen können zunächst geschützte Arbeitseinheiten angelegt werden, in denen Gruppen sich ungestört und unbeobachtet vorbereiten können.
- *Kamera-Funktion*: Indem beispielsweise die beobachtenden Lernenden ihre Kameras während der Präsentation der Ergebnisse ausschalten, wird optisch allein das Ergebnis in den Mittelpunkt gerückt. In *Zoom* besteht zudem die Möglichkeit, die Kacheln anzuordnen, was auch durch die Lehrkraft (bzw. den Host) für alle einheitlich vorgegeben werden kann. Viele Konferenzsysteme bieten außerdem die Option, Kacheln ohne Video auszublenden.
- *Aufnahme-Funktion*: Auch wenn die Aufnahmefunktion nicht nur für Distanzlernen nutzbar ist, kann es sinnvoll sein, die in Gruppen generierten Ergebnisse nicht live vorzuführen, sondern die Aufnahme einer gelungenen Realisation vorzuführen. Dadurch kann beispielsweise der Gefahr entgegengewirkt werden, dass es vor Publikum zu Unsicherheiten (z. B. Lachen) kommt, die im davor entwickelten Spiel nicht gegeben waren.
- *Virtuelle Hintergründe*: Durch virtuelle Hintergründe können einerseits Gruppenzugehörigkeiten optisch verdeutlicht, andererseits Kulissen simuliert werden.

Auch wenn sich der Schwerpunkt etwas von der Prozessorientierung auf die Produktorientierung verlagert, bietet sich heute eine mediale Fortführung des Ansatzes an, indem verstärkt synästhetische Möglichkeiten genutzt und z. B. Clips oder Trailer erstellt werden, die unterschiedlich komplex produziert (Requisiten, Kostümierung, Beleuchtung, Drehorte etc.) oder aufbereitet werden können (Schnitt, Musikunterlegung, Animation etc.). Dies kann einerseits helfen, über die Fixierung auf die Figuren und deren Verhältnis zueinander auch andere Besonderheiten des Textes aufzugreifen und durch mediale Adaption besser zu verstehen, birgt aber andererseits die Gefahr, sich zu stark auf das Produkt zu konzentrieren und sich vom Ursprungstext zu lösen. Darum bietet es sich an, in der Aufgabenstellung sehr klar zu machen, dass der Ausgangspunkt der literarische Text ist und entstandene Produkte sich an diesem zu messen haben.

Das oben bereits genannte, aber nicht weiter berücksichtigte Puppenspiel entfaltet durch die Möglichkeiten der Digitalisierung ebenfalls neue Potenziale, wie an zahlreichen Realisierungen zu sehen ist, die auf Videoplattformen wie *YouTube* (vgl. 4.6.8) zu sehen sind. Allen voran ist „Sommers Weltliteratur to go" (https://www.youtube.com/channel/UCSa4RnmvfBbLgkEwqCUNGXQ, vgl. 4.6.8) zu nennen, das auf simple Weise Werke der Weltliteratur mit Playmobilfiguren, einfachen Kulissen und originellen Texten vorstellt. Ein solches Format kann ebenso zum Vorbild dienen wie etwa die ebenfalls beliebten Stop-Motion- oder Brickfilm-Formate, die mithilfe von Software wie *FilmoraPro, Monkey Jam, Dragonframe, Stop Motion Studio* (vgl. 4.6.5) oder auch dem *Windows Movie Maker* (vgl. 4.6.2) realisiert werden können. Mit kleinstem Aufwand, denn es muss lediglich ein Foto der Figur gemacht werden, lassen sich Puppenspiele außerdem mit *StrangeGarden* (vgl. 4.8.5) umsetzen. Eine Realisierung ist zudem mit digitalen Avataren denkbar, die mit *Tellagami* oder *Plotagon* (vgl. 4.3.4) gestaltet werden können.

Literaturhinweise:

Scheller, Ingo 2019: Szenische Interpretation. Theorie und Praxis eines handlungs- und erfahrungsbezogenen Literaturunterrichts in der Sekundarstufe I und II. 5. Auflage. Seelze: Kallmeyer/Klett

Spinner, Kaspar H. 2020: Szenische Interpretation. In: Baurmann, Jürgen/von Brand, Tilman/Menzel, Wolfgang/Ders.: Methoden im Deutschunterricht. Exemplarische Lernwege für die Sekundarstufe I und II. 4. Auflage. Hannover: Kallmeyer/Klett, S. 101–103

3.2.9 Produktionsorientierte Verfahren

Beschreibung

Unter produktionsorientierte Verfahren fallen vielfältige, vor allem schriftsprachliche Auseinandersetzungen, die dem Ziel dienen, einen literarischen Text besser zu verstehen, indem u. a. Vorstellungsbildung angeregt, die Aufmerksamkeit für sprachlich-ästhetische Gestaltungsmittel geschärft, ein Bewusstsein für Dramaturgie und Handlungslogik geschaffen oder auch

Bezüge in die Lebenswelt der Lernenden hergestellt werden. Dabei werden vor allem Methoden der Konkretisierung, Transformation, Restauration oder Rekonstruktion eingesetzt (vgl. Tab. 2). So werden beispielsweise Tagebucheinträge literarischer Figuren verfasst, um deren Intentionen für bestimmte Handlungen oder ihre Gefühlswelt zu erkunden, Lückengedichte vervollständigt, um ein stärkeres Bewusstsein für die sprachliche Gestaltung zu entwickeln, oder Texte zu Ende geschrieben, weil man auf diese Weise sowohl den Stil erfassen als auch den Handlungsverlauf verstehen und entsprechend antizipieren muss.

Handlungsorientierte Verfahren Durch praktisches, selbsttätiges Handeln und aktiven Gebrauch der Sinne bestimmter Umgang mit gegebenen Texten	**Produktionsorientierte Verfahren** Produktives (meist schreibendes) Erzeugen von Texten, Textteilen oder Textvarianten
Szenische Verfahren Vor allem unter Einsatz von Bewegung, Gestik und Mimik werden Textaspekte dargestellt. Wichtige Methoden sind *szenische Lesung, Standbild, Pantomime, szenische Interpretation, Puppenspiel, Schattenspiel* und *szenisches Rollenspiel.*	**Konkretisation** Nicht explizit gegebene Informationen (Leerstellen) eines Textes werden aus dem Kontext erschlossen. Wichtige Methoden sind *Tagebucheintrag, Stream of Consciousness/ innerer Monolog, Verfassen eines Anfangs/ Schlusses, Brief aus Figurenperspektive* und *Ausgestaltung von Ort/Zeit/Figuren/Handlung.*
Akustische Verfahren Texte oder Textstellen werden sprachlich und/ oder klanglich/musikalisch dargestellt oder untermalt. Wichtige Methoden sind *sinnbetonter Vortrag, Vertonung (Hörbuch, Hörspiel), Klangcollage, musikalische Untermalung* und *Feauture.*	**Transformation** Inhalte oder ästhetische Besonderheiten werden aktiv verändert, zum Beispiel indem sie aktualisiert oder in eine andere Textsorte umgewandelt werden. Wichtige Methoden sind *alternative Textpassagen verfassen, Perspektivenwechsel, Ändern der Textsorte, Aktualisierung, Gegentext* und *Paralleltext.*
Visuelle Verfahren Der Text oder Textteile werden (typo-)grafisch oder bildhaft dargestellt oder illustriert. Wichtige Methoden sind *Variation von Schreib- und Druckform, Bilder/Bildcollagen zum Text, Illustration* und *Literaturzeitung.*	**Restauration** Der nicht vollständige Primärtext wird möglichst originalgetreu wiederhergestellt. Wichtige Methoden sind *Lückenhafte Texte, Gedicht zu Überschrift verfassen* und *Text aus Reizwörtern verfassen.*

Audio-visuelle Verfahren Texte werden in Kombinierung der o. g. Verfahren für Videoproduktionen inszeniert. Wichtige Methoden sind *Filmtrailer, Verfilmung* und *Figurencasting.*	**Rekonstruktion** Der nicht vollständige Primärtext wird unter Verwendung seiner Einzelteile möglichst originalgetreu wiederhergestellt. Wichtige Methoden sind *lückenhafte Texte mit Wortspeichern, Texte entflechten* und *Zerteilte Gedichtzeilen oder Strophen zusammenfügen.*
Synästhetisch-multimediale Verfahren Im Kontext der neuen Medien lassen sich heute viele der oben genannten Verfahren und Methoden miteinander kombinieren, digital umsetzen und ggf. auch publizieren. Dabei verschwimmt mitunter die starre Trennung von handlungsbasierten und produktionsbasierten Verfahren.	

Tab. 2: Handlungs- und produktionsorientierte Verfahren (aus: von Brand 2019, S. 11)

Digitale Lösungen

Im Präsenz- wie im Distanzunterricht lohnt sich vor allem der Einsatz von Textverarbeitungsprogrammen zur Realisierung produktiver Verfahren. Da es hier meist darum geht, auch unterschiedliche Wege zu beschreiten, also Varianten auszuprobieren, sind die Kopierfunktionen ebenso hilfreich, wie die Möglichkeit, (zunächst) Verworfenes an anderer Stelle aufzubewahren und ggf. darauf zurückzugreifen. Gerade die Möglichkeit des schnellen Verschiebens erspart das in den Anfangszeiten der Handlungs- und Produktionsorientierung oftmals belächelte ‚Zerschnippeln', das aber gerade in kürzeren Texten für die Schaffung und Prüfung neuer Möglichkeiten eminent wichtig ist.

Während für längere Texte oder Abschnitte reine Textverarbeitungsprogramme wie *Word* den größten Wert haben dürften, kann es für Lückentexte auch sinnvoll sein, diese mithilfe eines digitalen Arbeitsblattgenerators, wie z. B. *Tutory, Sejda* oder Tools wie *H5P* (vgl. 4.7.5) zu erstellen, damit das vorgegebene Textgerüst unangetastet bleibt.

Eine Erweiterung des Ansatzes könnte aber auch darin bestehen, Comic-Adaptionen zu erstellen (vgl. 4.3.3), virtuelle Charaktere zu kreieren (vgl. 4.3.4) oder digitale Story-Editoren wie *Ink/Inky* (https://www.inklestudios.com/ink/) bzw. Software zum digitalen Storytelling wie die kostenlose *Adobe Spark* (https://spark.adobe.de), *Twine* (vgl. 4.3.5), *Adventure Maker* (vgl. 4.9.2) oder *Simpleshow* (vgl. 4.6.4) zu nutzen.

Literaturhinweise:

von Brand, Tilman 2019: Handlungs- und Produktionsorientierung im Literaturunterricht. In: Praxis Deutsch H. 276, S. 4–11

Waldmann, Günter 2016: Produktiver Umgang mit Literatur im Unterricht. 12. Auflage. Baltmannsweiler: Schneider

3.2.10 Textanalyse

Beschreibung

Die Textanalyse ist eine zentrale fachliche Methode der Bezugswissenschaft Literaturwissenschaft und kann in unterschiedlichen Arbeits- und Sozialformen realisiert werden. Wenn hier verschiedene Formen der Textanalyse zusammengefasst werden (vgl. Tab. 3), dann nur deshalb, weil sie in der Ausführung ähnlich ablaufen und daher auch ähnliche Anforderungen an eine digitale Transformation stellen. Im Unterricht werden Textanalysen überwiegend in drei Formen durchgeführt, wobei die Trennung im Umgang mit Literatur nicht immer klar zu vollziehen ist, da die Textanalyse immer ein Bestandteil aller Formen der Literaturerschließung ist:

- *Einzel-, Partner- oder seltener Kleingruppenarbeit*: Die Lernenden erhalten einen konkreten Analyseauftrag, den sie für eine bestimmte Zeit verfolgen. Die Ergebnisse werden dabei oft entweder im Text selbst oder stichpunktartig im Heft festgehalten. Ggf. können die Ergebnisse für eine Präsentation aufbereitet werden. Oft folgt aber auch einfach eine Phase des gemeinsamen Unterrichtsgesprächs.
- *Unterrichtsgespräch*: Entweder werden bereits gefundene Ergebnisse diskutiert oder aber die Analyse wird gemeinsam im Gespräch vorgenommen, z. B. in Form eines fragend-entwickelnden Unterrichtsgesprächs oder im literarischen Gespräch (vgl. 3.2.6).
- *Schriftliche Analyse*: Vor allem zur Leistungsüberprüfung werden Schülerinnen und Schüler aufgefordert, eine ganze Textanalyse schriftlich zu verfassen; dabei können Eingrenzungen bzw. Schwerpunktsetzungen vorgenommen werden, mit denen die Aufmerksamkeit auf bestimmte Kategorien gelenkt wird.

Analysekategorie	Erläuterung
Stilanalyse	Im Wesentlichen werkimmanente Analyse der sprachlichen Gestaltung eines Textes unter besonderer Berücksichtigung rhetorischer Figuren; kann aber auch auf den Stil einer Autorin/eines Autors, einer literarischen Strömung oder Epoche bezogen sein.
Handlungsanalyse	Im Rahmen der Handlungsanalyse, die eng an die Figuren- und Zeitanalyse angelehnt ist, werden vor allem Zusammenhänge zwischen auf den ersten Blick möglicherweise isoliert stehenden Ereignissen untersucht, indem die Handlungslogik rekonstruiert wird. Darüber hinaus rücken mögliche Komplikationen und deren Auflösung sowie die entsprechenden Ursachen hierfür ins Zentrum der Aufmerksamkeit.

Figurenanalyse	Vor allem in Prosa- und Dramentexten die Charakterisierung literarischer Figuren oder auch die Analyse der Figurenkonstellation(en). Hier ist vor allem zwischen direkten und indirekten bzw. expliziten und impliziten Charakterisierungen zu unterscheiden. Über die reine Charakterisierung hinaus können auch gesellschaftliche Prägungen (gerade in älteren Texten) zur Figurenanalyse gehören.
Raumanalyse	Die Raumanalyse ist gerade in erzählenden und dramatischen Texten oftmals ergiebig für die „Schaffung symbolischer Bedeutungszusammenhänge" (Spinner 2020, S. 91). Dazu kann zwischen topografischer (Orte und Schauplätze), topologischer (Anordnung der Räume zueinander) und chronotopischer (Überschreitung von Raumgrenzen, räumliche Veränderungen) Raumanalyse unterschieden werden. Zudem lassen sich abstrakte von konkreten Räumen unterscheiden, ebenso wie Innenwelten und Außenwelten, die vielfach konstruktiv zueinander in Beziehung gesetzt werden können.
Zeitanalyse	Im Rahmen der Zeitanalysen wird die zeitliche Gestaltung des Textes untersucht, worunter vor allem die Chronologie des Erzählten, hier vor allem Rückwendungen und Vorausdeutungen, Erzählzeit und Erzählte Zeit sowie die Erzählgeschwindigkeit (zeitdeckendes, zeitraffendes und zeitdehnendes Erzählen) von Bedeutung sind.
Analyse der Erzählperspektive	Die Analyse der Erzählperspektive wird vor allem unter den folgenden Fragestellungen vorgenommen (vgl. Leubner/Saupe 2009, S. 123): Erzählerpräsenz/Erzählerkommentar, Beteiligung des Erzählers an der Handlung, Perspektivierung, Außensicht vs. Innensicht.

Tab. 3: Formen der Textanalyse

Digitale Lösungen

Im Distanzunterricht wird man zur Realisierung von Textanalysen weniger auf die Methoden selbst als vielmehr auf die Arbeits- und Sozialformen zu blicken haben, in denen diese realisiert werden sollen. Die methodische Anleitung könnte man allerdings mit einem *Lernpfad* (vgl. 4.7.6) in den Blick nehmen. Für die unmittelbare Arbeit am Text in Partner- oder Kleingruppenarbeit bietet es sich an, mit digitalen Editionen zu arbeiten, sodass die gemeinsam arbeitenden Lernenden im Rahmen einer Videokonferenz auch gemeinsam auf denselben Text sehen und z. B. gemeinsam Markierungen vornehmen können. Dazu bietet es sich beispielsweise an, gemeinfreie Texte oder auch (kurze) Texte, wahlweise in ein Tool zum kollaborativen Arbeiten zu kopieren (vgl. *Etherpads* 4.2.2) oder mit geteiltem Bildschirm in den Videokonferenzsystemen zu arbeiten. Unterrichtsgespräche wird man technisch analog zu literarischen Gesprächen (vgl. 3.2.6) organisieren, schriftliche Ausarbeitungen in den in 3.3 dargestellten Varianten.

Für die materielle Grundlage der Textanalyse – egal ob im Distanz- oder im Präsenzunterricht – ist das Vorhandensein digitalisierter Texte (gemeinfreie Texte beispielsweise über www.projekt-gutenberg.org) oft von großem Vorteil, weil sie durchsuch-, markier-, kommentier- und veränderbar sind. Bei Abraham (2021, S. 270 f.) findet sich ein beeindruckendes Beispiel für eine grafisch/digital unterstützte Analyse ausgewählter Aspekte des Gedichts *Es ist der Wind auf den Brücken* von Christoph Meckel (hier die Unterscheidung der Wortfelder *Natur* und *Zivilisation*). Ein gutes Tool zum Erkennen solcher Textauffälligkeiten ist *Voyant Tools* (vgl. 4.7.10). Auch *lumen5* (vgl. 4.6.1) kann man nutzen, weil für das Video zentrale Textmerkmale gefiltert werden.

Es ist der **Wind** auf den Brücken, der Qualm und die **Kälte**.
Es ist die **Tiefe des Wassers**, es ist die **Dämmrung**
die einreißt den Himmel und wegsinkt in **Eisnacht**
November und rußigen **Regen**. Es ist der frühe
Abend des Winters, es ist das Alleinsein mit fiebernden
Augen und lockeren Knochen, es sind die Bars und es ist
der Kognakrausch, das Schweigen, und Babylons Leute
es ist das Sägmehl auf dem Boden der Bar, der Spucknapf
und das Blut im Spucknapf, es ist das Blut im Sägmehl
auf dem Boden der Bar, es ist der Schlagring, es ist
das Gelächter von Babylons Leuten, das Geld, und der Hunger.
Es sind die Städte an öligen **Flüssen**, es ist
der **Vogelflug** über den Brücken, der **Qualm**, die **Windnacht**
und **Wintergewitter** vierteilend den Himmel, es ist
ein Hunger zu viel und ein Obdach zu wenig, ein Leben
zu viel und ein Leben zu wenig, es ist die **Kälte**
der dröhnende Limbo, ein Sterben zu viel und ein Sterben
zu wenig. Es sind die Toten, die das Gedächtnis
aufnahm für eine Zeit, und es sind die Toten
die das Vergessen aufnahm für immer. Es ist
die Zeit und die Zeit danach und der Jubel am Ende
der lange Abschied, der Schlaf, und die tiefe Ruhe
Zorn über so viel und so wenig, und ist sein Leben.

Es ist der Wind auf den **Brücken**, der **Qualm** und die Kälte.
Es ist die Tiefe des Wassers, es ist die Dämmrung
die einreißt den Himmel und wegsinkt in Eisnacht
November und **rußigen** Regen. Es ist der frühe
Abend des Winters, es ist das Alleinsein mit fiebernden
Augen und lockeren Knochen, es sind die **Bars** und es ist
der **Kognakrausch**, das Schweigen, und Babylons Leute
es ist das **Sägmehl** auf dem Boden der **Bar**, der **Spucknapf**
und das Blut im **Spucknapf**, es ist das Blut im **Sägmehl**
auf dem Boden der **Bar**, es ist der **Schlagring**, es ist
das Gelächter von Babylons Leuten, das **Geld**, und der Hunger.
Es sind die Städte an **öligen** Flüssen, es ist
der Vogelflug über den Brücken, der **Qualm**, die Windnacht
und Wintergewitter vierteilend den Himmel, es ist
ein Hunger zu viel und ein Obdach zu wenig, ein Leben
zu viel und ein Leben zu wenig, es ist die Kälte
der dröhnende **Limbo**, ein Sterben zu viel und ein Sterben
zu wenig. Es sind die Toten, die das Gedächtnis
aufnahm für eine Zeit, und es sind die Toten
die das Vergessen aufnahm für immer. Es ist
die Zeit und die Zeit danach und der Jubel am Ende
der lange Abschied, der Schlaf, und die tiefe Ruhe
Zorn über so viel und so wenig, und ist sein Leben.

Abb. 25: Strukturen in einem Gedicht von Christoph Meckel (aus: Abraham 2021, S. 270 f.)

Für die Zukunft immer bedeutender dürfte das Potenzial sein, das in digitalen Editionsprojekten für den Literaturunterricht liegt. Neben der Textgenese über verschiedene Fassungen werden hier vielfach auch Kontextmaterialien verlinkt, die bei der Texterschließung hilfreich sein könnten. So finden sich häufig neben Faksimiles der verschiedenen Textstufen Editions- und Stellenkommentare oder auch Begleitdokumente wie Tagebuchaufzeichnungen oder Notizen, die hier einfach im Kontext gelesen werden könne. Einige Beispiele unterschiedlicher Erschließungskomplexität sind:

- Johann Wolfgang von Goethe: Faust (www.faustedition.net)
- Ödön von Horvath (https://gams.uni-graz.at/context:ohad)

- Heinrich von Kleist (www.kleist-digital.de)
- Uwe Johnson (www.uwe-johnson-werkausgabe.de)
- Arthur Schnitzler (www.arthur.schnitzler.de)

Literaturhinweise:

Abraham, Ulf 2021: Literarisches Wissen materialgestützt erarbeiten. Wissensbasiertes Verstehen und Gestalten von Literatur im Deutschunterricht der Sekundarstufen. Hannover: Kallmeyer/Klett

Leubner, Martin/Saupe, Anja 2009: Erzählungen in Literatur und Medien und ihre Didaktik. Baltmannsweiler: Schneider

Spinner, Kaspar H. 2020: Literarische Texte untersuchen und verstehen – Beispiele. In: Baurmann, Jürgen/von Brand, Tilman/Menzel, Wolfgang/Ders.: Methoden im Deutschunterricht. Exemplarische Lernwege für die Sekundarstufe I und II. 4. Auflage. Hannover: Kallmeyer/Klett, S. 86–99

3.2.11 Recherche

Beschreibung

Für Recherchen, also gezielte Informationsbeschaffungen, ist das Internet schon seit längerem die erste und oft auch maßgeblichste Quelle. Ziel einer diesbezüglichen Unterrichtsarbeit ist es, die Lernenden zu einem kompetenten und problembewussten Umgang mit dem enormen Spektrum von potenziellen Quellen im Web zu befähigen. Dies betrifft sowohl die Wahl der Suchmaschine als auch die Bewertung der Glaubwürdigkeit einer Seite, ggf. auch die Selektion der geeignetsten Angebote aus einem übergroßen Angebot. Letzteres impliziert zudem eine Zuordnung der als relevant ermittelten Websites zu verschiedenen Quellenkategorien und die sachkundige Auswertung nicht nur von Texten, sondern auch von Bild- und Videomaterial. Die durch vorgegebene Links gelenkte und damit schon in der Aufgabenstellung eingegrenzte Recherche (*WebQuest,* vgl. 3.2.14) ist häufig ein Angebot für Lernende, die hierzu noch nicht vollumfänglich befähigt sind. Sie kommt aber auch da zum Einsatz, wo eine Bewertung der Quellen besonders schwierig ist oder nicht viel Zeit für die Informationsbeschaffung zur Verfügung steht. Bei der fortgeschritteneren Variante, der offenen Recherche, beginnt der Arbeitsprozess mit einer Orientierungsphase, in der die Zielsetzung der Recherche konkretisiert wird. Die sich daran anschließende Planungsphase konzentriert sich auf die Identifikation geeigneter Suchbegriffe und Recherchetools – hier ist die Frage zu beantworten, ob die Internetrecherche mit einer Recherche in anderen Medien kombiniert werden sollte. An die eigentliche Phase des ersten, breit angelegten Suchens schließt sich eine Phase der Rückkopplung und Optimierung an, die Präsentation und Reflexion der Ergebnisse bildet dann den Abschluss. Ein entsprechender Arbeitsprozess ist in der Regel in umfangreichere Aufgabenstellungen oder Projekte eingebettet, so etwa in Ausarbeitungen von Inhalten für eine schriftliche, mündliche oder visuelle Präsentation. Im Rahmen des Deutschunterrichts empfiehlt sich eine Recherche zu für das Fach relevanten Themen, das Spektrum reicht hier von sprachlichen Phänomenen bis zu Informationen zu Autorinnen und Autoren oder dem Entstehungskontext literarischer Texte.

Digitale Lösungen

Ist die Recherche primär internet-basiert, liegt das besondere Potenzial der Umsetzung in der Ermöglichung kooperativer Lernformen. So können in der Orientierungsphase die individuellen Konkretisierungen der Zielsetzungen auf einer gemeinsamen Plattform wie *Padlet* (vgl. 4.7.8), einem *Wiki* (vgl. 3.2.13, 4.7.11) oder in einem *Pad* (z. B. *CryptPad*, vgl. 4.7.4) gesammelt und wechselseitig kommentiert werden. Auch in der Planungsphase ermöglicht die gemeinsame Nutzung eines *Pads* oder *Padlets* den Abgleich individueller Suchstrategien und Ergebnisse mit denen anderer Gruppenmitglieder. Alternativ oder ergänzend kann die Lehrkraft, für alle sichtbar mittels Anregungen, Ergänzungen oder Fragen in die laufende Planung eingreifen – sowohl auf einer gemeinsamen Lernplattform als auch in individuellen Arbeitsdokumenten. In der Phase des Suchens machen geteilte Bildschirme ein Monitoring oder eine gemeinsame Diskussion der Recherche im Verlauf möglich. Denkbar ist außerdem eine von verschiedenen Gruppen gemeinsam beobachtete Recherche beispielsweise der Lehrkraft, in der die Lernenden aufgefordert sind, getroffene Auswahlentscheidungen begründet zu bewerten, ggf. auch kritisch zu hinterfragen. Auf diese Weise können sie eigene Methodenkompetenz unter Beweis stellen oder durch Gegenüberstellung der Bewertungen ihr diesbezügliches Urteilsvermögen weiter schärfen. Hier gewonnene Ergebnisse fließen dann ggf. direkt in die Optimierungsphase ein, in der Zwischenergebnisse erneut wechselseitig bewertet oder ergänzt werden können. In der Phase der Ergebnispräsentation steht den Lernenden sowohl ein erweitertes Spektrum von kooperativen Arbeitsmöglichkeiten (und damit auch der gegenseitigen Unterstützung) als auch eine Vielfalt von digitalen Verarbeitungsmöglichkeiten zur Verfügung, die eine ansprechende und ggf. sogar interaktive Aufbereitung oder Ergebnissicherung (z. B. in einem Quiz als Abschluss der Präsentation, vgl. 4.5.3) von Rechercheergebnissen ermöglichen.

Literaturhinweise:

von Brand, Tilman 2020: Recherchieren im Internet. In: Baurmann, Jürgen/Ders./Menzel, Wolfgang/Spinner, Kaspar H.: Methoden im Deutschunterricht. Exemplarische Lernwege für die Sekundarstufe I und II. 4. Auflage. Hannover: Kallmeyer/Klett, S. 120–126

3.2.12 Filmanalyse

Beschreibung

Eine reflektierte Betrachtung von Filmen kann diese als eigenständigen Untersuchungsgegenstand des Deutschunterrichts in den Blick nehmen. Denkbar ist aber auch, mittels eines analytischen Text-Film-Vergleichs Verfilmungen literarischer Werke für die Arbeit mit den Texten fruchtbar zu machen. Filmanalysen können sich auf einzelne Sequenzen oder auf bestimmte Aspekte eines Filmes konzentrieren. Die Betrachtung von Ausschnitten erlaubt einen besonders gründlichen Blick auf das Zusammenspiel der filmischen und sprachlichen Mittel. Eine auf einzelne Aspekte bezogene Analyse des gesamten Films kann beispielsweise Orte der Filmhandlung, einzelne Charaktere in ihrer Entwicklung, den Einsatz von Geräuschen bzw. Musik oder die technische Gestaltung (Kameraführung, Bilder, Schnitte etc.) in den Fokus rücken – ggf. auch ein Zusammenspiel zweier bestimmter Aspekte. Alternativ kann die damit erzielte Wirkung bei den Zuschauerinnen und Zuschauern betrachtet werden, die Lernenden sind also gebeten, vor allem die bei ihnen durch bestimmte filmische Mittel erzielten Effekte zu dokumentieren. Hierbei empfiehlt sich eine Sequenzierung des Films in zum Arbeitsauftrag passende Abschnitte und eine an den Abschnitten ausgerichtete Dokumentation der Beobachtungen (Sequenzanalyse). Aus allen Ansätzen ergeben sich hervorragende Binnendifferenzierungsmöglichkeiten, da die Lernenden je nach persönlicher Interessenlage und konkreter Motivation unterschiedliche Szenen oder Aspekte untersuchen können. Der geschulte Blick auf bestimmte Gestaltungsaspekte lässt sich ggf. in handlungsorientierte Schülerarbeiten übersetzen – die dann wiederum erneut Material für Filmanalysen generieren. Ausgangspunkt der Analyse eines Films ist häufig ein erstes Ansehen desselben, so dass die fokussierte Betrachtung eingebettet in das Wissen um Gesamtzusammenhänge erfolgen kann. Die nachfolgende Klärung der Arbeitsaufgabe bzw. Verabredung individueller Arbeitsaufträge sollte im Gespräch erfolgen. Je nach klassen- oder personenspezifischer Ausgangssituation können gemeinsam Leitfragen oder Protokollvorlagen entwickelt oder von der Lehrkraft bereitgestellt werden. Die Art der Ergebnissicherung hängt maßgeblich davon ab, ob die Lernenden gleiche oder unterschiedliche Aufgaben bearbeitet haben. Im ersten Fall empfiehlt sich ein vergleichendes Zusammentragen aller Beobachtungen zwecks Kontrolle und Vervollständigung der Einzelwahrnehmungen. Im zweiten Fall, also bei arbeitsteiliger Beobachtung, kann eine Visualisierung der Wahrnehmungen ein besonders produktiver Weg sein. Die Lernenden veranschaulichen einen beobachteten Verlauf oder ein bestimmtes Setting, präsentieren es erläuternd und stellen die Grafik als Hintergrundfolie für nachfolgende Betrachtungen anderer

Aspekte zur Verfügung. Damit werden ggf. in der Zusammenführung Korrelationen zwischen filmischen Mitteln und Handlungsentwicklung noch deutlicher sichtbar.

Digitale Lösungen

Ein gemeinsames Ansehen eines Films im Rahmen von Distanzunterricht ist oft schon wegen der Übertragung großer Datenmengen technisch herausfordernd. Deshalb empfiehlt sich eine Bereitstellung des Filmmaterials auf der Lernplattform der Schule oder ein individuelles und kostenfrei mögliches Streaming. Allerdings ist das gemeinsame Erleben eines Films immer auch ein sozialer Akt. Um es also nicht zu isoliert zu gestalten, scheinen eine einführende Besprechung der Arbeitsaufgabe in einer Videokonferenz und ein dann zeitgleiches Ansehen des heruntergeladenen Films ratsam. Hier kann sich ein reizvoller Mehrwert gegenüber dem gemeinsamen Ansehen im Klassenraum dadurch ergeben, dass die Lernenden ihre Beobachtungen schon während des Films in einen gemeinsamen Chat (entweder über ein Messengertool oder im Chatfenster des Videokonferenzsystems) eintragen und so anderen Gelegenheit geben, diese unmittelbar zu den eigenen in Beziehung zu setzen. Der Abschluss der Arbeit mit dem Film kann im Hochladen ausgefüllter Arbeitsblätter, aber auch in einer Videokonferenz zum Austausch über die verschiedenen Beobachtungen geschehen. Beide können auch das Teilen von Visualisierungen der Beobachtungen beinhalten. Am Ende der Arbeit sollte für einen optimalen Kompetenzzuwachs unbedingt eine abstrahierende Zusammenführung der Erkenntnisse erfolgen. Die Lernenden können im Anschluss an das Gespräch individuelle Zusammenfassungen ausarbeiten, diese dann aber in ein gemeinsames *Pad* (vgl. 4.7.4) oder *Padlet* (4.7.8) eintragen. Auf diese Weise entsteht durch kooperatives Arbeiten ein für alle sichtbares und von allen nutzbares Material. Im Nachgang könnten die Lernenden um ein Einbringen eigener Filmerfahrung gebeten werden: Sie könnten in dem *Pad* Hinweise auf andere Filme ergänzen, in denen ein beobachtetes filmisches Mittel (z. B. viele Schnitte, bestimmte Geräuscheinsätze, ein bestimmter Zusammenhang zwischen Charakterisierung und Filmmusik) ebenfalls zum Einsatz kommt. Ein solcher nachgelagerter Arbeitsauftrag (z. B. „Beobachtet die Filme, die ihr in den nächsten zwei Wochen anschaut …") kann einen wertvollen Beitrag zur Vertiefung leisten.

Die bereits erwähnte Möglichkeit, eigene Filmproduktionen der Lernenden mittels Filmanalyse auszuwerten, kann gerade in hybriden Unterrichtsformen eine sehr wertvolle Wertschätzung individueller Arbeitsmühen sein. Hier ist zum einen eine Verabredung zum gemeinsamen Ansehen der in der Klasse produzierten Filme (z. B. Trailer zu einem Buch) denkbar. Alternativ finden sich die Lernenden zu Zweiergruppen zusammen, um die individuell erstellten Filme wechselweise anzusehen und ggf. sogar bezüglich einer Optimierung beraten zu können (ergänzender Einsatz von Bildmaterial, Musik, Geräuschen etc.), deren Wirkung hierzu aktiv zu analysieren wäre.

Literaturhinweise:

Abraham, Ulf 2018: Filme im Deutschunterricht. 4., aktualisierte Auflage. Seelze: Kallmeyer/Klett.

3.2.13 Wikis erstellen

Beschreibung

In der 1995 neu entwickelten Hypertextform *Wiki* (vgl. 4.7.11) sind Daten bzw. Informationen zu einem Thema oder Themenkomplex zu digitalen, nichtlinearen Texten aufbereitet. Die bekannteste derartige Präsentation liefert die Plattform *Wikipedia*. Unterrichtsarbeit kann sich auf hier noch nicht bearbeitete oder assoziierte Themen beziehen (und damit an den Regeln der *Wikipedia*-Community orientieren), alternativ aber auch andere – ggf. weniger öffentlichkeitswirksame, aber in der Ausgestaltung freiere – Darbietungsformen der Ergebnisse wählen. Denkbar sind hier auch Veröffentlichungen auf der Schulwebsite oder im Schulintranet. Für die Erarbeitung fiktionaler oder nicht-fiktionaler *Wiki*-Hypertexte stehen (in der Regel kostenlose) recht intuitiv bedienbare „Engines" zur Verfügung.

Ehe der Schreibprozess selbst beginnt, sind Verabredungen zur thematischen Ausrichtung und ggf. auch zur Rollenverteilung im Erarbeitungsprozess zu treffen. Diese lassen sich (alternativ oder ergänzend) durch eine Vergabe unterschiedlicher Nutzungsrechte regeln. Im nachfolgenden Schreibprozess empfiehlt sich, gerade bei ersten Erprobungen der Textsorte, zunächst eine Ausformulierung linearer Texte und eine parallele sorgfältige Dokumentation aller verwendeten Quellen. Textinterne Verlinkungen, intertextuelle Verbindungen, Verweise auf Bild-, Audio- oder Videodateien und Quellenverweise können dann ggf. erst im zweiten Schritt in den Text integriert werden. Am Ende stehen die Ergebnispräsentation durch Veröffentlichung und eine Dokumentation und Reflexion des Schreibprozesses. Hierfür können die Volltextsuche, die Ref-by-Funktion (zu jeder Wiki-Seite kann man sich anzeigen lassen, welche anderen Seiten des Wikis auf sie verlinkt sind), die Dokumentation aller Textänderungen bzw. die Versionskontrolle genutzt werden.

Digitale Lösungen

Die Transformation ermöglicht durch die *Wiki*-Engines schon konzeptionell mitgedachte kooperative Schreibprozesse, wobei „kooperativ" hier durchaus auch die Lehrperson mit einbeziehen kann. Eine solche Unterrichtsarbeit verändert die Lehrer-Schüler-Konstellation: Die Lehrkraft ist nicht länger für die Wissensvermittlung zuständig, sondern unterstützt den selbstbestimmten Lernprozess, ggf. inklusive punktueller Lenkung durch Vorgaben oder Feedback. Auch ein kooperatives Arbeiten aus der räumlichen Distanz ist in einem solchen Arbeitsprozess möglich: Sowohl eine auf bereits vorliegenden Hypertexten aufbauende Texterarbeitung (und damit ein nachträglicher Einstieg in eine Kooperation) als auch Kooperation mit Einrichtungen oder Personen an anderen Orten, die einen ähnlichen oder bewusst anderen spezifischen Zugriff auf das bearbeitete Thema haben.

Ein den Text kooperativ erarbeitendes Team von Lernenden bzw. Lernenden und Lehrkräften entwickelt zunächst gemeinsam Vorgaben zur geplanten Textstruktur und plant den gemeinsamen Arbeitsprozess (Reihenfolge der Beiträge, Kommentierung etc.). Dies schließt die Absprache darüber mit ein, wie die einzelnen Rechercheergebnisse erfasst bzw. zusammengeführt werden (*Pad* oder gemeinsamer Text) und auf welche Art die Teammitglieder (von den verschiedenen Rechnerarbeitsplätzen aus und damit nicht notwendig im mündlichen Austausch miteinander stehend) Quellen sammeln und systematisieren. Die Rollen im Schreibprozess ebenso wie die Regeln für Feedback bzw. Überarbeitung (d. h. Prüfung, Kommentierung, Ergänzung, ggf. auch Löschung) sind ebenfalls klar zu verabreden – vor allem hieraus ergeben sich diverse Binnendifferenzierungsmöglichkeiten. Für wechselseitiges Feedback können die Kommentarfunktionen genutzt werden, die Bearbeitung lässt sich mithilfe des Versionsmanagements, der Benutzendenverwaltung und der Benachrichtigungsfunktionen für alle Seiten transparent organisieren. Gibt es hierzu klare Absprachen, können die Lernenden große Teile des Arbeitsprozesses allein oder in Kleingruppen und damit selbstbestimmt und selbstorganisiert gestalten und trotzdem fortlaufend kooperieren.

Interessant für den Deutschunterricht sind z. B. gemeinsame Projekte zu einem Schwerpunktthema, kooperative Erarbeitungen von Geschichten oder stetig weiter ausgebaute kollaborative Glossare bzw. Archive zu einem Unterrichtsthema. Hierbei können Texte entstehen, die Informationen über einen Autor oder eine Autorin, eine Epoche, einen historischen Kontext, eine literarische Gattung, stilistische Mittel oder eigene kreative Schreibprodukte (ggf. auch Formen von Fanfiction) miteinander verbinden oder diese integrieren. Alle Referenzen dieser Texte untereinander sind in kooperativen Arbeitsprozessen und durch kompetente Quellenbewertung zu planen oder nachträglich zu ermitteln und in die Texte zu integrieren. Für eine hohe intrinsische Motivation sorgt ggf. auch die Verknüpfung mit geeigneten Songs, Sounds (vgl. 4.1.3), Bildern, Trailern oder Filmen. Dies kann bei einer Umwandlung linearer literarischer Texte oder Sachtexte in Hypertexte eine Rolle spielen (z. B. eine daran ausgerichtete Gedichterschließung). Zudem kann die Organisation des gemeinsamen Arbeitsprozesses selbst in einem *Wiki* erfolgen (Protokollierung, Zeit- und Terminplanung und Arbeitsverabredungen). Eine besondere Form der kooperativen Arbeit mit einem *Wiki* ist das sogenannte *Wiki-Pong*: Hier formuliert ein Lernender/eine Lernende eine Überschrift, einen ersten Satz oder einen anderen Textauftakt, den er/sie mit einem als Kommentar beigefügten Arbeitsauftrag verbindet (Ping). Der/die nächste Lernende führt den Text fort und realisiert den Auftrag und schickt dann, ebenfalls mit einem Kommentar versehen, den Text (als Pong) zurück oder weiter.

Wampfler (2017, S. 78–82) schlägt vor, das größte *Wiki* und die zugleich größte Enzyklopädie der Welt, *Wikipedia*, so in den Unterricht einzubeziehen, dass sie nicht nur als Informationsquelle genutzt, sondern gezielt an der Verbesserung der Beiträge gearbeitet wird. Dadurch kann die Funktionsweise der Plattform erschlossen und zugleich dafür sensibilisiert werden, die dort zugänglichen Informationen nicht völlig unkritisch zu verwenden. Die Qualität von *Wikipedia*-Beiträgen lässt sich übrigens mit dem Tool *Wikibu.ch* überprüfen.

Literaturhinweise:

http://wiki.c2.com/?WikiEngines

Notari, Michele/Döbeli Honegger, Beat (Hg.) 2013: Der Wiki-Weg des Lernens. Gestalten und Begleiten von Lernprozessen mit digitalen Kollaborationswerkzeugen. Bern: hep

Wampfler, Philippe 2017: Digitaler Deutschunterricht. Neue Medien produktiv einsetzen. Göttingen: Vandenhoeck & Ruprecht

Wampfler, Philippe 2020: Digitales Schreiben. Blogs & Co. Im Unterricht. Stuttgart: Reclam, S. 115–124

3.2.14 WebQuest

Beschreibung

Bei einem WebQuest handelt es sich um eine durch die Aufgabenstellung und die Bereitstellung von Recherche- und Begleitmaterial gelenkte eigenständige Internetrecherche. Um eine Überforderung durch die Materialfülle des Internets oder die Nutzung unangemessener Seiten zu vermeiden, stellt die Lehrkraft den Lernenden Links zu vorausgewählten Seiten zur Verfügung.

Ausgangspunkt des diese Seiten konsultierenden Quests ist ein konkretes und möglichst authentisch anmutendes Problem, illustriert durch Text-, Bild- oder Filmmaterial. Auf dessen Basis können die Lernenden eigene Fragen entwickeln, was u. U. eine gewisse Binnendifferenzierung nach Interessenlagen erlaubt. Alternativ kann die Lehrkraft die zu bearbeitende Fragestellung vorgeben. Dies scheint vor allem dann sinnvoll, wenn das Quest im Rahmen einer komplexeren Unterrichtseinheit oder eines Projekts stattfindet, denen es eine bestimmte Art bzw. Qualität von Ergebnissen beisteuern soll. Ebenfalls denkbar ist es, die Lernenden nicht in Einzelarbeit, sondern in sogenannten Rechercheteams arbeiten zu lassen. In jedem Fall sollte am Beginn des Arbeitsprozesses die Aufgabenstellung im Klassenverband besprochen werden, wobei auch die Bearbeitungszeit und andere technische Rahmenbedingungen zu klären sind. Gerade bei jüngeren Lernenden kann eine Formulierung von Leitfragen sinnvoll sein. Ergänzend oder alternativ kann weiteres Material oder ein die Ergebnisdokumentation leitendes Hilfsmittel (Lückentexte, Teilaufgaben, Zwischenüberschriften, Satzanfänge, Gliederungen etc.) z. B. in einem *Lernpfad* (vgl. 4.7.6) bereitgestellt werden. Weitere Binnendifferenzierungsmöglichkeiten ergeben sich durch die Verwendung von Einfacher Sprache oder individuelle Bereitstellung von zusätzlichem Text- und Videomaterial. Anschließend beginnt die eigentliche Recherchearbeit. Um diese für eine Erweiterung der Methodenkompetenz der Lernenden nutzbar zu machen, empfiehlt sich die Erstellung eines Rechercheprotokolls, d. h. eine Beschreibung der Arbeitsschritte und Auswertungsstrategien. Außerdem dokumentieren die Lernenden natürlich ihre Arbeitsergebnisse. Die Ergebnissicherung kann auf vielfältige Weise erfolgen – denkbar ist eine unmittelbare Auswertung der Protokolle durch Präsentation im Schülervortrag, aber auch daraus entwickelte Plakate oder Präsentationen (*PowerPoint*, *Prezi*, *Canva* [vgl. 4.7.3] oder Beiträge dazu).

Digitale Lösungen

Eine Arbeitserleichterung für die Lehrkraft bietet die Vorbereitung des WebQuests mit einer Software, in der diese weitgehend vorgeplant werden kann. Auf entsprechenden Portalen (z. B. https://deutsch-lernen.zum.de/wiki/WebQuest) finden sich zudem vorbereitete WebQuests oder begleitende digitale Arbeitsblätter zu verschiedensten Themen. Da ein WebQuest per definitionem digital basiert ist, liegt ein Mehrwert des Transfers in der stärkeren Nutzung digitaler Hilfsmittel bei der Arbeitsvorbereitung bzw. Dokumentation und Ergebnissicherung. Die den Ausgangspunkt bildende Problempräsentation kann stärker multimedial ausgerichtet sein und dauerhaft bereitgestellt werden, so dass die Lernenden sie bei Bedarf auch wiederholt ansehen können. Die Sammlung von Fragen der Lernenden kann schon während der Problempräsentation beginnen und die Grundlage für die anschließende Diskussion der Aufgabenstellung bieten (optional auch als Online-Konferenz oder im Chat).

Das Quest selbst kann durch Abfrage von Zwischenergebnissen weiter untergliedert werden. Dies ist bei der Arbeit mit dem Tool *Lernpfad* (vgl. 4.7.6) bereits angelegt und ermöglicht zudem ein unmittelbares Feedback. Die Lernenden können auch aufgefordert sein, nach jeder Bearbeitung einer Teilfrage einen kleinen Test zu absolvieren, ohne dass sie dadurch ihr individuelles Bearbeitungstempo an das der Lerngruppe anpassen müssen. Hierzu gibt es inzwischen ein Spektrum von Tools, so u. a. *Kahoot!*, *Quizziz* (vgl. 4.5.3) und *H5P* (vgl. 4.7.5) für Multiple-Choice-Fragen oder die Quiz-Funktion von Lernplattformen wie *Moodle* und das Tool *Quizlet* (vgl. 4.5.7), in denen auch offene Fragestellungen bearbeitet werden können, die dann allerdings von der Lehrkraft selbst aktiv ausgewertet werden müssen. Die Dokumentation der Arbeitsergebnisse kann schon während des Arbeitsprozesses auf einer Lernplattform oder in einem gemeinsam genutzten *Pad* gespeichert werden, so dass die Lehrkraft den Lernfortschritt beobachten kann. Hier kann die digitale Erfassung von Ergebnissen in einem gemeinsamen *Pad* oder Chat auch einen arbeitsteiligen Quest ermöglichen: Die Lernenden konkretisieren den Rechercheauftrag in der Vorbereitungsphase so weit, dass Unterthemen oder Teilfragen vereinbart und als Arbeitsstruktur im *Pad* angelegt werden. Alternativ kann der Arbeitsprozess mit einem Kanban-Board strukturiert werden, das es digital aufbereitet bei *CryptPad* (vgl. 4.7.4) gibt. Bei dem Quest selbst bearbeitet jedes Teammitglied einen vereinbarten Teil der bereitgestellten Links, trägt die Ergebnisse in das *Pad* ein und nimmt dabei bereits eine Zuordnung zum jeweils richtigen Teilthema vor. Die Funde ergänzen sich gegenseitig, bereits ermittelte Informationen müssen nicht mehr eingetragen werden. Das finale Arbeitsergebnis kann dann eine Grundlage für eine gemeinsame Ergebnispräsentation bilden, bei der jede/r Lernende ein Teilthema aufbereitet. Die Ergebnispräsentationen können zum verabredeten Termin auf der von der Schule genutzten Lernplattform gespeichert und dort dann zunächst von den Lernenden einzeln gesichtet und ggf. über eine Feedback- oder Bearbeitungsfunktion kommentiert werden. Auf diese Weise lassen sich Unklarheiten identifizieren und ggf. vor der gemeinsamen Auswertung klären, ehe dann eine gemeinsame bzw. abschließende Sichtung der Arbeitsergebnisse erfolgt.

Literaturhinweise:

von Brand, Tilman 2020: Webquest. In: Baurmann, Jürgen/Ders./Menzel, Wolfgang/Spinner, Kaspar H.: Methoden im Deutschunterricht. Exemplarische Lernwege für die Sekundarstufe I und II. 4. Auflage. Hannover: Kallmeyer/Klett, S. 124–126

Trepkau, Christine 2015: WebQuests im Deutschunterricht. Eine qualitativ-empirische Studie zur Handlungsorientierten Förderung der Hypertext-Lesekompetenz. München: Kopaed

Wagner, Wolf-Rüdiger 2006: WebQuests – Eine Chance und Herausforderung für den Deutschunterricht. In: Der Deutschunterricht. H. 6. S. 82–86

3.2.15 E-Books nutzen

Beschreibung

Die Arbeit mit E-Books ist streng genommen keine Methode, sondern eine Modifikation des Lesens vom Analogen ins Digitale, die (neben einigen

Nachteilen) durchaus vielfältige Potenziale für den Unterricht bietet. Dabei ist es zunächst unerheblich, auf welchem digitalen Endgerät (PC, Tablet, E-Book-Reader, Smartphone) E-Books gelesen werden, bedeutender sind die verwendete Software sowie das Vorhandensein eines Internetzugangs, mit denen sich unterschiedliche Möglichkeiten des Umgangs eröffnen. Für den Unterricht hilfreich sind in jedem Fall Geräte wie Tablets mit Touchdisplay oder zumindest Computermaus, um gezielt Textstellen ansteuern zu können. Im besten Fall kann auf Wörterbücher und Online-Enzyklopädien wie *Klexikon* zurückgegriffen werden, sodass sich unklare Wörter oder Stellen schnell nachschlagen oder Kontextinformationen abrufen lassen. Zudem bieten die meisten Geräte und Oberflächen die Möglichkeit, den Text an individuelle Bedürfnisse anzupassen (Schriftart und -größe, Helligkeit, Kontrast, Hintergrund (etc.). Folgende Funktionen können bestenfalls schnell und flexibel genutzt (und ggf. sogar einfach mit der Lerngruppe geteilt) werden:

- Setzen von Textmarken/Lesezeichen
- Kommentierungen von Textstellen
- Hervorhebungen unterschiedlicher Art
- Verlinkungen vornehmen
- Im Text angelegte Verlinkungen nutzen
- Worterklärungen und Übersetzungen nutzen
- Recherchen vornehmen, Hintergrundinformationen nutzen, Adaptionen hinzuziehen (z. B. *Wikipedia, YouTube*)

Zudem bietet sich über E-Books heute eine gute Möglichkeit, um gemeinfreie Werke der deutschen Literatur (www.projekt-gutenberg.org) kostenlos zu lesen und bei sich oder schnell verfügbar zu haben.

Literaturhinweise:

von Brand, Tilman 2020: Mit E-Books arbeiten. In: Baurmann, Jürgen/Ders./Menzel, Wolfgang/Spinner, Kaspar H.: Methoden im Deutschunterricht. Exemplarische Lernwege für die Sekundarstufe I und II. 4. Auflage. Hannover: Kallmeyer/Klett, S. 135–137

3.2.16 Mit Boardstories arbeiten

Beschreibung

Bei Boardstories handelt es sich um digital aufbereitete oder entwickelte Text-Bild-Verbünde, die teilweise durch animierte Elemente belebt werden. Der Fundus ist inzwischen enorm: Mehr als 180 Boardstories, darunter von so bekannten und beliebten Autoren und Autorinnen wie Cornelia Funke, stehen für die Unterrichtsarbeit zur Verfügung. Hierzu gehören modern aufbereitete Märchen und Kanonliteratur ebenso wie animierte Sachbücher und Kurzgeschichten. Auch Angebote für historisches Lernen im Literaturunterricht sind inzwischen verfügbar (u.a. zu Martin Luther oder dem 1. Weltkrieg). In vielen Fällen stehen speziell für die Unterrichtsarbeit entwickelte Zusatzmaterialien bereit, die ein individuelles Arbeiten in selbst gelenkten Arbeitsprozessen ermöglichen. Die digitale Aufbereitung wird von vielen Lernenden als besonders ansprechende Form der Lektüre erlebt, die Sequenzierung in kleinere Leseeinheiten kann Lernenden eine ihren Voraussetzungen gerechte Annäherung an den Text erleichtern. Außerdem ist es ihnen möglich, ihr Lesetempo in hohem Maße selbst zu gestalten. Eine Arbeit mit verschiedenen Boardstories zu einem Themenkomplex bietet hervorragende Binnendifferenzierungsoptionen, die den Wert jeder einzelnen Schüler/innenarbeit in aufeinander aufbauenden Zusammenführung erlebbar machen. Gleichzeitig schafft eine für alle sichtbare Präsentation (Beamer, Whiteboard) oder die Arbeit mit Boardstories in Kleingruppen am PC oder Tablet gute Voraussetzungen sowohl für eine kooperative Beschäftigung mit der verwendeten Sprache (in Abhängigkeit von den Voraussetzungen der Lernenden in den Bereichen Lesen, Sprechen oder Sprachgebrauch untersuchen), als auch für eine Analyse der Text-Bild-Interaktion oder eine Auseinandersetzung mit den handelnden Figuren.

Digitale Lösungen

Da das Format digital bereitgestellt und digital gestützt bearbeitet wird, liegt der besondere Reiz hybriden Unterrichts u. a. in der Aufbereitung zum kooperativen Lernformat mithilfe technischer Infrastruktur: Die Lernenden arbeiten mit der Boardstory am eigenen Tablet oder Laptop, die Lehrkraft generiert aus den verschiedenen Arbeiten zusammenführende Tafelbilder oder Diskussionsgrundlagen. So können die Lernenden eine Boardstory lesen und ihre Lesebeobachtungen (allgemein oder durch Fragen gelenkt) kommentierend in den Text einfügen. Dies kann auch im Rahmen eines stärker strukturierten Leseprozesses erfolgen, wenn die Lehrkraft die Geschichte in Abschnitten präsentiert. Während des Lesens bzw. nach jeder Lektüre eines Abschnitts sind die Lernenden gebeten, in Form von digitalen Notizen Anmerkungen zum Text vorzunehmen. Sie können beispielsweise das Handeln einer Figur bewerten, eigene Empfindungen während der Rezeption vermerken, Musikstücke oder Geräusche vorschlagen, die eine konkrete Szene passend untermalen würden. Letzteres kann auch fokussiert auf animierte Elemente einer Boardstory erfolgen. Nach erfolgter Einzelarbeit kann die Lehrkraft nach Ablage der Ergebnisse auf der schulischen Lernplattform die verschiedenen Anmerkungen auf dem Whiteboard zusammenführen oder einander gegenüberstellen. Alternativ kann die Erfassung und der Austausch über Leseeindrücke auch mit einer „Kartenabfrage“ auf *Oncoo* (vgl. 4.7.7) oder mit einer Retrospektive auf *ScrumLR* (vgl. 4.8.4) organisiert werden. Das von einem Vergleich geleitete Unterrichtsgespräch lässt sich produktiv für eine inhaltliche Arbeit mit dem Text nutzen: Inwieweit haben derlei Beobachtungen einen Wert für das Textverständnis? Erlauben sie Rückschlüsse auf Leerstellen oder unterschiedliche Interpretationsmöglichkeiten?

Denkbar ist außerdem, eine Gruppe von Lernenden nur mit der Text-, die andere nur mit der Bildkomponente des Text-Bild-Verbundes arbeiten zu lassen. Beide Gruppen können gebeten sein, die fehlende Komponente zu ergänzen oder die so rezipierte Geschichte in eigenen Worten wiederzugeben. Die anschließende Gegenüberstellung beider Versionen oder unterschiedlicher Realisierungen eines Arbeitsauftrages kann den Blick für die spezifische Funktionsweise von Text-Bild-Verbünden schärfen. Noch stärker produktionsorientierte Verfahren können auf ähnliche Weise realisiert werden: Die Lernenden entwickeln allein oder in Gruppen spezifische Ergänzungen zum Text – so etwa, indem sie eine weitere Figur hinzufügen, die möglichst plausibel in die Handlung eingebettet ist, oder indem eine Sprecherstimme „aus dem Off“ die Handlung durch Kommentare ergänzt (beispielsweise durch Einsprechen von Wahrnehmungen einer nicht visualisierten Figur, die ihre Gedanken zum Geschehen äußert). Ebenso reizvoll für Lernende kann es sein, die erzählte Geschichte durch den Einsatz zusätzlicher Animationen oder Zoomfunktion noch stärker auszugestalten oder um Zwischenelemente oder -texte zu ergänzen und dadurch den Verlauf zu konkretisieren oder zu modifizieren.

Literaturhinweise:

von Brand, Tilman 2020: Mit Boardstories arbeiten. In: Baurmann, Jürgen/Ders./Menzel, Wolfgang/Spinner, Kaspar H.: Methoden im Deutschunterricht. Exemplarische Lernwege für die Sekundarstufe I und II. 4. Auflage. Hannover: Kallmeyer/Klett, S. 138–140

3.2.17 Digital Storytelling

Beschreibung

Digital Stories/Digitale Geschichten sind kurze Videoclips von wenigen Minuten, die sich meist aus statischen und bewegten Bildern sowie einem eingesprochenen Text aus dem Off zusammensetzen. Dabei kann Bildmaterial aus verschiedenen Quellen generiert werden: aus selbst erstellten Videos oder von Plattformen wie *YouTube* (vgl. 4.6.8), Screenshots von Dokumenten, *PowerPoint*-Folien, Fotos, Grafiken, eigene Zeichnungen, Animationen oder mithilfe spezieller Schnitt- und Bearbeitungssoftware wie *Microsoft Movie Maker* (vgl. 4.6.2). In Abgrenzung zu zahlreichen anderen Varianten der Videoproduktion besteht die Besonderheit des Digital Storytelling darin, dass sie eine persönliche Perspektive der Erzählinstanz wiedergeben und damit nicht der oftmals im Unterricht üblichen Objektivierung von Themen/Gegenständen unterliegen. Meist bezieht sich die Story auf ein außerordentliches Ereignis, das von besonderer Bedeutung für den Autor/die Autorin ist. Erzählende Elemente werden dabei mit digitalisierten/digitalen Inhalten kombiniert, sodass sich eine stimmige Erzählung ergibt. Insofern werden hier ganz unterschiedliche Bereiche des Deutschunterrichts miteinander verknüpft: Schreiben, Sprechen und das Verständnis für den Aufbau und die Mittel einer stimmigen und wirkungsvollen Geschichte. In Anlehnung an Kowalski (2013, S. 3 f.) lässt sich die Erstellung von Digital Stories in vier Phasen gliedern (vgl. Abb. 23):

1. Storycircle

In Anlehnung an Verfahren des kreativen Schreibens werden in dieser ersten Phase – entweder in kleinen Gruppen oder Einzelarbeit – Ideen für Themen und Handlungen entwickelt und auf eine knappe Kernaussage reduziert. Für ein zwei bis drei Minuten dauerndes Video bedarf es ungefähr 200 bis 300 Wörter gesprochenen Textes.

↓

2. Schreibprozess

Anschließend schreiben die Schülerinnen und Schüler ihre Geschichten und erstellen ein Storyboard: In einer Textverarbeitungssoftware wird dafür eine zweispaltige Tabelle angelegt, wo links der Text und rechts das Bildmaterial eingetragen wird. Ggf. kann noch eine dritte Spalte mit Kommentierungen/Regieanweisungen hilfreich sein. Statt der Originalbilder ist es auch möglich, zunächst Ideen für Visualisierungen als Skizze oder Text festzuhalten.

↓

3. Audio und Video

Als erster Schritt der Produktion findet – anders als das bei Präsentationen (vgl. 3.1.3) häufig der Fall ist – nun die Vertonung statt, also das Einsprechen des Textes. Dies kann gut mit der kostenlosen Software *Audacity* (vgl. 4.1.1) gemacht werden, aber Smartphones bieten heutzutage auch zahlreiche gute und kostenlose Alternativen. Für die Bearbeitung statischer Bilder kann z. B. die kostenlose Software *Gimp* oder auch *Pixlr* genutzt werden, Videos können gratis mit *Windows Movie Maker* (einfach, vgl. 4.6.2), *Shotcut* oder *Lightworks* (komplexer) geschnitten und bearbeitet werden. Für Bildschirmvideos bietet sich darüber hinaus der *VSDC Video Editor* an.

↓

↓

4. Finalisierung

Abschließend müssen die Ton- und Videodokumente nun zusammengefügt werden. Hierzu bieten sich einfache Programme wie *Microsoft Photostory*, *Soundslides* oder auch *PowerPoint* an. Darüber hinaus gibt es speziell ausgerichtete Software mit je besonderen Features wie *Storify* (vor allem für Social-Media-Stories), *Shorthand* oder *Linius* (speziell für Reportagen und sogenanntes Scrollytelling, wie es im Journalismus Verwendung findet).

Abb. 26: Phasen des Digital Storytelling

Digitale Lösungen

Eine digitale Transformation erübrigt sich bei dieser Methode verständlicherweise. Gleichwohl lässt sich hier auch den Lernenden gegenüber der Prozess einer Transformation von analoger zur digitalen Realisierung bewusst machen, indem die Vorarbeiten zunächst weitgehend analog realisiert werden dürften: Während man die Entwicklung der Story evtl. noch in einem handschriftlichen Schreibprozess am besten realisieren kann (durch die schnelle Kombination aus Schrift, grafischen Zeichen, Randnotizen etc.), wird man für die Bildersuche vermutlich schon digital recherchieren, um anschließend durch Schnitt, Bild- und Tonbearbeitung die eigene Arbeit aktiv zu digitalisieren.

Literaturhinweise:

Kowalski, Guido 2013: Im Blickpunkt: Digital Storytelling. Marl: Grimme-Institut. URL: https://imblickpunkt.grimme-institut.de/wp/wp-content/uploads/2014/12/IB-Digital-Storytelling.pdf

3.3 Schreiben

Das *schulische* Schreiben ist im Deutschunterricht Lernmedium und Lerngegenstand. Zudem hat es im Rahmen der Leistungsüberprüfung eine hervorgehobene Bedeutung. In den Sekundarstufen muss das Schreiben per Hand keine große Rolle mehr spielen, sodass der Einsatz von Textverarbeitungssoftware etc. einen größeren Umfang einnehmen kann. Dies hätte zwar negativen Einfluss auf die Qualität der Handschrift, für die Texte hat es jedoch überwiegend Vorteile (z. B. in Bezug auf Textmenge, inhaltliche Qualität) (vgl. Mercator-Institut 2019). In Bezug auf die Auswirkungen auf die Rechtschreibleistungen gibt es indes widersprüchliche Aussagen. De facto gehört der Lernbereich jedoch zu denjenigen, die inhaltlich von der Digitalisierung betroffen sind, ohne dass das nennenswerte Auswirkungen auf die Vorgaben und somit auch die Realität des Deutschunterrichts hat.

Das Schreiben findet überwiegend in Einzelarbeit statt, ist jedoch vielfach auch als Schreiben für andere organisiert. Insbesondere in der Phase der Überarbeitung gewinnen kollaborative Schreibformen an Bedeutung. Schulisches Schreiben umfasst dabei etliche Formate, die auch im Alltag von Bedeutung sind und von einzelnen Worten, Notizen, Clustern und kleinen Grafiken bis hin zu linear gestalteten längeren Texten reichen. Das gemeinsame Arbeiten am Text ließe sich heute digital viel übersichtlicher und effektiver gestalten. Zudem ist dies heute nicht nur eine Methode des Deutschunterrichts, sondern vielfach Realität im digitalen Raum, wenn beispielsweise kollaborativ an *Wikipedia*-Einträgen (vgl. 3.2.13, 4.7.11) oder auch Literatur (vgl. 4.2.3) gearbeitet wird.

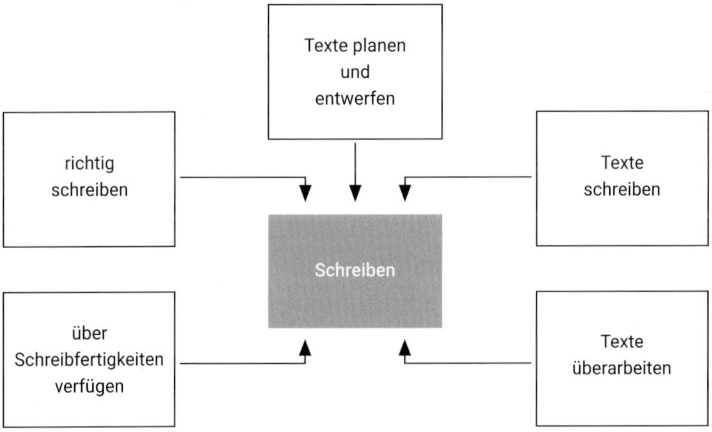

Abb. 27: Die Teilhandlungen des Kompetenzbereichs „Schreiben" (Quelle: Nationale Bildungsstandards)

Über die curricular festgesetzten zu entwickelnden Schreibkompetenzen hinaus, die noch sehr an der analogen Welt orientiert sind, entfalten sich im digitalen Raum aber auch Potenziale, die bislang noch weitgehend unberücksichtigt sind, etwa in der grafischen Gestaltung, die nun dank verschiedener Tools auch für Laien einfach umzusetzen ist, oder auch in der Publikation eigener Schreibergebnisse oder layoutierter Text-Bild-Verbünde. War es lange eine berechtigte Forderung der Schreibdidaktik, lebensnahe, adressatenbezogene Schreibanlässe zu entwickeln, ist dies durch die Möglichkeit der Publikation in ganz unterschiedlichen Kontexten und virtuellen Schreibumgebungen heute einfach umzusetzen. Gleiches gilt für die Kommunikation über Texte, die nicht mehr nur auf Unterrichtssituationen beschränkt sein muss.

Literaturhinweise:

Mercator-Institut für Sprachförderung und Deutsch als Zweitsprache (Hg.) 2019: Handschrift in der digitalisierten Welt. Köln. URL: https://www.mercator-institut-sprachfoerderung.de/fileadmin/Redaktion/PDF/Publikationen/Faktencheck_Handschrift_in_der_digitalisierten_Welt.pdf

Philipp, Maik 2019: Grundlagen der effektiven Schreibdidaktik und der systematischen Schreibförderung. 7., erweiterte Auflage. Baltmannsweiler: Schneider

Wampfler, Philippe 2020: Digitales Schreiben. Blogs & Co. im Unterricht. Stuttgart: Reclam

3.3.1 Planen: Brainwriting

Beschreibung

Das Brainwriting dient als schriftliche Form des Brainstormings der Sammlung erster Assoziationen zu einer Schreibaufgabe. Es werden also erste spontane Ideen entwickelt und schriftlich fixiert, die anschließend selektiert und strukturiert werden können, um dann möglicherweise in einem konkreten Schreibplan zu münden.

Digitale Lösungen

Da das Brainwriting vornehmlich in Einzelarbeit durchgeführt wird, bedarf es zunächst nicht zwingend einer Software. Gleichwohl kann für ein anschließendes Clustering oder die Erstellung einer Gliederung eine digital gestützte Durchführung sinnvoll sein. Hier bieten schon einfache Texteditoren oder -verarbeitungsprogramme Möglichkeiten, die zwar nicht an professionelle Tools wie z. B. *MindManager* heranreichen, für den schulischen Einsatz jedoch ausreichend sein dürften.

Für das Sichern und Sortieren im Rahmen von kollaborativen Schreibaufgaben eignen sich beispielsweise *Wisemapping* (www.wisemapping.com) oder *Scrumblr* (www.scrumblr.ca), beide kostenlose Online-Dienste mit Mehrbenutzermodus, oder – für längere Texte – *Etherpad Lite* (https://yopad.eu) oder *ZUMPad* (https://zumpad.zum.de/), welche das synchrone gemeinsame Arbeiten an einem Text erlauben. Diese Formen der Aufbereitung bieten sich für Präsenz- und Distanzunterricht gleichermaßen an. Alle Beteiligten können sich aktiv in den Prozess einbringen und die Ergebnisse sichern, sodass diese auch nach der Arbeitsphase genutzt werden können.

Literaturhinweise:

Baurmann, Jürgen 2020: Brainwriting. In: Ders./von Brand, Tilman/Menzel, Wolfgang/Spinner, Kaspar H.: Methoden im Deutschunterricht. Exemplarische Lernwege für die Sekundarstufe I und II. 4. Auflage. Hannover: Kallmeyer/Klett, S. 147–150

3.3.2 Planen: Thesentopf

Beschreibung

Eine wichtige Voraussetzung für argumentatives und erörterndes Schreiben ist die Sammlung, Ordnung und Gewichtung/Beurteilung von Argumenten. Damit der Text am Ende überzeugt, sollten gute Argumente ausgewählt und plausibel arrangiert werden. Der Thesentopf kann hier ein sinnvolles Initial darstellen, indem Schülerinnen und Schülern mögliche Thesen für ein Streitthema vorgegeben werden, aus denen eine Argumentation aufgebaut werden soll.

Zu einer Frage, einem Problem, einer Herausforderung werden dazu zunächst kontroverse Thesen (Behauptungen) formuliert und in einem Behältnis gesammelt. Je nach Stand der Lerngruppe ist sowohl denkbar, dass der Thesentopf von der Lehrkraft vorgegeben wird, als auch, dass eine oder mehrere solcher Sammlungen durch die Lerngruppe vorbereitet werden. Aus einem solchen Topf werden sodann in Einzel-, Partner- oder Kleingruppenarbeit nach und nach Thesen gezogen und zunächst in Pro- und Kontra-Positionen sortiert. Anschließend werden sie mit Begründungen und Beispielen zu vollständigen Argumenten ausgebaut und nach Wichtigkeit sortiert. Schließlich werden die entstehenden Argumentationsketten zu einem vollständigen Text ausformuliert, der linear oder dialektisch angelegt sein kann.

Variationen/Modifikationen

Der Thesentopf erlaubt sowohl Variationen als auch die Isolierung einzelner Arbeitsschritte zur gezielten Übung einzelner Kompetenzen. So können insbesondere die ersten beiden Arbeitsschritte in ungeübten oder lernschwachen Gruppen zunächst von der Lehrkraft übernommen werden, um das Augenmerk auf die Gewichtung der Argumente zu lenken. Ähnlich sinnvoll kann es sein, Lernende zunächst Behauptungen formulieren zu lassen und die Ergebnisse anschließend auszuwerten.

Baurmann (2020, S. 152 f.) schlägt für heterogene Lerngruppen folgende Differenzierung vor: 1. Behauptungen sammeln (für weniger versierte Schreiberinnen/Schreiber), 2. Argumente sammeln und nach Wichtigkeit ordnen (für Schreiberinnen/Schreiber mittleren Leistungsvermögens) und 3. Argumente für eine Schreibaufgabe nach Pro und Kontra sammeln, jeweils nach Wichtigkeit ordnen (für fortgeschrittene Schreiberinnen/Schreiber).

	Arbeitsschritt	Durchgeführt durch	Zielperspektive bei Übernahme durch die Lehrkraft
1	Thesen werden formuliert, der Thesentopf wird gebildet	Lehrkraft oder Lernende (EA, PA, GA)	Lehrkraft: Vorentlastung, Konzentration auf die Entwicklung von Argumenten
2	Thesen werden durch Begründungen und Beispiele zu Argumenten ausgebaut	Lehrkraft oder Lernende (EA, PA, GA)	Lehrkraft: Vorentlastung, Konzentration auf die Gewichtung der Argumente
3	Thesen werden sortiert	Lernende (EA, PA, GA)	
4	Argumentative Texte werden verfasst	Lernende (EA, PA, GA)	

Tab. 4: Phasen der Arbeit mit dem Thesentopf

Digitale Lösungen

Je nachdem, in welcher Sozialform der Thesentopf realisiert werden soll, bedarf es für die Phasen 2 bis 4 entweder einer Textverarbeitungssoftware (Einzelarbeit) oder einer Software für kollaboratives Schreiben, wobei im Präsenzunterricht bis zu vier Personen an einem Endgerät arbeiten könnten. Einfacher und für die individuelle Weiterarbeit hilfreicher wäre es jedoch, mit einer Software im Mehrusermodus, wie etwa *Etherpad Lite* oder *ZUMPad* (vgl. 4.2.2) zu arbeiten, die auf mehreren Endgeräten läuft. Auf diese Weise könnte zwischen den einzelnen Phasen differenziert werden, indem beispielsweise in Partnerarbeit die Sortierung der Argumente vorgenommen wird, während die Lernenden in Einzelarbeit die gesamte Argumentation ausformulieren. Im Distanzunterricht ist die Software im Mehrusermodus unerlässlich. Mit ein wenig mehr Einarbeitungszeit in die Funktionen des Tools wäre die Nutzung von *Kialo Edu* (vgl. 4.1.4) für das Füllen eines Thesentopfes verbunden. Die Vorzüge dabei sind, dass die Struktur eines Arguments mit Begründung und Beispiel auch visuell abgebildet und die Sortierung und Gewichtung mit den Tool-Werkzeugen erleichtert wird. Die schriftliche Ausformulierung ist ebenfalls kooperativ möglich.

Da der Thesentopf gerade in seiner ersten Phase ein reales Bild meint, ist hier eine digitale Transformation etwas herausfordernder: *MS Excel* bietet aber die Möglichkeit, Texte oder Textteile per Zufall anordnen zu lassen (https://www.tabellenexperte.de/den-zufall-in-excel-kreativ-nutzen/).

Literaturhinweise:

Baurmann, Jürgen 2020: Thesentopf. In: Ders./von Brand, Tilman/Menzel, Wolfgang/Spinner, Kaspar H.: Methoden im Deutschunterricht. Exemplarische Lernwege für die Sekundarstufe I und II. 4. Auflage. Hannover: Kallmeyer/Klett, S. 152–154

Leisen, Josef 2013: Handbuch Sprachförderung im Fach. Sprachsensibler Fachunterricht in der Praxis. Stuttgart: Klett

3.3.3 Formulieren: Automatisches Schreiben

Beschreibung

Das automatische Schreiben ist ein „spontanes, ununterbrochenes Schreiben auf einen Impuls hin“ (Baurmann 2020, S. 156) und verfolgt vor allem das Ziel, bei Schreiberinnen und Schreibern mögliche Hemmungen abzubauen und den Formulierungsprozess zu initiieren. So wird beispielweise mit einem kurzen Impuls, der sowohl inhaltlich-thematischer Natur sein kann oder die Schreibhandlung beschreibt (erzählen, berichten, schildern), ein Schreibvorgang eingeleitet, der für die Dauer einer fest vorgegebenen oder bis zu einem spontan festgesetzten Schlusspunkt nicht unterbrochen werden soll. Für kurze Phasen der Ideenlosigkeit, wo die Schreibenden also nicht wissen, was sie gerade schreiben sollen, kann ein Schreibritual wie „blabla“, „lllll“ oder das Setzen von Schlangenlinien vereinbart werden. Dies führt zum einen dazu, dass die Motorik des Schreibens nicht unterbrochen wird, zum anderen kann es im Nachgang aber auch dabei helfen, zu rekonstruieren, welche Schwierigkeiten an der Stelle möglicherweise bestanden.

Das Ergebnis des automatischen Schreibens ist ein erster Entwurf eines Textes, der ohne eigenständige Planungsphase (vgl. 3.3.1 und 3.3.2) entstanden ist und daher in der Folge sorgfältig überarbeitet werden sollte (vgl. 3.3.5–3.3.8).

Digitale Lösungen

Das automatische Schreiben lässt sich mühelos sowohl für den Präsenz- wie den Distanzunterricht transformieren. Dabei wird unter schreibdidaktischen Gesichtspunkten aber zunächst die Frage zu klären sein, ob eine handschriftliche Realisierung der ersten Textgestalt gewünscht wird (zur Stärkung der Motorik und Betonung auch der Phasen der Ideenlosigkeit, für die man an der Tastatur am besten eine mittelkomplexe Buchstabenfolge vereinbart – auch hier eignet sich blabla –, was aber gerade für ungeübte Tipperinnen und Tipper ein anderes Maß an Konzentration verlangt, was wiederum den Übergang in die eigentliche Formulierungsphase erschwert). Handschriftlich verfasste Texte würde man im Nachgang idealerweise originalgetreu abtippen lassen, um mit ihnen in eine Phase der Überarbeitung zu gehen. Wird indes gleich digital geschrieben, reicht ein einfaches Textverarbeitungsprogramm auf dem Tablet oder besser auf dem Laptop/Desktop-PC. Die dort entstandenen Texte können dann per E-Mail, Lernplattform o. Ä. zur Sichtung und ggf. kollektiven Überarbeitung weitergegeben werden.

Literaturhinweise:

Baurmann, Jürgen 2020: Automatisches Schreiben. In: Ders./von Brand, Tilman/Menzel, Wolfgang/Spinner, Kaspar H.: Methoden im Deutschunterricht. Exemplarische Lernwege für die Sekundarstufe I und II. 4. Auflage. Hannover: Kallmeyer/Klett, S. 156 f.

Hornung, Antonie 1993: Einen Vorgang beschreiben. Wie automatisches Schreiben Aufsätze verändert. In: Praxis Deutsch Nr. 119, S. 48–51

3.3.4 Formulieren: Sprachmuster-Koffer

Beschreibung

Der Sprachmuster-Koffer soll Schülerinnen und Schülern helfen, ihre Variabilität im Formulieren zu vergrößern, indem sie in einem vorgegebenen Text aus alternativen Formulierungen auswählen können. Dazu wird ihnen ein vorgefertigtes Arbeitsblatt ausgeteilt, das an markanten Stellen (in der Regel zwei) Formulierungsalternativen enthält. Aus diesen ist das in Hinblick auf Schreibziel, Textsorte, Adressat und/oder den Kontext geeignetste Angebot auszuwählen. Gegebenenfalls kann von den Lernenden auch verlangt werden, ihre Entscheidungen (schriftlich) zu begründen, sodass die Auswahl anschließend gemeinsam anhand von Kriterien reflektiert werden kann.

Sind Schreiberinnen und Schreiber mit diesem Verfahren vertraut, kann man dazu übergehen, dass in der Formulierungsphase eigenständig zunächst alternative Formulierungen gesetzt werden, aus denen anschließend ausgewählt wird.

Digitale Lösungen

Sowohl im Präsenz- als auch im Distanzunterricht ist es zunächst sinnvoll, diese Aufgabe mithilfe digitaler Arbeitsblätter (etwa über *Tutory* oder *interaktive* PDF-Dateien mittels *Sejda*) zu stellen. Diese bieten nicht nur ein hohes Maß an Flexibilität in der Gestaltung, sondern außerdem die Möglichkeit, Teile der Texte zu kopieren und in andere Kontexte einzubetten, die Ergebnisse auf einfache Weise auszutauschen und ggf. sogar unmittelbares Feedback einzuholen. Dieses kann man beispielsweise in Form von Zusatzinformationen zu den gewählten Alternativen als Popup oder bei faktisch besseren und schlechteren Alternativen als anschließende (automatische) Auswertung integrieren. So würden Lernende beispielsweise nach Beendigung der Auswahl aufgezeigt bekommen: „Diese Formulierung ist treffender, da sie die Hauptfigur in den Blick nimmt und präziser ist." Auch die Gestaltung einer *Learning-App* (vgl. 4.5.5) wäre für die digitale Transformation denkbar. Die Vorlage „Lückentext" ließe sich nutzen, indem alternative Formulierungen für das Ergänzen einzelner Textlücken zur Auswahl stehen.

Literaturhinweise:

Baurmann, Jürgen 2020: Sprachmuster-Koffer: Passende Formulierungen wählen. In: Ders./ von Brand, Tilman/Menzel, Wolfgang/Spinner, Kaspar H.: Methoden im Deutschunterricht. Exemplarische Lernwege für die Sekundarstufe I und II. 4. Auflage. Hannover: Kallmeyer/Klett, S. 159–161

3.3.5 Überarbeiten: Fragelawine

Beschreibung

Die Fragelawine ist eine frühe Form des Peer-Feedbacks: Zu einem Schülertext werden von mehreren Mitschülerinnen und Mitschülern nacheinander schriftlich Fragen zu Auffälligkeiten formuliert, die der/dem Schreibenden helfen sollen, den Text im Anschluss daran eigenständig zu überarbeiten. Für die Realisation ist wichtig, dass der Text nicht zu viele Besonderheiten (wie z. B. fehlende Angaben, Ungenauigkeiten, unklare Bezugnahmen etc.) aufweist.

Die Realisation erfolgt meist in Form eines Blattes, auf dem der zu befragende Text so platziert ist, dass links und rechts ausreichend Platz für Fragen zur Verfügung steht. Dieses Blatt wird dann nach und nach an mehrere Mitschülerinnen und Mitschüler gereicht, die ihre Fragen an den Rand schreiben und dabei die jeweils vorangegangenen Fragen ergänzen. Abschließend erhält der Autor/die Autorin des Textes den entsprechend kommentierten Text zurück und kann selbst entscheiden, welche Fragen er/sie zur Überarbeitung nutzt.

Für die erstmalige Durchführung einer Fragelawine ist es sinnvoll, dass die Lehrperson die Methode zunächst an einem selbst erstellten oder aus Auszügen zusammengestellten Mustertext vorführt/erklärt.

Digitale Lösungen

Die digitale Transformation lässt sich mit einer einfachen Textverarbeitungssoftware wie *Microsoft Word* oder onlinegestützten Lösungen wie einem *Etherpad* (vgl. 4.2.2) durchführen. Hier wäre dann mit der Kommentarfunktion zu arbeiten. Dies hat den Vorteil, dass nachfolgende Schülerinnen und Schüler nicht nur eigene Fragen formulieren, sondern zugleich auf Fragen der Vorgängerinnen und Vorgänger reagieren können. Auf diese Weise entstehen sogenannte Frageketten. Für den Verfasser hat die Kommentierungsfunktion den Vorteil, dass die Überarbeitung im bereits (digital) verfassten Text geschehen kann. Die Kommentare zeigen darüber hinaus auch genau die Textstelle, auf die Bezug genommen wird.

Interessant kann es darüber hinaus sein, solche Überarbeitungsprozesse auch mal in Echtzeit und für alle sichtbar durchzuführen, was im Präsenzunterricht einfach per Smartboard/ActivePanel oder mittels Rechner und Beamer zu realisieren wäre. Im Distanzunterricht ginge dies per geteiltem Bildschirm oder *Wiki* (vgl. 3.2.13, 4.7.11).

Literaturhinweise:

Baurmann, Jürgen 2020: Die Fragelawine In: Ders./von Brand, Tilman/Menzel, Wolfgang/Spinner, Kaspar H.: Methoden im Deutschunterricht. Exemplarische Lernwege für die Sekundarstufe I und II. 4. Auflage. Hannover: Kallmeyer/Klett, S. 160 f.

Baurmann, Jürgen/Stengel-Kühl, Katja 2007: Hin zur Fragelawine und darüber hinaus. In: Praxis Deutsch Nr. 203, S. 16–20

3.3.6 Überarbeiten: Textlupe

Beschreibung

Die Textlupe ist eines der gängigsten Verfahren der Überarbeitung von Texten, die nach dem Prinzip eines Peer-Feedbacks funktioniert. Sie kann bereits recht früh und für alle umfangreicheren Texte von Schülerinnen und Schülern eingesetzt werden. In einer Tabelle geben mehrere Lernende dem Verfasser/der Verfasserin eines Textes schriftlich Rückmeldung zu einem Text, indem sowohl Positives hervorgehoben, Fragen an den Text formuliert als auch konstruktive Verbesserungsvorschläge unterbreitet werden. Dem/der Schreibenden ist es nach diesen Rückmeldungen selbst überlassen, wie er/sie damit umgeht. Selbstverständlich könnten die Überschriften der Spalten auch verändert oder die Anzahl erhöht werden. So lassen sich auch spezifischere Aspekte des Schreibens fokussieren. Im Allgemeinen wird die Textlupe jeweils von mehreren Lernenden in Einzelarbeit angefertigt. Denkbar ist aber, dass die Tabelle wandert, sodass man auch die Kommentare derjenigen sehen und wiederum kommentieren kann, die ihre Rückmeldung bereits eingefügt haben.

Das hat mir gut gefallen.	**Hier fällt mir etwas auf. Hier habe ich noch Fragen.**	**Meine Tipps!**
Du hast spannend erzählt. Vor allem das Ende war dann eine Überraschung.	*Warum hat der Mann nur das eine Kind gefragt?*	*Du könntest etwas abwechslungsreicher schreiben.*

Tab. 5: Kategorien der Textlupe

Digitale Lösungen

Sowohl im Präsenz- wie auch im Distanzunterricht lässt sich die Textlupe gut digital gestalten: Die Tabelle kann als bearbeitbares PDF-Dokument an alle Lernenden ausgeteilt und dann individuell per Smartphone, Tablet oder PC ausgefüllt werden, nachdem der verfasste Text den Gutachtenden als Textdatei zur Verfügung gestellt wurde. Der Austausch kann einfach über eine Lernplattform oder per E-Mail organisiert werden, indem bestimmte Tandems gebildet werden, die sich ihre Ergebnisse direkt digital zuschicken. Kooperativ und in Echtzeit ließe sich die Textlupe mithilfe der „Start-Stop-Continue"-Vorlage auf *ScrumLR* (vgl. 4.8.4) umsetzen. Analog zur obigen Tabelle ließen sich die drei Spalten Start, Stop, Continue füllen.

Wünschenswert wäre neben dem schriftlichen Feedback auch ein anschließender mündlicher Austausch, der im Präsenzdeutschunterricht gut in einem Gruppengespräch realisiert werden kann. Hier kann der Autor oder die Autorin des Textes wiederum Rückfragen zu den Kommentaren stellen und ggf. sogar ein Gespräch über Optimierungsmöglichkeiten führen. Digital ließe sich ein solcher Austausch etwas eingeschränkt durch einen Chat oder eine Videokonferenz realisieren. Wird *ScrumLR* (vgl. 4.8.4) verwendet, kann die Auswertung auch durch die beiden folgenden Phasen des *Scrums* unterstützt werden. Zudem ist die Nutzung der Chat- und Kommentarfunktion möglich.

Literaturhinweise:

Baurmann, Jürgen 2020: Die Textlupe. In: Ders./von Brand, Tilman/Menzel, Wolfgang/Spinner, Kaspar H.: Methoden im Deutschunterricht. Exemplarische Lernwege für die Sekundarstufe I und II. 4. Auflage. Hannover: Kallmeyer/Klett, S. 162 f.

Bobsin, Julia 1996: Textlupe: neue Sicht aufs Schreiben. In: Praxis Deutsch Nr. 137, S. 45–49

3.3.7 Überarbeiten: Schreibkonferenz

Beschreibung

Die Schreibkonferenz funktioniert wie die Textlupe (vgl. 3.3.6) nach dem Prinzip des Peer-Feedbacks, setzt aber Erfahrungen mit dem Überarbeiten von Texten voraus. Sie wird in kleinen Gruppen von drei bis vier Schülerinnen und Schülern im Gespräch durchgeführt.

Idealerweise wird innerhalb eines großen Stuhlkreises ein Tisch mit vier bis fünf Stühlen postiert, an welchem der Autor bzw. die Autorin eines Textes sowie zwei oder drei Mitglieder der Lerngruppe Platz nehmen. Ein Stuhl bleibt leer und kann spontan und für kurze Zeit von Lernenden aus dem Stuhlkreis eingenommen werden. Alle Beteiligten sollten gut auf die Schreibkonferenz vorbereitet sein, was eine intensive Auseinandersetzung mit dem geschriebenen Text sowie Erfahrungen mit einem an Kriterien orientierten Feedback voraussetzt. Bei der Durchführung ist vor allem auf die Einhaltung einiger Gesprächsregeln zu achten: direkte Ansprache der/des Schreibenden, konstruktives Feedback mit Ausrichtung von Lob, Fragen und Vorschlägen auf den weiteren Schreibprozess.

Die Schreibkonferenz stellt aber auch große Anforderungen an den Autor/die Autorin: Hier ist die Bereitschaft gefordert, sich auf die Situation einzulassen, im Zentrum der – wenn auch konstruktiven – Kritik zu stehen und zugleich die formulierten Einwände/Vorschläge zu erfassen, abzuwägen und im Rahmen der folgenden Überarbeitung umzusetzen. Der Lehrperson kommt dabei eine zurückhaltende Rolle zu: Die inhaltliche Rückmeldung bleibt den Mitschülerinnen und Mitschülern überlassen, Unterstützung sollten Schreibende jedoch bei der Umsetzung derselben bekommen. Während der Schreibkonferenz sollte die Lehrperson für ein angenehmes, partnerschaftliches Arbeits- und Gesprächsklima sorgen.

Digitale Lösungen

Da die Schreibkonferenz vor allem auf dem unmittelbaren mündlichen Austausch beruht, lassen sich für den Präsenzunterricht kaum sinnvolle Modifikationen benennen. Lediglich in der Art der Textpräsentation liegt Optimierungspotenzial: So könnte es hilfreich sein, wenn alle Beteiligten den zu besprechenden Text digital auf Smartphone oder Tablet vorliegen hätten, idealerweise sogar auf einem gemeinsamen *Etherpad* (vgl. 4.2.2), sodass man konkrete Textstellen gemeinsam betrachten, deren Gestalt und Gehalt diskutieren und kleinere Änderungen sogar unmittelbar vornehmen könnte. Denkbar wäre zwar auch die gemeinsame Arbeit vor einem PC, hier jedoch besteht wegen der Fokussierung auf den Monitor stärker die Gefahr, dass der kommunikative Charakter der Methode verloren geht.

Auch wenn der Autor/die Autorin gefordert ist, sich Anregungen zu notieren, um die Überarbeitung anschließend vorzunehmen, bleibt die Schreibkonferenz doch ein flüchtiges Verfahren, das sich rückblickend schwerlich rekonstruieren lässt. Sowohl zur Reflexion der Arbeit als auch zur Sicherung der Ergebnisse für die Schreibenden könnte das Videografieren hilfreich sein.

Für den Distanzunterricht wird man zunächst auf ein Videokonferenzsystem zurückgreifen müssen, um Fernanwesenheit zu simulieren. Sinnvollerweise haben dabei nur die teilnehmenden Schülerinnen und Schüler ihre Kameras an, sodass die Beobachtenden schwarze Kacheln haben. Zugleich sollten alle Teilnehmenden auf den zu besprechenden Text zugreifen können und über die Möglichkeit verfügen, dem Autor/der Autorin auf einem *Etherpad* (vgl. 4.2.2) konkrete Textstellen zu zeigen. Falls das Nebenher von

Videokonferenzsoftware und Schreibtool zu komplex ist, ließe sich auch die Freigabe des Bildschirms verwenden, was aber zur Folge hat, dass lediglich ein Teilnehmer/eine Teilnehmerin der Konferenz die Hoheit über den Text besitzt.

Literaturhinweise:

Baurmann, Jürgen 2020: Die Schreibkonferenz. In: Ders./von Brand, Tilman/Menzel, Wolfgang/Spinner, Kaspar H.: Methoden im Deutschunterricht. Exemplarische Lernwege für die Sekundarstufe I und II. 4. Auflage. Hannover: Kallmeyer/Klett, S. 165–168.

Baurmann, Jürgen/Otto Ludwig 1996: Schreiben: Texte und Formulierungen überarbeiten. Basisartikel. In: Praxis Deutsch 137, S. 13–21

Fix, Martin 2006: Texte schreiben. Schreibprozesse im Deutschunterricht. Paderborn: Schöningh, insbes. S. 176 ff.

Spitta, Gudrun 1992: Schreibkonferenzen in Klasse 3 und 4. Berlin: Cornelsen

3.3.8 Überarbeiten: Texte online auswerten lassen

Beschreibung

Das Internet hält zahlreiche Online-Tools bereit, mit denen man einen digital vorliegenden Text auf unterschiedliche Qualitäten hin prüfen kann. Gemeinhin wird dafür der Text in ein Browserfenster kopiert, und innerhalb kürzester Zeit erhält man eine Auswertung zu bestimmten Schwerpunkten. Einige Beispiele:

- *BlaBlaMeter*: Das einfache Tool (www.blablameter.de) analysiert den Text auf Anzeichen „heißer Luft“ und bewertet ihn mit einem „Bullshit-Index“. Allerdings werden keine konkreten Parameter benannt.
- *Duden Mentor*: In der kostenlosen Basis-Version prüft der *Duden Mentor* (https://mentor.duden.de/) Rechtschreibung und Grammatik, in der Premium-Variante werden auch Zeichensetzung und Stil analysiert und Verbesserungsmöglichkeiten sowie Synonyme vorgeschlagen.
- *Lesbarkeitsindex (LIX)*: Unter https://www.psychometrica.de/lix.html lässt sich der Lesbarkeitsindex eines Textes bestimmen. Dieser errechnet sich aus der Summe der durchschnittlichen Satzlänge eines Textes und des prozentualen Anteils langer Wörter (mehr als sechs Buchstaben). Der Lesbarkeitsindex ist ein Indiz dafür, wie schwierig ein Text zu lesen ist.
- *Wortliga* (Textanalysetool) (*vgl. 4.2.6*): Das komplexe Tool analysiert Texte in Hinblick auf folgende Kategorien: lange Sätze, lange Wörter, Formatierungsfehler, Passiv-Konstruktionen, unpersönliche Sprache, Abkürzungen, Phrasen, Füllwörter, Adjektive und Nominalstil.
- *Language Tool*: Unter https://languagetool.org/de/ lassen sich Texte auf mögliche Grammatik-, Stil- und Rechtschreibfehler hin untersuchen.

3.3.9 Blogging

Beschreibung

Blogs (vgl. 4.7.1), auch Webtagebücher genannt (u. a. Krommer 2010, Voßkamp 2007), präsentieren sich den Rezipierenden als Websites, auf denen ein einzelner Blogger/eine einzelne Bloggerin oder eine ganze Gruppe in – regelmäßigen oder lockeren Abständen – eigene Erlebnisse, Eindrücke, Reflexionen oder auch Fachwissen zu einem bestimmten Thema präsentieren. Je nach Wunsch der Blogbetreibenden und technischen Möglichkeiten des für die Erstellung genutzten Editors können diese Einträge durch dessen eigene Anmerkungen oder Notizen Dritter ergänzt werden. Neben den ‚klassischen', textbasierten Weblogs finden sich im World Wide Web vor allem Audioblogs, Bild- oder Fotoblogs und Videoblogs (auch Vlogs genannt). Sie alle sind jeweils durch ihr zentrales Kommunikationsmedium charakterisiert. Textblogs wurden immer wieder in Unterkategorien eingeteilt, so beispielsweise in journalistische Blogs, Literaturblogs, Blognarrationen und Blogbiografien unterschieden (Wrobel, 2006). Für die Lernenden hilfreich scheint zunächst eine Unterteilung in faktuale und fiktionale Blogs – und darüber auch eine Einordnung jener, die sich in einer Grauzone zwischen beiden Varianten bewegen. Die deutliche Mehrheit der im Web zu findenden Textblogs präsentiert Sachtexte, doch der Anteil literarischer Blogs steigt stetig. Gerade in der Anfangszeit der Covid-19-Pandemie haben zahlreiche Journalistinnen und Journalisten sowie Autorinnen und Autoren ihr Erleben in Kolumnen oder auch fiktionalen Texten verarbeitet – so etwa der Autor Thomas Glavinic und die Autorin Marlene Streeruwitz. Ältere, aber immer noch berücksichtigenswerte Arbeiten haben u. a. die Autorin Nele Neuhaus und der Autor Michael Peinkofer verfasst. Diese Blogtexte sind ein spannender Untersuchungsgegenstand für den Literaturunterricht, während andere – nichtfiktionale – Blogtexte hilfreiche Literaturvermittler sein können. Denn auch die Anzahl der Blogs, die sich aus Rezipientensicht mit Literatur beschäftigen und so bei der Orientierung innerhalb des breiten Spektrums literarischer Neuerscheinungen helfen, ist inzwischen beträchtlich. Und nicht zuletzt ermöglichen Tools wie *WordPress* ein produktionsorientiertes Arbeiten mit Blogs im Deutschunterricht.

Digitale Lösungen

Wird der Blog zum Arbeitsmittel für eigene Schreibprozesse, bieten sich zahlreiche Möglichkeiten des interaktiven Arbeitens an – in (ggf. auch an unterschiedlichen Orten arbeitenden) Gruppen oder individuellen Schreibprozessen. Basierend auf einer Auseinandersetzung mit den Spezifika von Blogs (delinear, chronologisch, konsequent in der Umsetzung eines bestimmten Sprachstils etc.) können die Lernenden hier eigene Erfahrungen, Beobachtungen oder

Informationen zu vergleichsweise kurzen, sequenziellen Texten aufbereiten. Hierzu setzen sie sich intensiv mit einem bestimmten (Fach-)Thema auseinander oder dokumentieren den Entstehungs- oder Rezeptionsprozess eines Unterrichtsgegenstandes, wie etwa eine Lektüre oder die Ankündigung, Premiere und mediale Wahrnehmung einer Literaturverfilmung. Dies kann in einem arbeitsteiligen Prozess erfolgen, der sich durch die Entwurfsfunktion von Tools wie *WordPress* direkt im Editor organisieren lässt. Die Lernenden können dort zunächst die Gedanken der unterschiedlichen Gruppenmitglieder als Notizen zusammentragen, um auf dieser Basis einen Entwurfstext zu erstellen, der dann in noch nicht öffentlicher Fassung von anderen geprüft und lektoriert werden kann. Arbeitsteilig kann auch die Ergänzung des Textes durch geeignetes Film- oder Bildmaterial organisiert werden, wobei auch urheber- und datenschutzrechtliche Erwägungen eine Rolle spielen sollten. Alternativ lassen sich hier Videobeiträge produzieren, zu denen nur kurze Erläuterungstexte zu verfassen sind – das damit angedeutete Spektrum illustriert gute Binnendifferenzierungsmöglichkeiten.

Eine weniger aufwändige Unterrichtsarbeit mit Blogs lässt sich durch die Arbeit mit den Kommentaren zu Text-, Bild- oder Videoblogs organisieren, die also den Rezeptionsprozess des Bloggings in den Fokus rücken. An eine Analyse vorhandener Kommentare, einhergehend mit einer Vergewisserung über Netiquette, kann sich die Formulierung eigener Kommentare anschließen, die dann die eigene Rezeption eines empfohlenen Buches oder die Lektüre des literarischen Blogs in den Mittelpunkt stellen. Die Planung eines solchen Schreibprozesses sollte aus technischen Gründen außerhalb des eigentlichen Blogs erfolgen. Sie schließt eine Abstimmung über die Inhalte und eine Vergegenwärtigung der besonderen kommunikativen Struktur von Posts und eine Verabredung von Qualitätsanforderungen mit ein (u. a. die mögliche Interaktion auch mit anderen Posts). Wird ein noch regelmäßiger aktualisierter Blog kommentiert, können Rückfragen an den Autor/die Autorin oder sogar Thesen über den weiteren Verlauf in die so entstehenden Texte einfließen.

Literaturhinweise:

von Brand, Tilman 2020: Blogging. In: Baurmann, Jürgen/Ders./Menzel, Wolfgang/Spinner, Kaspar H.: Methoden im Deutschunterricht. Exemplarische Lernwege für die Sekundarstufe I und II. 4. Auflage. Hannover: Kallmeyer/Klett, S. 127–129

Koebe, Kristina/von Brand, Tilman 2018: Das Verfassen von Weblogs im Deutschunterricht. Motivierendes und differenzierendes Arbeiten in einem vielversprechenden Format. In: Gailberger, Steffen/Wietzke, Frauke (Hg.): Deutschunterricht in einer digitalisierten Gesellschaft. Unterrichtsanregungen für die Sekundarstufen. Weinheim/Basel: Beltz Juventa, S. 178–193

Möbius, Thomas/Wieland, Regina 2006: Was ist das für ein Film? Webseiten und Weblogs für Inhaltsangaben nutzen und erstellen. In: Praxis Deutsch Nr. 197: Inhalte wiedergeben, S. 34–39

Wampfler, Philippe 2017: Digitaler Deutschunterricht. Neue Medien produktiv einsetzen. Göttingen: Vandenhoeck & Ruprecht, S. 109–113

Wampfler, Philippe 2020: Digitales Schreiben. Blogs & Co. Im Unterricht. Stuttgart: Reclam, S. 69–77

Wrobel, Dieter 2006: Weblog – alle schreiben mit im Internet. Kommentar einer Medientextart in didaktischer Perspektive. In: Jahrbuch Medien im Deutschunterricht, S. 50–65

3.3.10 Messaging, Chatten, Posten

Beschreibung

Diese digital basierte Form des Kommunizierens in Kurznachrichten ist unter Kindern und Jugendlichen auch im Alltag sehr gebräuchlich. Insofern kann hier von einer vorhandenen technischen Grundkompetenz ausgegangen werden, die es für den Unterricht zur Steigerung der intrinsischen Motivation zu nutzen und mit der nötigen Medienkompetenz zu unterfüttern gilt. So erlaubt eine analytische Beschäftigung mit Chats, die spezifischen Eigenschaften dieser Art der Kommunikation herauszuarbeiten, hierunter vor allem ihre konzeptionelle Mündlichkeit und die starke Ausrichtung am Kriterium „Texteffizienz". Letztere ist u. a. erkennbar in der intensiven Nutzung von Abkürzungen und Kurzformen, aber auch in der Ausgestaltung der Formulierungen, der Verbindung von Sprache mit Bildern, Animationen und Emoticons, die dazu dienen, die fehlende non-verbale Komponente dieses Austauschs zu kompensieren. Die Vergegenwärtigung dieser Merkmale kann beispielsweise in einer vergleichenden Analyse erfolgen, für die Abkürzungen oder Emoticons in Schriftsprache überführt werden oder der vollständige Inhalt einer Messengerkommunikation in einem Schrifttext auszuformulieren ist. Hier vergegenwärtigen Lernende dann auch die inkludierende und exkludierende Wirkung von Gruppencodes und können die Wahrnehmung einer solchen Verknappung zum Anlass nehmen, über sprachliche Symbole nachzudenken bzw. diese in verschiedenen Textsorten aufzuspüren. Eine weitere Ebene der Unterrichtsarbeit betrachtet Kommunikationen in Chats und Messengern aus der Metaperspektive – hier geht es dann um Fragen der Netiquette (u. a. am Beispiel aktueller Debatten über rechtliche Reglementierungen von Hatespeech, Cybermobbing und gendergerechter Sprache), aber auch um datenschutz- und eigentumsrechtliche Fragen. Ziel ist die Ausformung einer Medienkompetenz und damit eines problembewussten Umgangs mit eigenen und fremden Daten. Nicht zuletzt kann hier der Einfluss der sehr unmittelbaren und ortsunabhängigen dialogischen Kommunikation auf unser Sozialverhalten reflektiert und auch das Thema Sucht besprochen werden, das ja auch die exzessive Nutzung von Chats und Messengern betrifft.

Digitale Lösungen

Die Transformation dieses ohnehin schon digital basierten Formats besteht darin, die Textproduktion in Chats für hybride Unterrichtsmodelle nutzbar zu machen. Hier lässt sich die hohe intrinsische Motivation einer solchen Kommunikation nutzen, um den gedanklichen Zugang zu literarischen und Sachtexten niedrigschwellig zu gestalten. Denkbar ist beispielsweise, den Austausch über einen literarischen Text über Chats oder Messenger (z. B. *Signal*) zu vollziehen. Dies kann gewinnbringend für die Texterschließung sein, wenn etwa mehrere Schülerinnen und Schüler während einer zeitgleichen Lektüre eines Textes aufgefordert sind, ihre unmittelbaren Leseeindrücke über den Lektüreverlauf hinweg über einen Chat mitzuteilen. Auf diese Weise bietet sich zunächst die Möglichkeit, die Beobachtungen anderer in die eigene unmittelbare Rezeption einfließen zu lassen. Nach dem Abschluss der Lektüre ist darüber zudem ein – individuelles oder gemeinsames – Lesetagebuch entstanden, das in ein Leseportfolio integriert werden kann. In jedem Fall sind so erfasste unmittelbare Lektüreeindrücke für die spätere Arbeit mit dem Text eine hilfreiche Arbeitsgrundlage. Außerdem ergibt sich hieraus die Möglichkeit, die Spezifika von Messengerkommunikation zu vergegenwärtigen und damit auch ihre Grenzen zu reflektieren. Alternativ besteht die Möglichkeit, ein Gedicht oder einen kurzen literarischen Text (auch) darüber zu erschließen, dass man dessen Inhalt in einen für Chats und Messenger typischen Sprachstil überträgt. Modifikationen dieser Aufgabe können darin bestehen, die spezifischen Anforderungen eines bestimmten Kanals zu beachten. So kann es für das Textverständnis durchaus gewinnbringend sein, eine Textpassage oder ein Gedicht in einen Instagram-Post, bestehend aus passendem Bild, Kurztext und passenden Hashtags zu „transformieren".

Auch in Bezug auf Sachtexte bieten derartige Transformationen reizvolle Optionen für eine interessengeleitete Texterschließung. So kann etwa im Rahmen einer Beschäftigung mit Fakenews-Texten die Aufgabe darin bestehen, eine formal entsprechend aufbereitete Gegendarstellung zu verfassen – die also aus einer Überschrift, einem Kurztext (ca. 200 Zeichen) sowie einem Bild und/oder Emoticons besteht, im Vorfeld aber natürlich entsprechend fundierte Recherche und erst im zweiten Schritt die entsprechend verknappende Aufbereitung braucht.

Nicht zuletzt besteht die Möglichkeit, Kooperationen von unterschiedlichen Lernorten aus und ggf. auch über einen längeren Zeitraum hinweg (z. B. in Gruppenprojekten) mithilfe von Messengern zu organisieren, was dann eine quasi-automatische Konservierung von Zwischenergebnissen und eine Dokumentation von Zeitplanungen und Absprachen miteinschließt.

Literaturhinweise:

von Brand, Tilman 2020: Messaging. In: Baurmann, Jürgen/Ders./Menzel, Wolfgang/Spinner, Kaspar H.: Methoden im Deutschunterricht. Exemplarische Lernwege für die Sekundarstufe I und II. 4. Auflage. Hannover: Kallmeyer/Klett, S. 130 f.

Krommer, Axel 2014: Digitale Informations-, Kommunikations- und Kooperationsmedien im Deutschunterricht. In: Frederking, Volker/Krommer, Axel/Möbius, Thomas (Hrsg.): Digitale Medien im Deutschunterricht (Deutschunterricht in Theorie und Praxis Bd. 8). Baltmannsweiler, S. 290–312

Wampfler, Philippe 2020: Digitales Schreiben. Blogs & Co. Im Unterricht. Stuttgart: Reclam, S. 107–115

3.4 Sprache und Sprachgebrauch untersuchen

Der Kompetenzbereich *Sprache und Sprachgebrauch untersuchen* unterliegt der globalen Zielstellung, ein Bewusstsein für die Bedeutung und Wirkung aller Facetten des Sprachgebrauchs zu entwickeln und befähigt zu sein, Sprache in unterschiedlichen Zusammenhängen richtig und/oder angemessen zu verwenden. Das bezieht sich auf mündliche Kommunikation ebenso wie geschriebene Sprache und umfasst Kategorien wie Grammatik, Rechtschreibung (die zuweilen auch unter das Schreiben subsummiert wird), aber auch Sprachwandel, Sprachkritik oder Kommunikation und Rhetorik.

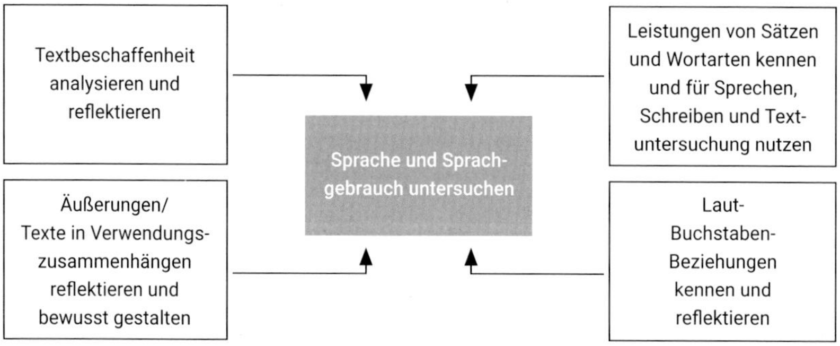

Abb. 28: Die Teilhandlungen des Kompetenzbereichs „Sprache und Sprachgebrauch untersuchen" (Quelle: Nationale Bildungsstandards)

Überschneidungen mit anderen Lernbereichen sind dabei nicht nur zwangsläufig, vielmehr werden sie unter dem Stichwort integrativen Unterrichtens ausdrücklich gefordert. Insofern verfügt der Kompetenzbereich über eher wenige explizite Unterrichtsmethoden, weil die Vermittlung der Kenntnisse und Fähigkeiten entweder in anderen Bereichen methodisch expliziert wird (z. B. in den analytischen Verfahren des Literaturunterrichts oder der Überarbeitung von Texten) oder der Schwerpunkt stärker auf der Methodik der

Bezugswissenschaft, also der Linguistik, liegt. Daher wird in diesem Kapitel versucht werden, der Unterrichtsrealität insofern gerecht zu werden, als dass die Vermittlung von Grammatik und Rechtschreibung oftmals in eher lehrerzentriertem Unterricht stattfindet, der stark durch Tafelanschriebe, gelenkte Unterrichtsgespräche, Übungsblätter und Beispieltexte geprägt ist.

3.4.1 Grammatische Proben

Beschreibung

Als grammatische Proben bezeichnet man ein ganzes Set von Methoden, die für die Ermittlung von Satzgliedern, Wortarten, Zeitformen etc. hilfreich sein können. Einmal verinnerlicht, erlauben sie selbstständige Identifikationen oder Überprüfungen grammatikalischer Aspekte. In ihrer konkreten Ausformung sind sie unterschiedlich komplex. – Das Spektrum reicht von der rein auf Übertragung in gesprochene Sprache basierenden Klangprobe über die der Wortartbestimmung dienenden Proben, wie die Flexions- oder die Erweiterungsprobe, bis zu der Identifikation von Satzbausteinen dienenden Verfahren, etwa die Ersatz- oder Umstellprobe. Wieder andere Proben sollen dazu befähigen, eigenständig zwischen Adverb und Adjektiv zu unterscheiden (Einsetzprobe) oder das Wissen um die Verwendung bzw. die Spezifika etwa einer verwendeten Zeitform zu schärfen (Vergleichs- und Übertragungsprobe) etc. Hierbei haben sich teilweise recht spielerische Probenumsetzungen herausgebildet. So können Lehrkräfte etwa bei der Arbeit mit Umstellproben (Permutation) mit Visualisierungen von Satzbausteinen arbeiten, z. B. indem sie jedem Baustein ein Kärtchen oder eine Lernende/einen Lernenden zuordnen. Diese werden dann in verschiedenen Reihenfolgen arrangiert und damit bestehende Sätze auf Korrektheit überprüft. Ersatzproben (Substitution) können für die Lernenden durch die Vorgabe inhaltlich interessanter oder origineller Ausgangssätze eine unterhaltsame Tätigkeit sein, wenn sie dann mithilfe von Fragestellungen Satzgliedarten genauer bestimmen und damit die Korrektheit der Verwendung überprüfen. Auch Erweiterungsproben bieten durch die Art der angeregten Satzergänzungen (z. B. durch besonders originelle Adjektive) Raum für Spielerisches, Lustiges bzw. Kreatives.

Digitale Lösungen

Bei einer durch die entsprechenden Probennamen oder damit betrachteten Phänomene gelenkten Internetsuche finden sich zahlreiche Websites, die eine praktische Anwendung und damit Festigung der Arbeitsmethoden ermöglichen (z. B. *ANTON-App, Schlaukopf, Sokrativ* [vgl. 4.5.1]) – die Qualität der Angebote variiert jedoch auch hier sehr stark, so dass eine Erprobung unbedingt zu empfehlen ist. In der Regel erläutern diese Angebote das Prinzip der Probe allerdings nicht und sind deshalb nur nach vorheriger Einführung der Methode zu empfehlen. Werden sie auf diese Weise zur Anwendung bzw. Festigung eingesetzt, bieten sie die Möglichkeit eines selbstbestimmten und am individuellen Arbeitstempo sowie den eigenen Bedürfnissen orientierten Arbeitens der Lernenden, das auch in Kleingruppen, ggf. sogar mit Unterstützung von Chats oder in Breakout-Rooms, erfolgen kann. Mit *LingoFox* (https://www.lingofox.de/) lassen sich Übungen nach verschiedenen Mustern (z. B. Lücken- oder Umstellübungen) erstellen, die gezielt einzelne sprachliche Phänomene in den Blick nehmen. Darüber hinaus enthält die Software auch ein Diagnosetool für geschriebene Texte. Eine Rückmeldung und auf dieser Basis auch eine individuelle Übungsauswahl bietet der *Orthografietrainer* (vgl. 4.2.5).

In vielen Angeboten ist die Ergebniskontrolle mitgedacht. In einigen dieser Tools werden häufig gemachte Fehler registriert und die nachfolgenden Übungen so aufbereitet, dass eine gezielte Festigung dieser Aspekte im Fokus steht. Außerdem gibt es Quizangebote auf Websites oder Apps (u. a. bei *LearningApps.org*, vgl. 4.5.5), die sich der Arbeit mit der einen oder anderen konkreten Probenart widmen – hier können die Lernenden ihr Wissen über die Arbeitsmethode spielerisch festigen. Die im Web ebenfalls zu findenden „Grammatik-Checker“ oder „Grammatik-Tools“, so etwa *Grammarly* (als Erweiterungsmodul von *Google Chrome*), https://www.satzapp.de (vgl. 4.4.2, webbasiert und kostenlos) oder die *Hemmingway App*, ersetzen die Proben, statt die Lernenden zu deren Anwendung zu befähigen. Diese in der Regel kostenpflichtigen und nicht ganz preiswerten Angebote, bieten sowohl eine Prüfung als auch – häufig – eine Autokorrektur an. Hier kann es didaktisch eher sinnvoll sein, den Lernenden die Vorzüge der eigenen Beherrschung der grammatischen Proben bzw. die Grenzen solcher Angebote vor Augen zu führen.

Literaturhinweise:

Menzel, Wolfgang/Baurmann, Jürgen 2020: Sprache und Sprachgebrauch. In: Baurmann, Jürgen/von Brand, Tilman/Menzel, Wolfgang/Spinner, Kaspar H.: Methoden im Deutschunterricht. Exemplarische Lernwege für die Sekundarstufe I und II. 4. Auflage. Hannover: Kallmeyer/Klett, S. 175–231

3.4.2 Rechtschreibung vermitteln

Beschreibung

Die Vermittlung von Rechtschreibung und Rechtschreibregeln erfolgt häufig im Rahmen von Frontalunterricht – orthografische Regeln werden phänomenbasiert erläutert bzw. erarbeitet, durch häufiges Wiederholen gefestigt und die sichere Anwendung durch die Lernenden überprüft. Von den Lernzielen aus gedacht, hat diese Vorgehensweise fraglos ihre Berechtigung, denn der proportionale Zusammenhang zwischen Dauer der Erarbeitungsphase und Vermittlungseffizienz ist verifiziert. Dennoch sollte das Bestreben sein, den Prozess für die Lernenden möglichst interessant zu gestalten. In den letzten Jahren wurden zahlreiche Versuche unternommen, das Image des bei den Lernenden häufig wenig populären Rechtschreibunterrichts zu verbessern. Hier kamen zunehmend Silbenmodelle bzw. Baumuster oder das Prinzip „richtig hinhören – richtig sprechen“ und ähnliche Vorgehensweisen zum Einsatz. Ein weiterer Ansatz besteht darin, das Rechtschreiben handlungsorientiert und möglichst spielerisch zu gestalten, indem es mit Bastel-, Mal-, Lese- oder Gestaltungstätigkeiten verbunden wird.

Digitale Lösungen

Die Autokorrektur als einfachste und wohl gebräuchlichste Form der Rechtschreibüberprüfung wird gern genutzt, trägt aber recht wenig zum Erwerb eigener sicherer Kenntnisse und zur Ausformung von Regelwissen bei. Sehr viel hilfreicher für einen Kompetenzzuwachs, wenn auch nicht systematisierend, ist hier eine nachträgliche Kontrolle eines am PC, Tablet oder Smartphone verfassten Textes durch eine Rechtschreibprüfung, die fehlerhafte Worte markiert, die Korrektur aber dem/der Lernenden überlässt. Auch hier bietet die mittels Software automatisierte Kontrolle die Möglichkeit, den Arbeitsprozess der Lernenden selbstbestimmter und individueller zu gestalten. Darüber hinaus gibt es verschiedenste Apps und Online-Tools, die eine spielerische Beschäftigung mit Rechtschreibung ermöglichen und damit sehr viel Potenzial bergen, die Attraktivität der Beschäftigung mit dem Thema zu erhöhen. So sind u. a. diverse Apps verfügbar, die klassische Rechtschreibspiele wie Wortpuzzle, Kreuzworträtsel oder Scrabble online aufbereiten und mit einem Belohnungssystem kombinieren. Auch hier steht allerdings die Schreibung einzelner Begriffe im Fokus, Rechtschreibregeln werden nicht vermittelt. Es gibt auch spezifischer für den Unterricht entwickelte Apps, wie die verschiedene Deutschunterrichtsbereiche bearbeitende *ANTON-App* (vgl. 4.5.1). In dieser wird u. a. die richtige Schreibung von Substantiven, Substantivierungen oder Fremdwörtern systematisch und durch die App auch etwas spielerisch geübt. Die Arbeit der Lernenden in der App kann durch entsprechende Vernetzungen von der Lehrkraft beobachtet und in gewissem Rahmen auch betreut werden, so dass die Einführung einer Regel (ggf. auch per E-Mail oder im digitalen Lehrbuch) in eine Festigung durch eine solche App übergehen kann.

Eine andere Möglichkeit bieten interaktive Quizeditoren wie beispielsweise *Kahoot!* (vgl. 4.5.3) oder auch Messenger mit Sprachnachrichtfunktion. Über sie wird ein kooperativer Austausch zwischen Lernenden zu Rechtschreibfragen möglich. So können sie sich wechselseitig oder in Zusammenarbeit mit der Lehrkraft Sätze diktieren oder Arbeitsaufgaben erteilen. Kooperatives Arbeiten ist natürlich auch in gemeinsam bearbeiteten *Padlets* (vgl. 4.7.8) oder über Plattformen möglich, auf denen Texte geteilt und von anderen Mitgliedern (ggf. in Teams, vgl. 4.2.2) korrigiert werden können. Steht die Vermittlung und Festigung von Regeln im Vordergrund, können die Lernenden aufgefordert sein, zu angemerkten Korrekturen oder erarbeiteten (Quiz-)Aufgaben die richtige Rechtschreibregel, Wörter der gleichen Wortart oder Wörter der gleichen Wortfamilie zu benennen. Dafür können eigene Learning-Apps erstellt oder ein Lernpfad angelegt werden. Empfehlenswert ist insbesondere aufgrund der individuellen Rückmeldung und dem Überblick über die Lernfortschritte der Klasse der Einsatz des *Orthografietrainers* (vgl. 4.2.5) zur Förderung der Rechtschreibkompetenz.

Literaturhinweise:

Müller, Astrid 2010: Rechtschreiben lernen. Die Schriftstruktur entdecken – Grundlagen und Übungsvorschläge. Seelze: Kallmeyer

3.4.3 Sprachliche Richtigkeit überprüfen

Beschreibung

Das Korrekturlesen von Texten stellt über die Fachgrenzen hinweg eine wichtige und komplexe Tätigkeit dar. Menzel/Baurmann schlagen vor, die hierzu erforderliche Fähigkeit zunächst anhand speziell präparierter Fehlertexte zu entwickeln, die den Lernvoraussetzungen der Schülerinnen und Schüler angepasst sind. So lassen sich gezielt Schwerpunkte z. B. in der Zeichensetzung, in der Getrennt- und Zusammenschreibung oder in der Groß- und Kleinschreibung setzen. Während die Korrekturen selbst überwiegend in Einzelarbeit vorgenommen werden dürften, bietet es sich an, diese auch in Partner- oder Gruppenarbeit sowie im Unterrichtsgespräch zu reflektieren, was gerade bei Zweifelsfällen oder Alternativschreibungen gewinnbringend sein dürfte, um das Bewusstsein für die Komplexität der Orthografie zu schärfen. Mit zunehmendem Alter sollte zudem die Arbeit mit Nachschlagewerken eingeführt werden.

Digitale Lösungen

Textverarbeitende Software – von *Word* über Mailprogramme bis hin zu Messengern auf dem Smartphone – scheint auf den ersten Blick von der Notwendigkeit, die Rechtschreibung zu prüfen, zu befreien. Und in der Tat werden per Autokorrektur viele Fehler stillschweigend eliminiert, was dafür spricht, digitale Textverarbeitung nicht zu früh und nicht ausschließlich einzusetzen. Gleichwohl kann auch Software dabei helfen, den Blick für Schreibungen und die dahinterliegenden Regelhaftigkeiten zu sensibilisieren, wenn Vorschläge nicht wahllos übernommen, sondern zunächst geprüft und reflektiert werden: In diesem Absatz wurde beispielsweise „dafür spricht" blau als fehlerhaft markiert und die Recherche ergab, dass zwar beide Schreibweisen möglich, die Zusammenschreibung von der Duden-Redaktion aber empfohlen wird. Interessant kann zudem sein, den Algorithmen der Software auf die Spur zu kommen und Fehler aufzuspüren, die diese selbst verursacht haben und nach möglichen Ursachen zu fragen. So stellen komplexer Satzbau und die automatische Silbentrennung auch für die beste Software zuweilen unüberwindbare Hindernisse dar. Solche Fehler aufzuspüren, kann für Schülerinnen und Schüler motivierend sein und außerdem ein Bewusstsein dafür schaffen, der Technik an dieser Stelle nicht blind zu vertrauen.

Literaturhinweise:

Menzel, Wolfgang/Baurmann, Jürgen 2020: Fehlerfinder. In: Baurmann, Jürgen/von Brand, Tilman/Menzel, Wolfgang/Spinner, Kaspar H.: Methoden im Deutschunterricht. Exemplarische Lernwege für die Sekundarstufe I und II. 4. Auflage. Hannover: Kallmeyer/Klett, S. 223–225

3.4.4 Rechtschreibspiele

Beschreibung

Der Kerngedanke der sehr unterschiedlich beschaffenen Rechtschreibspiele ist eine Festigung bestimmter, verallgemeinerbarer orthografischer Prinzipien. So kann die Unterscheidung zwischen harten und weichen Konsonanten (v. a. Auslautverhärtung) spielerisch geübt werden, ebenso wie die Groß- und Kleinschreibung oder „ganz einfach" die Orthografie bestimmter Worte. Die Komplexität variiert je nach Alter der Lernenden – alle Ansätze eint die Tatsache, dass es hierbei um so spielerisches Üben geht, dass der Lerneffekt kaum wahrnehmbar ist und eher unbewusst erzielt wird.

Digitale Lösungen

Der offenkundigste Mehrwert von online bereitgestellten Rechtschreibspielen besteht darin, dass sie auch allein gespielt werden können, weil sie eine automatisierte Erfolgskontrolle enthalten oder die Ergebnisse für eine spätere Überprüfung gespeichert werden können. In verschiedenen Online-Rechtschreibspielen sind die für viele Computerspiele üblichen Belohnungssysteme integriert. Dies erhöht die Spielmotivation der Lernenden und damit auch die Anreize für eine selbstorganisierte Nutzung des Angebots gegenüber den „klassischen“, d.h. Papier-, Arbeitsblatt- oder Spielset-basierten Rechtschreibspielen. Außerdem ist eine kooperative Bearbeitung von verschiedenen Lernorten aus möglich, so dass Lösungen miteinander verglichen oder Unterstützungen gewährt werden können. Darüber hinaus ist eine Bereitstellung mehrerer aufeinander aufbauender Übungen zu einem Thema möglich, so dass die Lernenden in Abhängigkeit vom Übungsbedarf und Arbeitstempo den Arbeitsumfang und Schwierigkeitsgrad selbst wählen können. Neben diversen Websites, auf denen diese Rechtsschreibspiele – kostenlos oder gebührenpflichtig – bereitgestellt werden können, gibt es auch diverse Apps, die eine die Unterrichtsarbeit begleitende oder bereichernde Arbeit mit Rechtschreibspielen ermöglichen. So erlauben etwa erweiterte Versionen der *ANTON-App* (vgl. 4.5.1) der Lehrkraft, den Lernenden individuelle Arbeitsschwerpunkte zuzuweisen und den Lernfortschritt zu überwachen, ohne jedes einzelne Arbeitsergebnis zu prüfen, da die konkrete Kontrolle automatisiert erfolgt. Angebote wie diese sind spielerisch weniger innovativ als viele nicht-digitale Varianten, aber die Arbeit in einer App wird von vielen Lernenden an sich schon als spielerisch erlebt und deshalb vergleichsweise gern genutzt. Das Spektrum der App-Angebote zu einzelnen Rechtschreibspielen oder ganzen Sets solcher Spiele ist inzwischen groß. Sie lassen sich in den einschlägigen App-Suchen mithilfe von Suchbegriffen wie „Rechtschreibspiele“, „Wortspiele“ oder „Rechtschreibung“ ermitteln, wobei die Qualität der Angebote stark variiert und eine vorherige Erprobung durch die Lehrkraft also unverzichtbar ist.

3.4.5 Rechtschreibgespräch

Beschreibung

Das Rechtschreibgespräch findet dort Anwendung, wo eine noch gehäuft auftretende Rechtschreibschwierigkeit oder eine spezifischer Fehlerschwerpunkt adressiert werden soll. Der Kerngedanke besteht darin, über ein als schwierig eingestuftes Wort (ggf. auch eine Satzkonstruktion) gemeinsam nachzudenken und den Umgang mit identifizierten Schwierigkeiten im Klassen- oder Gruppengespräch zu reflektieren. Ausgangspunkt eines solchen, idealerweise mehrmals pro Woche vollzogenen, Arbeitsprozesses ist ein von der Lehrkraft zunächst nur mündlich präsentiertes Wort. Dem gemeinsamen Hören folgt die Bitte an die Lernenden, sich zu überlegen, wie die Schreibung des Wortes aussehen könnte. Anschließend wird das Wort von der Lehrkraft an die Tafel geschrieben (nach Beate Leßman; alternativ: eigene Verschriftlichung durch die Lernenden – Erika Brinkmann), so dass die Lernenden ihre eigene Schreibthese mit der korrekten Orthografie vergleichen können. Gemeinsam werden mögliche Fehlerquellen („Stolpersteine“) identifiziert und im Tafelbild kenntlich gemacht. Anschließend sprechen die Lernenden – im Unterrichtsgespräch oder in Murmelgruppen – darüber, wie die korrekte Schreibung des Wortes oder einzelner Wortbausteine hergeleitet werden könnte. Dabei wenden sie zunehmend als Prüfmethoden verinnerlichte Verfahren an, zu denen die gedankliche Einbettung von Wortbausteinen in „Wortfamilien“, deutliches Sprechen, das Finden ähnlicher Wortkonstruktionen oder die Zuordnung zu einer Wortart gehören. Die Segmentierung des Wortes in Bausteine wird noch einmal visualisiert (Silbenkarten, Bausteine mit Silben), um dabei die Wortstruktur zu vergegenwärtigen. Damit wird den Lernenden die Anwendung schon vorhandenen Regelwissens weiter erleichtert. Das Rechtschreibgespräch endet mit einer Rekapitulation der anzuwendenden Regeln und mit Verwendungen des Wortes in eigenen Satzbeispielen, die es den Lernenden ermöglichen, das erworbene orthografische Wissen gedanklich in persönliche Bezüge einzubetten.

Digitale Lösungen

Da die Methode stark auf dem mündlichen Austausch (Gespräch) von Lernenden basiert, die dies noch nicht in einen Chat von äquivalenter Qualität übersetzen können, empfiehlt sich im Distanzunterricht die gemeinsame Arbeit im Rahmen einer Videokonferenz. Um den die Methode prägenden Arbeitsprozess in seiner Eindrücklichkeit umsetzen zu können, kann die Lehrkraft eine Präsentation vorbereiten, die die Lernenden während des Gespräches sehen. Durch entsprechend vorbereitete Folien wird es möglich, zunächst das Wort in korrekter Schreibung zu präsentieren, später dann die gemeinsam identifizierten Fehlerquellen zu markieren und das Wort in Wortbausteine zu segmentieren. Alternativ versendet die Lehrkraft das Wort in seiner korrekten Schreibung zum geeigneten Zeitpunkt über den Chat und fordert die Lernenden zur individuellen Segmentierung in Wortbausteine an ihrem Arbeitsplatz auf. Auch die richtige Lösung dieser Aufgabe kann dann von der Lehrkraft via Präsentation oder im Chat visualisiert werden. Im Mehrbenutzermodus kann dafür auch das Whiteboard des Videokonferenz-Tools Verwendung finden.

Soll der anschließende Austausch über mögliche Regelanwendungen in Kleingruppen stattfinden, lässt sich dies in sogenannten Breakout-Rooms im Videokonferenzsystem organisieren, in die Gruppen von Lernenden für eine vordefinierte Zeit wechseln – die Lehrkraft kann diese Räume virtuell besuchen und so zumindest punktuell unterstützend eingreifen. Technisch einfacher zu realisieren, für die Lernenden jedoch herausfordernder, ist ein gemeinsames Unterrichtsgespräch oder die Einteilung der Lernenden in Zweiergruppen, in denen sie dann im Zweier-Chat Vorschläge austauschen. In der letzten, der Ergebnissicherung und Festigung dienenden Arbeitsphase lassen sich ggf. sogar Vorteile gegenüber dem Austausch im Klassenraum entwickeln, wenn die Visualisierung des Wortes bzw. seiner Wortbausteine mit Bildern verknüpft wird, die gemeinsame oder individuelle Erfahrungshorizonte adressieren.

Literaturhinweise:

https://www.beate-lessmann.de/material/category/28-rechtschreibgespraeche.html

https://www.friedrich-verlag.de/grundschule/deutsch/rechtschreibung-grammatik/rechtschreibung-ab-klasse-1-6222

Schröder, Etje 2014: Über Fehler sprechen – Schreibungen untersuchen lernen. In: Praxis Deutsch. H. 248, S. 24–30

3.4.6 Partnerdiktat

Beschreibung

Bei Partnerdiktaten arbeiten Lernende in kooperativen Tandems miteinander. Eine verbreitete Option ist es, leistungsstärkere und -schwächere Kinder in der Konstellation Anleitender – Angeleiteter zusammenarbeiten zu lassen. Der/die anleitende Lernende diktiert den von der Lehrkraft vorgegebenen Übungstext, der/die Angeleitete schreibt diesen nach dem Prinzip eines Diktates auf. Ist der Schreibprozess beendet, ist es Aufgabe der/des Diktierenden, den entstandenen Text auf orthografische Richtigkeit zu prüfen. Identifizierte Fehler werden farbig markiert, aber nicht verbessert. Diese Aufgabe übernimmt dann wieder der/die angeleitete Lernende. Gibt es hier und da noch Unsicherheiten bezüglich einer Korrektur, kann das Tandem gemeinsam passende Übungsaufgaben zur Festigung entwickeln. Ist der Text vollständig korrigiert, obliegt dem anleitenden Lernenden die Kontrolle der vorgenommenen Korrekturen. Das im klassischen Partnerdiktat strukturell mitgedachte Leistungsgefälle zwischen beiden Lernenden ist keine essenzielle Voraussetzung für die Realisierung dieser Methode. Alternativ ist ein Tausch der beiden Rollen nach der Realisierung einer Diktatrunde denkbar, so dass beide Lernende abwechselnd die Rolle der diktierenden/prüfenden und der schreibenden Person übernehmen. In jedem Fall kann – zur Ermöglichung eines individuellen Arbeitstempos, z. B. zur Gestaltung des Gesamtprozesses ohne Strukturierung durch die Lehrkraft und zur Verinnerlichung der Methode – der Ablauf der Arbeitsschritte in einem Algorithmus oder einer Übersichtszeichnung visualisiert werden.

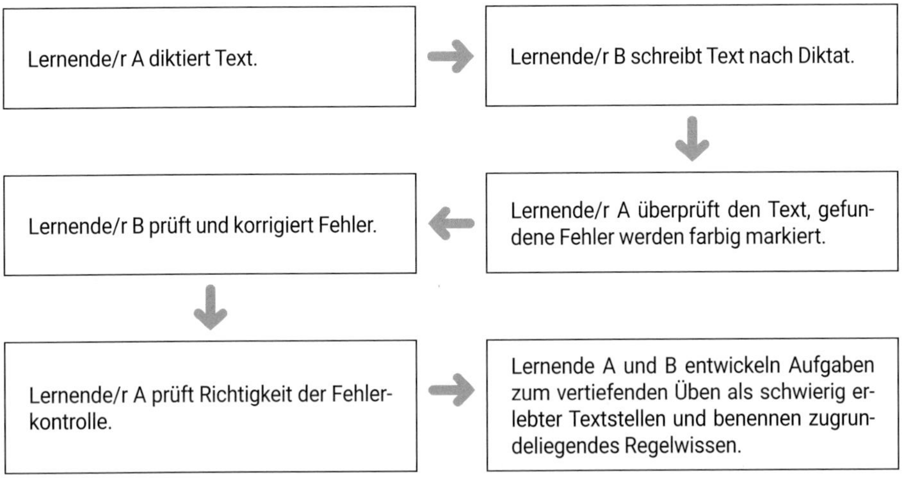

Abb. 29: Verlauf eines Partnerdiktats

Modifikationen der Methode oder Binnendifferenzierungsmöglichkeiten ergeben sich auf der Ebene der Entwicklung des Diktattextes. Hier kann beispielsweise ein Dosendiktat Ausgangspunkt sein, wenn es darum geht, nicht einen zusammenhängenden Text, sondern als schwierig erlebte Wörter zu üben. Diese werden, ggf. im Verlauf einer Woche und in Reaktion auf beobachtete Fehler, in einer Dose gesammelt und dann in Vorbereitung des Diktats vom diktierenden Schüler herausgenommen und als Arbeitsgrundlage genutzt.

Digitale Lösungen

Die Erarbeitung von Partnerdiktaten am eigenen PC oder Tablet ist angesichts der Relevanz handschriftlicher Arbeit für die motorische und geistige Entwicklung der Kinder sorgfältig abzuwägen. Einen Mehrwert und auch zusätzlichen Reiz kann diese Variante jedoch entwickeln, wenn sie eine stärkere Interaktivität der Bearbeitung ermöglicht. So ist denkbar, dass jede/-r der beiden Partnerinnen und Partner ein Set an Wörtern erhält (nach dem Prinzip des Dosendiktats), die er oder sie in eigene Sätze einbauen soll. Die so gebildeten Sätze können abwechselnd diktiert werden. Eine Erhöhung des Anforderungsniveaus und ggf. auch des Vergnügens an der Aufgabenbearbeitung ließe sich durch die Forderung erreichen, die erdachten Sätze auf die bereits geschriebenen zu beziehen (Fortsetzungsgeschichte). Dazu muss durch das Diktat ein beiden sichtbarer Text entstehen, was durch die Arbeit in einem gemeinsamen Pad, im Chat oder am gleichen PC realisierbar ist. Die Rückmeldung zur orthografischen Richtigkeit ist hier unmittelbarer möglich als beim klassischen Partnerdiktat: Jeder Satz wird vom diktierenden Lernenden direkt nach dessen Verschriftlichung geprüft. Auch hier werden Fehler markiert und sind dann vom Schreibenden selbst zu korrigieren. Wurden Wörter aus dem bereitgestellten Wortschatz falsch geschrieben, sind diese ein weiteres Mal in den diktierten Text einzubauen. Da bei dieser Vorgehensweise auch Worte diktiert werden, deren Orthografie beide Lernende nicht sicher beherrschen, kann am Ende des Textes die Rechtschreibprüfung aktiviert werden. Darin als fehlerhaft angezeigte Wörter sind von den Lernenden zu prüfen, Zweifelsfälle können mit der Lehrkraft besprochen oder mit der Bitte um Kommentierung an diese gesendet werden.

Technisch kann im Distanzunterricht eine Lösung darin bestehen, Tandem-Breakout-Rooms einzurichten, also für jeweils zwei Lernende einen Raum, in denen diese dann die Partnerdidakte durchführen können.

Literaturhinweise:

Menzel, Wolfgang/Baurmann, Jürgen 2020: Diktieren im Wechsel. In: Baurmann, Jürgen/von Brand, Tilman/Ders./Spinner, Kaspar H.: Methoden im Deutschunterricht. Exemplarische Lernwege für die Sekundarstufe I und II. 4. Auflage. Hannover: Kallmeyer/Klett, S. 219–223

3.4.7 Sprachbeobachtungsbuch

Beschreibung

Das Sprachbeobachtungsbuch (Steinig/Huneke 2007, S. 175) dient dazu, einen „selbstbestimmten kritischen Bezug zur Sprache“ (ebd., im Orig. fettgedruckt) zu gewinnen, so das eigene Sprachbewusstsein zu steigern und Phänomene des Sprachgebrauchs zu reflektieren. Dazu sind alle Lernenden aufgefordert, verwendete Sprache, die ihnen aus irgendeinem Grund als besonders aufgefallen ist (einzelne Wörter, Sätze, Slogans, Liedzeilen, Textpassagen, Gedichte oder auch mündliche Äußerungen), zu notieren und dabei festzuhalten, wann und wo sie auf das Zitat gestoßen sind und warum sie es als auffallend empfunden haben. Bei mündlichen Äußerungen wird darüber hinaus empfohlen, Audio- oder auch Videoaufnahmen anzufertigen. An diesem mit der Zeit umfangreichen Sprachfundus wird dann immer wieder im Unterricht gearbeitet. Die Lernenden haben es auf diese Weise mit relevantem und authentischem (da ja selbst ausgesuchtem) Material zu tun, das mit stetigem Anwachsen auch systematischer bearbeitet, analysiert, kontrastiert, kategorisiert und reflektiert werden kann. Dadurch lassen sich die Vorzüge situativen, funktionalen und systematischen Grammatikunterrichts miteinander verknüpfen. Denn die konkrete Situation der Sprachverwendung kann konserviert und später im Kontext analysiert und anschließend systematisiert werden.

Digitale Lösungen

Sowohl für den Präsenz- als auch für den Distanzunterricht bietet es sich an, dieses Sprachbeobachtungsbuch zu digitalisieren. Hierfür eignet sich das Tool *Padlet* (vgl. 4.7.8). In der linken Spalte werden zunächst alle Schülerinnen und Schüler angelegt (evtl. lassen sich auch kleine Teams bilden), deren Feld zugleich ihr Beobachtungsbuch darstellt. Das heißt, alle Lernenden tragen hier ihre entdeckten Phänomene ein. Besonders reizvoll ist die Möglichkeit, auch Bilder, Audio- und Videofiles einbinden zu können. Auf diese Weise können die Lernenden die Authentizität steigern, indem sie, etwa durch Abfotografieren („Gabi's Grillimbiß"), den Verwendungszusammenhang mit darstellen. Anregend kann hierzu die Sammlung von Böttcher und Spinner (2018) sein, die eine systematische Darstellung grammatischer Phänomene an authentischen sprachlichen Pannen liefern, wie sie etwa auch in der bekannten Rubrik „Hohlspiegel" des Nachrichtenmagazins *Der Spiegel* regelmäßig präsentiert werden (vgl. Böttcher/Spinner 2018). Mit der App *Lingscape* (vgl. 4.4.1) wird Mehrsprachigkeit im öffentlichen Raum erfasst und die Sammlung mit Bildern auf einer Karte visualisiert. Da sie zum Mitmachen geeignet ist, kann auch dies eine Anregung für die Sprachbeobachtung sein.

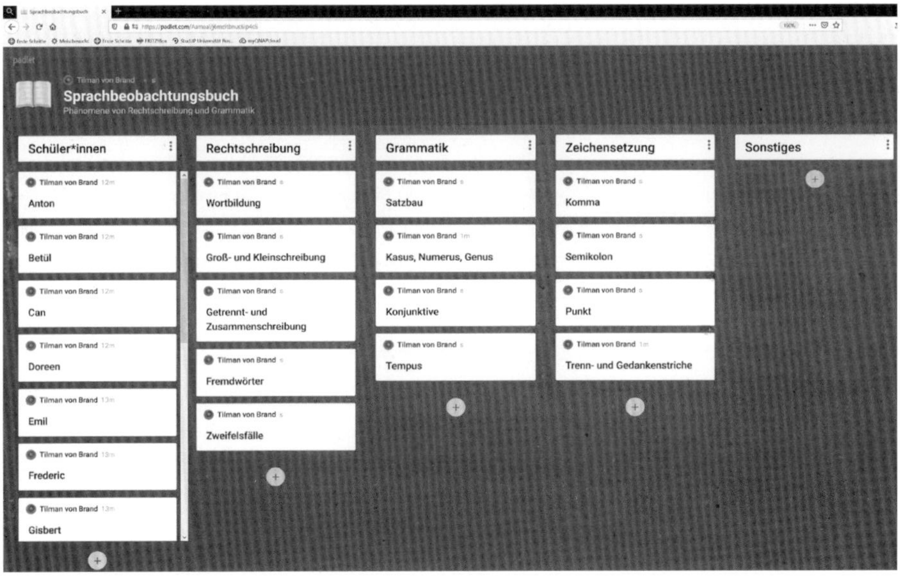

Abb. 30: Beispiel für ein Sprachbeobachtungsbuch-Padlet (Quelle: Screenshot)

Die gesammelten Phänomene werden entweder von Zeit zu Zeit oder gezielt, wenn bestimmte sprachliche Kategorien im Unterricht behandelt werden sollen, gemeinsam betrachtet und der Reihe nach oder ausgewählt besprochen.

Dies kann in einem eher offen gehaltenen Gespräch geschehen, das nach der Besonderheit und den Gründen für dieselbe fragt, oder systematischer, indem danach geschaut wird, wo eine Auffälligkeit, beispielsweise im Bereich Groß- und Kleinschreibung, herrührt. Auf diese Weise kann man sich langsam an die Besonderheiten herantasten und das Phänomen nun aus den Beobachtungsbüchern in eine Kategorie oder gar Unterkategorie verschieben (vgl. Abb. 30). Ein weiterer Vorteil des *Padlets* ist, dass diese Kategorien fortwährend angepasst, ergänzt und verschoben werden können. Durch diese Arbeit lässt sich kategoriales und damit begriffliches Lernen im Umgang mit Sprache nicht nur fördern, sondern zugleich reflektieren, indem die Beschreibung, Benennung und Anordnung der Kategorien selbst zum Gegenstand gemacht werden.

Literaturhinweise:

Boettcher, Wolfgang/Spinner, Kaspar H. 2018: Von sprachlichen Pannen zum grammatischen Nachdenken. Beispiele – Analysen – Impulse für den Unterricht in der Sekundarstufe I und II. Seelze: Kallmeyer

Steinig, Wolfgang/Huneke, Hans-Werner 2007: Sprachdidaktik Deutsch. Eine Einführung. 3., neu bearbeitete und erweiterte Auflage. Berlin: Erich Schmidt

3.4.8 Sprachpatenschaft

Beschreibung

Die Sprachpatenschaft folgt der Idee, dass einzelne Schülerinnen und Schüler (ggf. auch in Teams) Patenschaften für sprachliche Phänomene oder grammatische Kategorien übernehmen und von da an Expertise hierzu entwickeln. Falls im Unterricht situativ Fragen – beispielsweise zur Verwendung des Konjunktivs, der Kommasetzung bei Herausstellungen oder auch der Getrennt- und Zusammenschreibung – aufkommen, die nicht unmittelbar durch die Lehrkraft geklärt werden müssen, bekommen der entsprechende Pate oder die Patin den Auftrag, die Frage zu beantworten oder, sofern das Wissen noch nicht ausreicht, um eine schlüssige Antwort zu geben, zu klären. Die Aufgabe der Patinnen und Paten besteht aber nicht bloß darin, selbst Expertise zu entwickeln und Fragen zu beantworten, sondern darüber hinaus auch darin, die übrigen Schülerinnen und Schüler anzuleiten, Wissen und Kompetenzen aufzubauen. Dies kann vor allem auf drei Weisen geschehen:

- *Fragen und Antworten*: Aufkommende Fragen werden direkt oder nach kurzer Zeit beantwortet und ihre sprachlichen Hintergründe/Regelhaftigkeiten erklärt.
- *Erstellung von Übersichten*: Regeln für die verantworteten sprachlichen Phänomene werden überblicksartig und verständlich (z. B. durch Beispiele)

zusammengestellt, aufbereitet und den Mitschülerinnen und Mitschülern zur Verfügung gestellt.

- *Erstellung von Arbeitsmaterialien*: Zum Lernen und Üben kann den Patinnen und Paten noch aufgetragen werden, Aufgaben zu entwickeln, durch die man den korrekten Umgang mit den entsprechenden Phänomenen lernen und üben kann. Diese Stufe erfordert die höchste Kompetenz von den Lernenden, sodass die Entwicklung eng durch die Lehrkraft angeleitet und begleitet werden sollte. Das Erstellen von Arbeitsmaterialien folgt dabei im Wesentlichen dem *Lernen-durch-Lehren*-Prinzip.

Digitale Lösungen

Da im Unterricht nicht immer der nötige Raum ist, situativ auf alle aufkommenden Fragen zu antworten und auch nicht verlangt werden kann, dass die Patinnen und Paten immer all ihre entwickelten Materialien bei sich tragen, ist es sinnvoll, die Sprachpatenschaft (auch) digital zu organisieren und dem Ansatz damit einen dauerhaften Rahmen zu geben. So ließe sich beispielsweise ein *Padlet* in Regalstruktur (vgl. 4.7.8) anlegen, das als Kategorien die betreuten Phänomene enthält. Die Patinnen und Paten befüllen dann mit der Zeit ihr Regal mit den entwickelten Übersichten und Materialien, die damit dauerhaft verfügbar und jederzeit abrufbar sind. Falls außerhalb des Unterrichts Fragen auftauchen, können die Lernenden diese dann auch in ihrer Freizeit in das *Padlet* eintragen, sodass diese dann von den Verantwortlichen beantwortet werden können. Hierfür kann selbstverständlich auch eine andere Kommunikationsform (z. B. Messenger) gewählt werden. Die Arbeitsblätter lassen sich gut mit *Tutory*, *Canva* oder *Genially* (vgl. 4.7.3) erstellen, können aber selbstverständlich auch mit einer herkömmlichen Textverarbeitungssoftware gestaltet werden. Für die Erstellung von Übungsaufgaben können die Lernenden zudem in die Anwendung von *Learning-Apps* (vgl. 4.5.5), *Kahoot!* (vgl. 4.5.3) oder *Quizlet* (vgl. 4.5.7) eingeführt werden.

3.4.9 Korpusrecherche

Beschreibung

Diese sprachwissenschaftliche bzw. korpuslinguistische Analyse bestimmter Textkorpora beschäftigt sich oft mit in Schriftform präsentierten Texten. Alternativ kann aber auch eine Untersuchung mündlicher (und hierbei durchaus spontaner) Äußerungen erfolgen, was diese Methode zusätzlich für die Beschäftigung mit Trailern, Filmen, Videos, Interviews etc. relevant macht. Die an das Konvolut herangetragenen Fragestellungen können sich sowohl auf die Verwendung bestimmter Begrifflichkeiten als auch auf Fragen der

Textbeschaffenheit, Dialekte oder Soziolekte, sprachlicher Spezifika und ggf. auf Fehler (z. B. typische orthografische Fehler oder Fehler bei der Kommasetzung) beziehen. Ebenso können Diskurse zu einem bestimmten Thema betrachtet werden – zu einem bestimmten Zeitpunkt oder in ihrem Verlauf. Im Schulunterricht wird sich so eine Analyse häufig auf ein von der Lehrperson vorkonturiertes Korpus beziehen und in der Regel in einen größeren Unterrichtskontext eingebettet sein. Die Lernenden können z. B. Texte auf regional gebräuchliche Wendungen hin untersuchen oder Texte zu einem Thema aus verschiedenen Entstehungszeiten hinsichtlich bestimmter Begrifflichkeiten oder typischer Rhetorik analysieren. So können Sachtexte zum Thema „Geflüchtete" auf zeittypische Terminologie, aber auch auf wiederkehrende und damit als zu dieser Zeit gebräuchlich einzuordnende Wendungen untersucht werden. Ältere Texte, die sich mit dem Thema Klimawandel auseinandersetzen, können mit aktuellen verglichen und auf Formulierungen hin analysiert werden, die eine Dringlichkeit oder eine eigene Betroffenheit zum Ausdruck bringen. Auch die Verwendung von Euphemismen kann in Kontexten wie diesen eine interessante Betrachtungsebene sein.

Digitale Lösungen

Eine digitale Recherche innerhalb von Korpora ist zum einen da empfehlenswert, wo eine recht spezifische Fragestellung anhand eines großen Textkonvoluts bearbeitet werden soll und also eine systematische Volltextauswertung empfehlenswert ist. Ebenso sinnvoll scheint sie, wenn es darum geht, die Verwendung bestimmter Wörter in verschiedenen Medien zu prüfen und dann ggf. miteinander zu vergleichen. Hier sind ggf. (Presse-)Archive oder Datenbanken eine gute Basis für gezielte Suchen nach bestimmten Terminen, Wortfeldern oder relevanten Texten. Wichtige Arbeitsmittel sind hier sicher „Der Wortschatz des Deutschen" (www.dwds.de) mit einer Datenbasis von 27 Milliarden Belegen aus historischen und gegenwartssprachglichen Korpora seit 1600, COSMAS II als Datenbank des „Deutschen Referenzkorpus" oder das über https://corpora.uni-leipzig.de/ verfügbare Korpus „Deutscher Wortschatz", in dem mehrere hundert Millionen Internettexte, darunter auch zahlreiche Presseveröffentlichungen, erfasst sind. Ausschließlich auf Buchpublikationen bezogen, aber sehr nutzungsfreundlich ist der Google Books *Ngram Viewer* (https://books.google.com/ngrams), mit dem sich gut vergleichende Analysen durchführen lassen. *WebQuests* (vgl. 3.2.14) oder offene Internetrecherchen (3.2.11) sind eine Alternative, brauchen aber ggf. eine noch ausführlichere didaktische Rahmung und eine entsprechende Medienkompetenz der Lernenden. Sie kommen beispielsweise da in Betracht, wo es zu ermitteln gilt, in welchen Kontexten bestimmte Begriffe oder Wendungen besonders oder kaum bzw. gar nicht verwendet wurden. So kann etwa eine Beschäftigung mit Unworten des Jahres (siehe auch Plath 2018, S. 54–56) bzw. konkurrierenden Empfehlungen für diese Nominierung erfolgen. Das Korpus „Deutscher Wortschatz“ beispielsweise stellt „Wörter“ des Tages in *Word-Clouds* (vgl. 4.7.10) zusammen und schafft damit eine interessante Arbeitsbasis für Unterrichtsarbeit zum Thema Sprachgebrauch in den Medien. Andere mögliche Untersuchungsgegenstände sind Zuordnungen von Begriffen zur Jugendsprache (https://jugendsprache.info) oder einer bestimmten sozialen oder regionalen Gruppe – auch sie können durch die Recherche in bestimmten Kanälen, Social Media o. Ä. lebensnäher, abwechslungsreicher, differenzierter und umfassender gestaltet werden als durch Bearbeitung ausgewählter Texte. Sogenannte Korpuswerkzeuge, darunter etwa *AntConc*, *WordSmith* und *QuAX-DaF*, werden gelegentlich für den Fremdsprachenerwerb empfohlen und kämen tendenziell für datengestütztes Lernen im Bereich Wortschatzerweiterung in Frage. Bei näherer Betrachtung braucht es für die Arbeit damit jedoch eine nicht unerhebliche Einarbeitungszeit und methodisches Wissen im Bereich Korpuslinguistik (u. a. zur qualifizierten Ermittlung von Schlüsselwörtern), so dass sie zwar u. U. für die Unterrichtsvorbereitung durch Lehrkräfte, nicht aber für die Unterrichtsarbeit selbst eine Option sein dürften.

Literaturhinweise:

Plath, Verena 2018: Von Wutbürgern und Gutmenschen. (Un-)Wörter des Jahres als Gegenstand der Sprachreflexion. In: Praxis Deutsch 271, S. 54–59.

https://www.laurenceanthony.net/software/antconc/

Jach, Daniel 2020: QuAX-DaF – Quantitative Analyse von Texten für den DaF-Unterricht. 2. überarbeitete und erweiterte Auflage. URL: https://www.researchgate.net/publication/339439432_QuAX-DaF_-_Quantitative_Analyse_von_Texten_fur_den_DaF-Unterricht_2_uberarbeitete_und_erweiterte_Auflage

3.5 Leistungen erheben, beurteilen und bewerten

War es bislang im Rahmen dieses dritten Kapitels vor allem erklärtes Ziel, etablierte Verfahren und Methoden des Deutschunterrichts hinsichtlich ihrer digitalen Transformierbarkeit zu betrachten bzw. das Potenzial einer digitalen Realisierung auszuloten, werden die Ausführungen des folgenden Abschnitts zur Erhebung, Beurteilung und Bewertung von Leistungen mit der Forderung nach einer Neuausrichtung derselben verknüpft. Die gängigen Formen ließen sich ohne größere Modifikationen in einen stärker digital unterstützten Unterricht und sogar im Distanzlernen übernehmen. Doch bieten gerade die Potenziale digitaler Technik zugleich die Möglichkeit, vorhandenen Schwächen offensiv zu begegnen. Axel Krommer bringt ein Dilemma schulischer (Abschluss-)Prüfungen sehr anschaulich auf den Punkt, wenn er konstatiert: „In der Regel muss hier zu einer festgesetzten Zeit an einem festgelegten Ort eine Einzelperson, die weder das Internet nutzen noch mit anderen in Kontakt treten darf, handschriftlich und (fast) ohne Hilfsmittel eine vordefinierte Aufgabe lösen." (Krommer 2019, S. 136) Und für die, denen die Problematik nicht auf Anhieb einleuchtet, erläutert Krommer: „Was innerhalb der Schule alltäglich ist, ist im Alltag absurd: Unter den Bedingungen der Digitalität löst man komplexe Probleme nicht dadurch, dass man sich isoliert und offline mehrere Stunden mit Papier und Bleistift einschließt." (Ebd.) Und etwas später spitzt er ebenso sarkastisch wie faktisch zu: „Kommunikation und Kooperation, die zu den Kernkompetenzen des 21. Jahrhunderts gezählt werden, sind während einer klassischen Klausur vor allem eins: Formen des Betrugs." (Ebd.) Darüber hinaus könnte man noch festhalten, dass die starke Fokussierung auf schriftliche Leistungen, zumeist in Form gebundener Aufsätze, den in den Bildungsstandards festgeschriebenen, zu entwickelnden Kompetenzen kaum gerecht zu werden vermag. Leistungen des Erzählens, des Zusammenfassens, des Argumentierens, des Analysierens oder des Interpretierens werden immer aufs Neue vor den Folien der Fähigkeit gemessen, gewonnene Erkenntnisse in Sprache zu übersetzen und diese sodann zu verschriftlichen. Schlimmstenfalls kommen dabei noch fest installierte Fehlerquotienten zum Einsatz, die jede schriftliche Leistung an der Hürde gemachter Rechtschreibfehler messen.

Dreier/Krommer/Nölte/Schmitz (2020), die in Reaktion auf die Einführung des Distanzunterrichts Vorschläge für Prüfungsformate gemacht haben, die sowohl den Umständen der Fernabwesenheit als auch denen einer zeitgemäßen Lernkultur gerecht werden sollen, schlagen drei Lösungsstrategien vor, die auch für einen Unterricht in Präsenz überlegenswert erscheinen:

- *Die Leistungsüberprüfung verarbeitet den Lernprozess.* Bei dieser Strategie soll an die digital vorliegenden Lernergebnisse der Schülerinnen und Schüler angeknüpft werden, die im besten Fall in einem E-Portfolio gesammelt werden und auf die in der Leistungsüberprüfung unmittelbar Bezug genommen werden soll. Man geht hier davon aus, dass die Schülerinnen und Schüler „sich in ihrem Lernprozess am besten" auskennen: „Die Einarbeitung einer helfenden Person wäre deutlich aufwendiger als das selbstständige Erfüllen der Aufgaben." (Ebd.) Möglichen Zweifeln an der Eigenständigkeit der erbrachten Leistungen könne man durch persönliche Gespräche begegnen.
- *Die Leistungsüberprüfung reflektiert den Lernprozess.* Auch diese Strategie nimmt den Lernprozess in den Blick; hier allerdings sind die Lernenden aufgefordert, die zurückliegenden Lernerfahrungen und -ergebnisse zu reflektieren, indem dargestellt und erläutert wird, was auf welche Weise gelernt wurde. Auch hier bietet sich ein zuvor erarbeitetes Lernportfolio an, auf das in der Leistungssituation Bezug genommen werden kann.

- *Die Leistungsüberprüfung wird durch individuelles Feedback vorbereitet.* Hierbei handelt es sich um eine formative Form der Leistungsbeurteilung, bei der über den gesamten Lernzeitraum hinweg Leistungen erhoben und bewertet werden, die dann zusammengetragen werden. Dreier/Krommer/Nölte/Schmitz kombinieren diese Form mit Feedback- und Metakognitionselementen.

Da die Strategien/Vorschläge von Dreier/Krommer/Nölte/Schmitz konkret an den Vorgaben für (schriftliche) Leistungsüberprüfungen in Nordrhein-Westfalen orientiert sind, loten sie den Spielraum für Aufsatzformate aus und versuchen entsprechend lebensweltliche Schreibformate wie Blogs und E-Mail zu etablieren. Ohne hier die Realisierungsmöglichkeiten für alle Bundesländer seriös erörtern zu können, sollen zumindest noch einige weitere digitalisierte Formate vorgestellt werden, die in allen Unterrichtsformen realisierbar sein sollten und der Vielfalt der Lernbereiche stärker gerecht werden dürften als die einseitige Konzentration auf unterschiedliche Aufsatzformate:

- *E-Portfolio* (vgl. 3.2.7): In einem E-Portfolio werden Arbeitsergebnisse zusammengetragen und ggf. auch eigene Lernfortschritte reflektiert. Es erlaubt die Beurteilung des Arbeitsprozesses, indem beispielsweise die Schritte hin zu einer finalen Textfassung dokumentiert und kommentiert sind.
- *Performance-Video*: Unter Performance sollen hier sämtliche Vorlese- und Vortragsformen zusammengefasst werden, denkbar wären zudem die Aufnahmen szenischer Darstellungen. Auf diese Weise kann beispielsweise ein Gedichtvortrag von der Drucksituation des unmittelbaren Publikums entlastet werden und Schülerinnen und Schüler haben die Möglichkeit, eine Darbietung einzureichen, die sie selbst für gelungen halten.
- *Lernvideo*: Die Erstellung eines Lernvideos folgt der Strategie, Lernergebnisse zu reflektieren (s. o.). Die Schülerinnen und Schüler müssen Erlerntes fachlich richtig und so aufbereiten, dass Dritte es verstehen.
- *Argumentationsvideo*: Zur Überprüfung von Argumentationsfähigkeiten kann ein Video erstellt werden, das ähnlich dem berühmt gewordenen YouTube-Video „Die Zerstörung der CDU" (ganz gleich, wie man zu der darin enthaltenen Botschaft stehen mag) materialgestützt Stellung zu einer vorgegebenen Fragestellung bezieht. In einer einfacheren Form wäre auch eine simulierte videografierte Rede vor einem Gremium – dem Bundestag, der Schulkonferenz o. Ä – denkbar.
- *BookTube* (vgl. 4.6.8): Für Buchvorstellungen, aber auch Analysen, kann das Format *BookTube* (ggf. mit konkretem Anforderungsprofil) genutzt werden: Lernende stellen ein Buch vor und beurteilen dieses kriteriengeleitet.
- *Grafische Präsentation*: Die Lernenden reichen nicht einen handschriftlichen Text ein, sondern bereiten ihre Ausführungen mithilfe einer Software gra-

fisch auf, z. B. mit *Word, PowerPoint, Padlet* (vgl. 4.7.8) oder *Canva* (vgl. 4.7.3). Die Fähigkeit der grafischen Darstellung kann so mit in die Leistungserhebung einfließen. Zugleich wird von der Handschrift abstrahiert.
- *Multimediale Präsentation*: Die multimediale Präsentation vereint zahlreiche bereits genannte Formate. Die Lernenden nutzen hier alle denkbaren technischen Hilfestellungen, um ihre Inhalte, die sie darstellen möchten, aufzubereiten.

All die hier genannten Formate werden der Dokumentationspflicht in besonderer Weise gerecht, sodass sie gleichwertig neben schriftlichen Leistungserhebungen stehen könnten. Dementsprechend ließen sich aus vielen der in Kapitel drei aufgeführten Beispiele digitaler Transformation ohne weiteres Prüfungsformate ableiten, sofern Aufzeichnungen rechtlich möglich sind.

In dem im Dezember 2020 gegründeten *Institut für Prüfungskultur* (www.pruefungskultur.de) versuchen die Mitglieder, Formen und Formate zeitgemäßer Prüfungskultur zu sammeln, zu entwickeln und zu diskutieren. Nicht nur findet sich dort eine anregende (aber noch im Aufbau befindliche) Beispielsammlung, auch enthält die Seite eine ansprechende und gepflegte Linksammlung zur Frage zeitgemäßer Leistungserhebung. Die gegebenen Beispiele werden zudem über verschiedene Kategorien eingeordnet, die hier aufgeführt werden sollen, weil sie helfen können, den Blick dafür zu schärfen, unter welchen Bedingungen schulische Prüfungen stattfinden, um dies zumindest bei der Organisation zu reflektieren.

Prüfungsrahmen	Realisierung		
Raum	festgelegt	◄──────►	frei wählbar
Zeit	festgelegt	◄──────►	entgrenzt
Material	vorgegeben	◄──────►	frei wählbar
Aufgaben	geschlossen	◄──────►	offen
Hilfsmittel	keine	◄──────►	freie Wahl
Sozialform	einzeln	◄──────►	zusammen
Produkt	handschriftlich	◄──────►	multimodal
Feedback	summativ	◄──────►	formativ

Tab. 6: Rahmendimensionen von Leistungserhebungen im Unterricht (nach: www.pruefungskultur.de)

Im Zeitalter des Copy-and-Paste ist es hilfreich, zumindest stichpunktartig immer auch mal wieder die Urheberschaft gerade von Prüfungstexten zu prüfen. Auf den folgenden Seiten lassen sich Texte einfach daraufhin untersuchen, ob Teile darin bereits veröffentlicht sind:

- http://www.plagscan.com/plagiatcheck/analyse.php
- http://www.duplichecker.com/
- http://nbridge.net/

Literaturhinweise:

Baurmann, Jürgen 2017: Beurteilen und Bewerten im Deutschunterricht. In: Ders./Kammler, Clemens/Müller, Astrid (Hg.): Handbuch Deutschunterricht. Theorie und Praxis des Lehrens und Lernens. Seelze: Kallmeyer/Klett, S. 410–415

Dreier, Ricarda/Krommer, Axel/Nölte, Björn/Schmitz, Oliver 2020: Zeitgemäße Prüfungsformate für den Distanzunterricht. URL: https://medium.com/@szcgn/zeitgem%C3%A4%C3%9Fe-pr%C3%BCfungsformate-f%C3%BCr-den-distanzunterricht-adb4a1ffda91

Krommer, Axel 2019: Wider den Mehrwert! Argumente gegen einen überflüssigen Begriff. In: Ders. u. a.: Routenplaner #digitaleBildung. Auf dem Weg zu zeitgemäßem Lernen. Eine Orientierungshilfe im digitalen Wandel. Hamburg: Verlag ZLL21 e. V., S. 131–139. URL: https://routenplaner-digitale-bildung.de/wp-content/uploads/2020/10/ Routenplaner%20 Digitale%20Bildung% 20mit%20Cover%20und%20Ruecken%2004092020%20v1.pdf

Winter, Felix 2012: Leistungsbewertung. Eine neue Lernkultur braucht einen anderen Umgang mit den Schülerleistungen. 5., üb. und erw. Aufl. Baltmannsweiler: Schneider

Winter, Felix 2018: Lerndialog statt Noten. Neue Formen der Leistungsbeurteilung. 2., überarbeitete und illustrierte Edition. Weinheim/Basel: Beltz

www.pruefungskultur.de

B

Exemplarisches Lernszenario III: Präsenzunterricht

Claus, 47, Gymnasiallehrer in einer 8. Klasse

Klassenkommunikation

Damit meine Schülerinnen, Schüler und ich auch neben der Unterrichtszeit kommunizieren können, nutzen wir folgende Kommunikationswege und -regeln: Eher zur Information läuft ganz zentral neben meinem Unterricht ein *Padlet*, auf das ich alle Materialien hochlade (auch die, die ich austeile) und auf dem die Schülerinnen und Schüler sehen können, was wir gerade machen – und zum Teil auch, was in Zukunft ansteht. Diese Form der Transparenz wird auch von den Eltern sehr geschätzt. Außerhalb der Unterrichtszeit nutze ich für den Austausch ansonsten den Messenger *Telegram*, der aber zunehmend einen schlechten Ruf genießt. Dieser hat den großen Vorteil, dass man keine eigene Telefonnummer braucht, um sich anzumelden, ihn also auch mit Tablets ohne SIM-Karten nutzen kann. Unter Datenschutzgesichtspunkten würde ich allerdings *Signal* bevorzugen. Wir haben nach einer Probephase zwei personell identische Klassengruppen eingerichtet: Eine dient dem offenen Austausch, an dem ich mich gerne bis 18 Uhr beteilige, sofern ich Zeit habe. Danach schaue ich dort nur in Ausnahmefällen rein. Die zweite ist für dringende Fragen – meist organisatorischer Natur: Hier sind alle aufgefordert, vor dem Schlafen oder gleich am Morgen reinzuschauen. Dort kann ich jenseits der Schulplattform *Moodle/ItsLearning* Unterrichtsausfall kurzfristig genauso vermelden wie die Bitte, ein bestimmtes Schulbuch mitzubringen. Neue Aufgaben sind hier aber Tabu. Ergänzend dazu nutzen wir E-Mails für umfangreichere Nachrichten und für solche, an denen nicht die ganze Klasse partizipieren soll. Auch hier haben wir verabredet, dass ich bis 18 Uhr möglichst alle E-Mails beantworte (sofern das Aufkommen nicht zu hoch und nicht gerade Elternsprechtag ist), das aber nach 18 Uhr nichts mehr erwartet werden kann. Allen digitalen Wegen zum Trotz: Die wichtigste Kommunikation ist und bleibt bei mir das Gespräch vis-à-vis. Dessen Qualität und besonderen Wert versuche ich meinen Schülerinnen und Schülern immer wieder bewusst zu machen.

Geräte

Das Klassenzimmer meiner Klasse ist mittelmäßig ausgestattet: Es gibt einen alten Overhead-Projektor, der aber öfter defekt oder von einer anderen Klasse „entliehen" ist, aber immerhin auch einen Beamer, jedoch keinen festen Computer. Darum habe ich mir selbst folgende Grundausstattung zugelegt: Mein Smartphone habe ich ohnehin dabei und kann es per Kabel auch an den Beamer anschließen. Für *YouTube* oder Bildimpulse reicht das. Für komplexere Dinge (Arbeitsblätter o. Ä.) nutze ich mein Notebook, das ich meistens ohnehin mit in die Schule nehme. Aber am liebsten ist mir eigentlich mein kompakter Visualizer, den ich immer dabeihabe: Er ersetzt den Overheadprojektor und kann direkt mit dem Beamer verbunden werden. Auf diese Weise können meine Schülerinnen und Schüler ihre Texte zum Beispiel schnell und für alle sichtbar an die Wand projizieren. Außerdem habe ich noch ein altes Handy, das nicht mit dem Internet verbunden ist und mit dem wir in der Klasse Videoaufnahmen machen. Einen sehr kleinen mobilen Beamer mit beachtlicher Leuchtkraft habe ich mir mittlerweile übrigens auch angeschafft, damit bin ich jetzt ultramobil: Handy, Beamer und Dokumentenkamera (Visualizer) wiegen zusammen ca. 1 kg.

Im Unterricht

Seit einiger Zeit achte ich darauf, nicht nur Texte auf Papier, sondern auch auf digitalen Endgeräten lesen zu lassen. Letztere gewinnen einfach zunehmend an lebensweltlicher Relevanz, brauchen aber oft andere Kompetenzen. So thematisieren wir dann nicht nur den Inhalt eines Beitrags in einem Nachrichtenmagazin, sondern auch sein Textdesign, inklusive personalisierter Werbung. Auch versuche ich, das Lesen von Literatur sowohl in Buchform als auch auf Handys und E-Book-Readern zu verwirklichen, da beides je Vor- und Nachteile hat, die ich bewusst machen möchte.

Eine wichtige Rolle in meinem Unterricht spielt mein altes Handy, das nicht mit dem Internet verbunden ist. Zu Beginn des Schuljahres haben wir mit den Eltern vereinbart, dass ich mit diesem Gerät Videoaufnahmen im Klassenzimmer machen darf, sofern diese Aufnahmen nicht verbreitet werden. Mit solchen Aufnahmen arbeite ich immer mal wieder beispielsweise bei szenischen Verfahren, also in Phasen, in denen die Kommunikation Lerngegenstand und nicht bloß Lernmedium ist, oder auch bei Referaten und Präsentationen. Gemeinsam sehen wir uns dann diese Aufnahmen (oder Ausschnitte daraus), einmal oder mehrfach, an und werten kategorial verschiedene Aspekte des Gesehenen aus. Mitunter, und allen Datenschutzregelungen zum Trotz, filmen bei mir auch oft Gruppen von Schülerinnen und Schülern ihre Arbeiten selbst, ohne dass wir vorab um Erlaubnis gefragt haben. Das ist dann stets freiwillig und auch hier gilt, dass solche Aufnahmen ohne Einverständnis aller Beteiligten nicht weitergegeben werden dürfen. Sicherstellen kann ich das jedoch nicht und bewege mich damit sicherlich zumindest in einer rechtlichen Grauzone.

Arbeitsblätter erstelle ich mittlerweile meist mit *Tutory*. Dieses Tool ist nicht nur sehr intuitiv und vielfältig nutzbar, die Ergebnisse sind auch ästhetisch ansprechend und lassen sich auf Wunsch digital bearbeiten und im Internet auf deren Plattform mit anderen Lehrkräften teilen und tauschen.

Da einige Schüler mich fragten, ob sie generell auf ihrem Tablet schreiben und arbeiten dürften, musste ich auch hier eine Entscheidung treffen und habe mich erst einmal dagegen entschieden. In der achten Klasse ist es mir zunächst wichtig, dass sie sich auch mit Papier organisieren können und ihre handschriftlichen Fertigkeiten weiterentwickeln. Außerdem möchte ich nicht, dass ihnen den ganzen Unterricht über das Tablet vorliegt. In der Oberstufe habe ich das aber in die Verantwortung der Lernenden gestellt.

Hausaufgaben

Wenn Texte zu verfassen sind, halten wir es gemeinhin so, dass fünf Schülerinnen und Schüler sich freiwillig bereiterklären, mir diese vorab bis 20 Uhr per E-Mail zukommen zu lassen. Ich habe dann die Möglichkeit, mir die Texte im Vorfeld anzusehen und gezielt ein oder zwei davon auszuwählen, die dann am nächsten Tag besprochen werden. Manchmal korrigiere ich zuvor auch schon formale Fehler und verteile die Texte dann ausgedruckt und ohne Nennung des Autors/der Autorin. Auf diese Weise wird die Aufmerksamkeit stärker auf den Inhalt, zum Beispiel die Stimmigkeit von Argumenten, gelenkt. Ansonsten achte ich darauf, dass Texte sowohl handschriftlich als auch mithilfe von Textverarbeitungssoftware geschrieben werden. Beide Fähigkeiten braucht es auch noch in – zumindest näherer – Zukunft.

Handynutzung

Meine Schülerinnen und Schüler dürfen ihre Smartphones und Tablets im Unterricht nutzen, allerdings mit bestimmten Regeln. Anfangs habe ich mich damit noch gegen das an unserer Schule geltende Handyverbot gestellt, was natürlich zu Diskussionen geführt hat. Mittlerweile wird das allerdings geduldet, so wie auch meine Erlaubnis, im Unterricht zu trinken. Konkret sieht meine Regelung wie folgt aus: Es gibt Phasen, in denen alle Lernenden mit dem Smartphone/Tablet arbeiten dürfen, ansonsten hat es in der Tasche zu bleiben. Pro Woche werden allerdings zwei Handybeauftragte bestimmt, die bei im Unterricht aufkommenden Fragen recherchieren dürfen, wenn diese sich nicht anders klären lassen. Zwar haben meine Schülerinnen und Schüler alle eigene Geräte, trotzdem haben wir am Anfang des Jahres Eltern gebeten, Geräte zu spenden, die nicht mehr benötigt werden. Dadurch haben wir stets drei Geräte auf Vorrat, falls doch ein Kind – aus welchen Gründen auch immer – nicht ausgestattet ist. Glücklicherweise haben wir an der Schule ein funktionierendes WLAN, ansonsten würde ich tatsächlich darüber nachdenken, mir einen mobilen Router mit einer Daten-Karte anzuschaffen. Nur in Notfällen greife ich über einen mobilen Hotspot über mein Smartphone auf das Datenvolumen zu.

4 Apps und Tools

Die Anzahl der Möglichkeiten zur Nutzung digitaler Medien für den Unterricht scheint unendlich, und Link-Listen im Internet mit Beschreibung der Werkzeuge und Einsatzmöglichkeiten sind mittlerweile schnell und einfach über Suchmaschinen zu finden. Doch wie wähle ich das richtige Tool für mein Lehr-Lernszenario aus? Oft lassen sich digitale Anwendungen nach ihren Funktionalitäten und Potenzialen unterscheiden. Knutzen (2020) identifiziert zehn Potenziale, die Medien und Tools im Rahmen von Lehr-Lernszenarien entfalten können und die Plattformen mit Tool-Listen oft so oder ähnlich als Unterscheidungsmerkmale nutzen.

Abb. 31: Zehn Potenziale digitaler Medien (in Anlehnung an Knutzen, 2020)

Einige Tools erlauben das zeit- und ortsunabhängige *Bereitstellen und Austauschen* von digitalen Dokumenten in Form von Textdokumenten, aber auch multimedialen Inhalten, andere können zum *Strukturieren von Inhalten* verwendet werden. Mit einigen Anwendungen können *Visualisierungen, Animationen* und *Simulationen* erstellt und Gegenstände so besonders anschaulich dargestellt werden. Möchte man synchrone und asynchrone *Kommunikation* zwischen Schülerinnen und Schülern, aber auch mit der Lehrkraft ermöglichen, stehen auch dafür entsprechende Tools zur Verfügung. Gerade für Projektarbeiten und problembasierte Themen können Werkzeuge für das *Zusammenarbeiten und Kooperieren* eingesetzt werden. Diese ermöglichen das gemeinsame Brainstormen, die Arbeit an Texten sowie ein Projektmanagement. Das *Problemlösen mit digitalen Werkzeugen* findet oft bei technischen, medizinischen oder wirtschaftlichen Fragestellungen Anwendung oder unterstützt die Datenauswertung und Rechercheaufgaben. Beim *Produzieren* helfen Tools durch Möglichkeiten der Zusammenführung von Daten und

Informationen zu digitalen Produkten. Durch das Prinzip der Gamification können fachliche Inhalte auf eine spielerische Art vermittelt werden und ermöglichen so *spielerisches Lernen*. Leistungsbewertungen oder Lernstandskontrollen können durch einfache und anspruchsvollere, digital gestützte Prüfungsformate wirksam umgesetzt werden. Beim *Testing und Assessment* bieten digitale Umgebungen einige Möglichkeiten. Auch zur Reflexion können Tools genutzt werden (Knutzen 2020).

Möchte man nach einer ersten Eingrenzung anhand dieser zehn Potenziale ein konkretes Tool auswählen, können die folgenden fünf Fragenkomplexe beim Entscheidungsprozess helfen.

- Zunächst gilt es, die Sinnhaftigkeit der Anwendung für die Erreichung der Unterrichtsziele zu bewerten. Welche Kompetenzen werden auch in Hinblick auf eine digitale Lebens- und Arbeitswelt durch die Nutzung und eine passende didaktische Einbettung gefördert?
- Der zweite Fragenkomplex beinhaltet die Funktionalitäten, Komplexität und Usability, also Nutzerfreundlichkeit des Tools selbst. Lässt sich die Anwendung intuitiv nutzen oder ist eine längere Einführung in die Nutzung der Werkzeuge notwendig, die man bei der Unterrichtsplanung berücksichtigen sollte? Kann es sprachliche Barrieren geben? Nicht immer benötigt man alle Funktionen eines Mediums. Hierbei gilt es beispielsweise zu prüfen, ob eine Applikation zu Teilen kostenfrei nutzbar ist oder die notwendigen Anwendungen Kosten verursachen.
- Ein dritter Punkt ergibt sich aus der Zugänglichkeit des digitalen Tools. Ist es browserbasiert und kann somit über einen Link aufgerufen werden oder ist der Download und die Installation einer Applikation notwendig? Letzteres ist oft mit mehr Aufwand verbunden und kann bei Lernenden mit eigenen Geräten nicht vorausgesetzt werden.
- Ein weiterer und wichtiger Aspekt bei der Toolauswahl ist der des Datenschutzes: Ist zur Nutzung der Anwendung eine Registrierung notwendig und reicht, wenn dem so ist, die Anmeldung der Lehrkraft? Werden Daten erhoben, wo werden diese Daten erhoben, geschieht dies personenbezogen und gilt die EU-Datenschutz-Grundverordnung?
- Als Letztes muss sichergestellt werden, dass die Schulordnung die Nutzung entsprechender digitaler Tools im Unterricht zulässt und wer gegebenenfalls die Kosten trägt.

Im Folgenden werden entlang dieser Potenziale ausgewählte digitale Anwendungen für den Deutschunterricht vorgestellt. Hinzu kommen fünf weitere Kategorien, die sich zum einen an den Lernbereichen des Faches Deutsch orientieren und zum anderen Tools umfassen, die Möglichkeiten der Nutzung von *Virtual* und *Augmented Realitiy* (VR/AR) im Deutschunterricht aufzeigen.

Die Zuordnung einzelner Tools und Anwendungen zu den Lernbereichen *Sprechen und Zuhören, Schreiben, Lesen – mit Texten und Medien umgehen* sowie *Sprache und Sprachgebrauch untersuchen* erfolgt dann, wenn dies sinnvoll ist und die Funktionen speziell zur Förderung in dem entsprechenden Bereich eingesetzt werden können. Auch die anderen hier vorgestellten Apps und Tools wurden aufgrund ihrer Potenziale für den Deutschunterricht ausgewählt, umfassen aber Anwendungsmöglichkeiten in mehreren Bereichen oder sind lernbereichsübergreifend etwa zur Strukturierung oder Präsentation von Lernergebnissen nutzbar. Neben einer Übersicht zur Zugänglichkeit, zum Datenschutz, zu den Kosten, verfügbaren Sprachen und technischen Voraussetzungen umfasst die Darstellung eine kurze Anleitung mit den grundsätzlichen Funktionen, Aussagen zur Handhabbarkeit sowie zu den Stärken und Schwächen des jeweiligen Tools bezogen auf die Anwendung im Deutschunterricht. Aufgrund der ständigen (Weiter-)Entwicklung digitaler Tools stellt dieser Teil sicherlich eine Momentaufnahme dar und kann den Erfahrungsaustausch im Kollegium sowie die Sichtung von Tutorials im Internet nicht ersetzen. Die Übersicht bietet aber einen ersten Zugang, kann als Basis für den Austausch über mögliche Stolpersteine dienen und eröffnet den Blick auf kreative Einsatzszenarien, die den Deutschunterricht nicht nur digital ergänzen, sondern fachlich und didaktisch bereichern können.

Literaturhinweis:

Knutzen, Sönke 2020: Hochschullehre in einer digitalen Welt – Eine Skizze. In: E. Toepfer Stiftung gGmbH (Hrsg.): Lernen im Hochschulzusammenhang Lehren – Das Bündnis für Hochschullehre 2010–2010, S. 95–105. URL: https://lehrehochn.de/wp-content/uploads/2020/12/lehre_n_abschlusspublikation.pdf

4.1 Sprechen und Zuhören

4.1.1 Audacity – Audioaufnahmen erstellen und bearbeiten

https://www.audacityteam.org/

- ☑ Programm, Open-Source, online/offline
- ☑ kostenlos, werbefrei
- ☑ Englisch, deutschsprachige Bedienung
- ☑ Es werden keine Daten erhoben.
- ☑ Windows, macOS und Linux

Beschreibung

Audacity ist ein kostenloses Audiobearbeitungsprogramm und ermöglicht die Aufnahme, Wiedergabe und Bearbeitung verschiedenster Audiodateien. Das englischsprachige Handbuch und die zahlreichen Anleitungen und Videotutorials, die in mehreren Sprachen im Internet zu finden sind, ermöglichen nach kurzer Einarbeitungszeit die Nutzung zahlreicher Funktionen wie das Importieren, Exportieren und Konvertieren von bekannten Audioformaten, wie z. B. MP3, WAV, WMA, AIFF, Ogg Vorbis, Audacity Projekt Format oder MIDI, das Hinzufügen von Klangeffekten, das Anpassen der Abspielgeschwindigkeit, das Einfügen von Lärm- und Rauschfiltern, das Mischen von verschiedenen Tonspuren, das Aufnehmen externer Quellen, etwa Mikrofon oder Line Input, oder die Digitalisierung von Kassetten und Schallplatten. *Audacity* lässt sich auf dem PC installieren oder über einen USB-Stick mit der Software *Audacity Portable* direkt vom USB-Stick starten.

Im Deutschunterricht

Für den Deutschunterricht ergeben sich daraus zahlreiche Anwendungsmöglichkeiten, die sowohl im Präsenz- als auch im Distanzunterricht genutzt werden können. Die Schülerinnen und Schüler können Gedichte, eigene Geschichten oder Arbeitsergebnisse einsprechen und mit Musik und Klängen hinterlegen. Etwa mit *Microsoft PowerPoint* erstellte Präsentationen können aufwendig vertont und bearbeitet werden. In größeren Sequenzen können Hörspiele, Lesungen, Podcasts, Nachrichtenbeiträge, Interviews und Werbung geplant, aufgenommen und klanglich verbessert werden, sodass sich fachliches und methodisches Lernen sinnstiftend miteinander verbinden. Insbesondere für die Produktion eigener Hörspiele können ergänzend dazu freie Sounddatenbanken, kostenlose Websites mit verschiedenen Sounds, Geräuschen, Instrumenten und Lauten, genutzt werden, zum Beispiel: *Audiyou* (vgl. 4.1.2), *Hörspielbox* (vgl. 4.1.3), oder *Findsounds* (https://www.findsounds.com/).

Für Lehrkräfte bietet sich *Audacity* über diese Anwendungsweisen hinaus dazu an, Übungen zur Förderung des Hörverstehens zu erstellen oder Audio-Feedbacks zu Arbeitsergebnissen aufzunehmen.

4.1.2 AUDIYOU und AUDIYOUkids

https://www.audiyou.de/home/
https://www.audiyoukids.de/

- ☑ Websites, online und offline
- ☑ kostenlos, werbefrei
- ☑ Deutsch
- ☑ Personenbezogene Daten werden erhoben. Es greift die EU-Datenschutz-Grundverordnung.
- ☑ Windows, macOS und Linux, Android, iOS

AUDIYOU ist eine Website, auf der Audiodateien hoch- und heruntergeladen werden können. Die kostenlose und werbefreie Audiothek hält Sounds in den Kategorien Fieldrecordings, Atmos, Musik, Geräusche, Hörspiele, Features und Lesungen bereit, deren Verwendung ausdrücklich für Unterricht und Lehrzwecke und in nicht-gewerblichen Kontexten gestattet ist. Für den Download der Sounds und den Upload eigener Audiodateien ist eine Anmeldung erforderlich. Einen interessanten Einblick in die Klanglandschaft der Welt gibt der sogenannte „Weltklang Navigator“. Hier sind auf einer interaktiven Karte verschiedene typische und besondere Klänge eines Ortes eingebunden und im Sinne eines Soundscape (ein Begriff, den der Komponist und Klangforscher Murray Schafer 1977 geprägt hat) die akustische Prägung und Ausgestaltung bestimmter Räume, Landschaften, Städte oder Räume festgehalten und erkundbar gemacht.

Ein spezielles Angebot für Kinder haben die Betreiber von *AUDIYOU* mit der Website *AUDIYOUkids* geschaffen. Hier können Kinder spielerisch das Zuhören trainieren und verschiedene Angebote zum Mitmachen nutzen. Im Bereich „Cartoon“ können schon jüngere Kinder die Zaubersprüche des Comic-Zauberers mitsprechen und das Ergebnis auf dem eigenen Computer speichern. Technisch vorausgesetzt werden dafür ein Mikrofon (Geräteintern, Headset oder USB-Mikrofon) und nach Möglichkeit die Nutzung von *Firefox* oder *Chrome* als Browser. Für den Deutschunterricht noch interessanter sind die Bereiche „Karaoke“ und „Hörprojekte“. Bei der Karaoke wird ein Hörspiel abgespielt, bei dem man eine Rolle einnehmen und einen vorbereiteten Text über eine Aufnahmefunktion direkt einsprechen kann. Die Aufnahme kann angehört und ggf. neu aufgenommen werden, bevor man zur nächsten Szene weitergeht. Am Ende kann das eigene Karaoke-Hörspiel heruntergeladen werden. Es wird lediglich ein Mikrofon gebraucht, sodass die Schülerinnen und Schüler sich ganz auf die sinngestaltende Vortragsweise beim Einsprechen des Textes konzentrieren und in dieser angeleiteten Form leicht zu einem ansprechenden Hörprodukt gelangen können. Im Bereich „Hörprojekte" können schließlich eigene Ideen für Hörspiele umgesetzt werden. Dafür wird das Audiobearbeitungsprogramm *Audacity* (vgl. 4.1.1) vorgeschlagen und mit einer Schritt-für-Schritt-Anleitung vorgestellt. Zudem werden Übungen für das Einsprechen und die Produktion eines Hörspiels in Form von Informationstexten und Hörbeiträgen bereitgestellt. Diese können zum Teil oder als Ganzes sowohl im Präsenz- als auch im Distanzunterricht eingesetzt werden, um die Umsetzung eigener Hörspielideen zu begleiten.

Schließlich sind im Bereich „Hörspaziergänge" 85 Hörstationen zu finden, an denen lustige und informative Geschichten erzählt werden und Hörrätsel zu lösen sind. Diese können auch in unterschiedlichen Schwierigkeitsstufen ausgedruckt und schreibend gerätselt werden. Bevor man zur nächsten Station weitergeleitet wird, entscheidet man sich für ein Geräusch und folgt den Fußspuren.

Die Gestaltung ist sehr ansprechend und die Bedienung intuitiv, sodass für jüngere Schülerinnen und Schüler eine interaktive, spielerische Zuhörförderung angeregt wird, die durch weitere Aufgabenstellungen zu den vier Hörwelten ergänzt werden kann. Hörspaziergänge lassen sich auch selbst gestalten und sowohl in fiktive als auch reale Umgebungen einbinden. Damit kann nicht nur die Zuhörkompetenz, sondern auch das Sprechen, Schreiben und die Methodenkompetenz im Umgang mit digitalen Medien gefördert werden.

4.1.3 Hörspielbox – Sounddatenbank

https://www.hoerspielbox.de/

- ☑ Website, online
- ☑ kostenlos, werbefrei
- ☑ Deutsch
- ☑ Personenbezogene Daten wie z. B. Log-ins werden geschützt auf dem Server abgelegt. Es greift die EU-Datenschutz-Grundverordnung.
- ☑ Windows, macOS und Linux, Android, iOS

Hörspielbox ist eine Website, die frei zugänglich, kostenlos und frei von Verwertungsrechten Sounds in den vier Rubriken Atmosphäre, Geräusche, Instrumente und Laute bereitstellt. Dieses Soundarchiv ist im Zusammenhang mit einem Kurzhörspiel-Wettbewerb der Akademie der Künste zu Berlin im Jahr 2000 entstanden und seither nicht nur um viele Sounds, sondern auch um Texte zur Geschichte, Dramaturgie und Produktionsästhetik des Hörspiels sowie um technische Hilfestellungen zur Audio-Produktion und Bearbeitung ergänzt worden. Den Betreibern der Website geht es auch darum, auf die „vielen Spielarten und Möglichkeiten des Hinhörens zwischen auditiver Aufmerksamkeit und Field Recording bis hin zu elaborierten Hörstrecken aufmerksam machen zu können“ (https://www.hoerspielbox.de/), weshalb im Menübereich Labor zeitgenössische, künstlerische und neue Formate der Radioarbeit erprobt und vorgestellt werden, auch um eine Diskussion darüber anzuregen. Das Angebot umfasst außerdem einen professionellen Produktionsservice und die Gestaltung von Kursen und Projektwochen zum Beispiel zur Gestaltung von Podcasts und Hörspielen, zum auditiven Bewusstseinstraining oder zu Hörspaziergängen.

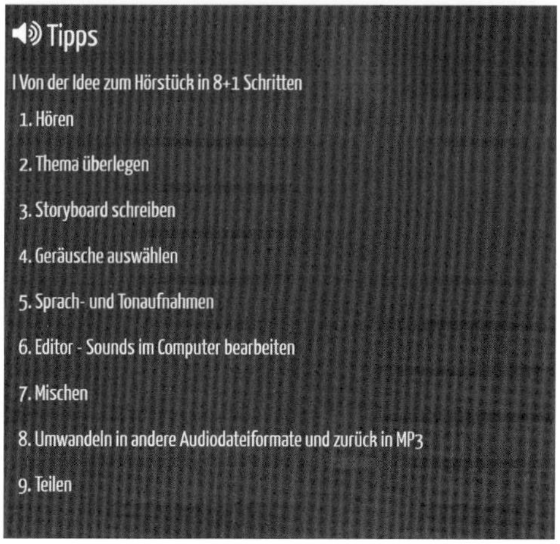

Abb. 32: Anleitung zum Erstellen eines Hörstücks auf der *Hörspielbox* (Quelle: Screenshot)

Diese Projektangebote lassen sich im Rahmen des außerschulischen Lernens in den Deutschunterricht integrieren, ermöglichen eine produktive Auseinandersetzung mit auditiven Medien und fördern das Zuhören. Unmittelbar in den Unterricht einbeziehen lässt sich das mp3-Soundarchiv als Fundgrube für die Gestaltung eigener Hörproduktionen. Die auf der Website gegebenen Tipps sowie die schrittweise Anleitung sind eine sehr gute Hilfe, um von der Idee, über das Storyboard und die Soundauswahl bis zur Audiobearbeitung und Fertigstellung eines eigenen Hörspiels zu kommen. Fachliches und medienspezifisches Lernen können dabei in besonderer Weise miteinander verbunden werden.

Aus fachdidaktischer Sicht ist dabei wichtig, dass die Erarbeitung eines Sprechertextes auf der Basis eines vorhandenen oder selbst zu schreibenden Textes ein genaues Verständnis dieses Textes voraussetzt. Erst dann können prosodische Mittel wie Tempo, Dynamik und Melodie bei der Hervorbringung eines Hörtextes gezielt einsetzt werden.

Literaturhinweis:

Müller, Karla 2004: Literatur hören und hörbar machen. In: Praxis Deutsch H. 185, S. 6–13.

Müller, Karla 2012: Hörtexte im Deutschunterricht. Poetische Texte hören und sprechen. Seelze: Kallmeyer/Klett

4.1.4 Kialo Edu – Diskussionen digital führen

https://www.kialo-edu.com/ kialo

- ☑ Website, online
- ☑ kostenlos, werbefrei
- ☑ Englisch, deutschsprachige Bedienung
- ☑ Personenbezogene Daten werden erhoben. Es greift die EU-Datenschutz-Grundverordnung.
- ☑ Windows, macOS und Linux, Android, iOS

Erste Schritte

Kialo Edu ist eine für den Bildungsbereich angepasste Version von *Kialo* (kialo.com), einer Website, auf der Diskussionen öffentlich oder in einem geschützten Raum geführt werden können. Eine Besonderheit und ein wesentlicher Unterschied zu gängigen Internetforen ist die Möglichkeit, dass Argumente zu einer Frage und/oder These in verschiedene Strukturen eingebunden und visualisiert werden können.

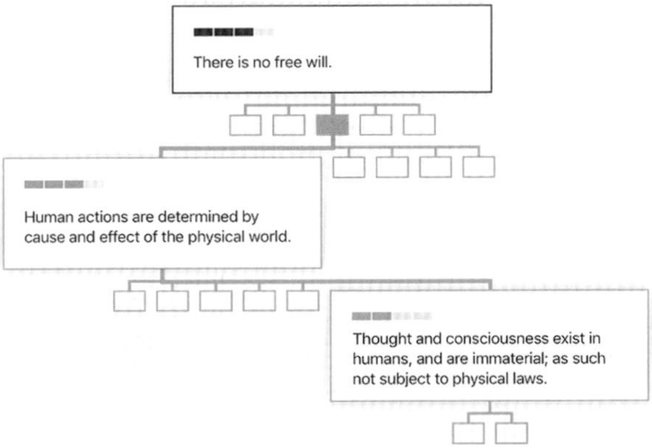

Abb. 33: Strukturbaum einer Diskussion auf *Kialo Edu* (Quelle: Screenshot)

Die Darstellung unterstützt zum einen das Verstehen des Aufbaus und der Logik von Diskussionen. Zum anderen bietet das Tool die Möglichkeit, konstruktiv und kooperativ an der Argumentation zu arbeiten. Dies zu fördern, ist erklärtes Ziel der Websitebetreiber, weshalb *Kialo Edu* kostenlos und werbefrei angeboten wird. Dafür ist eine Registrierung notwendig, die aber auch ohne die Angabe einer E-Mail-Adresse möglich ist. Schülerinnen und Schüler können von der Lehrkraft zu Diskussionen eingeladen und in Gruppen eingeteilt werden, sodass keine Einzelregistrierung nötig ist.

Anwendung im Deutschunterricht

Die eigene Meinung begründet und nachvollziehbar zu vertreten sowie auf Gegenpositionen sachlich und argumentierend einzugehen, gehört zu den Bildungsstandards für das Fach Deutsch. *Kialo Edu* ist dafür als Werkzeug gut im Unterricht einsetzbar, weil die Teilhandlungen des Argumentierens, also Behaupten, Begründen und Belegen, durch die vorgegebene Struktur eingefordert und visualisiert werden. Die Argumente werden als Text verfasst und haben maximal 500 Zeichen. Die Zuordnung erfolgt entweder zur Pro- oder zur Kontra-Seite. Die Oberfläche und Bedienung von *Kialo Edu* sind einfach, sodass es bereits in jüngeren Klassen zur Vorbereitung mündlicher Diskussionen zu offenen Fragen oder zu einer strittigen These, aber auch als digitale Alternative im Distanzunterricht zum Einsatz kommen und eine individuelle schriftliche Argumentation ersetzen kann. Hilfreich dafür ist die Option, Bilder, Videos und Texte als Grundlage für die Diskussion einzufügen und den Teilnehmerkreis genau festzulegen. Eine wichtige Teilkompetenz des Diskutierens stellt die Gewichtung von Argumenten dar. Mit dem Tool lässt sich dies sogar leichter als auf dem Papier üben, denn die Überzeugungskraft eines Arguments kann über eine Balkenleiste bewertet werden. Zudem gibt es jederzeit die Möglichkeit, Argumente zu verschieben oder neu anzuordnen und die Rangfolge zu ändern. Auf diese Weise wird die Gewichtung sichtbar, aber auch die Bedeutsamkeit dieses Aspektes in einer Diskussion wahrnehmbar. Besonders überzeugende oder durch viele weitere Argumente gestützte Aussagen erscheinen im Kreisdiagramm auf der Startseite der Diskussion größer und näher am Innenkreis des Themas bzw. der Frage als schwächere Argumente.

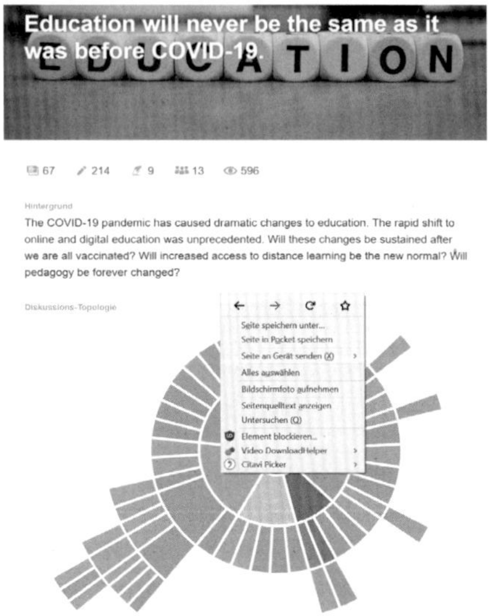

Abb. 34: Diskussion zur Bildung in der Corona-Pandemie auf *Kialo Edu* (Quelle: https://www.kialo.com/education-will-never-be-the-same-as-it-was-before-covid-19-43590)

Über eine Kommentarfunktion haben die Diskussionsteilnehmer zudem die Möglichkeit, Anmerkungen zu Argumenten zu machen und beispielsweise darauf hinzuweisen, wenn Behauptungen noch nicht durch ein Beispiel oder einen Beweis gestützt wurden. Zu jedem Argument können wiederum Pro- und Kontra-Argumente formuliert werden, sodass es Ausgangspunkt einer neuen Diskussion sein kann.

Eine Hürde beim Einsatz von *Kialo Edu* könnte womöglich sein, dass die Website englischsprachig ist. Die Bedienung ist aber insgesamt einfach und intuitiv, zudem kann jede Sprache als Diskussionssprache festgelegt werden. Eine mündliche Diskussion mit allen non- und paraverbalen Aspekten und der Notwendigkeit, unmittelbar auf einen Gesprächspartner zu reagieren, kann *Kialo Edu* nicht ersetzen. Die Funktionalität des Tools für den Deutschunterricht mindert dies aber nicht, weil der Wert insbesondere in der Visualisierung der Struktur und Logik einer Argumentation liegt.

Literaturhinweise:

Grundler, Elke/Vogt, Rüdiger 2000: Diskutieren und Debattieren: Argumentieren in der Schule. In: Becker-Mrotzek, Michael (Hg.): Mündliche Kommunikation und Gesprächsdidaktik. 2. Auflage. Baltmannsweiler: Schneider, S. 487–511

4.1.5 Ohrenspitzer und Ohrka – Zuhörkompetenz fördern

https://www.ohrenspitzer.de/
https://www.ohrka.de/

- ☑ Websites, online
- ☑ kostenlos, werbefrei
- ☑ Deutsch
- ☑ Personenbezogene Daten werden erhoben. Es greift die EU-Datenschutz-Grundverordnung.
- ☑ Windows, macOS und Linux, Android, iOS

Die Website *Ohrenspitzer* wurde im Rahmen eines Projektes der Stiftung Medien Kompetenz Forum Südwest (MKFS) konzipiert und widmet sich der Förderung der Medienkompetenz und insbesondere der Zuhörkompetenz von Kindern von drei bis ca. 14 Jahren. Alle Phasen des gekonnten, psychologischen Hörens und Zuhörens nach Margarete Imhof (2003, 2004, 2010), also das Aufbauen einer Zuhörabsicht, die Selektion und Organisation von akustischen Informationen sowie die Integration der im Zuhör-Verstehens-Prozess verarbeiteten Inhalte, sollen mit den kostenlos bereitgestellten Materialien und Methoden aktiv angeregt und geschult werden. Die Website stellt dafür zwar keine digitalen Tools bereit, sei als Informationsquelle in diesem Kontext aber dennoch genannt.

Ohrenspitzer richtet sich sowohl an Kinder als auch an Erziehungs- und Lehrpersonen. Unter der Kategorie „Töne für Kinder“ werden jeden Monat Hörtipps veröffentlicht. In einer umfangreichen Hörspieldatenbank kann nach Hörbüchern und -spielen gesucht und in diese hineingehört werden. Eine detaillierte Suche nach Themen, Alter und Titel ist ebenfalls möglich. Für Lehrkräfte ist diese Datenbank sehr hilfreich, um passende Hörtexte für den Unterricht zu finden, wenn diese beispielsweise zur differenzierten Leseförderung oder zum Medienvergleich eingesetzt werden sollen. Die Hörtexte können in Bibliotheken ausgeliehen und auf zahlreichen Internetseiten käuflich erworben werden. Auf der Website https://www.ohrka.de/ stehen kostenlos Hörspiele, Geschichten und Reportagen für Kinder direkt zum Anhören und auch zum Herunterladen zur Verfügung.

Auf der *Ohrenspitzer*-Seite werden für die Arbeit mit Hörspielen und zur Förderung der Zuhörkompetenz eine Vielzahl von Methoden vorgestellt. Es gibt beispielsweise ein Ohrenspitzer-Geräusche-Alphabet, das Anregungen zur Erzeugung von Geräuschen bei der Produktion von eigenen Hörspielen gibt. Sogenannte Hörbögen informieren über den Inhalt einzelner Hörspiele und geben mediendidaktisch aufbereitete Anregungen für die analytische und handlungs- und produktionsorientierte Auseinandersetzung mit diesen.

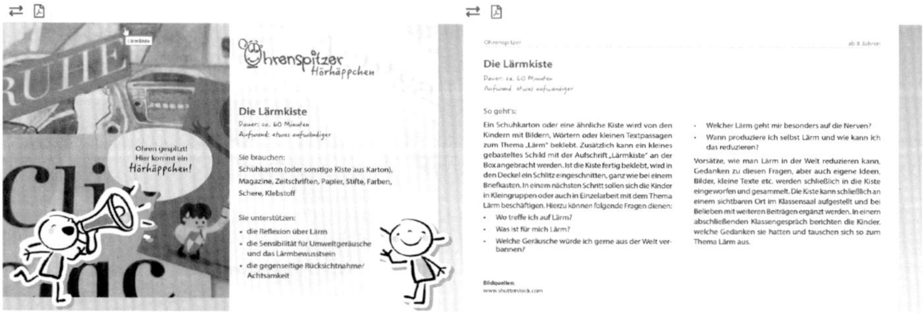

Abb. 35: Beispiel einer Ohrenspitzer-Methodenkarte (Quelle: Screenshot)

Auf Methodenkarten, die sowohl online zur Verfügung stehen als auch im PDF-Format heruntergeladen werden können, sowie in kurzen Videotutorials, sogenannten Hörhäppchen, werden einfache und komplexere Übungen und Spiele zur Zuhörbildung vorgestellt. Neben den benötigten Materialien werden konkrete Zielaspekte genannt und Hinweise zur Durchführung gegeben, sodass sie direkt in den Unterricht eingebunden werden können.

In Rheinland-Pfalz und Baden-Württemberg kann zudem „Der rote Hörkoffer", das Markenzeichen des Projektes, ausgeliehen werden. Darin befinden sich ein digitales Audio-Aufnahmegerät, einige Hörspiele und methodische Publikationen, die auf der Website, aber auch zum Download bereitstehen.

Literaturhinweise:

Grundler, Elke/Rüdiger Vogt 2000: Diskutieren und Debattieren: Argumentieren in der Schule. In: Becker-Mrotzek, Michael (Hg.): Mündliche Kommunikation und Gesprächsdidaktik. 2. Auflage. Baltmannsweiler: Schneider, S. 487–511

4.1.6 Sprachaufnahmen mit Audio-, Sprach- und Voice-Rekorder

Es gibt verschiedene Situationen und Kontexte im Deutschunterricht, in denen Audioaufnahmen sinnvoll sind. Denkbar sind das Einüben und Aufnehmen von Lesungen oder Leseübungen, Hörbüchern, Hörspielen sowie Gesprächen. Bei der Umsetzung kann auf verschiedene Möglichkeiten, um digitale Sprachaufnahme zu erstellen, zurückgegriffen werden. Sehr einfach lässt sich auf dem PC beispielsweise das vorinstallierte Programm *Audiore-*

korder von *Windows* nutzen. Es ist über den *Windows*-Button unter „alle Programme“ – „Zubehör“ – „Audiorekorder“ zu finden. Es erscheint als kleines Fenster mit dem Button „Aufnahme beginnen“. Wird dieser angeklickt, erfolgt eine Sprachaufnahme über das Computermikrofon, die anschließend als Audiodatei gespeichert und abgespielt werden kann.

Sowohl für den PC als auch für das Tablet oder Smartphone gibt es verschiedene weitere Programme und Apps, um Sprache aufzunehmen. Sie sind meist kostenlos verfügbar, die Unterschiede bestehen vor allem im Funktionsumfang und in den Bearbeitungsmöglichkeiten. Oftmals sind entsprechende Apps, wie z. B. die App *Sprachmemos*, als Dienstprogramm auf dem iPhone, vorinstalliert. Eine alle Basisfunktionen umfassende App ist *Sprachrekorder*. Noch mehr Bearbeitungsmöglichkeiten bei einfacher Benutzeroberfläche bietet die App *Voice Recorder*. Hier lässt sich beispielsweise die Aufnahmequalität einstellen, sie kann im Hintergrund verwendet werden und die Audiodatei kann direkt per E-Mail versendet werden. Nicht zuletzt gibt es auch browserbasierte Angebote wie die Website https://online-voice-recorder.com/de/, auf der Audioaufnahmen kostenfrei erstellt und bearbeitet werden können.

4.2 Schreiben und Rechtschreiben

4.2.1 Book Creator

https://bookcreator.com/ BOOK CREATOR

☑ Website, App (iOS)
☑ kostenlos
☑ Englisch, Deutsch
☑ Registrierung durch die Lehrkraft erforderlich. Personenbezogene Daten werden erhoben. Dritte haben Zugriff auf diese Daten. Es greift nicht die EU-Datenschutz-Grundverordnung.
☑ Windows, macOS und Linux, iOS

Erste Schritte

Mit dem Web-Tool *Book Creator* lassen sich optisch ansprechende (E-)Books erstellen, die entweder animiert online durchgeblättert oder ausgedruckt werden können. In diese können einfach Bild- und sogar Tondokumente integriert werden. Das Tool richtet sich an Lehrkräfte sowie Bildungseinrichtungen und ist beim ersten Zugriff nur in englischer Sprache verfügbar, nach der

Anmeldung erscheint die Anwendung jedoch in deutscher Sprache. Das Tool funktioniert ausschließlich mit den Browsern *Chrome, Edge* oder *Safari*. Für iPads steht eine spezielle App, für andere mobile Endgeräte steht eine optimierte Website zur Verfügung (app.bookcreator.com).

Es existieren drei Anwenderpakete: Die kostenlose Basisversion erlaubt das Erstellen von bis zu 40 Büchern und einer virtuellen Bibliothek. Für die einzelne Lehrkraft wird ein Paket von 1.000 Büchern und einer unlimitierten Zahl an Bibliotheken empfohlen, das 5,49 Euro im Monat kostet (welches aber von bis zu fünf Lehrkräften genutzt werden kann). Darüber hinaus können sich Schulen bei größerem Bedarf ein individuelles Angebot erstellen lassen.

Anwendung

Nachdem man eine Bibliothek gewählt hat (in der Basisversion die einzige), kann dort ein neues Buch angelegt werden. Dort hat man die Wahl zwischen sechs leeren Formaten und insgesamt 18 Formatvorlagen, wie z. B. Newspaper, Photobook, Fiction, aber auch Antique oder Modern. Ist die Vorlage gewählt, können Elemente hinzugefügt werden: einerseits Bilddokumente vom eigenen Rechner, der Kamera oder aus frei verfügbaren Archiven (vgl. 2.4.1), Text per Tastatur oder Stift in unterschiedlichsten Farben und anderseits zahlreiche Formen wie Sprechblasen oder Bitmaps.

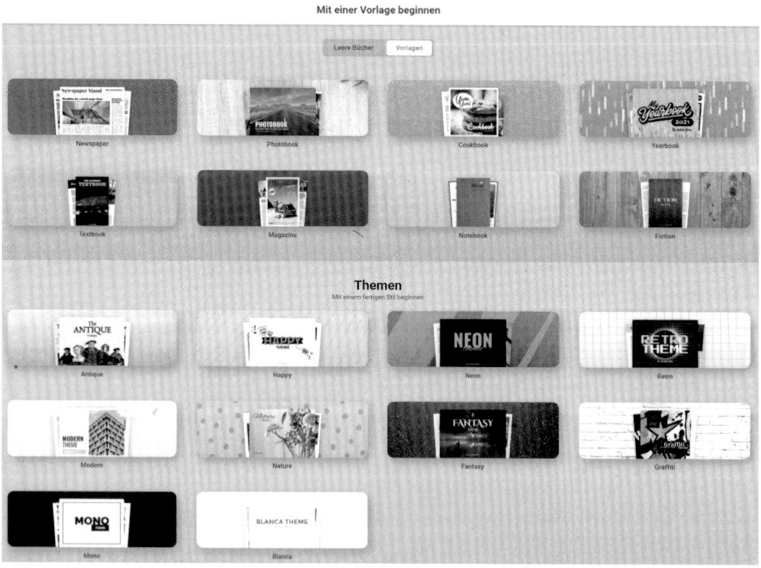

Abb. 36: Die Auswahlmöglichkeiten der verschiedenen Formatvorlagen im *Book Creator* (Quelle: Screenshot)

Die Bedienung ist dabei recht intuitiv und bietet vielfältige Möglichkeiten, die auch von Laien einfach genutzt werden können. Zudem besteht die Option, erstellte Bücher im Rahmen der Plattform zu veröffentlichen. Schülerinnen und Schüler können per QR-Code oder Link eingeladen werden, eigene Bücher zu erstellen oder auf vorhandene zuzugreifen.

Im Deutschunterricht

Für den Deutschunterricht bietet *Book Creator* eine einfache Möglichkeit, um ansprechende, quasi professionelle Bücher zu gestalten. Dies kann sowohl für Lesetagebücher oder -portfolios (vgl. 3.2.7) motivierend und wertvoll sein als auch für Ergebnisse literarischen oder kreativen Schreibens. Das erzielte Ergebnis, ein eigenes Buch geschaffen zu haben, ist kaum zu unterschätzen: Da das Schreibprodukt in eine professionelle äußere Form gebracht wird, bietet dieses Format allen Schülerinnen und Schülern, schreibschwachen wie -starken, die Möglichkeit, ihren Text in bester Aufmachung zu präsentieren. Daneben lassen sich aber auch Aspekte von Layout und Textdesign vermitteln, die in schulischen Präsentationen (vgl. 3.1.3 und 3.2.17) ebenso von Bedeutung sind wie später in vielen beruflichen Kontexten.

Keine Alternative, aber eine interessante Gestaltungsmöglichkeit für Bilderbücher bietet der *Picture Book Maker*. Gezeichnete Hintergründe, Figuren und Gegenstände lassen sich mit selbst verfassten Texten zu einem mehrseitigen digitalen Buch zusammenfügen, das ausgedruckt und gespeichert werden kann (zu finden unter: https://www.culturestreet.org.uk/activities/picturebookmaker/index.php?id=3).

4.2.2 Kollaboratives Schreiben auf Etherpads

https://etherpad.org/ etherpad

- ☑ Website, Programm
- ☑ kostenlos
- ☑ Deutsch, Englisch, Französisch etc.
- ☑ Personenbezogene Daten werden erhoben. Es greift die EU-Datenschutz-Grundverordnung.
- ☑ Windows, macOS und Linux, Android, iOS

Es ist eine etablierte Praxis zur Förderung der Schreibkompetenz, kollaborativ an Texten zu arbeiten und gemeinsam Texte zu schreiben. In analoger Form gestaltet sich dies häufig so, dass ein Schüler oder eine Schülerin schreibt und die Gruppenmitglieder sich mehr oder weniger am Suchen und Diktieren passender Formulierungen beteiligen, wenn nicht zuvor eine Gliederung in Textteile und eine arbeitsteilige Erarbeitung dieser abgesprochen wurde. Auf diese Weise entstehen Texte für Plakate oder Referate, aber auch Sachtexte, wie Berichte, Reportagen oder Anleitungen, literarische Texte und schulspezifische Formate, wie eine Inhaltsangabe oder Gedichtanalyse. Die Textlupe (vgl. 3.3.6) ist eine kooperative Methode, um Texte zu überarbeiten. Das Placemat bzw. die Platzdecken-Methode schafft den Rahmen für eine schreibende Auseinandersetzung mit einem Thema oder einer Frage. Beide Praxen führen zu einer stärkeren Aktivierung aller beteiligten Lernenden, als dies im oben beschriebenen Setting der Fall ist. Dennoch bleibt gemeinsames Schreiben eine Herausforderung, auch weil es in der Schule oft mit dem analogen Schreiben auf Papier verbunden ist.

Spätestens mit dem Distanzlernen und der Notwendigkeit, zeit- und ortsungebunden gemeinsames Arbeiten zu ermöglichen, haben sich in der Praxis webbasierte Textverarbeitungsanwendungen, sogenannte *Etherpads*, bewährt, um mit mehreren Personen gleichzeitig an einem Textdokument zu arbeiten. Auf der Internetseite der gleichnamigen Firma lässt sich *Etherpad* als Programm für Linux, Mac und Windows herunterladen, aber es gibt auch verschiedene *Etherpad*-Anwendungen, die direkt im Browser arbeiten.

Sie sind in der Regel kostenlos und werbefrei, häufig auch Open Source, und bieten neben der Möglichkeit des gemeinsamen Schreibens zusätzlich eine Chatfunktion für Absprachen sowie Diskussionen und eine Exportfunktion an, sodass die Texte in andere Office-Anwendungen übertragen und ausgedruckt werden können. Die Texteditoren verfügen oft nur über die Grundfunktionen der Textverarbeitung, d. h. Bilder oder andere Elemente können zumeist nicht eingefügt werden. Dafür hat jedes Teammitglied eine individuelle Schriftfarbe, sodass jederzeit sichtbar ist, wer an welchem Textabschnitt schreibt. Auch der Bearbeitungsverlauf kann angezeigt und gespeichert werden. Zum gemeinsamen Schreiben an einem *Etherpad* kann ein Link geteilt werden, es ist aber auch möglich, ein Pad in eine Website einzubetten.

Verschiedene Kollaborationstools wie *Padlet*, *Oncoo*, *Flinga* oder *Cryptpad* (vgl. Kapitel 4.6) ermöglichen ebenfalls das gemeinsame Schreiben auf Pinnwänden, Boards und Whiteboards. Zudem gibt es Lernplattformen wie *IServ*, die über ein Textmodul verfügen. Auch Dokumente, die mit *Microsoft Word* und *PowerPoint*, *Apple Pages*, *Keynote* oder *Google Docs* erstellt wurden, können geteilt und kollaborativ bearbeitet werden. An dieser Stelle liegt der Fokus auf klassischen *Etherpad*-Tools.

ZUMpad (https://zumpad.zum.de/)
Das *ZUMpad* ist das Etherpad der Zentrale für Unterrichtsmedien im Internet e. V. (ZUM.de). Um ein neues Pad zu starten, ruft man einfach die Website auf, gibt einen Namen für das Dokument ein und drückt den „OK"-Button. Wenn es bereits ein gleichnamiges Pad gibt, wird dieses geöffnet und kann ggf. weiterbearbeitet werden. Soll es ein leeres Pad sein, muss man einen anderen Namen wählen. *ZUMPad* verfügt über grundlegende Formatierungsmöglichkeiten, eine Kommentar- und eine Chatfunktion. Sowohl das Einfügen von Textdokumenten (Import) als auch der Export in verschiedene Dateiformate sind möglich.

Zusätzlich können weitere Einstellungen (Zahnrad-Symbol) vorgenommen werden, darunter das Anzeigen von Zeilennummern und der begleitenden Unterhaltung im Chat oder das Ändern der Leserichtung, der Autorenfarbe, der Schriftart und der Farbe.

Wikimedia Etherpad (https://etherpad.wikimedia.org/)
Die Nutzungsmöglichkeiten des *Etherpads* von Wikimedia entsprechen jenen von *ZUMpad.* Etwas smarter wirkt die ansprechender gestaltete Startseite. Zusätzlich sind auf dem erscheinenden Textblatt einige Hinweise zur Zusammenarbeit und angepasst an den Namen des Pads eine thematische Aufgabenformulierung zu finden.

BoardNet (https://board.net/)
Mit dem Aufrufen der Website, dem Eingeben eines Namens für ein Board und dem Klick auf „Create" erscheint ein neues Textdokument. Neben den Grundfunktionen, die auch *ZUMpad* bietet, gibt es bei *BoardNet* die Möglichkeit, Tabellen und Bilder einzufügen und ein Zeichentool zu nutzen. Außerdem kann über die weiteren Einstellungen die Rechtschreibprüfung aktiviert und der Text in einer Slideshow angezeigt werden. Dies ist für die Präsentation und Besprechung eines Textes sehr hilfreich.

EduPad (https://edupad.ch/)
Der kollaborative Texteditor *EduPad* verfügt über die Basisfunktionen und lässt vergleichsweise wenige Formatierungen zu. Ein neues Pad kann ohne Festlegung eines Namens angelegt werden. Auch hierzu wird nur die Startseite geöffnet und kostenlos ein Pad erstellt.

4.2.3 Wattpad

https://www.wattpad.com wattpad

- ☑ Website, App, online/offline
- ☑ kostenlos
- ☑ Deutsch, Englisch, Französisch etc.
- ☑ Personenbezogene Daten werden erhoben. Dritte haben Zugriff auf diese Daten. Es greift die EU-Datenschutz-Grundverordnung.
- ☑ Windows, macOS und Linux, Android, iOS

Erste Schritte

Wattpad ist eine Social-Media-Plattform, auf der seit 2006 selbst verfasste Texte veröffentlicht und gelesen werden können. Der Zugriff ist über einen Browser oder die App möglich und erfordert eine Registrierung. Diese kann über einen vorhandenen *Google*- oder *Facebook*-Account oder mit einer E-Mail-Adresse erfolgen. Das Mindestalter für die Nutzung liegt bei 13 Jahren und wird mit Angabe des Geburtsdatums verifiziert. Ohne Anmeldung können nur vereinzelt Texte anderer *Wattpad*-Autorinnen und -Autoren gelesen werden.

Das Schreiben und Veröffentlichen eigener Geschichten auf der Plattform wird von Jugendlichen in der Freizeit gern genutzt. Von den 45 Millionen Nutzerinnen und Nutzern sind 85 % zwischen 13 und 30 Jahre alt und 50 % jünger als 18 Jahre. An *Wattpad* scheint besonders reizvoll zu sein, dass relativ schnell eine kleine Fangemeinde entsteht, man vielfältige Rückmeldungen zu den Texten bekommt und ein Austausch mit anderen Schreibenden möglich ist. Zum Reiz des Publizierens und Bekanntwerdens kommen einfach anwendbare Formatvorlagen hinzu, die insbesondere bei Verwendung der App ein Schreiben zu jeder Zeit und an jedem Ort möglich machen, zum Weiterschreiben anregen und der eigenen Geschichte mit einem Cover einen professionellen Rahmen geben.

Anwendung im Deutschunterricht

Über den Button „Schreiben“ und das Klicken auf „+Neue Geschichte“ gelangt man zur Formatvorlage, in der Titel, Cover, eine kurze Beschreibung, die Hauptcharaktere, einige Schlagworte (Tags, mit denen der Text auf der Plattform gefunden werden kann), das Genre (z. B. Action, Fan-Fiction, Poesie, Science-Fiction, Kurzgeschichte und Übernatürliches), die Zielgruppe, die Sprache und Angaben zum Urheberrecht sowie zur Altersfreigabe eingetragen werden. Anschließend kann mit dem Schreiben des ersten Kapitels begonnen werden, wobei Änderungen auch der Basisangaben oder ein Löschen der Geschichte jederzeit möglich sind. Die Texte sind auf *Wattpad* aufgrund der mobilen Nutzung und des jungen Publikums überwiegend eher kurz und erreichen eine größere Leserschaft, wenn sie als Fortsetzungsgeschichten angelegt sind und durch das Setzen bestimmter Tags gut auf der Plattform gefunden werden können. Die eigene Popularität steigert sich mit dem Aufsteigen in der Rangliste in einem Tag wie #fantasy, durch die Anzahl der Reads (Leserinnen und Leser eines Kapitels) und der Votes (Abstimmungen für den Text). Dies verdeutlicht, dass es sich bei *Wattpad* vor allem um ein soziales Netzwerk handelt und der Austausch im Mittelpunkt steht. Unterstützt wird dies beispielsweise auch durch Buchclubs und Schreib-Rollenspiele.

Für den Deutschunterricht interessant ist *Wattpad* nicht zuletzt, weil die Plattform Teil der jugendlichen Schreibkultur ist und zum Publizieren und Austausch über Texte in der Freizeit genutzt wird. Neben den Möglichkeiten zum Schreiben eigener Texte, kann die Textbibliothek auch genutzt werden, um über Lektürevorlieben oder Kriterien guten Schreibens zu sprechen und als Ausgangspunkt für das Verfassen von Textrezensionen. So bietet sie einen niedrigschwelligen Einstieg in das Handlungsfeld Literatur.

4.2.4 Wortsport

https://wortsport.org/wortsport.html

- ☑ Website, online
- ☑ kostenlos, werbefrei
- ☑ Deutsch
- ☑ Personenbezogene Daten werden nur beim Log-in erhoben. Es greift die EU-DS-GVO.
- ☑ Windows, macOS und Linux, Android, iOS

Beschreibung

Die Website *wortsport.org* wurde von dem Slam-Poeten und Medienkünstler Bas Böttcher und dem Hörspielautor Thilo Reffert gemeinsam gestaltet. Sie hält eine Vielzahl von Ideen, Beiträgen und Aufgaben bereit, die zur Inspiration in Poetry-Slam-Workshops und literarischen Schreibwerkstätten, aber auch im Deutschunterricht genutzt werden können. Das Angebot ist kostenlos und frei zugänglich.

Die Website ist ein drei Bereiche gegliedert: #WORTSPORT ist der kreative Kern der Seite mit verschiedenen literarischen Schreibaufgaben, im Bereich #PRO MODUS sind Audiobeiträge verschiedener Autorinnen und Autoren zu unterschiedlichen Aspekten des Schreibens literarischer Texte zu finden. Und unter #1000 STIMMEN gibt es über ein Log-in die Möglichkeit, einen persönlichen Text-Bereich zu erstellen und an einem Workshop teilzunehmen, in dem das eigene Schreiben von einer Autorin oder einem Autor begleitet wird. Die Anmeldung erfolgt mit Namen und E-Mail-Adresse, wobei beides nicht dem Klarnamen entsprechen muss. Ein Zugriff auf den individuellen Schreibbereich ist mit Freigabe eines Links oder im Rahmen einer Workshopteilnahme möglich. Die Anmeldung ist vor allem dann sinnvoll, wenn die Schreibphasen von Schülerinnen und Schülern im digitalen Unterricht begleitet werden sollen, denn das Schreiben ist dann in einem *Etherpad* (siehe 4.2.2) möglich und kann nicht nur von einem Autor, sondern auch von der Lehrkraft live verfolgt werden.

Die unter dem Button #PRO MODUS versammelten Audiobeiträge bekannter Künstlerinnen, Künstler und Poetry-Slamer widmen sich verschiedenen Aspekten des Schreibens und Gestaltens literarischer Texte. Zum Beispiel erklärt Kirsten Fuchs, wie gute Dialoge gebaut werden und Wolf Hogekamp, welche Bedeutung Listen, Aufzählungen und Aneinanderreihungen für die Ideenfindung und Strukturierung von Texten haben. Die zwei- bis zehnminütigen Audiodateien können direkt auf der Webseite abgespielt werden und sind als Anregung zum Schreiben aber auch zur Bearbeitung eigener Texte sehr wertvoll, weil die professionellen Autorinnen und Autoren Einblicke in die eigenen Schreibprozesse und viele Tipps für das Präsentieren und Gestalten von Texten geben.

Das Kernstück der *Wortsport*-Website stellen die interaktiven Übungen im Bereich #WORTSPORT dar. Die Schreibideen und -aufgaben, die sich jeweils hinter einem Baustein verbergen, sind intuitiv und spielerisch angelegt und unterschiedlich anspruchsvoll. Einige Übungen regen zum Spiel mit literarischen Vorlagen an und lassen neue, eigene Texte entstehen. So wird beispielsweise bei der Übung „Textremix" aus den Zeilen klassischer Gedichte durch Wortverschiebungen ein neuer Text. Bei der Übung „Erster Satz, letzter Satz" können zunächst im Rätselmodus erste und letzte Sätze bekannter literarischer Texte zugeordnet werden. Neben einem kurzen Informationstext steht zudem ein Audiobeitrag zur Verfügung, der das Thema Anfang und Ende einer Geschichte und die Entwicklung eines Plots aufgreift und auf diese Weise zum eigenen Schreiben inspiriert und anleitet. Die „Phatosmaschine" und die „Plotmaschine" arbeiten mit einem Zufallsgenerator, der mit einem Klick und dem Drehen der Walzen Ideen für außergewöhnliche Plots und Metaphern generiert und die Überschrift oder das zentrale Motiv für den nächsten Text liefert.

Im Deutschunterricht

Die Übungen auf der *Wortsport*-Website stellen gerade durch die spielerische Gestaltung eine niedrigschwellige Anregung für das kreative und literarische Schreiben dar. Einzelne Übungen lassen sich ohne großen Aufwand in eine Einzelstunde integrieren und ermöglichen eine individuelle und produktive Auseinandersetzung mit Literatur, aber auch die Reflexion über vielfältige Besonderheiten der Sprache. Das eigene Gestalten von Text kann die interpretierende oder die handlungs- und produktionsorientierte Beschäftigung mit ausgewählten literarischen Texten ergänzen, aber auch induktiv eigene Wege zu einem Motiv oder einer Textsorte eröffnen. Nicht zuletzt sind die *Wortsport*-Übungen in Kombination mit den Audiobeiträgen und der Begleitung durch eine Autorin oder einen Autor eine sehr gute Möglichkeit, um eine analoge, hybride oder digitale Schreibwerkstatt in einer Unterrichtseinheit umzusetzen oder begleitend über ein Schuljahr zu gestalten.

4.2.5 Rechtschreibtraining digital

https://www.orthografietrainer.net
https://www.deutschland-schreibt.de/

- ☑ Websites, online
- ☑ Lizenz kostenpflichtig
- ☑ Registrierung der Lehrkraft erforderlich
- ☑ Deutsch, Bücher u. a. in Englisch, Französisch, Russisch, Italienisch, Spanisch
- ☑ Personenbezogene Daten werden erhoben. Dritte haben Zugriff auf diese Daten. Es greift die EU-Datenschutz-Grundverordnung.
- ☑ Windows, macOS und Linux, Android, iOS

Zur Förderung der Rechtschreibkompetenz gibt es zahlreiche digitale Möglichkeiten. So bieten beispielsweise Lernplattformen wie die *ANTON*-App (vgl. 4.5.1) oder *Learnattack* (vgl. 4.5.4) Übungen zu Rechtschreibschwerpunkten in unterschiedlichen Klassenstufen. Mit Tools wie *LearningApps* (4.5.5) oder

Kahoot (4.5.3) können selbst Aufgaben zu individuellen Übungsbereichen erstellt werden. Mit den Websites *deutschland-schreibt.de* und *orthografietrainer.net* werden im Folgenden zwei weitere digitale Angebote vorgestellt, die sich speziell dem Rechtschreibtraining widmen. Hinter der Seite „Deutschland schreibt" steht ein gleichnamiger Rechtschreibwettbewerb, der von der Stiftung „Polytechnische Gesellschaft Frankfurt am Main" initiiert wurde und unter anderem vom Hessischen Kultusministerium und der Deutschen Akademie für Sprache und Dichtung gefördert wird. Die Website *orthografietrainer.net* wird vom Begründer Dr. Hans-Georg Müller, Privatdozent am Lehrstuhl für Didaktik der deutschen Sprache an der Universität Potsdam, betrieben und wissenschaftlich betreut. Die bereitgestellten Übungen berücksichtigen verschiedene Teilbereiche der deutschen Orthografie und werden im Rahmen des „Forschungsprojektes Orthografieerwerb" (FORTE) empirisch untersucht, um den Rechtschreiberwerb, zentrale Fehlerschwerpunkte, spezifische Erwerbsverläufe und verschiedene Lerntypen zu erforschen.

Beide Übungsplattformen sind kostenlos und frei zugänglich. Lernende können jederzeit ohne Anmeldung üben, sich aber bei *orthografietrainer.net* auch mit von der Lehrkraft bereitgestellten Zugangsdaten oder einem individuellen Gastzugang anmelden. Für Lehrkräfte bietet der optionale Login-Bereich u. a. die Möglichkeit, Materialien herunterzuladen, Klassen anzumelden und individuelle Hausaufgaben zu vergeben, die automatisch kontrolliert werden. Von Vorteil ist dabei, dass die Lehrenden einen Überblick über den Leistungsstand der einzelnen Lernenden und der Klasse erhalten und diesen mit anderen gleichaltrigen Gruppen vergleichen können.

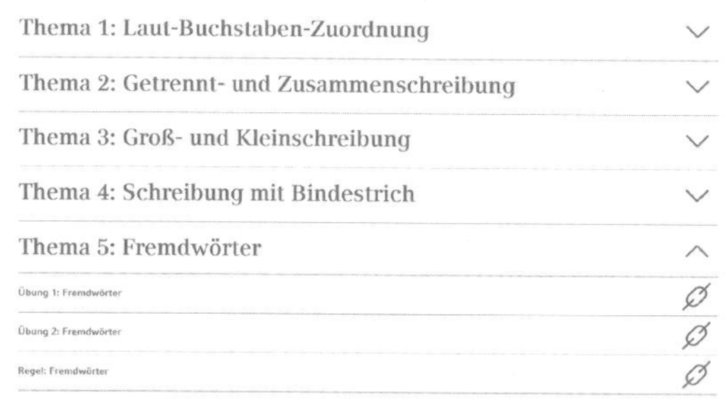

Abb. 37: Übungsbereiche auf *deutschland-schreibt.de* (Quelle: Screenshot)

Das Übungsangebot auf *deutschland-schreibt.de* ist auf einen Rechtschreibwettbewerb ausgerichtet, bei dem in 15 Minuten ein etwa 1500 Zeichen umfassender Wettbewerbstext mit verschiedenen sprachlichen Hürden nach Diktat möglichst fehlerfrei geschrieben werden soll. Der Wettbewerb findet einmal jährlich zunächst auf lokaler Ebene an verschiedenen Standorten statt, danach als deutschlandweite Finalrunde oder als Onlineveranstaltung.

Im Bereich Training finden sich Übungen zu verschiedenen Rechtschreibschwerpunkten in Form von Multiple-Choice-Fragen, Lückentexten und Textkorrekturaufgaben sowie Übungstexte, die über eine Audiodatei direkt auf der Website abgespielt, geschrieben und zur Kontrolle eingereicht werden können. Hilfreich ist, dass während des Übens auf die entsprechenden Regeln zugegriffen werden kann und eine unbegrenzte Wiederholung möglich ist.

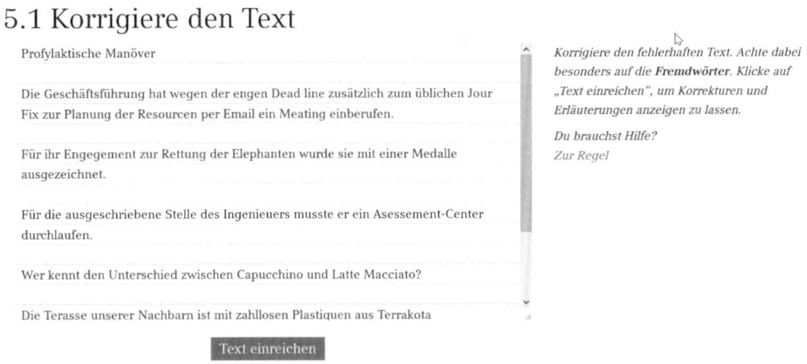

Abb. 38: Korrekturtext und Aufgabenstellung auf *deutschland-schreibt.de* (Quelle: Screenshot)

Die Vielfalt und Anzahl der Übungen ist auf der Website *orthografietrainer.net* noch größer und umfasst zudem ein Satzbau- und Wortartentraining. Die Kontrolle der absolvierten Teilaufgaben erfolgt unmittelbar nach der Lösungseingabe.

Eine detaillierte Auswertung der gesamten Übungen bekommt man jedoch erst nach der Anmeldung. Die Schwierigkeit wird beim Diktattraining über den verwendeten Wortschatz (Grundwortschatz, erweiterter, gehobener und Fachwortschatz) differenziert.

Abb. 39: Trainingsbereiche auf *orthografietrainer.net* (Quelle: Screenshot)

Die Einsetzübungen orientieren sich an den Rechtschreibschwerpunkten, wie auch auf der Website *deutschland-schreibt.de*. Darüber hinaus gibt es Übungen zur Kommasetzung und grammatische Übungen. Nach der Anmeldung ist es zudem möglich, individuell angepasste Kompetenztests durchzuführen.

Motivierend wirken im Übungsverlauf die kleinen Bilder und Sprüche nach jeder Lösungseingabe, die aber auch ausgeschaltet werden können, die Anzeige des Übungsfortschrittes und die Vergabe von Lern-, Wissens- und Durchhaltepunkten, die auf einem Tacho angezeigt und beim angemeldeten Üben am Ende in Medaillen umgewandelt werden.

Als sehr hilfreich erweisen sich beim Rechtschreibtraining zudem der Hilfe- und der Erklärungsbutton, die nach einem Klick eine kurze Faustregel zum Rechtschreibschwerpunkt bzw. Lösungshinweise anzeigen. Das Grundprinzip des Orthografietrainers ist aber weniger das Merken von Rechtschreibregeln, sondern vielmehr die Wiederholung. Bereits während des Lösens einer bestimmten Übung werden falsch bearbeitete Aufgaben erneut eingefügt und auch im weiteren Verlauf des Trainings an den individuellen Übungsfortschritt angepasst.

Die vorgestellten Websites können im Deutschunterricht in unterschiedlicher Weise genutzt werden. Während die Teilnahme am Rechtschreibwettbewerb und die gezielte Vorbereitung mit einer Klasse ein motivierender Anlass für ein intensives Training in der Sekundarstufe sein kann, trägt die konstante Nutzung des *Orthografietrainers* zu einem längerfristigen Kompetenzaufbau bei und ist bereits ab der Grundschule möglich. Hilfreich und motivierend sind neben den abwechslungsreichen Übungsformaten in beiden Fällen die automatisierte Kontrolle und die unmittelbare Rückmeldung während des Übens, die eine Lehrkraft so individuell nur in der Einzelbetreuung leisten könnte. Unter dem Menüpunkt Adds werden auf *orthografietrainer.net* darüber hinaus Hintergrundinformationen, Unterrichtssequenzen und Videos für Eltern und Lehrkräfte bereitgestellt.

4.2.6 Wortliga Textanalyse

https://wortliga.de/textanalyse/

- ☑ Website, online/offline
- ☑ kostenlos
- ☑ Deutsch
- ☑ Keine Registrierung erforderlich. Personenbezogene Daten werden nicht erhoben. Es greift die EU-Datenschutz-Grundverordnung.
- ☑ Windows, macOS und Linux, Android, iOS

Erste Schritte

Wortliga Textanalyse ist ein Online-Analysetool, mit dem Texte in Hinblick auf ihre stilistische Qualität und ihre Lesbarkeit analysiert und dabei auf vielfältige Eigenschaften und Schwächen geprüft werden können.

Bereits die kostenlose Basisversion ermöglicht die Analyse zahlreicher Aspekte, allerdings wird die Arbeit durch Werbeeinblendungen (in eigener Sache) unterbrochen und Grammatik, Rechtschreibung und Zeichensetzung bleiben unberücksichtigt. Die kostenpflichtige Premiumversion schließt deren Prüfung ein, zudem steht eine Offline-Prüfung zur Verfügung, sodass man vom Internet unabhängig ist und keine Daten auf den Server des Anbieters hochladen muss. Dieser Zugang kostet 20 € im Monat bzw. 100 € im Jahr für Einzelnutzerinnen und -nutzer oder 49 €/480 € für Teams, von denen bis zu 10 Personen gleichzeitig mit dem Tool arbeiten können. Während der Corona-Pandemie wurden Schulen kostenlose Premiumlizenzen des Tools zur Verfügung gestellt.

Anwendung

Die Nutzung der Textanalyse ist denkbar einfach: Auf der Website befindet sich ein Texteingabefeld, in welches man einen digital vorliegenden Text hineinkopieren kann. Dieser wird sodann in der Basisversion unmittelbar in folgenden Kategorien analysiert: lange Sätze, lange Wörter, Formatierungsfehler, Passiv, unpersönliche Sprache, Abkürzungen, Phrasen, Füllwörter, Adjektive sowie Nominalstil. Einerseits werden im Text farbige Markierungen entsprechend der identifizierten Schwächen vorgenommen, anderseits erscheint auf der rechten Seite eine statistische Auswertung des Textes. Neben den Kategorien findet man dort auch Angaben zur Lesbarkeit/Textschwierigkeit, zur erwarteten Lesezeit sowie zur Anzahl der Wörter.

Fährt man mit dem Cursor über den markierten Text, öffnen sich zudem kleine Popup-Fenster mit Tipps, Erläuterungen oder auch Fragen, wie z. B.: „Bläht dieses Füllwort den Satz unnötig auf?“

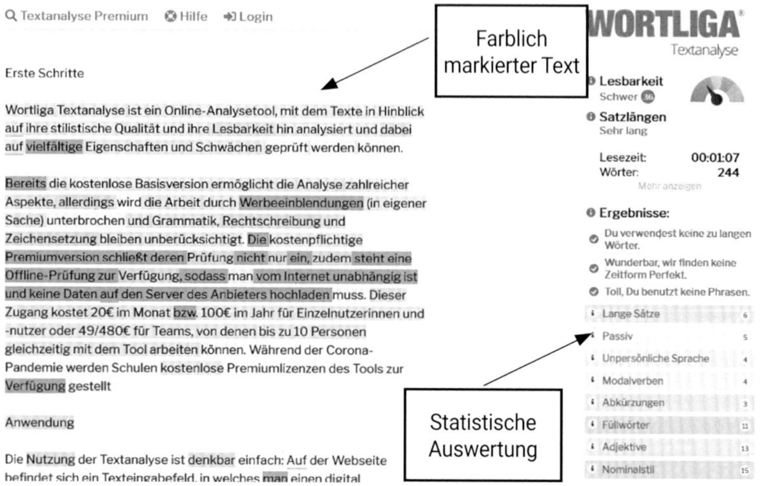

Abb. 40: Textanalyse und statistische Auswertung auf *Wortliga* (Quelle: Screenshot)

Im Deutschunterricht

Das Tool bietet zweierlei interessante Perspektiven, sowohl in Hinblick auf die Produktion als auch die Rezeption von Texten. Gedacht ist es in erster Linie dafür, dass an eigenen Texten gearbeitet wird und man sich durch die Ergebnisse der Analyse selbstständig korrigieren kann. Insofern unterstützt die Software bei der Individualisierung, zugleich schärft sie aber auch das Bewusstsein für Kategorien der Textbetrachtung. Nicht jedes lange Wort lässt sich vermeiden, nicht jedes vermeintliche Füllwort ist überflüssig. Indem sich die Lernenden mit den Ergebnissen auseinandersetzen, entwickeln sie Metawissen und die Kompetenz, dieses für die Optimierung eigener Texte zu nutzen. Dabei ersetzt die Software keineswegs die gemeinsame Erarbeitung von Textprozeduren im Unterricht, kann aber gut ergänzend zur Arbeit am Stil und der sprachlichen Richtigkeit (nur in der Premium-Version) herangezogen werden.

Interessant dürfte aber auch die Nutzung für die Rezeptionsperspektive sein. So ließen sich beispielsweise verschiedene journalistische, wissenschaftliche oder auch literarische Texte auf ihre Lesbarkeit hin analysieren. Worin unterscheidet sich beispielsweise der Stil der Wochenzeitung DIE ZEIT von der Tageszeitung BILD? Verwendet Thomas Mann mehr Füllwörter als Franz Kafka? Und wer von beiden ist eigentlich leichter lesbar? – Weniger in der

Wahrnehmung der Ergebnisse, als durch deren Reflexion können wichtige Erkenntnisse über die Beschaffenheit schriftlicher Texte gewonnen werden.

Zu guter Letzt birgt die Software ein wichtiges Potenzial für Lehrkräfte (nicht nur) in inklusiven Settings: Texte, die im Unterricht behandelt werden sollen, können im Vorfeld darauf geprüft werden, ob sie sprachlich angemessen sind. Zwar sollte der geschulte Blick der Lehrkraft hier kompetenter sein als die Software, die ja die Lernvoraussetzungen der Lernenden nicht kennt, doch kann die zusätzliche Analyse auch hier das Bewusstsein für Schwierigkeiten verursachende Sprachverwendung steigern, weil zentrale Kriterien der Konzepte *Einfache Sprache* und *Vereinfachte Sprache* Berücksichtigung finden.

4.3 Lesen – mit Texten und Medien umgehen

4.3.1 Antolin

https://antolin.westermann.de/

- ☑ Website und App – online
- ☑ Lizenz kostenpflichtig
- ☑ Registrierung der Lehrkraft erforderlich
- ☑ Deutsch, Bücher u. a. in Englisch, Französisch, Russisch, Italienisch, Spanisch
- ☑ Personenbezogene Daten werden erhoben. Dritte haben Zugriff auf diese Daten. Es greift die EU-DS-GVO.
- ☑ Windows, macOS und Linux, Android, iOS

Die Website *Antolin* des Westermann-Verlags stellt zu mehr als 80.000 Kinder- und Jugendbüchern Quizfragen für Schülerinnen und Schüler der 1. bis 10. Klasse bereit. Dahinter steht zum einen das Ziel, zum Lesen zu motivieren und zum anderen, die Lesefähigkeit und das Leseverstehen zu fördern. Für die 1./2. und 3./4. Klasse gibt es *Antolin* zudem als kostenpflichtige App, die, unabhängig von der hier vorgestellten Website, spielerische Übungen zum Lesetraining, zur Förderung der Konzentration und Wahrnehmung, zum Trainieren der Augenbewegung und der Blickspanne bei der Worterfassung und zur Lesegeschwindigkeit bietet.

Die Grundidee von *Antolin* ist, dass im Anschluss an das Lesen eines Buches, dazugehörige Rätselfragen auf der Website gelöst werden. Mit der richtigen Lösung und dem gelungenen Nachweis, dass der Inhalt verstanden wurde, können Punkte gesammelt werden. Beim Erreichen einer gewissen Punktzahl kann ein virtueller Orden verliehen, ein Lob verschickt oder eine auszudruckende Urkunde überreicht werden. Die Leserinnen und Leser erhalten zudem personalisierte Buchtipps, was dazu motiviert, gleich zum nächsten Buch zu greifen. Die Multiple-Choice-Fragen sind in drei Niveaustufen verfügbar, sodass ein differenzierter Einsatz möglich ist.

Der Zugang zu diesem Angebot ist im Anschluss an eine 14-tägige Testphase an den Erwerb einer Lizenz und eine Registrierung gebunden. Dies ist für Lehrkräfte, Schulen, Bibliotheken und Büchereien möglich. Eine Klassenlizenz kostet derzeit 44 € pro Jahr, die für eine Schule 196 €.

Die digitale Quizbibliothek berücksichtigt Bücher in deutscher Sprache, u. a. in den Rubriken Belletristik, Comics, Einfache Sprache, Spielregeln und Sachbuch. Zudem gibt es ein breites Angebot zu fremdsprachigen Texten zum Beispiel aus dem Englischen, Polnischen, Slowenischen oder Türkischen, wobei auch die Quizfragen in der entsprechenden Sprache formuliert sind. Zu einigen Texten gibt es die Rätsel auch in mehreren Sprachen, was sich für mehrsprachige Lerngruppen sehr anbietet. Das Angebot kann frei und auf die individuelle Lektüre bezogen genutzt werden. Als Lehrkraft bietet es sich an, Leselisten für eine Klasse oder auch einzelne Lernende, für eine Unterrichtseinheit oder einen bestimmten Lesezeitraum zusammenzustellen. Die Arbeit mit Leselisten gehört in die Rubrik „extensives Lesen“ und damit zu den Vielleseverfahren, d. h. die Lernenden werden zum eigenverantwortlichen Lesen einer vorgegebenen Anzahl von Büchern oder bereits ausgewählten Titeln angeregt oder verpflichtet. Der Lesefortschritt kann in der Schülerübersicht mitverfolgt werden.

Interessant für den Deutschunterricht ist auch die Möglichkeit, von den Lernenden selbst verfasste Texte auf *Antolin* hochzuladen und ein eigenes Quiz dazu zu gestalten. Zudem gibt es eine Vielzahl Quizze zu aktuellen Nachrichtentexten, die frei als PDF-Dokument heruntergeladen und bearbeitet werden können. Über den Button „Antolin Spezial“ gelangt man zu Hintergrundinformationen und Buchempfehlungen zu verschiedenen Themen, Autoren und Autorinnen, berühmten Persönlichkeiten sowie Festen und Feiertagen, was als Anregung und Informationsquelle für Referate genutzt werden kann, aber auch die Sachtextlektüre im Unterricht bereichert. Eine digitale Erweiterung der Lehrbucharbeit ist sowohl im Distanz- als auch im Präsenzunterricht mit den lehrwerksbezogenen Quiz-Aufgaben auf der Website möglich. Die Aufgaben beziehen sich auf ausgewählte Texte aus Schulbüchern und Arbeitsheften der Klassen 1 bis 10 aus unterschiedlichen Verlagen.

Antolin hat insbesondere im Deutschunterricht an Grundschulen einen festen Platz und das Potenzial, Kinder zum Lesen zu motivieren und auf spielerische Weise das Leseverständnis zu überprüfen. Inwiefern sich auch ältere Lernende durch eine Vergabe von Prämien zum Lesen anregen lassen, ist von individuellen Voraussetzungen abhängig. Die aufgezeigten Funktionen bieten insgesamt aber vielfältige Anwendungsmöglichkeiten für den digitalen, mehrsprachigen und individualisierten Leseunterricht.

4.3.2 Onilo – Digitale Leseförderung mit Boardstories

https://www.onilo.de/ onilo®

- ☑ Website und App, online/offline
- ☑ kostenlos, werbefrei
- ☑ Deutsch
- ☑ Personenbezogene Daten werden erhoben. Dritte haben Zugriff auf diese Daten. Es greift die EU-DS-GVO.
- ☑ Windows, macOS und Linux, Android, iOS

Beschreibung

Onilo ist eine Website, auf der Boardstories, also animierte Bilder-, Kinderbücher und Sachtexte, als multimediales Leseerlebnis auf dem Whiteboard, am PC oder Padlet präsentiert werden. Mit der *Onilo*-App ist dies auch offline möglich, wobei die Voraussetzung, ebenso wie auf der Website der Erwerb einer Lizenz ist. Es gibt Monatslizenzen für Lehrkräfte (3 Monate / 59 €), Referendare (6 Monate / 50 €) und für Familien (2 Monate / 29 €) sowie Jahreslizenzen für Lehrkräfte (199 €), Teams (299 €), Schulen (499 €) und Bibliotheken. Alle Lizenzen ermöglichen den vollen Zugriff auf die Boardstories und dazugehöriges Unterrichtsmaterial sowie die Erstellung von Schülercodes, sofern es sich um eine Lizenz im Bildungsbereich handelt.

Die animierten Geschichten sind eine Art digitale, interaktive Form des Bilderbuchkinos, das sich insbesondere im Leseunterricht der Grundschule und in der außerschulischen Leseförderung in Bibliotheken und Literaturhäusern etabliert hat. Die Textauswahl auf *Onilo* ist ebenfalls stärker auf die 1. bis 4. Klasse ausgerichtet und umfasst neben Kinder- und Bilderbuchklassikern, auch Geschichten und Sachtexte zu verschiedenen Themen und Genres, wobei unter den über 180 Texten auch Angebote für ältere Kinder zu finden sind. Die Suche nach den passenden Boardstorys kann auf unterschiedlichen Wegen erfolgen, etwa indem neben dem Lupensymbol ein Titel, eine Autorin/ein Autor oder ein Stichwort eingegeben wird. Möglich ist es zudem, in einem Themenbereich, nach Altersstufe, Leseniveau (Anfängerinnen/Anfänger, mittleres Niveau), Unterrichtsfach, Genre, Kompetenz (u. a. literarisches Lernen, soziale oder Sprachkompetenz), Funktionen, Fremdsprachen (Englisch, Französisch, Türkisch, Arabisch) oder nach der Länge zu suchen.

Abb. 41: Boardstories im Themenüberblick auf *Onilo* (Quelle: Screenshot)

Zu jeder Boardstory gibt es einen Überblick mit einem Trailer, einer Inhaltsangabe, Informationen zum/zur Autor/-in und Illustrator/-in sowie den verfügbaren Funktionen und Unterrichtsmaterialien. Letzteres steht in verschiedenen Formaten zur Verfügung, je nachdem, auf welchem Medium die Boardstory abgespielt wird und ob interaktive Elemente eingebunden sind.

Im Deutschunterricht

Die gemeinsame oder individuelle Rezeption einer Boardstory im Deutschunterricht ist nicht nur eine multimediale Abwechslung zur Buchlektüre, sondern eröffnet insbesondere für die Differenzierung im Leseunterricht vielfältige Möglichkeiten. Auf der Website sind dazu viele Anregungen und teilweise ausgearbeitete Unterrichtsideen zu finden. Einen wertvollen Beitrag können die Boardstorys auf *Onilo* sicher für die Lesemotivation leisten, denn die animierten Bilder wecken das Interesse, sind aber aufgrund des ausgeschnittenen Formates nicht überfordernd. Außerdem laden sowohl die Website als auch die App zum Stöbern und Weiterlesen ein, auch weil beim Öffnen einer Boardstory passende andere Texte empfohlen werden und in Vielleseprojekten genutzt werden können. Sehr hilfreich beim Lesetraining ist, dass die Vorlesestimme ausgeschaltet, der Text ein- oder ausgeblendet und die Boardstory jederzeit gestoppt oder wiederholt werden kann, sodass beispielsweise beim lauten, chorischen oder dialogischen Lesen verschiedene Settings möglich sind. Auch die individuelle Unterstützung von mehrsprachigen Lernenden wird durch die Bereitstellung einzelner Texte in verschiedenen Sprachen erleichtert. Und natürlich können diese Texte auch im Fremdsprachenunterricht zum Einsatz kommen. Für das Lesenlernen gibt es Texte in besonders großer und in Silbenschrift, wodurch dass Dekodieren erleichtert wird. Zugleich wird das literarische Lernen mit ästhetisch anregenden Texten gefördert und trägt fernab von Fibeltexten hoffentlich zu einer Steigerung des Leseinteresses bei. In den Boardstories kommen zudem filmische Mittel wie Zoom, Animation, Perspektive oder Schnitt zum Einsatz, die untersucht und bei der Gestaltung eigener medialer Adaptionen von literarischen oder pragmatischen Texten genutzt werden können. Die Materialien beinhalten viele weitere handlungs- und produktionsorientierte Vorschläge und zumeist auch spielerische Aufgaben zum Leseverstehen, die mit der Weitergabe der Schülercodes auch im Distanzunterricht oder als Hausaufgabe bearbeitet werden können.

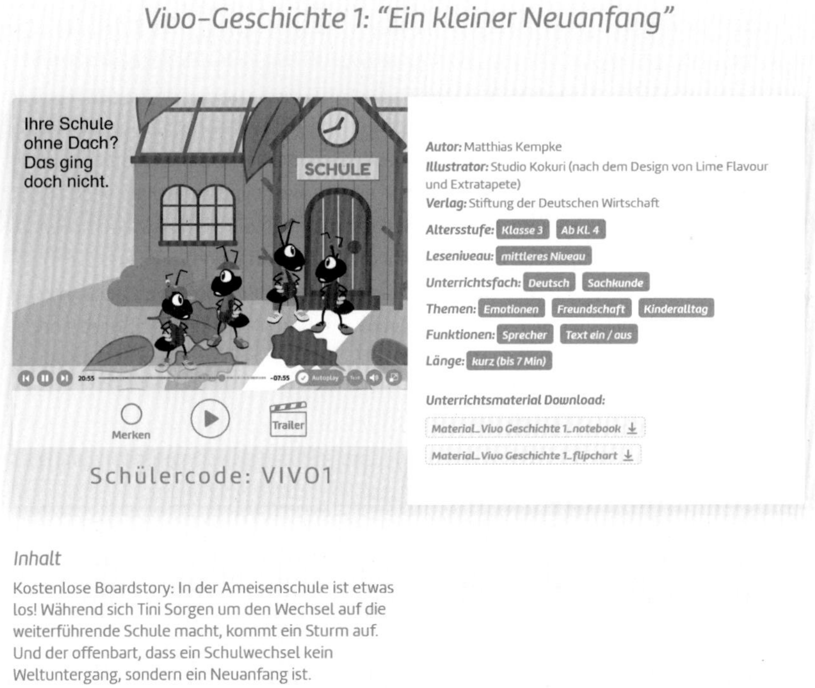

Abb. 42: Überblick zur Boardstory Vivo-Geschichten 1 „Ein kleiner Neuanfang" auf *Onilo* (Quelle: Screenshot)

4.3.3 Pixton – Digitale Comics und Graphic Novels gestalten

https://www.pixton.com/ PIXTON

- ☑ Website
- ☑ kostenlos in der Basisversion, werbefrei
- ☑ Englisch
- ☑ Personenbezogene Daten werden erhoben. Dritte haben Zugriff auf diese Daten. Es greift die EU-Datenschutz-Grundverordnung.
- ☑ Windows, macOS und Linux, Android, iOS

Erste Schritte

Pixton ist ein browserbasiertes Tool, mit dem man ohne weitere Vorkenntnisse Comics und Graphic Novels erstellen kann. Die Anwendung ist grundsätzlich kostenlos, möchte man jedoch erweiterte Funktionen nutzen, ist der Abschluss eines Abonnements für ca. 10 € monatlich ratsam. In jedem Fall muss zunächst eine Anmeldung erfolgen, wobei für Lehrkräfte (EDU), Lernende, Eltern und für geschäftliche Zwecke verschiedene Konten zur Verfügung stehen. Das „Sign Up" ist mit einem vorhandenen *Google-*, *Microsoft-* oder *Facebook*-Konto möglich. Nach dem ersten Anmelden folgt eine kurze Einführung in die Funktionalitäten des Tools. So gelangt man in wenigen Minuten zum ersten Panel, also einem Comicbild bestehend aus Zeichnung, Sprech- oder Denkblasen und ggf. einem Caption, einem kleinen Kästchen am Bildrand mit Hintergrundinformationen.

Anwendung

Die Bedienfunktionen werden gut erklärt und lassen sich ganz intuitiv mit einfachen Click-and-Drag-Werkzeugen bedienen. Der Comic kann in einem klassischen Format, Panel-by-Panel oder als Storyboard erstellt werden. Im ersten Schritt wird der Hintergrund ausgesucht, wobei verschiedene Suchoptionen wie „outdoors, inside, home oder school" zur Verfügung stehen. Unterhalb des Panels können die Tageszeit, das Wetter und die Hintergrundfarbe festgelegt werden. Außerdem lassen sich Soundwörter, Fotos und Bilder einfügen. Alle Inhalte mit einem Stern sind in der Basisversion verfügbar, für jene mit Schloss ist ein Abonnement nötig. Im zweiten Schritt werden die Charaktere eingefügt und Outfit, Haar- und Hautfarbe sowie Frisur festgelegt. Geht man mit dem Pfeil der aktuellen Person zurück, können weitere Figuren über „Add character" hinzugefügt werden.

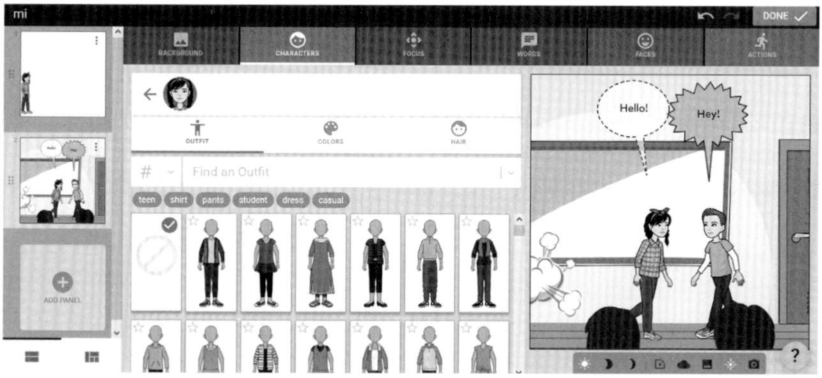

Abb. 43: Gestaltungsoptionen für einen Charakter bei *Pixton* (Quelle: Screenshot)

Anschließend wird die Fokussierung von Totale bis Nahaufnahme angepasst. Im vierten Schritt erfolgt das Lettering, also das Einfügen des Textes. Für die Worte stehen verschiedene Sprechblasen zur Verfügung – Sprache/Rede, Gedachtes, Geschrienes, Geflüstertes. Über den Zurück-Pfeil lassen sich zudem verschiedene Caption-Felder ergänzen.

In Schritt fünf und sechs werden die Gesichtsausdrücke und die Handlungen der Figuren, also ob sie stehen, gehen, sprechen oder laufen, und die jeweilige Ausrichtung, frontal oder seitlich, eingestellt. Die Einfügungen lassen sich direkt im Panel bewegen, die Sprechblasen richten sich automatisch an der Verschiebung der Figur aus. Ist die Bearbeitung abgeschlossen, klickt man auf „Done“ und der Comic wird automatisch auf dem Dashboard gespeichert. Spätere Änderungen sind jederzeit möglich. Zum Abschluss der ersten Pixton-Anmeldung erstellt man seinen eigenen Comic-Avatar und bestimmt das Aussehen, von der Kleidung und Größe bis zum Gesichtsausdruck.

Als Lehrkraft besteht die Möglichkeit, sogenannte Klassenräume anzulegen, sodass man die Lernenden eines Kurses zu *Pixton* einladen kann. Die Einladung erfolgt per Link, womit sich die Schülerinnen und Schüler anschließend mit einem Benutzernamen für *Pixton*, der mindestens drei Zeichen umfassen muss und von der Lehrkraft festgelegt wird, einschreiben können. Unabhängig davon können sich Lernende auch ohne Kursbindung mit einem Google-Konto bei der Website anmelden. Dann gibt es allerdings Nutzungseinschränkungen; so kann beispielsweise kein gemeinsames Klassenfoto erstellt werden und die Comics lassen sich nicht innerhalb der Klasse teilen. Um eine Klassengruppe anzulegen, wählt man auf dem Dashboard „My classrooms“ und anschließend „New classroom“ aus. Danach wird ein Kursname vergeben sowie die Klassenstufe und das Fach festgelegt. Auch spezielle Optionen, wie das Anzeigen eines Rollstuhls, eines Hörgerätes oder des non-binären Geschlechts für die Avatare der Lernenden, sind verfügbar.

Innerhalb des Kurses hat die Lehrkraft Zugriff auf die von Lernenden gestalteten Comics. Sie kann diese z. B. in Videokonferenzen über den Bildschirm teilen oder sie für die weitere Thematisierung im Unterricht ausdrucken. Die Anmeldung als Lehrkraft beinhaltet zudem den Zugriff auf einige Druckvorlagen, die im Schulalltag genutzt werden können, etwa der eigene Avatar in verschiedenen Posen, diverse Sprechblasen, Klassenregeln und ein Arbeitsblatt zur Charakterisierung von Figuren.

Im Deutschunterricht

Comics sind integraler Bestandteil der Lebenswelt von Jugendlichen, denn sie werden nicht nur gern gelesen, sondern insbesondere in Form von Mangas auch gern gestaltet. Dieses motivationale Potenzial ist nicht zu unterschätzen, wenn es darum geht, Comics zu rezipieren und zu produzieren und dabei Bildtext- und Schrifttextebene zueinander in Beziehung zu setzen. Comics und Graphic Novels als Adaptation klassischer Texte und insbesondere als eigenständige Werke haben einen zunehmend festeren Platz im Literaturunterricht, denn als Text-Bild-Verbünde eröffnen sie vielfältige lese-, literatur- und schreibdidaktische Lerngelegenheiten. Neben der Gestaltung ganz eigener Bildgeschichten, sind Weiterführungen von Geschichten denkbar oder das Erzählen alternativer Handlungen, indem Sprechblasentexte getilgt, mit eigenen Worten gefüllt und zu einem kohärenten Ganzen zusammengefügt werden. Die „[…] Funktion von Bildperspektive, Bildaufbau (Mise en Scène) oder Raumgestaltung“ (vgl. Wrobel 2019, S. 228) kann analytisch untersucht, aber auch produktiv erprobt werden, um die Wirkungsweise zu verstehen. Insbesondere für das literarische Lernen und den Umgang mit Genre- und Gattungsmerkmalen liegen hier Potenziale. Die Übertragung von Erzähltexten oder Dramen in das Comic-Format kann auch zum Leseverstehen beitragen, denn mit der Ausgestaltung der individuellen Wahrnehmung im Bild werden Verstehensprozesse sichtbar. Nicht zuletzt eröffnet das Lesen und Gestalten von Comics auch aufgrund der thematischen Vielfalt verschiedene Anknüpfungspunkte für das ästhetische und mediale Lernen. Dabei bietet Pixton auch Lernenden ohne zeichnerisches Talent die Chance, ästhetisch ansprechende Comics zu gestalten und so ihren Vorstellungen Ausdruck zu verleihen.

Alternativen

Es gibt viele weitere Möglichkeiten, um digitale Comics zu erstellen. Im Vergleich zu Pixton eher zum Einstieg geeignet ist *Comic Life* (https://www.comiclife.eu/Comic-Life.html). Der *Super Action Comic Maker* (https://www.culturestreet.org.uk/activities/superactioncomicmaker/) ist ebenfalls ein kostenloses Online-Tool, mit dem sich Superhelden-Geschichten erzählen lassen, ohne dass eine Anmeldung nötig ist. Es gibt eine begrenzte Auswahl an Hintergründen, Figuren und Sprechblasen, die in das Panel gezogen werden, sodass Bild für Bild ein ganzer Comic entsteht, der gespeichert und ausgedruckt werden kann. Mehr Funktionen, aber auch mehr Werbung und Cookies, bietet die Website https://www.makebeliefscomix.com/.

Literaturhinweise:

Wrobel, Dieter 2019: Comic/Graphic Novel. In: Baurmann, Jürgen/Kammler, Clemens/Müller, Astrid: Handbuch Deutschunterricht. Theorie und Praxis des Lehrens und Lernens. 2. Auflage. Hannover: Kallmeyer/Klett, S. 226–229

B

Exemplarisches Lernszenario IV: Distanzunterricht II

Katja, Gymnasiallehrerin in einer 10. Klasse

Faust-Comics mit Pixton erstellen

Die Idee

Vor der Lektüre stellte ich mir die Frage: Wie kann ich Schülerinnen und Schülern Goethes Faust auf eine moderne, schülernahe und kreative Weise zugänglich machen? Die Idee eines gemeinsamen Comics bot sich dabei regelrecht an. Auf der Suche nach einem geeigneten Tool entdeckte ich die Seite www.pixton.com.

Die Vorbereitung

Als Lehrkraft registriert, konnte ich Klassen anlegen und jedem Schüler/jeder Schülerin einen Zugangscode zukommen lassen. Nachdem sich die Schülerinnen und Schüler angemeldet hatten und anfingen, Comics zu erstellen, konnte ich in die Schüler-Comics hineinschauen und direkt Feedback geben.

Grundsätzlich ist *Pixton* kostenlos, es können aber Materialpakete dazugekauft werden. Nachdem ich selbst zu den letzten drei Szenen einen Comic erstellt hatte (Abb. 44, S. 189), zeigte ich diesen als Beispiel zu Beginn des Projektes.

Für die Erstellung eines Klassen-Comics gibt es verschiedene Herangehensweisen:

- Die Klasse einigt sich auf eine gleich aussehende Faust-/Mephisto-/Gretchenfigur *oder*
- jede/jeder erstellt eine eigene grafische Umsetzung der Figuren.

Ich entschied mich für Letzteres, sodass wir am Ende die unterschiedlichen Darstellungen vergleichen und Figuren direkt und indirekt charakterisieren konnten.

Zeitlicher Rahmen/Organisation

Je nach Vorgehensweise kann der Comic lektürebegleitend als Hausaufgabe oder als kreative Abschlussaufgabe erstellt werden. Wenn die Comic-Szene im Unterricht erarbeitet werden soll, benötigen die Schülerinnen und Schüler ein Endgerät (Tablet, Laptop oder Computer) mit WLAN-Zugang, da die Website *Pixton* nur online genutzt werden kann. Um ein ansprechendes Ergebnis zu erhalten, muss der Fokus zunächst auf der Vorarbeit liegen (ca. 90 min), erst dann kann eine Einführung in die Website (*Pixton* bietet Erkärvideos an) erfolgen. Anschließend können die Schülerinnen und Schüler mit der Erstellung beginnen (Arbeitszeit Comic ca. 180 min). Je nach Präsentationsform und Umfang sollte Zeit für die Reflexion im Anschluss eingeplant werden.

Der Ablauf

Alle bekamen zwei Szenen zufällig zugeteilt. Die Zuordnung kann ganz einfach analog oder auch digital ausgelost werden. Die Schülerinnen und Schüler konnten ihre Szenen entweder lektürebegleitend erstellen oder auch erst nach dem Beenden der Lektüre. Es gab einen Termin, an dem sie ihren Comic spätestens fertig gestellt haben mussten. Wichtig ist, die Schülerinnen und Schüler bei der Erstellung zu begleiten und z. B. zu den Schüler/innen-Comics Feedback auf *Pixton* zu geben oder am Anfang einer Unterrichtsstunde den Arbeitsprozess zu thematisieren.

Die Aufgabe: Stelle deine Faust-Szenen in einem Comic dar.

Mögliches Vorgehen:

- Überlege dir genau, was wichtig für die Szene ist (Figuren, Handlung). Verfasse also zuerst eine Zusammenfassung (auch in Stichpunkten möglich).
- Formuliere anschließend das Wichtigste der Szene in eigene Worte um.
- Erstelle eine Abfolge der Szene. Welche Bilder (Panels) mit welchem Inhalt möchtest du zeigen/darstellen? Achte dabei auch auf Regieanweisungen, sie können dir Hinweise zur Umsetzung geben (z. B. Tageszeit, Gegenstände).
- Übertrage anschließend deine Ausarbeitungen in den Comic.
- Beachtet dabei: Aussehen, Kleidung, Captions, Sprechblasen, Posen, Fokus, Gesichtsausdrücke ...
- Schreibe in die Caption den Titel und die Nummer der Szene.
- **ACHTUNG:** Erstelle nicht zu viele Bilder, nur das, was eine Leserin/ein Leser grob inhaltlich aus der Szene mitnehmen soll. **Kurze Szenen** kommen auch mit zwei bis drei Bildern aus, **längere Szenen**, z. B. Nacht (4) oder Studierzimmer (5), mit nicht mehr als neun Bildern.

Anschließend fügte ich alle Szenen zu einem Klassen-Comic zusammen.

Abb. 44: Kerker-Szene zu Goethes „Faust I" erstellt mit *Pixton* von Katja Küntzel (Instagram: lehr.bar) (Quelle: Screenshot)

Reflexion und Präsentation

Bei kreativen/produktiven Aufgaben finde ich es sehr wichtig, dass nicht nur ein Produkt entsteht, sondern dass dieses angemessen reflektiert wird. So präsentierten die Schülerinnen und Schüler ihre Szene und erläuterten den Entstehungsprozess kriteriengeleitet: Warum habe ich das Outfit/die Frisur/die Pose/den Gesichtsausdruck gewählt? Welche Rolle spielt der Hintergrund? Warum habe ich die Figuren in dieser Weise zueinander angeordnet? Welche Symbole/Farben gewinnen in der Szene an Bedeutung? An diesem Punkt stellten sie also ihre Interpretation der Szene nicht nur in einem Comic dar, sondern reflektierten und diskutierten zugleich die grafische Umsetzung.

Fazit

Am Ende erhielten wir einen sehr ansprechenden Faust-Comic und einen farbenfrohen, kreativen Zugang zur Handlung und den Figuren. Für die weitere Textanalyse und Interpretation stellten die Comic-Szenen eine schülernahe Grundlage dar.

Katja Küntzel (Instagram: lehr.bar)

4.3.4 Toontastic 3D – Animationsfilme erstellen

https://toontastic.withgoogle.com/

- ☑ App, online
- ☑ kostenlos, werbefrei
- ☑ Englisch, individuelle Sprache zum Aufnehmen
- ☑ Personenbezogene Daten werden erhoben. Dritte haben Zugriff auf diese Daten. Es greift nicht die EU-Datenschutz-Grundverordnung.
- ☑ Android und iOS

Erste Schritte

Toontastic 3D ist eine kostenlose App für iOS und Android-Geräte zum Erstellen kurzer Animationsfilme. Die Bedienungsanleitung in Wort und Ton erfolgt in englischer Sprache, aber die Anwendung ist so intuitiv und einfach aufgebaut, dass sie auch ohne weitere Sprachkenntnisse möglich ist. Nachteilig ist, dass die App beim Herunterladen Zugriff auf die Identität, Fotos, Medien, Dateien, die Kamera und das Mikrofon fordert, was für die Nutzung nicht unbedingt nötig zu sein scheint. Die aufwändigen Animationen verbrauchen zudem viel Akku, weshalb ein Ladekabel bereitliegen sollte. Dennoch ist die Anwendung lohnenswert.

Anwendung

Im ersten Schritt wird die Art des Films festgelegt. Zur Wahl stehen die Formate Short Story (eine kurze Geschichte in drei Teilen), Classic Story (klassische Geschichte in fünf Teilen) und Science Report mit den Elementen Frage, Hypothese, Experiment, Resultat und Zusammenfassung. Während der Filmerstellung können weitere Teilelemente hinzugefügt oder entfernt werden. Im zweiten Schritt wird ein Schauplatz bzw. Szenenbild ausgewählt. Dieses kann selbst gezeichnet oder aus einer Reihe von Vorlagen, z. B. Schulgebäude, Tempel, Piratenschiff oder Atlantis, ausgewählt werden. Passende Figuren können im dritten Schritt ebenfalls gezeichnet oder ausgesucht werden. In der Gruppe ist das Bewegen mehrerer Figuren gleichzeitig möglich. Wird das Video allein erstellt, sollte man mit weniger Figuren arbeiten, da das Einsprechen gleichzeitig zur Animation erfolgt. Anschließend kann die Aufnahme für die erste Szene gestartet (Schritt 4) und beim folgenden Anschauen mit passender Musik unterlegt werden (Schritt 5). Auch hier stehen vielfältige Optionen zur Verfügung. Sollte die Szene nicht gelungen sein, kann eine neue Version aufgenommen werden. Zur Fertigstellung des Kurzfilms müssen nur noch ein Titel und die Autorinnen/Autoren eingetragen werden. Die Datei lässt sich nach der ersten Vorführung extern speichern.

Im Deutschunterricht

Die App lässt sich nicht nur im Deutschunterricht vielfältig und die Lernbereiche verbindend einsetzen. Es können zum Beispiel mit kleinstem Aufwand selbst erfundene Geschichten animiert oder im Unterricht thematisierte Texte nacherzählt, reale und fiktive Dialoge entwickelt und sprachlich gestaltet oder die Ergebnisse einer Projektarbeit zusammengefasst und präsentiert werden. Die Arbeit mit der App ist produktionsorientiert und kann, je nach Intensität der Vorbereitung, wenige Minuten oder auch mehrere Stunden in Anspruch nehmen. Für die Erstellung eines Science Report müssen die meisten Schritte einer Referatsvorbereitung, von der Themenfestlegung, über das Finden und Auswerten von Informationen bis hin zur Anordnung und Ausformulierung der Inhalte, durchlaufen werden. Auch wenn der Vortrag nicht live gehalten wird und Aspekte wie Gestik und Mimik wegfallen, muss er vor der Arbeit mit *Toontastic 3D* geübt werden. Aspekte wie die klare, deutliche Aussprache und die Angemessenheit von Sprechtempo und Lautstärke sind unbedingt zu berücksichtigen.

Alternativen

Es gibt zahlreiche weitere Apps, mit denen Animationsfilme oder virtuelle Charaktere kreiert werden können. Die App *Puppet Pals* gibt es inzwischen in der HD-Version für iPad und iPhone und ist leicht zu bedienen. Es sind verschiedene Hintergründe, Transportmittel und Figuren verfügbar, wobei die Auswahl in der kostenlosen Basisversion beschränkt ist. Zudem besteht die Möglichkeit, eigene Fotos zu verwenden und diese durch Nachzeichnen mit dem Finger im gewünschten Format auszuschneiden. Die Figuren können mit dem Finger bewegt, gezoomt und gedreht werden, und mit einer parallelen Ton- und Bildschirmaufnahme entsteht ein animierter Film.

Mehr Funktionen und Gestaltungsmöglichkeiten bietet die App *Plotagon Story* mit der sowohl auf Android- als auch iOS-Geräten animierte Videos erstellt werden können. Als Programm zum Herunterladen gibt es Windows *Plotagon Studio* (https://www.plotagon.com/desktop/). Im Mittelpunkt von *Plotagon* stehen die animierten Figuren, die in verschiedenen Settings ein Gespräch miteinander führen. Die Charaktere werden selbst gestaltet und man kann die zum Gesprächsinhalt passende Mimik und Gestik auswählen. Zudem gibt es eine Auswahl von Soundeffekten und Musik.

Ein virtueller Charakter steht auch bei der App *Tellagami* im Mittelpunkt. Er oder sie wird in einen passenden Hintergrund gesetzt und spricht mit computergenerierter Stimme einen eingesprochenen oder über die Tastatur eingegebenen Text. In der kostenlosen Basisversion können auf diese Weise 30-sekündige Animationsfilme gestaltet werden, in denen der digitale Avatar eine Rede hält oder ein Ergebnis präsentiert.

Literaturhinweise:
Praxis Deutsch Nr. 244/2014: Präsentieren multimedial

4.3.5 Twine – Interaktive Geschichten und Spiele erstellen

https://twinery.org

- ☑ Website, online
- ☑ kostenlos, werbefrei
- ☑ Deutsch und Englisch
- ☑ Personenbezogene Daten werden erhoben. Dritte haben Zugriff auf diese Daten. Es greift die EU-Datenschutz-Grundverordnung.
- ☑ Windows, macOS und Linux, Android, iOS

Erste Schritte

Twine ist ein webbasiertes Tool, mit dem interaktive Geschichten und Spiele, genauer Text-Adventures, aber auch Tutorials oder Lernpfade gestaltet werden können. Als Open-Source- und OER-Anwendung ist *Twine* frei im Internet verfügbar, und es wird keine Anmeldung benötigt. Zusätzlich besteht die Möglichkeit, das Tool für Windows, macOS oder Linux herunterzuladen und auf dem PC zu installieren. Zur Online-Version gelangt man über die Startseite und wählt dort die Schaltfläche „Use it online“ auf einem der Post-it's. Wahlweise kann auch der folgende Direktlink genutzt werden: http://twinery.org/2/#!/stories.

Anwendung

Auf dem Dashboard erscheint eine Übersicht über die bisher verfassten *Twine*-Geschichten. Um eine neue Geschichte anzulegen, muss der Button „+Geschichte“ gedrückt und ein Titel vergeben werden.

Auf dem *Twine*-Board erscheint ein noch unbenannter Abschnitt, der mit einem Doppelklick und einem Klick auf den erscheinenden Stift bearbeitet werden kann. Hier beginnt die Geschichte, und im Textfeld kann nun eine entsprechende Einleitung formuliert werden. Die Grundidee von *Twine* ist, eine interaktive Geschichte zu gestalten, bei der die Leserinnen/Leser oder Spielerinnen/Spieler mitentscheiden können, wie es weitergeht. Daher auch die Bezeichnung als *Twine*, was im Deutschen „Schnur" bedeutet. Um dieser Idee gerecht zu werden, müssen entsprechende Entscheidungsoptionen zur Verfügung stehen, z. B.: Wie soll die Geschichte enden? Mit einem Happy End oder einem tragischen Ausgang? Die Entscheidung für eine Option entscheidet über den Fortgang der Geschichte, die in einem nächsten Abschnitt bzw. der nächsten Text-Passage angelegt und mit dem Start verknüpft wird. Da beim Schreiben mit *Twine* html-Dateien erstellt werden, verwendet man für diese Verknüpfung die einfache Form einer Programmiersprache. Um Abschnitte zu verbinden, verwendet man einen Link, der das wichtigste Element beim Geschichtenschreiben mit Twine ist. Ein Link kann mit der Eingabe der Kombination aus eckigen Klammern und Titel des neuen Abschnitts erzeugt werden: [[Hier ist der Link zur Passage 2->passage2]], oder mithilfe der Bedienelemente bzw. *Twine*-Grundbefehle, hier also dem „Link …-Button". Auf diese Weise können auch die Schriftart, die Farbe etc. verändert oder weitere Verknüpfungen erstellt werden. Löscht man in den Textboxen den Text „Doppelklick auf diesen Absatz zum Bearbeiten", erscheinen die wichtigsten *Twine*-Grundbefehle.

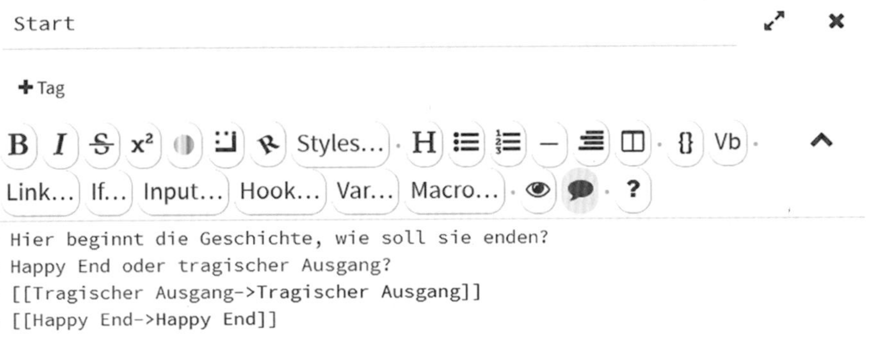

Abb. 45: Edition eines Abschnitts mithilfe von *Twine*-Grundbefehlen (Quelle: Screenshot)

Mit dem Schließen des Bearbeitungsfeldes sind die neuen Abschnitte auf dem Geschichten-Board sichtbar und können wie beschrieben bearbeitet und wiederum verlinkt werden, sodass ein immer längerer Geschichtenfaden mit verschiedenen Abzweigungen und Interaktionen entsteht.

Um sich die bisherige Gestaltung des Twines in der späteren Spiel- oder Leseansicht anzuschauen, braucht man nur die Playtaste eines Abschnitts oder den „Spielen-Button" unten in der Menüleiste des Geschichten-Boards drücken. Das Twine erscheint in einem neuen Tab, der anschließend wieder geschlossen werden kann.

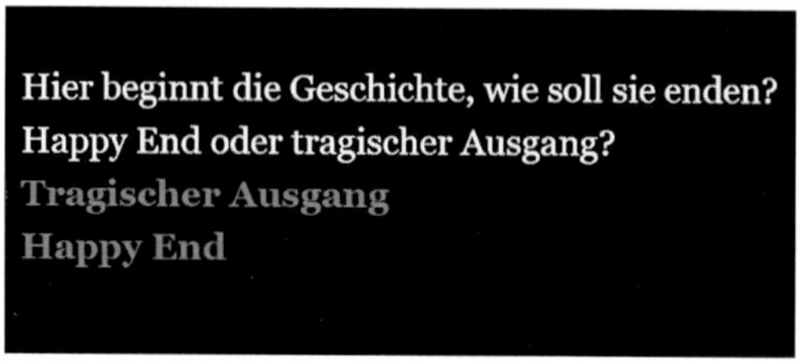

Abb. 46: *Twine*-Spielansicht (Quelle: Screenshot)

Solange auf dem *Twine*-Board noch geschrieben wird, sollte dieser Tab nicht geschlossen werden, weil die Speicherung erst später als .html-Datei erfolgt und die Geschichte sonst verloren geht. Dieses Problem fällt weg, wenn man das Programm auf dem PC installiert hat. Das Speichern beim Schreiben im Webbrowser ist über das Anklicken des „Home“-Buttons möglich, über den man zurück auf das Dashboard gelangt. Dort ist die Geschichte hinterlegt und kann über das Zahnrädchen „Als Datei veröffentlichen“ als Weblink oder eingebettet auf einer Website gespeichert werden.

Je nach Interesse und Vorkenntnissen kann man sich die Programmiersprache von *Twine* leicht aneignen, um alle Funktionen zu nutzen und die Geschichte zu gestalten. Alternativ lässt sich aber auch mit den entsprechenden Bedienelementen arbeiten, sodass ein Geschichtenfaden mit individuellem Design, Bildern, weiteren Elementen, abwechslungsreicher Schriftgestaltung und variiertem Geschichtenformat entsteht.

Zwei gute Anleitungen im *Twine*-Format, die auch wesentliche *Twine*-Programmierbefehle beinhalten, sind zugleich Beispiele für die Verwendung von *Twine* als Tutorial. Sie sind unter dem folgenden Link zu finden: https://meintwine.glitch.me/ und f27cb33957ca914380c02a7c13d657d6/ How_to_Twine.html.

Im Deutschunterricht

Geschichten zum Mitentscheiden gibt es auf dem aktuellen Kinder- und Jugendbuchmarkt sowohl auf Papier als auch in digital erweiterter Form. Solche interaktiven Geschichten selbst zu gestalten, hat einen besonderen Reiz und ist mit dem webbasierten Tool *Twine* relativ leicht möglich. Um einen solchen Geschichtenfaden zu spinnen, braucht es nicht nur Fantasie und Kreativität, sondern auch ein Verständnis für den Aufbau von Geschichten, die Unterschiede zwischen linearen und nonlinearen Erzählstrukturen und die Verwobenheit von Handlungsschritten. Im Deutschunterricht lässt sich dieses Verstehen mit der Anwendung von *Twine* fördern, indem zum einen vorgegebene Geschichten mit *Twine* verändert werden und beispielsweise einzelne Figuren anders handeln oder ein alternatives Ende erzählt wird. Zum anderen können selbst Geschichten mit dem Tool entworfen und geschrieben werden, die die Leserinnen und Leser zum Mitentscheiden auffordern. Ein guter Einstieg für beide Erarbeitungsformen ist das Spielen eines fertigen

Textadventures, das mit *Twine* erstellt wurde. Da für die Gestaltung einer interaktiven Geschichte mit *Twine* die Auseinandersetzung mit einer, wenn auch einfachen, Programmiersprache notwendig ist, kann eine analoge Vorbereitung der Geschichte sinnvoll sein. Für die Haupt- und Nebenfiguren können Steckbriefe angefertigt werden, und analog zu den Textabschnitten in *Twine* auf Klebezetteln die verschiedenen Passagen der Geschichte notiert und in eine kohärente Struktur gebracht werden. Zur Anregung können beispielsweise Reizwort-Karteien oder Story Cubes zum Einsatz kommen. Nach der digitalen Gestaltung kann sich eine analoge Präsentation anschließen, in der die Geschichten erzählt oder gespielt werden.

Die Beschäftigung mit einer Programmiersprache zur Erstellung eines digitalen Textadventures, eines Tutorials oder Lernpfades fördert aber nicht nur die Kreativität und das Verstehen von Geschichten und Erzählstrukturen auch in ihrer medialen Variation, sondern hat auch einen eigenen Wert für die Reflexion über Sprachen.

4.3.6 Vision Kino

https://www.visionkino.de/

- ☑ Website, online
- ☑ kostenlos
- ☑ Deutsch
- ☑ Personenbezogene Daten werden erhoben. Es greift die EU-Datenschutz-Grundverordnung.
- ☑ Windows, macOS und Linux, Android, iOS

Eines der bekanntesten Projekte der *Vision Kino* GmbH sind die jährlich stattfindenden Schulkinowochen. Mit diesem bundesweiten Angebot soll die schulische Filmbildung unterstützt und die Filmkompetenz, also die Fähigkeit, bewegte Bilder zu lesen und zu entschlüsseln, gefördert werden. Dafür gibt es ein reichhaltiges Filmprogramm zum reduzierten Preis und in der Schulzeit für alle Klassenstufen in den regionalen Kinos der Bundesländer. Darüber hinaus werden rund um die Schulkinowochen zahlreiche Veranstaltungen wie Gespräche mit Filmschaffenden oder Fortbildungen für Lehrkräfte angeboten. Als Teil der umfassenden Medienbildung spielt der Film als Leitmedium für Kinder und Jugendliche eine zentrale Rolle, *Vision Kino* möchte in diesem Zusammenhang auch das Bewusstsein für das Kino als besonderen Ort der kulturellen Bildung stärken (vgl. https://www.visionkino.de/schulkinowochen/ueber-die-schulkinowochen/).

Neben aktuellen Informationen aus der Kinowelt, Filmtipps und Filmkritiken sind auf der Website kostenlose, didaktisch hochwertige Materialien zur Medien- und Filmbildung im Allgemeinen, zu Methoden und zu einzelnen Filmen zu finden, die man im PDF-Format herunterladen kann. Für die Suche nach geeigneten Filmen und Materialien gibt es unter dem Menüpunkt „Filmtipps“ eine anpassbare Suchmaske oder man stöbert durch die Filmhefte, Leitfäden und besonderen Filmtipps.

Für die digitale Auseinandersetzung mit Filmen ist das interaktive Filmsprache-Plakat ein hilfreiches Tool. Die einzelnen Icons in der Übersicht stehen für zentrale filmische Gestaltungsmittel, die mit einem Klick genauer erklärt werden.

Auch die App *Filmsprache* des *Neue Wege des Lernens e. V.* oder die App *TopShot* (https://www.filmundschule.nrw.de/de/digital/topshot/), mit der man interaktiv in Filmclips eingreifen und auf diese Weise die Wirkung filmischer Gestaltungsmittel erproben kann, können in diesem Kontext zum Einsatz kommen.

Nicht zuletzt bieten auch die verschiedenen Projekte zum Thema Film, wie die Film-Einführungen von Filmschaffenden für Schulklassen (als *YouTube*-Kanal: https://www.youtube.com/channel/UCCmQIrloj5xcHq4kjtE_1zw), vielfältige Anregungen für die Filmbildung im Deutschunterricht und komplettieren die reichhaltige Film-Material-Fundgrube von *Vision Kino.*

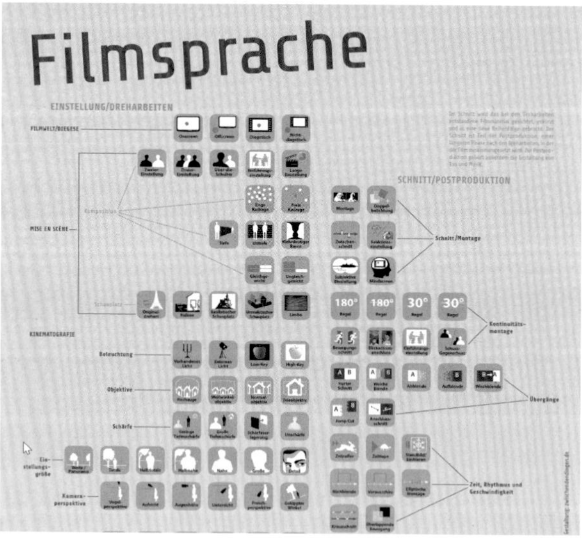

Abb. 47: Ausschnitt des interaktiven Filmsprache-Plakats (Quelle: https://nwdl.eu/filmsprache/)

4.4 Sprache und Sprachgebrauch untersuchen

4.4.1 Lingscape

https://lingscape.uni.lu/

- ☑ App, online
- ☑ kostenlos
- ☑ Englisch, Deutsch
- ☑ Personenbezogene Daten werden erhoben. Dritte haben Zugriff auf die Daten. Es greift die EU-Datenschutz-Grundverordnung.
- ☑ Android und iOS

Lingscape ist eine App, die im Rahmen eines Projektes zur Erforschung von visueller Mehrsprachigkeit im öffentlichen Raum von Christoph Purschke an der Universität Luxemburg entwickelt wurde. Mithilfe einer sogenannten Linguistic Landscape, kurz *Lingscape*, soll die Mehrsprachigkeit öffentlicher Schilder und Beschriftungen dokumentiert und analysiert werden. Mit der Bildersammlung auf einer interaktiven Karte soll zum einen für die Sprache im öffentlichen Raum sensibilisiert und die sprachliche Landschaft verschiedener Orte sichtbar gemacht werden. Zum anderen soll eine Erforschung und Analyse der Vielfalt und Dynamik öffentlicher Sprachen ermöglicht werden.

Im Deutschunterricht kann die interaktive Karte der App als Informationsquelle genutzt werden und die Reflexion über Sprachgebrauch und Sprachwandel in regionaler oder globaler Perspektive anregen. Zudem können Schülerinnen und Schüler selbst Teil des Crowd-Research-Teams werden, indem sie die eigene Sprachlandschaft erkunden und Bilder hochladen. Auf diese Weise ist forschend-entdeckendes Lernen und eine Annäherung an diese linguistische Forschungsmethode möglich. In einem fächerübergreifenden Projekt können die Daten zudem ausgewertet und präsentiert werden und zu einer ersten Untersuchung verschiedener Kommunikationsdomänen wie Kultur, Tourismus oder Verkehr und zur Reflexion über die Bedeutung, die Funktion, den Wandel und die Wirkung von Sprache insbesondere in Hinblick auf Teilhabe und

Abb. 48: *Lingscape*-Karte (Quelle: Screenshot)

Diversität beitragen. Die Einbindung in ein „richtiges Forschungsprojekt“ unterstützt dabei sicherlich besonders die Motivation. Ein ähnliches Projekt wird derzeit an der Universität Hamburg durchgeführt und dokumentiert, wie die Sprachlandschaft Hamburgs auf die Covid-19-Pandemie reagiert (siehe https://www.linguasnapp.uni-hamburg.de/).

Literaturhinweise:

Purschke, Christoph 2018: Sprachliche Vielfalt entdecken. In: Der Deutschunterricht Nr. 4, S. 70–75

4.4.2 Wortarten und Satzglieder bestimmen

https://wortarten.info/

- ☑ Website, online
- ☑ kostenlos
- ☑ Deutsch, Englisch, Französisch, Spanisch
- ☑ Personenbezogene Daten werden erhoben. Es greift die EU-Datenschutz-Grundverordnung.
- ☑ Windows, macOS und Linux, Android, iOS

Die Website https://wortarten.info/ ist ein kleines, aber nützliches digitales Werkzeug, um die Wortarten innerhalb eines Satzes zu bestimmen.

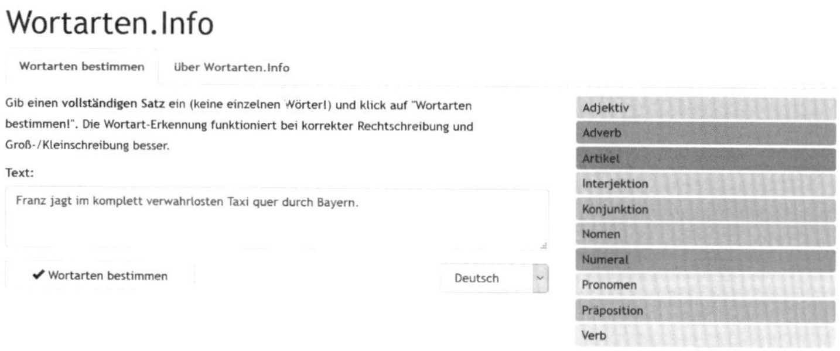

Abb. 49: Bestimmung der Wortarten eines Satzes auf *wortarten.info* (Quelle: Screenshot)

In die Textzeile muss ein vollständiger Satz eingetragen werden, damit mit einem Klick die farbliche Zuordnung zu den zehn in der Schule üblicherweise eingeführten Wortarten erscheint. Die Bestimmung erfolgt auf der Basis von

Trainingsdaten der Universitäten Stanford und des Saarlandes. Genauere Informationen darüber sowie weiterführende Links sind unter dem Menüpunkt „über Wortarten.info“ zu finden. Mit dem „Schraubenschlüssel“-Button sind weitere Einstellungen möglich, z. B. die Anzeige in den Wortarten-Farben, wie sie in Montessori-Materialien verwendet werden. Zudem wird in einem Histogramm die prozentuale Verteilung der Wortarten im Satz angezeigt und es lässt sich eine Wortliste zum Speichern und Bearbeiten herunterladen. Neben deutschen Sätzen verarbeitet *Wortarten.info* auch jene in englischer, französischer und spanischer Sprache. Diese Funktion kann sehr gut als Anlass dienen, um die Sprachen und ihre Wortarten miteinander zu vergleichen und Gemeinsamkeiten und Unterschiede zu reflektieren. *Wortarten.info* eignet sich auch zur Selbstkontrolle und zur kritischen Auseinandersetzung mit grammatischen Begriffen und Zuordnungen.

Ähnlich funktioniert die Website https://www.satzapp.de/, mit der sich Satzglieder bestimmen lassen. Auch hierbei ist die Einbindung in den Unterricht didaktisch abzuwägen, damit der Umgang mit grammatikalischen Kategorien sinnstiftend und nicht losgelöst vom kommunikativen Kontext erfolgt.

4.5 Informieren und trainieren – Interaktive Übungen und digitale Lernkontrollen für den Deutschunterricht

4.5.1 ANTON-App

https://anton.app/de/

- ☑ Website und App – online und offline
- ☑ kostenlos in der Basisversion, werbefrei
- ☑ Registrierung der Lehrkraft erforderlich, pseudonymisierte Benutzernamen und Codes für Lernende
- ☑ Personenbezogene Daten werden erhoben. Dritte haben Zugriff darauf. Es greift die EU-DS-GVO.
- ☑ Windows, macOS und Linux, Android, iOS

Erste Schritte

ANTON ist eine interaktive Lern-App für Smartphone, Tablet und Computer. Die von der EU geförderte Lernplattform stellt über 100.000 an den aktuellen Lehrplänen orientierte Aufgaben in verschiedenen Übungsformaten, Lernspielen und interaktiven Erklärungen für Lernende der Klassen 1 bis 10 zur Verfügung.

Derzeit finden die Fächer Deutsch, Mathematik, Sachunterricht, Biologie, Geschichte, Physik, DaZ und Musik Berücksichtigung. Die Nutzung von *ANTON* ist in der Grundversion kostenfrei und erfordert lediglich eine Registrierung der Lehrkraft. Mit der kostenpflichtigen Version *ANTON*-Plus (für Lehrkräfte 40 € im Jahr) können erweiterte Gruppen- und Reportfunktionen genutzt werden. Eine Schullizenz kostet zwischen 250 und 700 € pro Jahr und ermöglicht ebenso wie die Plus-Version, die Offline-Nutzung, die Erstellung von Lernlisten, die Verwendung eines Chats sowie die Freischaltung von Belohnungen.

Die Anmeldung der Schülerinnen und Schüler erfolgt in allen Varianten über die Vergabe von Nutzernamen in einer Klassengruppe, wobei durch die Verwendung von Pseudonymen eine personenbezogene Datenweitergabe vermieden werden kann. Die automatisch generierten Codes können ausgedruckt oder als QR-Code von den Lernenden gescannt werden.

Anwendung

Für die angelegte Schülergruppe können Aufgaben ausgewählt und zur Bearbeitung in einer bestimmten Lernwoche „gepinnt" werden. Der Lernfortschritt und detaillierte Übungsverlauf kann für jedes Gruppenmitglied über die Reportfunktion eingesehen werden, sodass sich individuelle Fehlerschwerpunkte im Unterricht aufgreifen lassen. Auch Bearbeitungsdatum und -zeit sind einsehbar, sodass eine gewisse Kontrolle des Lernens auch im Distanzunterricht möglich ist. Die Übungen sind spielerisch angelegt und erfordern unterschiedliche Lösungseingaben, wie das Ankreuzen oder Eintragen der Lösung, das Aufschreiben von Sätzen, Sortieren oder Zuordnen. Die Aufgaben können über ein Lautsprechersymbol von *ANTON* vorgelesen werden, sodass die Bearbeitung auch möglich ist, wenn die Lesefähigkeiten zum eigenständigen Erlesen noch nicht ausreichen. Die richtigen Lösungen werden im Verlauf einer Übung gezeigt, sodass die Lernenden sich selbst kontrollieren können. Zudem gibt es teilweise Hilfefunktionen und die Möglichkeit, die Aufgaben mehrmals zu bearbeiten. Für erfolgreich bearbeitete Übungen und Tests am Ende eines Aufgabenblockes erhält man „Coins", die für die Gestaltung von Avataren oder für kleine Spiele eingelöst werden können. Dieser extrinsische Anreiz wirkt insbesondere bei jüngeren Lernenden, denn es gibt eine Vielzahl von motorisch oder taktisch herausfordernden Spielen und witzigen Gestaltungselementen.

Im Deutschunterricht

Die Übungen für das Fach Deutsch sind überwiegend im Bereich Rechtschreibung und Grammatik angesiedelt, was einerseits auf die Aufgabenstruktur zurückzuführen ist und andererseits auf die unmittelbare Ergebnisrückmeldung, die nur für eindeutig falsche oder richtige Lösungen möglich ist. Für die Klassen 1 bis 4 gibt es zudem verschiedene Übungen zum Lesenlernen und zur Verbesserung der Lesegenauigkeit und -geschwindigkeit sowie zum Leseverstehen. Den Grammatikübungen gehen Erklärungen und Beispiele voran, sodass das im Unterricht erarbeitete Wissen noch einmal in Erinnerung gerufen wird. Der Schwierigkeitsgrad steigert sich im Verlauf der Übung. Eine Aufgabe im Bereich Konjunktionen und Präpositionen für die Klasse 8 beginnt etwa mit einer Erklärung, es folgen verschiedene Zuordnungsaufgaben und zum Abschluss ein Text, in dem die Wortarten zu suchen sind.

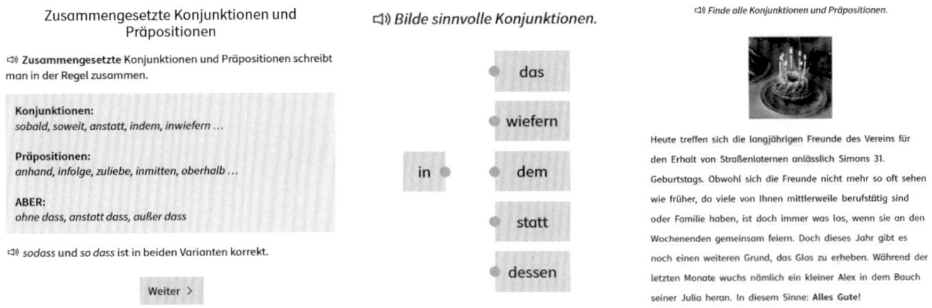

Abb. 50: Abfolge der Übung „Mehrteilige Konjunktionen und Präpositionen“ bei *ANTON* (Quelle: Screenshot)

Über die Angemessenheit der Struktur und des Niveaus der Übungen muss entlang der Voraussetzungen der Lerngruppe entschieden werden. Leider gibt es keine Möglichkeit, Aufgabenstellungen zu modifizieren. Eine Differenzierung lässt sich aber über die Nutzung von Aufgaben anderer Klassenstufen erreichen. Das Angebot wird laufend erweitert, sodass es zu den bisher kaum berücksichtigten Lernbereichen „Lesen – Umgang mit Medien und Texten“ und „Sprechen und Zuhören“ eventuell zukünftig ein Übungsangebot geben wird. Für die Klassen 9/10 gibt es dies bereits für einzelne literarische Epochen, zu den literarischen Gattungen und beispielsweise zum Argumentieren. Zur Wissensfestigung und -überprüfung ist die *ANTON*-App nicht zuletzt durch die flexible Nutzung auf verschiedenen mobilen Endgeräten und die Reportfunktion für Lehrkräfte insgesamt ein geeignetes Tool, mit dem die analoge Arbeitsheftnutzung ansprechend und differenzierend ergänzt werden kann. Es empfiehlt sich aber, die Übungen vorab sorgfältig zu prüfen, da sie nicht immer dem Stand der didaktischen Diskussion entsprechen.

Alternativen

Inzwischen gibt es eine große Auswahl von Lernplattformen und Lern-Apps. Für den Sekundarbereich interessant ist die interaktive Website *Schlaukopf.de* (ehemals *abfrager.de*, https://www.schlaukopf.de/). Das Angebot ist kostenlos und werbefinanziert. Die Werbung entfällt und weitere Funktionen, wie die Offline-

Nutzung und Lernstatistiken, kommen hinzu, wenn man die Premium-Version für 29 € pro Jahr erwirbt. Über die Auswahl der Schulform, der Klasse und des Faches gelangt man zu den Übungen. Im Fach Deutsch werden ebenso wie bei *ANTON* überwiegend die Bereiche Rechtschreibung und Grammatik berücksichtigt.

Die richtige Lösung wird bei jeder Übung und bei den verfügbaren Online-Tests angezeigt. Ein individuelles Feedback zeigt, wie gut man im Vergleich zu anderen Nutzerinnen und Nutzern abgeschnitten hat.

Der ehemalige YouTube-Kanal *simpleclub* (https://simpleclub.com/) wurde inzwischen zu einer Lern-App weiterentwickelt. Die Basis sind nach wie vor die ansprechend und schülernah gestalteten Lernvideos, die es für verschiedene Fächer gibt. In der kostenpflichtigen, für iOS und Android verfügbaren App *simpleclub unlimited* gibt es dazu passende Übungsaufgaben und Zusammenfassungen sowie die Möglichkeit, individuelle Lernpläne zu erstellen. Eine Jahreslizenz kostet 89,99 € pro Monat, für eine Monatslizenz sind 16,49 € zu zahlen.

4.5.2 FWU Mediathek

https://www.fwu-mediathek.de/ — Mediathek

- ☑ Website – online und offline
- ☑ Lizenz kostenpflichtig
- ☑ Registrierung der Lehrkraft erforderlich
- ☑ Personenbezogene Daten werden erhoben. Dritte haben Zugriff auf diese Daten. Es greift die EU-Datenschutz-Grundverordnung.
- ☑ Windows, macOS und Linux, Android, iOS

Beschreibung

Die *FWU-Mediathek* ist eine Website, die von der „FWU Institut für Film und Bild in Wissenschaft und Unterricht GmbH“ betrieben wird und audiovisuelle Medien für den Bildungsbereich produziert. In der Mediathek stehen über 5.000 Filme und Sequenzen mit Arbeitsmaterialien im doc- und PDF-Format für alle Schulfächer, -typen und -stufen bereit. Um das Angebot zu nutzen, muss eine Lizenz erworben werden. Diese kostet derzeit für eine weiterführende Schule 600 € pro Jahr, für Grundschulen 360 €. Sie ermöglicht allen Lehrenden und Lernenden online und offline einen Zugriff auf die Filme und interaktiven Sequenzen. Die Produkte können zudem als DVDs und als Einzellizenz für Lehrkräfte erworben werden.

Im Deutschunterricht

Produktionen für den Deutschunterricht können in der Mediathek entweder über eine Stichwort- oder die Schulfachsuche gefunden werden. Die Themen sind an den aktuellen Lehrplänen orientiert und mit einer Adressatenempfehlung gekennzeichnet. Die Medienpakete zu Themen wie „Weimarer Klassik" oder „Barock" als Literaturepochen, Kommunikation, Bewerbung, Filmanalyse oder Kleists *Michael Kohlhaas* umfassen Filme mit einer Länge von 10 bis 100 Minuten (durchschnittlich 25 Minuten) sowie weitere didaktisch aufbereitete Arbeitsmaterialien, wie Arbeitsblätter, Bildergalerien, Landkarten und kleinere interaktive Aufgaben und Lernspiele. Die Materialien, Lösungsvorschläge und ergänzenden Texte wie Filmkommentare können heruntergeladen, in einem Textverarbeitungsprogramm bearbeitet und an die jeweilige Lerngruppe angepasst werden. Zudem sind die Filme sequenziert, sodass sich auch nur kleinere Ausschnitte in den Unterricht einbinden lassen. Für die Lernenden kann ein QR-Code generiert und in eine Lernplattform integriert werden, sodass der Zugriff im hybriden Unterricht auch von zu Hause möglich ist.

Die Produktionen sind hochwertig, kompakt und informativ, die Bedienung ist intuitiv und das didaktisch aufbereitete Material eine sehr gute Anregung für den Einsatz im Unterricht.

4.5.3 Kahoot! und Quizizz – Interaktive Quiz gestalten

https://kahoot.com/
https://quizizz.com/

- ☑ Websites und Apps – online
- ☑ kostenlos in der Basisversion, werbefrei
- ☑ Registrierung erforderlich bei Erstellung eigener Lernbausteine
- ☑ Deutsch, Englisch, Französisch, Russisch, Italienisch, Spanisch
- ☑ Personenbezogene Daten werden erhoben. Dritte haben Zugriff auf diese Daten. Es greift die EU-Datenschutz-Grundverordnung.
- ☑ Windows, macOS und Linux, Android, iOS

Erste Schritte

Kahoot! und *Quizizz* sind interaktive Quiz- und Umfragetools, mit denen auf einfache Weise Fragen erstellt oder aus einem Quizkatalog ausgewählt und für den Einsatz im Unterricht bearbeitet werden können. Beide Plattformen sind spielbasiert und für den Einsatz im Blended Learning konzipiert. In der Grundversion stehen beide Tools kostenlos zur Verfügung und es ist lediglich die Registrierung der Lehrkraft nötig. Weitere Funktionen können hinzugekauft werden. Die Quizfragen können im Klassenzimmer über einen Beamer oder ein Whiteboard und im Distanzunterricht in der Videokonferenz präsentiert werden. Die Lernenden nutzen ihre mobilen Endgeräte zum Antworten, wobei für das Mitspielen ein Pin-Code bzw. ein Spitzname benötigt wird und demnach keine Erhebung personenbezogener Daten erfolgt.

Beide Plattformen sind englischsprachig, aber in der Bedienung so einfach und intuitiv, dass die Anwendung auch ohne weitere Sprachkenntnisse möglich ist. Ein Quiz kann gemeinsam von verschiedenen Nutzerinnen und Nutzern erstellt und geteilt werden („Share“). Außerdem können vorhandene Quizzes in der persönlichen Sammlung gespeichert und bearbeitet werden.

Anwendung

Bei *Kahoot* wählt man nach dem Anklicken des Buttons „New K!“ zwischen den Optionen Quiz, Diskussion und Umfrage („Survey“), vergibt einen Titel und formuliert passende Fragen („Add Question“). In die Fragen können Bilder und Videos eingefügt werden, zudem lassen sich die Zeit zum Antworten und die richtige Lösung festlegen. Das fertige Quiz kann im „Preview Modus“ getestet werden. Beim Spielen des Quiz können die Lernenden allein („Classic“) oder als Team („Team Mode“) antreten.

Je nach Fragetyp kann im Antwortmodus der Grundversion zwischen den beiden Optionen „richtig/falsch“ oder vier Antwortoptionen gewählt werden. In der Premiumversion kommen weitere Antwortmöglichkeiten hinzu. Die farbig hinterlegten Symbole erscheinen auf den Endgeräten der Spielenden und müssen entsprechend ausgewählt werden.

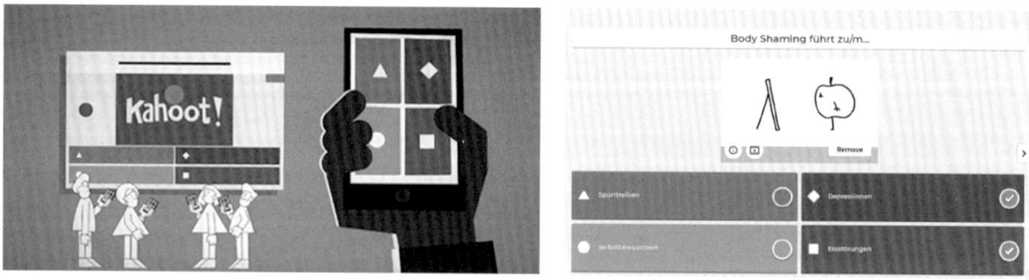

Abb. 51: Spielansicht bei *Kahoot!* (Quellen: https://www.tooly.nl/wp-content/uploads/2018/03/kahoot-1-768x408.png und Screenshot)

Nach jeder Frage werden die richtige Lösung und der Punktestand angezeigt, mit dem am Ende der Gewinner ermittelt wird.

Quizizz funktioniert ähnlich wie *Kahoot!*. Zu den Unterschieden in der Bedienoberfläche kommen weitere Antworttypen hinzu sowie die Möglichkeit, Fragen aus anderen Quizzes zu übernehmen („Teleport") und eine Präsentation einzubinden, sodass Lernende sich zuvor die notwendigen Inhalte zum Spielen des Quiz erarbeiten können.

Abb. 52: Vorlagen bei *Quizizz* (Quelle: Screenshot)

Das Mitspielen ist bei beiden Tools über die kostenlose App oder in einem Browser möglich. Bei *Quizizz* funktioniert dies auch unabhängig von der Präsentation der Lehrkraft, z. B. als Hausaufgabe. Die Ergebnisse können zudem als Excel-Tabelle gespeichert werden, sodass die Leistungen nachvollziehbar und ggf. bewertbar sind.

Im Deutschunterricht

Im Deutschunterricht können diese digitalen Frage-Antwort-Spiele genutzt werden, um den Wissensstand der Lernenden zu ermitteln oder am Ende einer Einheit zu überprüfen. Die spielerische Lernrückmeldung ist motivierend und macht Lücken im Bereich der Reproduktion von Wissen dennoch leicht sichtbar. Die Schülerinnen und Schüler können einzeln raten oder auch in Gruppen gegeneinander antreten. Die Quiz-Methode lässt sich zudem produktionsorientiert einsetzen, indem die Schülerinnen und Schüler selbst Fragen und Antworten zu einem Thema erarbeiten. Dabei wird nicht nur die Formulierungskompetenz gefördert, sondern auch die Fähigkeit, sich mit einem ggf. komplexen Gegenstand auseinanderzusetzen. Die Lernenden müssen dabei nicht nur fachlich richtige Frage-Antworten-Komplexe entwickeln, sondern diese adressatengerecht ausrichten. Zudem müssen sie beurteilen, welche Aspekte des Gelernten bedeutsam sind und im Quiz geprüft werden sollen. In dieser Hinsicht können die Tools eine digitale Alternative zu gängigen Formen der Ergebnispräsentation darstellen.

4.5.4 Learnattack

https://learnattack.de/

- ☑ Website – online
- ☑ Lizenz kostenpflichtig
- ☑ Registrierung erforderlich bei Erstellung eigener Lernbausteine
- ☑ Deutsch, Englisch, Französisch, Russisch, Italienisch, Spanisch
- ☑ Personenbezogene Daten werden erhoben. Dritte haben Zugriff auf diese Daten. Es greift die EU-Datenschutz-Grundverordnung.
- ☑ Windows, macOS und Linux, Android, iOS

Learnattack ist eine kommerzielle Plattform der Firma *Duden Learnattack GmbH* in Zusammenarbeit mit Duden und Cornelsen. Neben den MINT-Fächern berücksichtigt das digitale, didaktisch aufbereitete Lernangebot auf *Learnattack.de* die Sprachen Englisch, Französisch und Latein sowie die Fächer Geschichte und Deutsch.

Für den Deutschunterricht stehen sogenannte Lernwege, die jeweils aus Lernvideos, interaktiven Übungen in drei verschiedenen Schwierigkeitsgraden und Klassenarbeiten bestehen, in den beiden Bereichen Sprache und Textarbeit zur Verfügung. Der Sprachbereich untergliedert sich weiter in Grammatik und Rechtschreiben, der Bereich Textarbeit in Textanalyse und Textinterpretation sowie das Schreiben von Texten. Die Lernwege sind den jeweiligen Klassenstufen zugeordnet und können über die Stichwortsuche direkt gefunden werden.

Abb. 53: *Learnattack*: Eine Ballade analysieren (Quelle: Screenshot)

Für die Schülerinnen und Schüler werden zudem ein alphabetisch geordnetes digitales Schülerlexikon für jedes Fach bereitgestellt und eine kostenpflichtige *WhatsApp*-Nachhilfe angeboten.

Der Zugriff auf die Inhalte der Lernwege ist ohne eine kostenpflichtige Anmeldung nur begrenzt möglich. Bei dem Lernweg „Eine Ballade analysieren“, der für die Klassenstufen 7 und 8 konzipiert wurde, sind beispielsweise die Einführung in die Textsorte, die „Was du wissen musst“-Informationen und die beiden Beispielklassenarbeiten inklusive Materialien und Bewertungskriterien frei zugänglich.

Die sechs eingebundenen Lernvideos und 21 interaktiven Übungen mit Lösungen sind erst nach Anmeldung verfügbar. Klassen- oder Schullizenzen gibt es mit einer Laufzeit von zwei, sechs oder zwölf Monaten für 2 bis 4 € monatlich pro Schülerin/Schüler. Als Lernplattform lässt sich *Learnattack* zum Erarbeiten, Wiederholen und Vertiefen von Unterrichtsinhalten, zur individuellen Förderung und zur Überprüfung von Lernergebnissen mit unmittelbarem Feedback einsetzen. Die Lehrkraft kann individuelle Lernpläne erstellen, über die Plattform verschicken und sich einen Überblick über die Lernaktivitäten ihrer Klasse und den Lernstand einzelner Schülerinnen und Schüler verschaffen. Die Motivation der Lernenden wird über ein Feedbacksystem und die Vergabe von Punkten für erfolgreich bearbeitete Lernwege gefördert.

4.5.5 Learning-Apps

https://learningapps.org/

- ☑ Website – online
- ☑ kostenlos, werbefrei
- ☑ Registrierung erforderlich bei Erstellung eigener Lernbausteine
- ☑ Deutsch, Englisch, Französisch, Russisch, Italienisch, Spanisch
- ☑ Personenbezogene Daten werden erhoben. Dritte haben Zugriff auf diese Daten. Es greift die EU-Datenschutz-Grundverordnung.
- ☑ Windows, macOS und Linux, Android, iOS

Erste Schritte

LearningApps.org ist eine nicht-kommerzielle Web 2.0-Plattform, auf der digitale, interaktive, multimediale Übungen (sogenannte Lernbausteine oder Apps) zu Lerninhalten aller Fächer bereitstehen und auch selbst erstellt werden können. Diese lassen sich zur Übung, Wiederholung und Ergebnissicherung in den Unterricht einbinden. Für den Deutschunterricht gibt es zahlreiche fertige Übungen zu allen Lernbereichen, auf die in alphabetischer Ordnung von A wie Adjektiv über K wie Kinder- und Jugendliteratur, Kommunikation, Konjugation und Kurzgeschichte bis Z wie Zeitformen zugegriffen werden kann.

Die Aufgabenformate umfassen einfachere Formen wie Zuordnungsaufgaben zu Paaren, Gruppen oder Bildern, Multiple-Choice-Aufgaben, Schätzaufgaben und Lückentexte. Auch komplexere Formen wie das Wortgitter oder Kreuzworträtsel, das Pferderennen und das Millionenspiel stehen zur Verfügung. In die Lernbausteine lassen sich Text-, Audio- und Videosequenzen einbinden.

Die Website bietet darüber hinaus mit dem Kalender, dem Chat und dem Notizbuch sowie einer Pinnwand und Abstimmungsfunktion Werkzeuge für die Gestaltung einer digitalen Lernumgebung und den Austausch mit Lernenden und Lehrenden an. Die *LearningApps* können direkt auf der Website verwaltet und geteilt werden, lassen sich aber über den Weblink oder einen QR-Code auch einfach in andere Lernumgebungen integrieren.

Anwendung im Deutschunterricht

Die Vorlagen („Templates“) sind einfach aufgebaut und intuitiv bedienbar, sodass *LearningApps.org* nicht nur zum Erstellen von Lernbausteinen durch die Lehrkraft sondern auch durch die Schülerinnen und Schüler geeignet ist. Zunächst klickt man im Menü „App erstellen“ an und wählt dann aus den verschiedenen Vorlagen die passende Variante aus. Es erscheinen einige Beispiele, sodass man sich einen Überblick über das Template verschaffen kann. Mit dem Drücken des Buttons „neue App erstellen“ wird man zum Editor weitergeleitet, der immer ähnlich, aber an die jeweilige Vorlage angepasst, aufgebaut ist.

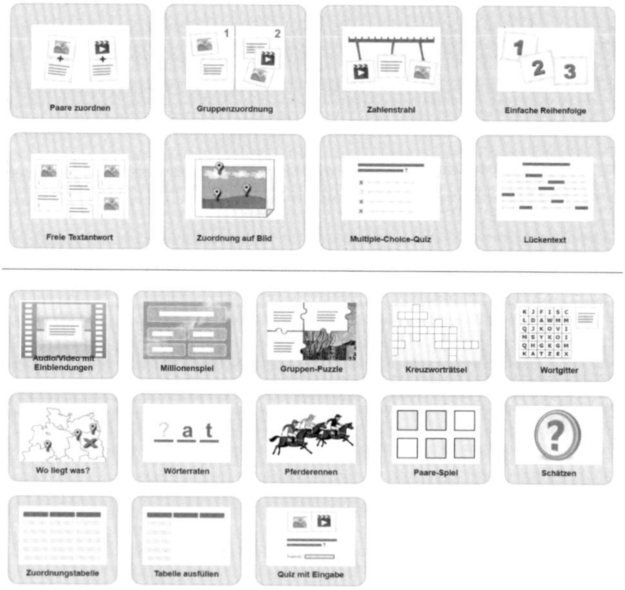

Abb. 54: *Learning-Apps* Vorlagen (Quelle: Screenshot)

Alle notwendigen Informationen wie Titel und Aufgabenstellung werden in die entsprechenden Textfelder eingetragen. Für das erste Paar stehen verschiedene Darstellungsmöglichkeiten zur Verfügung: Ein Text oder Bild kann zum Beispiel einer Audiodatei oder einem Video zugeordnet werden oder auch einfach einem Begriff oder anderen Bild. Um weitere Paare zu erstellen, drückt man auf „+ weiteres Element hinzufügen". Weitere Einstellungen, wie zusätzliche Erklärungselemente, die Ausrichtung der Karten oder ein Feedback zur richtigen Lösung, können, müssen aber nicht vorgenommen werden, bevor die *Learning-App* fertig gestellt und in der Spielansicht ausprobiert werden kann. Ist man mit dem Ergebnis zufrieden, kann die Übung gespeichert werden. Wenn nicht, geht man über den Button „erneut anpassen" zurück zum Editor. Voraussetzung für die Speicherung ist das Anlegen eines Benutzerkontos.

Lehrkräfte haben zudem die Möglichkeit, Kollektionen anzulegen und mehrere *Learning-Apps* zu einem Thema so zusammenzustellen, dass sie von den Schülerinnen und Schülern kontinuierlich bearbeitet werden. Mit dem Anlegen von Schülerkonten lässt sich sogar der Lernfortschritt einsehen. Für den Deutschunterricht gibt es eine Vielfalt von Übungen in der *Learning-App*-Bibliothek, die nach Fächern und Themen sortiert ist, sodass man zielgerichtet nach passenden *Learning-Apps* suchen kann. Das Angebot reicht von A wie Adjektiv über L wie Lautschulung oder Lektüre bis Z wie Zeichensetzung. Im Fokus steht die spielerische, übende und wiederholende Festigung von Wissensbeständen im Fach Deutsch. Darunter sind beispielsweise Fragen zu Texten der Kinder- und Jugendliteratur, präsentiert in Anlehnung an die Fernsehshow „Wer wird Millionär?". Es gibt aber auch Zuordnungs- und Einsetzaufgaben zu Rechtschreibphänomenen, sodass sich vielfältige Übungsmöglichkeiten eröffnen, nicht zuletzt, weil man passende Übungen leicht selbst erstellen kann.

4.5.6 Learning-Snacks

https://www.learningsnacks.de/

- ☑ Website – online
- ☑ Registrierung der Lehrkräfte erforderlich
- ☑ Deutsch, Englisch, Französisch, Russisch
- ☑ Personenbezogene Daten werden erhoben. Dritte haben Zugriff auf diese Daten. Es greift die EU-Datenschutz-Grundverordnung.
- ☑ Windows, macOS und Linux, Android, iOS

Auf der kommerziellen Plattform *learningsnacks.de* können kleine Lerneinheiten (sogenannte Snacks) aufgerufen oder selbst erstellt werden. Die Snacks sind unterschiedlichsten Kategorien zugeordnet und umfassen schulrelevante Bereiche wie Englisch, Musik oder Mathematik ebenso wie alltagsbezogene oder unterhaltende Kategorien wie Essen und Trinken oder Nonsens. Für den Deutschunterricht nutzbare Snacks finden sich vor allem in der Kategorie Sprachen.

Die Lerneinheiten zu einem Thema sind aufgebaut wie ein Chat und beinhalten Texte, Bilder und Videos, zu denen Fragen oder Umfragen gestellt werden. Dieser Chat folgt einem Frage-Antwort-Prinzip und regt ein selbstständiges, „häppchenweises Lernen“ an, denn die Texte und Fragen erscheinen nach und nach und werden mit dem richtigen Beantworten einer Frage oder der Teilnahme an einer Abstimmung und dem Drücken des „Weiter“-Buttons automatisch aktiviert. Wird eine Frage falsch beantwortet, hat man so viele weitere Versuche, bis die richtige Lösung gefunden ist. Im Chat erscheint jeweils ein passendes verbales oder auch symbolisches Feedback.

Um den passenden Snack für das eigene Thema zu finden, kann der Pool der bestehenden Snacks in der entsprechenden Kategorie und über die Eingabe eines Stichwortes durchsucht werden. Zudem können Lehrkräfte sowie Schülerinnen und Schüler selbst Snacks erstellen. Zumindest die Lehrkraft muss sich dafür mit einer E-Mail-Adresse und einem Benutzernamen als sogenannter Snacker registrieren. Danach können ein *LearningSnack*-Klassenzimmer und ein PIN für die Lerngruppe erstellt werden, sodass die Schülerinnen und Schüler ohne Account allein oder gemeinsam einen *LearningSnack* erstellen können.

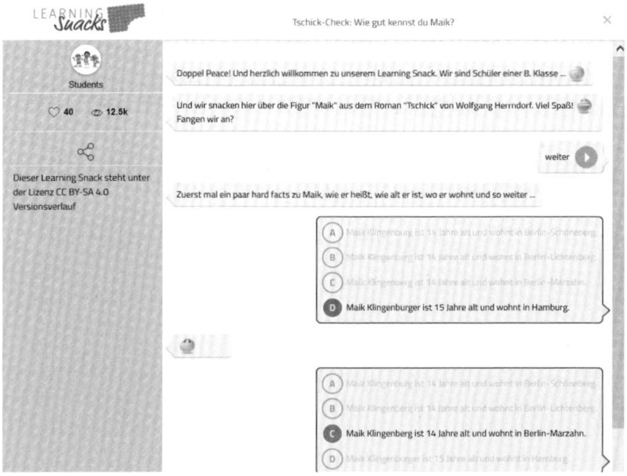

Abb. 55: *LearningSnack* Tschick-Check: Wie gut kennst du Mike? (Quelle: Screenshot)

4.5.7 Quizlet

https://quizlet.com

☑ App, Website
☑ kostenlos in der Basisversion
☑ u. a. Deutsch, Englisch, Französisch, Türkisch, Polnisch, Russisch, Chinesisch
☑ Registrierung erforderlich, personenbezogene Daten werden erhoben. Dritte haben Zugriff auf diese Daten. Es greift nicht die EU-Datenschutz-Grundverordnung.
☑ Windows, macOS und Linux, Android, iOS

Erste Schritte

Quizlet ist ein kostenloses Lerntool, das sowohl als Website als auch als App zur Verfügung steht und nach dem Prinzip der elektronischen Karteikarte funktioniert. Ursprünglich war die Anwendung für das Vokabeltraining beim Sprachenlernen gedacht – auf der Vorderseite einer Karteikarte steht eine Vokabel und auf der Rückseite die Übersetzung. *Quizlet* hat dieses Prinzip digitalisiert und stellt inzwischen sogenannte „Lernsets“ nicht nur für verschiedene Fremdsprachen bereit, sondern u. a. auch für die Themenbereiche Kunst und Geisteswissenschaften, Mathematik und Sozialwissenschaften. Neben der Verwendung fertiger „Lernsets“ anderer Nutzerinnen und Nutzer ist die Erstellung eigener Karten mit Begriff-Definition-Zuordnungen oder Frage-Antwort-Zuordnung möglich. Dies kann durch die Lehrkraft oder die Lernenden selbst geschehen. *Quizlet* verfügt außerdem über verschiedene Modi zum Lernen, Üben und zur Selbstüberprüfung der „Lernsets“.

Für die Verwendung von *Quizlet* ist immer eine Registrierung oder Anmeldung mit *Google* oder *Facebook* notwendig. Die Lernenden können zu einem Kurs eingeladen werden, indem man sie mit ihrem *Quizlet*-Nutzernamen oder einer E-Mail-Adresse direkt einschreibt oder sie sich mittels Einladungslink selbst eintragen. Mit dem kostenpflichtigen Upgrade auf die Version *Quizlet Lehrer* (47,88 €/Jahr nach einem Gratis-Probemonat) kann eine unbegrenzte Anzahl an Kursen erstellt werden. Zudem stehen damit Zusatzfunktionen zur Verfügung, wie z. B. eine Übersicht über den Lernfortschritt, eine Option für Multiple-Choice-Fragen, das Erstellen von Sprachaufzeichnungen oder das Ausschalten der Werbung, die in der Basisversion leider immer sichtbar ist, aber die Nutzung nicht unmittelbar einschränkt.

Anwendung im Deutschunterricht

Im Startmenü greift man auf die Lernsets, Kurse und Ordner zu, wobei letztere dazu dienen, die Karteikarten thematisch zu sortieren und den Überblick zu behalten. Den verschiedenen Kursen können bestimmte Lernsets zugeordnet werden, sodass die Kursmitglieder direkt auf die Lerninhalte zugreifen können. Vorhandene Lernsets können über die Lupe nach Stichworten gefunden, der eigenen Bibliothek, einem Kurs oder Ordner zugefügt und individuell angepasst werden. Es gibt verschiedene Modi, die Lernende für die Arbeit mit einem Lernset nutzen können (Lernen, Antworten, Schreiben und Testen), wobei die Zuordnung immer das Grundprinzip darstellt und die Lerninhalte nach und nach eingeprägt werden.

Im Karteikarten-Modus erscheint zunächst der erste Begriff oder die erste Frage. Mit einem Klick wird die Karte umgedreht und die dazugehörige Definition oder Antwort angezeigt. Mit dem Drücken des Pfeils wird die nächste Karteikarte aufgerufen. Im Lernen-Modus muss der passende Begriff angeklickt oder aufgeschrieben werden. Als „gelernt“ gilt der Inhalt eines Lernsets, wenn jede Karteikarte zwei Mal richtig zugeordnet wurde. Der Schreiben-Modus ermöglicht eine Differenzierung, denn zusätzlich zur gezeigten Erklärungsseite der Karteikarte wird die gesuchte Frage, die Vokabel oder der Begriff über eine Audiowiedergabe vorgesprochen und muss dann richtig aufgeschrieben werden. Im Test-Modus werden die Varianten kombiniert, es gibt schriftlich zu beantwortende Fragen, Multiple-Choice-Fragen, Zuordnungs- und Richtig-Falsch-Fragen. Die Lösung und das Ergebnis werden am Ende direkt angezeigt und können ausgedruckt werden, sodass mit der Weitergabe an die Lehrkraft auch ohne die Premiumversion ein Überblick über den Lernfortschritt möglich ist. Spielerisch und für die Präsentation im Klassenzimmer über Beamer oder Whiteboard angelegt, sind die Zuordnung der Karten nach Zeit und die Spielformen „Schwerkraft“ und „Live“.

4.5.8 ZUM-Unterrichten

https://www.zum.de

- ☑ Website
- ☑ kostenlos
- ☑ u. a. Deutsch, Englisch, Französisch, Türkisch, Polnisch, Russisch, Chinesisch
- ☑ Personenbezogene Daten werden erhoben. Dritte haben Zugriff auf diese Daten. Es greift die EU-Datenschutz-Grundverordnung.
- ☑ Windows, macOS und Linux, Android, iOS

Das Onlineportal *ZUM* ist ein kostenloses Angebot aus dem Bereich Open Educational Resources (OER) des Vereins „Zentrale für Unterrichtsmedien im Internet e. V.“ auf dem freie, meist von Lehrkräften erstellte Lehr- und Lernmaterialien bereitgestellt werden. Nach Anmeldung als Benutzerin/Benutzer kann man die Plattform durch eigene Beiträge mitgestalten, am Erfahrungsaustausch in Foren teilnehmen und die Weiterentwicklung sowie Öffentlichkeitsarbeit unterstützen. Die Anmeldung setzt allerdings eine Schulung zum Erstellen von Wiki-Einträgen (vgl. 3.2.13) und zum Urheberrecht voraus.

Die drei wichtigsten Bausteine des Portals sind das *ZUM-Pad* (vgl. 4.2.2), das *ZUM-Wiki* und das *Projektwiki*. Auf der Wiki-Plattform *ZUM-Unterrichten* gibt es Lehr-/Lernmaterialien mit offener Lizenz (Creative Commons CC BY-SA), u. a. für die Fächer Deutsch, Englisch, Geschichte, Chemie, Mathematik und Geografie, die ohne Einschränkungen verwendet, kopiert und bearbeitet werden dürfen. Um passende Materialien zu finden, kann man in die Eingabemaske einen Suchbegriff eingeben, über die Themen-Kategorien suchen oder den Button „Zeige alle Deutsch-Seiten“ drücken, um zu einer alphabetischen Auflistung zu gelangen.

Die Unterrichtsideen im *ZUM-Wiki* sind für die Orientierungs- und Sekundarstufe konzipiert, für die Grundschule gibt es als verknüpftes Wiki das *Grund-*

schullernportal. Die Ideen umfassen neben einer Einführung ausformulierte Arbeitsanweisungen, einen kurzen didaktischen Kommentar, die benötigten Materialien und meist auch Beispiele von Schülerergebnissen. Alle Texte sind mit Quellenangaben versehen und häufig gibt es weiterführende Literaturhinweise. Einige Wiki-Einträge haben dagegen nur informierenden Charakter, beispielsweise werden verschiedene Kinder- und Jugendbücher und andere literarische Texte vorgestellt. Darüber hinaus gibt es Lernstandtests für verschiedene Klassenstufen und Erläuterungen zu einzelnen Methoden. Über den „Schraubenschlüssel"-Button lassen sich die *ZUM*-Seiten verlinken und ausdrucken, prinzipiell sind sie aber so gestaltet, dass die Lernenden direkt damit arbeiten können. Einige Einheiten und Lernpfade, wie etwa zum „Komma/Beistrich im einfachen Satz", sind interaktiv angelegt und eignen sich sowohl zum eigenständigen Lernen als auch zur Bearbeitung auf einem interaktiven Whiteboard. Nicht zuletzt können auf dem Projektwiki von *ZUM* eigene Wikis angelegt werden.

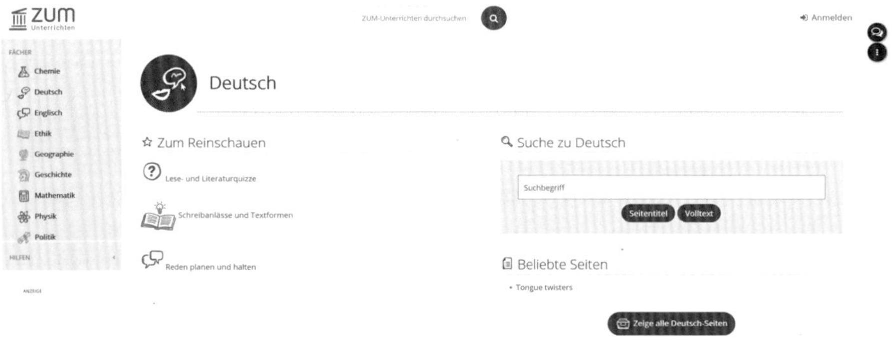

Abb. 56: Menüansicht *ZUM-Unterrichten* Deutsch (Quelle: Screenshot)

4.6 Rezeption und Produktion von Videos

4.6.1 lumen5

https://lumen5.com lumen5

- ☑ Website
- ☑ kostenlos in der Basisversion
- ☑ Englisch
- ☑ Registrierung erforderlich. Personenbezogene Daten werden erhoben. Dritte haben Zugriff auf diese Daten. Es greift die EU-Datenschutz-Grundverordnung.
- ☑ Windows, macOS und Linux, Android, iOS

Erste Schritte

Mithilfe des Video-Produktions-Tools *lumen5* können aus Texten, Websites oder Blogbeiträgen automatisch Videos generiert werden. Die Zielgruppe von *lumen5* sind vornehmlich Unternehmer/-innen und Autorinnen/Autoren, die mithilfe der ansprechenden Videos ihr Marketing verbessern wollen. Aber auch für den Deutschunterricht bietet das Tool interessante Einsatzmöglichkeiten.

Es gibt vier Anwender-Pakete: Während das Starter-Paket kostenlos ist, fallen für die Versionen Premium, Business und Enterprise 19 bis 500 Dollar monatlich an. Eine Registrierung mit Name, E-Mail-Adresse und Passwort ist in jedem Fall erforderlich. Lernenden kann der Zugriff auf das Tool über einen Link ermöglicht werden oder indem man sie als Teammitglieder im eigenen Account anlegt.

Anwendung

Nach dem Log-in wird das Dashboard mit einer Übersicht über die bereits erstellten Videos angezeigt. Mit dem Klick auf „+ New video" gelangt man zu einer vielfältigen Auswahl von Videovorlagen („Templates").

Hat man ein passendes Design gefunden, wird anschließend das Videoformat festgelegt. Passend zu den bekanntesten Social-Media-Plattformen wie *Facebook, Instagram, Twitter, Snapchat, YouTube* oder *Pinterest* kann beispielsweise zwischen den Formaten News Feed, Story oder Landscape gewählt werden. Dann erfolgt die Edition des Videos, indem unter dem Menüpunkt „Story" entweder die URL eines Blogs oder Artikels eingefügt wird oder der Begrüßungstext durch einen eigenen Text ersetzt wird. Auch dies kann mit „Copy & Paste" erfolgen. Mit dem Drücken des „Convert to video“-Buttons generiert *lumen5* ein Video, indem zentrale Textstellen in Szenen umgesetzt werden. Möchte man mehrere Szenen erstellen, fügt man die gewünschte Anzahl und das Design über das grüne +-Zeichen unter der Folie ein.

Abb. 57: Menüansicht *lumen5* (Quelle: Screenshot)

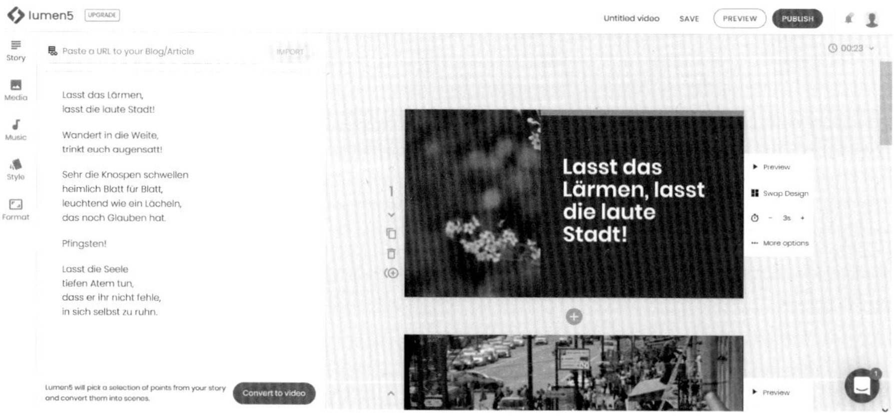

Abb. 58: Edition eines Videos mit *lumen5* (Quelle: Screenshot)

Weitere Gestaltungselemente lassen sich zuvor oder nachträglich im Menü vornehmen. Format und Auflösung sind unter „Format“ anpassbar. Unter „Style“ können das Farbschema verändert und ein Firmenlogo oder Wasserzeichen eingefügt werden. Musik, Videoszenen oder Bilder können ebenfalls gestaltet werden, wobei auf die vorhandene Bibliothek oder eigene, hochzuladende Dateien zurückgegriffen werden kann.

Das Ergebnis lässt sich jederzeit als Preview anschauen. Ist dieses zufriedenstellend, wird die Videogestaltung mit dem Drücken des „Publish“-Buttons abgeschlossen und kann im MP4-Format heruntergeladen und gespeichert oder per Link geteilt werden. Dies ist auch später jederzeit möglich, indem man das Video in der persönlichen Videobibliothek auswählt.

Im Deutschunterricht

Die Erstellung eines Videos mit *lumen5* ist ohne Vorkenntnisse möglich, weil die Bedienung intuitiv aufgebaut ist. Im Deutschunterricht können die Videos beispielsweise zur Präsentation eines Themas genutzt werden. Aber auch literarische Texte lassen sich in das Format adaptieren. Interessant ist dabei einerseits die Reflexion über den Algorithmus, mit dem das Tool Schlagwörter auswählt und gleichsam eine digitale Lesart des Textes präsentiert. Dieser kann andererseits mit der individuellen Gestaltung des Videos die eigene Textdeutung gegenübergestellt werden. Denn die Auswahl passender Bilder und Musik, das Ausgestalten einzelner Textteile in Szenen oder die audiovisuelle Erzeugung von Atmosphäre setzen eine intensive Auseinandersetzung mit dem Text voraus. Dies gilt auch für selbst geschriebene Texte, die mit einem *lumen5*-Video inszeniert werden können.

4.6.2 Videos bearbeiten mit MovieMaker, MiniMovieMaker und Shotcut

www.chip.de/downloads/ Windows-Movie-Maker_13007023.html

- ☑ Programm, online/offline
- ☑ kostenlos, werbefrei
- ☑ Deutsch
- ☑ Personenbezogene Daten werden erhoben.
- ☑ Windows

Im Unterricht allgemein und speziell im Deutschunterricht gibt es immer wieder Gelegenheiten, bei denen es hilfreich ist, wenn Videos möglichst niederschwellig bearbeitet werden können, entweder durch die Lehrkräfte oder die Schülerinnen und Schüler selbst. Die bekannteste Anwendung dafür ist das Bordmittel von *Microsoft Windows*. Der *Windows Movie Maker* ist oft bereits im Lieferumfang des Betriebssystems enthalten. Er kann gängige Videoformate bearbeiten, hat jedoch ein eingeschränktes Repertoire an Titeln, Effekten und Musikspuren. Mit dem *Movie Maker 10* ist das Schneiden, Vertonen und Strukturieren von digitalen Videos einfach möglich. Auch Übergänge und andere Effekte sind leicht umsetzbar. Ebenso können Beschriftungen in Videosequenzen eingefügt werden, ein Titel vorab integriert oder am Ende die Beteiligten per Texteinblendung eingespielt werden. Die selbst entwickelten Videos lassen sich in unterschiedlichen Formaten und Videoqualitätsstufen speichern, wie MP4, mov, 3gp, avi, rmvb, swf, flv, mkv, mpg, vob, wmv. Auch sind spezielle Formate für mobile Endgeräte vorhanden, die leichter in soziale Medien integriert werden können. Der *Microsoft Windows* eigene *Windows Movie Maker 2012* wird seit einigen Jahren nicht mehr weiterentwickelt. Aus diesem Grund gibt es unterschiedliche, sich daran anlehnende Programme mit vergleichbaren Funktionalitäten, die insbesondere auch mit Betriebssystemen wie *Windows 10* kompatibel sind.

Etablierte Alternativen sind die Tools *Shotcut* (https://shotcut.org/) und *MovieMaker* von *MiniTool*. *MovieMaker* ist ein kostenloses Programm, das auch mit vielen Vorlagen für die eigene Videoentwicklung und -bearbeitung arbeitet. Ebenso lassen sich alle gängigen Video-, Audio- und Bildformate für die Videobearbeitung importieren und die erstellten Videos in die zuvor erwähnten Formate exportieren. Neben dem Schnitt von Videos sind auch Funktionen wie Grading (Farbkorrektur), das Einblenden von Untertiteln sowie Effekte bei Übergängen integriert.

Abb. 59: Edition eines Videos mit *Windows Movie Maker* 2012 (Quelle: https://elementarpaedagogik.schule.at/portale/elementarpaedagogik/medienpaedagogik/tools-software/detail/windows-movie-maker-2012.html)

Im Deutschunterricht

Für den Deutschunterricht bieten sich vielfältige Anwendungsmöglichkeiten. Grundsätzlich sind unterschiedliche Videoprojekte in Unterrichtskontexten denkbar, die häufig auch Motivation und Gestaltungswillen bei Schülerinnen und Schülern erzeugen. Beispiele können kleinere Videos in Länge von Social-Media-fähigen Videos (z. B. *TikTok*) von wenigen Sekunden sein, in denen beispielsweise Gedichte verfilmt werden oder größere Videovorhaben einer verfilmten Theateraufführung, die nachbearbeitet wird, bis hin zu Video-Wettbewerben der ganzen Schule zu bestimmten Themen des Deutschunterrichts. Ein Vorteil heutzutage ist, dass das Drehen von Videos durch Smartphones und Tablets sehr leicht geworden ist, sodass dies unkompliziert genutzt werden kann. Darüber hinaus ist denkbar, dass sich Schülerinnen und Schüler Phänomenen der deutschen Sprache, beispielsweise Grammatikregeln, durch das Erstellen eigener Erklärvideos annähern.

4.6.3 musstewissen Deutsch

https://www.youtube.com/c/musstewissenDeutsch/featured

- ☑ YouTube-Kanal, online
- ☑ kostenlos
- ☑ Deutsch
- ☑ Personenbezogene Daten werden erhoben. Dritte haben Zugriff auf diese Daten. Es greift nicht die EU-Datenschutz-Grundverordnung.
- ☑ Windows, macOS und Linux, Android, iOS

musstewissen verbindet verschiedene *YouTube*-Kanäle, auf denen Erklärvideos für die Schulfächer Deutsch, Mathematik, Chemie, Geschichte und Physik präsentiert werden.

Das Nachhilfe-Format wurde in den Jahren 2017 bis 2019 von funk, einem Online-Medienangebot von ARD und ZDF für Jugendliche, produziert. Einem Stundenplan folgend wurde montags bis freitags jeweils ab 13 Uhr in einem Fach ein neues Video veröffentlicht. Die Moderatorin Lisa Rufus präsentierte *musstewissen Deutsch* immer dienstags. Seit dem Ende der Produktion sind zwar keine neuen Beiträge hinzugekommen, aber die Videobibliothek umfasst über 100 Videos, die nach wie vor für den Deutschunterricht genutzt werden können.

Die Inhalte orientieren sich an den Lehrplänen der 8. Klassen in den verschiedenen Bundesländern und reichen bis zum Abitur. Für die Videos werden verschiedenste Möglichkeiten der digitalen Gestaltung wie Animationen, Experimente oder Dramatisierungen genutzt. Sie haben eine Länge von maximal 10 Minuten und thematisieren beispielsweise einzelne Rechtschreib- und Grammatikphänomene („Warum gibt es Groß- und Kleinschreibung?" oder „Der Konjunktiv"), Aspekte der Kommunikation (Kommunikationsmodelle, Bewerbungstraining, Tipps zum Vorlesen und Sprechen), Grundwissen zu literarischen Epochen und zum Umgang mit den literarischen Gattungen sowie Zusammenfassungen und Interpretationsansätze zu ausgewählten literarischen Texten (z. B. *Die Welle, Emilia Galotti, Faust, Der Richter und sein Henker*). Die Idee der Produzenten war es, die Videos als multimediale Nachhilfe zu nutzen, wozu auch die Möglichkeit gehörte, über die dazugehörigen *Instagram*- und *Facebook*-Accounts Nachfragen zu stellen und auf Spickzettel oder weitere Video-Erklärungen zuzugreifen. Diese Aufgabe kann sinnvollerweise der Deutschunterricht übernehmen, wenn die Erklärvideos etwa zur Einführung, Zusammenfassung oder Erarbeitung eines Themas genutzt werden. Die Inhalte sind äußerst verdichtet dargestellt, sodass die Arbeit mit den Videos durch begleitende Arbeitsaufträge und -materialien entlastet werden kann.

4.6.4 Simpleshow

https://videomaker.simpleshow.com/de/ simpleshow *video maker*

- ☑ Website
- ☑ kostenlos
- ☑ Deutsch, Englisch
- ☑ Registrierung erforderlich. Personenbezogene Daten werden erhoben. Dritte haben Zugriff auf diese Daten. Es greift die EU-Datenschutz-Grundverordnung.
- ☑ Windows, macOS und Linux, Android, iOS

Erste Schritte

Simpleshow ist ein webbasiertes Tool, mit dem auf einfache Weise Erklärvideos hergestellt werden können. Die Videos leben im Wesentlichen von einer (automatisch generierten) Stimme eines Sprechers oder einer Sprecherin und Bildelementen, die von einer realistisch dargestellten Hand in die Präsentation eingebracht und wieder entfernt werden. Die Videos können, mit einem Wasserzeichen des Betreibers versehen, auch veröffentlicht werden.

Es stehen unterschiedliche Paketlösungen zur Verfügung, wobei *Simpleshow* durch Bildungseinrichtungen und auch privat kostenlos genutzt werden kann. Die kostenlosen Versionen erlauben aber lediglich eine SD-Auflösung und auch nur eine öffentliche Verfügbarkeit der fertigen Videos.

Anwendung

Nach der Registrierung gelangt man über den Button „Erstelle ein neues Video" in den Arbeitsbereich, der an allen Stellen durch automatisch startende Lehrvideos und Tutorials begleitet ist. Dementsprechend wird man auch in einem Popup-Fenster gefragt, wie man anfangen möchte, und aufgefordert, dem Projekt einen Namen zu geben. Anschließend kann man aus einer Reihe vorstrukturierter Vorlagen wählen (vgl. Abb. 60).

Abb. 60: Vorlagen für mögliche Erklärvideos im Bereich Bildung bei *Simpleshow* (Quelle: Screenshot)

Daraufhin erhält man vorgegliederte Abfolgen von Folien, die sich zunächst in ihrer Anzahl auch nicht verändern lassen. So hat beispielsweise „Erzähle das Leben einer berühmten Person" eine Vorabgliederung in die fünf Folien: Titel, Bedeutung, Hintergrundinformationen, Lebensereignisse und Ende. Als Hilfestellung werden neben den Texteingabefeldern Beispiele (hier zu Leonardo da Vinci und den Beatles) angezeigt. Will man weitere Folien erstellen, muss man den Texteditor (vgl. Schrittung in Abb. 61) schon verlassen und in die Bebilderungsphase gehen. Dort lassen sich sowohl weitere Folien hinzufügen als auch die Texte des Skripts ändern, sodass man Schritt 2 auch gleich überspringen kann. Die Bebilderung erfolgt zunächst automatisiert, indem die Software den Text nach Keywords untersucht und daraufhin Vorschläge für Bitmaps unterbreitet. Diese können aber noch getauscht oder in Größe und Position verändert werden. In dieser Phase kann man sich das Video auch schon ansehen, um gegebenenfalls noch Änderungen vor der Veröffentlichung vorzunehmen. Nachdem man im letzten Schritt den Feinschliff vorgenommen hat (u. a. Stimme, Hintergrundmusik, Geschwindigkeit), kann man mit dem Button „Video fertigstellen“ das Video veröffentlichen, woraufhin man einen Link erhält, über den das Video abzurufen ist.

Die Erstellung eines Videos in *Simpleshow* ist in vier vordefinierte Schritte aufgeteilt:

1. Strukturieren

Zunächst wird innerhalb der Bereiche *Beruflich, Bildung* oder *Persönlich* ein vorstrukturiertes Themenfeld gesucht, z. B. „Interpretiere ein Buch oder einen Film“, „Fasse ein Buch oder einen Film zusammen“ oder auch „Diskutiere das Pro und Kontra einer These“. Es besteht aber auch die Möglichkeit, mit einer leeren Präsentation zu beginnen (die ebenfalls vorstrukturiert ist).

↓

2. Schreiben

Anschließend wird das Skript verfasst, das die Grundlage für die Sprecherstimme darstellt. Hierzu stehen zwei Beispiele zur Verfügung, an denen man sich orientieren kann. Dieses Skript wird anschließend von der Software analysiert, die daraufhin automatisch ein Storyboard generiert.

↓

3. Bebildern

Die Software erstellt zunächst auf Grundlage des Skripts einen Vorschlag für die fertige Präsentation. Bilder werden automatisch gesetzt und auch die Sprecherstimme wird automatisiert eingefügt. Dieser Vorschlag kann entsprechend modifiziert werden. Zur Bebilderung steht eine große Zahl an Bitmaps zur Verfügung, es können aber auch eigene Bilder hochgeladen und verwendet werden. Alle grafischen Elemente können nun in der Größe verändert und frei platziert werden.

↓

4. Fertigstellen

Im letzten Schritt wird sowohl eine Sprecherstimme als auch ggf. Hintergrundmusik ausgewählt. Außerdem können nun noch einige Einstellungen wie Ablaufgeschwindigkeit und Lautstärke vorgenommen und Untertitel gesetzt werden.

Abb. 61: Die vorgegebene Abfolge (Schrittung) der Erstellung eines Videos in *Simpleshow*

Abb. 62: Ein *Simpleshow*-Video zu Digital Deutsch unterrichten (Quelle: Screenshot)

Im Deutschunterricht

Simpleshow ist eine sehr einfache Form, um ansprechende Erklärvideos herzustellen. Wegen seiner fast schon intuitiven Bedienung eignet sich das Tool vor allem als Einstieg in das Format Erklärvideo. Da prinzipiell lediglich das Skript zu verfassen ist (alles andere macht die Software ja zunächst automatisch), liegt hierauf auch die größte Aufmerksamkeit. Die Schülerinnen und Schüler müssen sich genau überlegen, was sie erklären und wie sie das am besten tun, indem sie sich eine konkrete Zielgruppe vor Augen führen. Die Komplexität lässt sich fortan Stück für Stück steigern, indem man die Lernenden etwa auffordert, die Auswahl der Bitmaps zu optimieren und durch eigene Grafiken oder solche aus dem Netz (vgl. https://pixabay.com/de/) zu ergänzen. Auch kann die Möglichkeit, die eigene Aussage durch Untertitel zu betonen, genutzt werden.

Über diesen Einstieg lassen sich aber zugleich auch Kompetenzen für die Rezeption und Beurteilung von Erklärvideos entwickeln, da ja auch für die Erstellung Gütekriterien entwickelt werden müssen. Dass diese sich zunächst auf die (eingeschränkten) Gestaltungsmöglichkeiten der Software beziehen, bedeutet nicht, dass ein entsprechend entwickelter Katalog nicht zu einem späteren Zeitpunkt ausdifferenziert werden kann, indem beispielsweise unterschiedliche Erklärvideos auf *YouTube* vergleichend analysiert werden.

Literaturhinweis:

Arnold, Sebastian/Zech, Jonas 2019: Kleine Didaktik des Erklärvideos. Erklärvideos für und mit Lerngruppen erstellen und nutzen. Braunschweig: Westermann

4.6.5 Stop Motion Studio

- ☑ App
- ☑ kostenlos in der Basisversion
- ☑ Englisch
- ☑ In der Basisversion keine Registrierung erforderlich. Personenbezogene Daten werden erhoben. Dritte haben Zugriff auf diese Daten. Es greift nicht die EU-DS-GVO.
- ☑ Windows, macOS und Linux, Android, iOS

Erste Schritte

Die App *Stop Motion Studio* bietet die Gelegenheit, jene Faszination für die Unterrichtsarbeit nutzbar zu machen, die Animationen auf viele Lernende ausüben. Mit ihr können am Smartphone oder Tablet kurze Animationsfilme zu verschiedenen Themenbereichen und damit Unterrichtsinhalten erstellt werden. Arbeitsgrundlage sind wahlweise Aufnahmen kleiner Figuren oder Fotos, die sich mithilfe der App zu einer kurzen Narration oder Erläuterung aneinanderreihen lassen. In die so entstandenen Sequenzen können aber auch Videos oder Texte integriert werden. Die erweiterte und kostenpflichtige Version der eigentlich kostenlosen App erlaubt es, damit produzierte Kurzfilme um ein Intro, einen Abspann und auch um Tonaufnahmen zu ergänzen. Die Basisversion kommt ohne Registrierungen von Lehrkraft oder Lernenden aus.

Anwendung

Nach dem Herunterladen der App kann über den Button „neuer Film“ unmittelbar mit der Arbeit begonnen werden: Die Lernenden wählen einen geeigneten Bildausschnitt aus und erstellen eine Fotoserie, die die App anschließend automatisiert zu einer Animation aneinanderreiht. Über ein Headset können bei Bedarf Begleittexte eingesprochen werden. Durch die quasi intuitive Bedienbarkeit ist die technische Realisierung unkompliziert und kurzfristig möglich, für einen optimalen didaktischen Nutzen sollte sie aber auf einer gründlichen Vorbereitung aufbauen.

Im Deutschunterricht

Sowohl kurze Zusammenfassungen von Ganzschriften (hier können renommierte *YouTube*-Produktionen wie „Sommers Weltliteratur to go“ als Anregung genutzt werden) als auch Visualisierungen bestimmter Szenen oder Gedichte sind umso gewinnbringender, je stärker sie auf einer eingehenden Beschäftigung mit dem Text basieren. Insofern scheinen die vorbereitende Ausarbeitung eines Skripts oder Drehbuchs und der Austausch über dessen Eignung unbedingt empfehlenswert, da sich darüber der Wert des eher technischen Aufwands der Realisierung absichern lässt. Dies kann auch eine Beschäftigung mit filmischen Aspekten, z.B. der Kameraführung, nötiger Textelemente oder geeigneter Filmmusik, mit einschließen. Wird die App eher zur Anwendung oder Wiederholung schon erworbenen Wissens als zur Texterschließung genutzt, ist u. U. weniger Vorarbeit nötig. Eine weitere Option ist die Aufbereitung von Sachinformationen zu einem Text (Epochencharakteristika, Informationen über einen Autor/eine Autorin in Kombination mit Bildern aus seinem/ihrem Leben o. Ä.), die auf diese Weise unterhaltsam und intensiv gestaltet werden kann. Gerade hier bieten sich Möglichkeiten für kooperative Lernformate, begonnen von der arbeitsteiligen Erarbeitung von Filmteilen bis hin zur gemeinsamen Arbeit in Rollen (Drehbuch, Ton, Bild u.a.). Diese kann wahlweise am gleichen Gerät oder von verschiedenen Orten mit dem jeweils eigenen Smartphone, entweder zeitgleich oder zeitversetzt erfolgen. In jedem Fall sollte bei Einsätzen der App mitbedacht werden, dass sie sich eher für sehr kurze Animationen bzw. Filme eignet, da die Erstellung der Einzelbilder bzw. deren Zusammenführung zu Sequenzen von mehr als einer Minute sehr zeitintensiv ist. Das Verhältnis von didaktischem Nutzen und benötigter Arbeitszeit ist also kritisch zu prüfen. Das Ergebnis des Arbeitsprozesses sind Dateien im .mov-Format, die jedoch in andere Formate konvertiert und also auch öffentlich oder auf geschützten Plattformen bereitgestellt werden können – längerfristig oder für eine darauf aufbauende Unterrichtsarbeit, die dadurch zeitunabhängig (und bei Bedarf auch individuell) auf die mit dem *Stop Motion Studio* erstellten Arbeiten zurückgreifen kann.

4.6.6 TikTok

https://www.tiktok.com TikTok

- ☑ Website, App
- ☑ kostenlos
- ☑ Englisch, Deutsch u. a. Sprachen
- ☑ Keine Registrierung erforderlich. Personenbezogene Daten werden erhoben. Dritte haben Zugriff auf diese Daten. Es greift nicht die EU-Datenschutz-Grundverordnung.
- ☑ Windows, macOS und Linux, Android, iOS

Beschreibung

Die Funktionsweise der Videoplattform *TikTok* als Nachfolgerin der Plattform *Musical.ly* braucht wohl den meisten Lernenden nicht erläutert zu werden, ist sie doch für viele Jugendlichen fester Bestandteil ihres digitalen Lebensalltags. Die Nutzung ist mit Zustimmung der Eltern ab 13 Jahren und ohne diese ab 16 Jahren erlaubt. Gleichzeitig besagt eine Statista-Erhebung vom Februar 2021, dass schon 24 % der Zehn- bis Elfjährigen die Plattform nutzen – ein weiteres Indiz dafür, dass die plattformeigene Altersprüfung relativ leicht zu umgehen ist. Der besondere Reiz von *TikTok* resultiert wohl maßgeblich aus der starken interaktiven Konzeption, durch die sie sich von vielen breit rezipierten Social-Media-Angeboten und *YouTube* unterscheidet. Hier kann man nicht nur eigene Videos hochladen und bearbeiten, sondern auch die Beiträge anderer Nutzerinnen und Nutzer editieren, bereitgestellte Songs mitsingen und Filmausschnitte kreativ erweitern. Ob man gleichzeitig anderen eine Mitgestaltung der eigenen Beiträge erlaubt, kann über die Nutzungseinstellungen für den eigenen Account geregelt werden. Ergänzend dazu ist es auf *TikTok*, wie auf anderen Social Media-Plattformen auch, möglich, Beiträge zu liken oder zu kommentieren, was hier aber eher die Interaktion über gemeinsame Beiträge oder die Edition von Beiträgen zu einem gemeinsamen Thema ergänzt.

Im Deutschunterricht

Für den Deutschunterricht potenziell relevant sind u. a. drei sehr beliebte Formen der Plattformnutzung: sogenannte *Cosplays, Edits* und *BookToks.*

Cosplays ermöglichen es den Nutzerinnen und Nutzern, in der Regel in zur Rolle passender Kostümierung, Figuren aus Büchern zu visualisieren, Szenen aus Filmen oder Büchern nachzuspielen oder zu modifizieren. Sie können dort ergänzende Szenen oder (innere) Monologe bzw. Streams of Consciousness präsentieren. Sind derlei eigene Beiträge auf *TikTok* publiziert, haben andere Nutzerinnen und Nutzer die Möglichkeit (und diese Bearbeitung gilt als Zuspruch bzw. Wertschätzung), in sogenannten Duetten das Präsentierte mitzusprechen, nachzuspielen oder um eigenen Sequenzen zu ergänzen. So entstandene neue Beiträge werden dann ggf. durch Dritte aufgegriffen, so dass unterschiedlichste Gemeinschaftswerke entstehen. *Cosplays* bieten also die Gelegenheit, eigene Sichtweisen auf eine literarische oder filmische Figur zu entwickeln, ggf. aber auch andere Rezeptionen aufzugreifen, zu konkretisieren oder zu konterkarieren. Sie können sich über entsprechende Präsentationen in eine Figurenperspektive hineinversetzen oder die Figur optisch charakterisieren, was sich für Figurenanalyse fruchtbar machen lässt.

Edits oder auch die Sonderform „Stitches“ basieren darauf, dass die Nutzerinnen und Nutzer aus einem Film, einem Trailer oder einer Videoaufzeichnung eine kurze Szene (in der Regel nur wenige Sekunden lang) herausschneiden und diese um Effekte, Musik und eigene Gesangs- oder Sprechbeiträge ergänzen, ggf. auch in einer eigenen Darstellung weitererzählen oder spezifizieren. Hier bietet sich beispielsweise die Möglichkeit zur Identifikation von Schlüsselszenen, aber auch zur Vergegenwärtigung literarischer Konstruktionsprinzipien oder der Figurencharakterisierung sowie der Charakterisierung über filmische Bilder oder Musik. Auch diese Beschäftigungen mit einem Film oder Text können durch andere Nutzerinnen und Nutzer aufgegriffen oder mit anderen Deutungsangeboten verglichen werden. Außerdem können Edits gezielt Hintergrundinformationen zur Textentstehung oder Wissen über die Rezeption eines solchen Textes aufgreifen.

Bei *BookToks* handelt es sich um eine von *TikTok* für die Präsentation eigener Leseerlebnisse und/oder -empfehlungen etablierte Rubrik. Die dort veröffentlichen Beiträge unterscheiden sich in der Auseinandersetzungstiefe erheblich – einige Beiträge liefern Inhaltszusammenfassungen oder leiten ihre Empfehlung recht ausführlich und mitunter auch fundiert her, andere beschränken sich auf die Präsentation von Covern, um ihre Lektüre der letzten Zeit zu dokumentieren. Eine vergleichende Analyse solcher Beiträge kann Ausgangspunkt für ein Gespräch über die Qualität von Lektüreempfehlungen sein, auf dessen Basis die Lernenden dann ggf. eigene *BookToks* erstellen – für die Klasse oder auch für eine Publikation auf der Plattform.

Wichtig ist zu betonen, dass *TikTok* immer wieder öffentlich kritisiert wurde – eine Nichteinhaltung von Daten- und Jugendschutz, nachgewiesene Zensur und die Eliminierung unpopulärer Inhalte waren hierbei zentrale Aspekte. Eine Arbeit mit der Plattform sollte also nicht ohne Thematisierung dieser Kritikpunkte und einen Austausch über Urheberrechtsfragen (v. a. in Bezug auf die Verwendung von Filmausschnitten) erfolgen. Wird *TikTok* für die Erarbeitung und Präsentation von Unterrichtsergebnissen genutzt, ist wichtig, dass die Lernenden bei Präsentationen nicht identifizierbar sind und damit digitale Spuren auf der Plattform hinterlassen. Angesichts der gravierenden Bedenken scheint es u. U. sinnvoller, im Unterricht lediglich das *TikTok*-Prinzip aufzugreifen und Beiträge nach dem Vorbild der Plattform mithilfe anderer Tools zu erstellen. Diese können dann ausschließlich innerhalb der eigenen Klasse präsentiert und in einem geschützten Bereich des Schulintranets oder der Lernplattform gespeichert bzw. nach der Einholung entsprechender Zustimmungen, auf der Schulwebsite präsentiert werden.

4.6.7 Wortwuchs

https://wortwuchs.net/

- ☑ Website, YouTube-Kanal
- ☑ kostenlos
- ☑ Deutsch
- ☑ Keine Registrierung erforderlich. Personenbezogene Daten werden erhoben. Dritte haben Zugriff auf diese Daten. Es greift die EU-Datenschutz-Grundverordnung.
- ☑ Windows, macOS und Linux, Android, iOS

Hinter *Wortwuchs* verbirgt sich zum einen ein *YouTube*-Kanal und zum anderen eine Website, die umfangreiche Informationen zum Thema Literatur und Sprache in Form eines Online-Nachschlagewerks bereitstellt. Die Nutzung beider Angebote ist kostenlos und ohne Anmeldung möglich.

Der *YouTube*-Kanal umfasst einige ein- bis dreiminütige Erklärvideos zu einzelnen rhetorischen Stilmitteln, zum Reim und zur Erzählzeit. Den überwiegenden Anteil machen Hörbuchproduktionen aus. Darunter sind viele klassische Schullektüren wie Franz Kafkas *Die Verwandlung*, Arthur Schnitzlers *Traumnovelle*, *Die neuen Leiden des jungen W.* von Ulrich Plenzdorf oder *Das Nibelungenlied*. Die Hörbücher sind mit *LibriVox* (https://librivox.org/ und als App) produziert, einer digitalen Bibliothek mit gemeinfreien Hörbüchern, die von freiwilligen Sprechern, zumeist Laien, eingesprochen werden. Die Qualität der Hörtexte ist also durchaus unterschiedlich. Dennoch lohnt es sich, hineinzuhören und sie entweder zur Entlastung des Leseprozesses oder zur kritischen Reflexion der Gestaltung der Adaption einzusetzen.

Das digitale Nachschlagewerk auf der Website *Wortwuchs* enthält Einträge in den Kategorien Aufsätze, Poetik, Literaturepochen, Grammatik, Hilfreiches und Glossare. Es ist eine Stichwortsuche möglich oder man nutzt das Menü zur Suche des gewünschten Themas. Die Darstellungstexte richten sich in Sprache, Stil und Umfang an Lernende der Sekundarstufen. Beispielsweise werden Gedicht-, Text- und Sachtextanalyse sowie Charakterisierung und Stellungnahme als schulische Textsorten beschrieben, deren Bedeutung wird im Deutschunterricht erklärt und schließlich wird eine Anleitung mit Hinweisen zum Aufbau und zu Gestaltungsmitteln formuliert. Zumeist gibt es beispielhafte Textentwürfe. *Wortwuchs* erhebt keinen Anspruch auf Vollständigkeit, bildet aber alle zentralen Begriffe und Themen im Kontext des Deutschunterrichts ab. Quellenangaben und weiterführende Literaturhinweise fehlen leider. Dafür gibt es in der Kategorie „Hilfreiches“ in der Tat einige interessante Tools wie einen Löffel-, Hühner- und Räubersprache-Übersetzer, einen Wort- und Zeichenzähler sowie einen Morsecode-Konverter. Zudem ist das *Wortwuchs*-Forum verlinkt, in dem verschiedenste Fragen aus dem Deutschunterricht diskutiert werden.

4.6.8 YouTube

https://www.youtube.com/ YouTube

- ☑ Website, App
- ☑ kostenlos
- ☑ Englisch, Deutsch u. a. Sprachen
- ☑ Keine Registrierung erforderlich. Personenbezogene Daten werden erhoben. Dritte haben Zugriff auf diese Daten. Es greift nicht die EU-Datenschutz-Grundverordnung.
- ☑ Windows, macOS und Linux, Android, iOS

Beschreibung

„Nahezu die Hälfte aller Schülerinnen und Schüler hält *YouTube*-Videos für schulische Belange für wichtig bis sehr wichtig“ (Rat für kulturelle Bildung, 2019, S. 9). Die Lernenden nutzen sie für Recherchen, zur Wiederholung, zur Wissensvertiefung oder zur Arbeitsvereinfachung. Sie schätzen die oft unterhaltsame Aufbereitung von Lernstoff, die zeitunabhängige Verfügbarkeit, die intertextuellen Bezüge zwischen ähnlichen Beiträgen etc. Und in der Tat bietet die zu *Google* gehörende Plattform aktuell die weltweit größte Sammlung von Videos, Filmen, Trailern und Clips und stellt damit ein relevantes Wissensarchiv und einen maßgeblichen Teil unseres kulturellen Speichergedächtnisses dar.

Die Ausformung einer Medienkompetenz im Umgang mit *YouTube* sollte die Lernenden befähigen, Beiträge sowie Urheberinnen und Urheber kritisch zu bewerten und damit den Wert als Wissensressource oder Meinungsbildner zu beurteilen. Hierfür können Kriterienkataloge erarbeitet oder an die Hand gegeben, aber auch Rezeptionen innerhalb des Mediums aufgegriffen werden. Eine Option wären die sogenannten Reaction-Videos, *YouTube*-Beiträge also, in denen YouTuber und YouTuberinnen andere Beiträge kommentieren und damit Wahrheitsgehalt, Inhalte und Struktur eines *YouTube*-Beitrags thematisieren.

Im Deutschunterricht

Konkret für den Deutschunterricht relevant sind z. B. Auseinandersetzungen mit einzelnen literarischen Texten in dafür produzierten *YouTube*-Beiträgen. Hier reicht das Spektrum von unterschiedlich fundierten Zusammenfassungen von Romanen oder Dramen (z. B. die vom Reclam-Verlag editierte Reihe „Sommers Weltliteratur to go“) bis zu im Theaterkontext oder im produktionsorientierten Literaturunterricht entwickelten Visualisierungen von Handlungen. Sie alle bieten die Möglichkeit, die Arbeit mit einem literarischen Text im Unterricht abwechslungsreicher und binnendifferenzierter zu gestalten. Außerdem dokumentiert *YouTube* Präsentationen literarischer Texte in Lesungen oder Poetry-Slams und bietet damit Material, das sich als eigenständiger Analyse- und Interpretationsgegenstand eignet. Darüber hinaus gibt es auf *YouTube* die Literaturrezeptionen abbildende Beiträge, allen voran die sogenannten *BookTubes*, die mit dem Ziel erstellt werden, durch Tipps oder Rezensionen zur Lektüre anzuregen. In der Regel sind es (unterschiedlich prominente) Einzelpersonen, die ein Buch vorstellen oder eine ganze Reihe von Leseempfehlungen präsentieren. Unterrichtsarbeit kann diese nutzen, um die Lesemotivation zu erhöhen, eine Spektrum von Leseoptionen zu präsentieren oder die eigene Rezeption mit der einer anderen Person abzugleichen. Darüber hinaus können *BookTubes* als Inspiration für die Produktion eigener Buchempfehlungen und damit als Grundlage für produktionsorientiertes Schüler/-innen-Arbeiten genutzt werden. Mindestens ebenso populär unter Jugendlichen sind *YouTube*-Beiträge (häufig in Serie produziert), in denen sich Rezipientinnen und Rezipienten beobachtend bis analytisch mit ausgewählten literarischen Texten oder Filmen auseinandersetzen (exemplarisch für diese Art von Beiträgen sind die „5 Minuten Harry Podcasts“ der YouTuberin Coldmirror). In der Unterrichtsarbeit mit dieser Art von Beiträgen kann eine bestimmte Form der Beschäftigung mit Literatur oder Filmen auf ihren Wert und ihre Grenzen untersucht werden, ggf. auch, um ähnliche oder optimierte Beiträge dieser Art zu entwickeln. Und nicht zuletzt bietet das Medium zahlreiche einen literarischen Text rahmende Beiträge, wie Dokumentationen über die Autorinnen und Autoren, Interviews mit diesen, Dokumentationen über die Entstehungszeit oder die im literarischen Text erzählte Zeit. All dies kann zur Verortung eines Textes im Literatur- oder Gesellschaftssystem, in einer literarischen Epoche oder zur diachronen Einordnung beitragen. Jenseits von Beschäftigung mit Literatur gibt es natürlich auf *YouTube* Lehrfilme ganz unterschiedlicher Qualität zu Zeichensetzung, orthografischen Phänomenen etc.

Weitere YouTube-Kanäle und Videobeiträge für den Deutschunterricht

- *Sommers Weltliteratur to go:* https://www.youtube.com/user/mwstubes
- *Schoolseasy Deutsch:* https://www.youtube.com/user/schoolseasy

- *Schülerhilfe Deutsch Lernvideos:* https://www.youtube.com/channel/UCpd-Cp55K5WwVYiRRKyxKoWQ
- *alpha Lernen:* https://www.youtube.com/user/brlernen
- *Online German Tutor:* https://www.youtube.com/c/YvonnetheOnlineGer-manTutor/videos
- *Die Merkhilfe – Deutsch einfach erklärt:* https://www.youtube.com/c/diemerk-hilfe/featured
- *Wortwuchs:* https://www.youtube.com/user/WortwuchsVideo
- *kapiert.de:* https://www.youtube.com/channel/UCZ3F6QyUCU1FJo85aMn6S-g
- *BR Grips Deutsch:* https://www.br.de/grips/faecher/grips-deutsch/index.html

Literaturhinweis:

Rat für kulturelle Bildung 2019: Jugend/YouTube/Kulturelle Bildung. Horizont 2019. Repräsentative Umfrage unter 12- bis 19-Jährigen zur Nutzung kultureller Bildungsangebote an digitalen Kulturorten. Essen

Praxis Deutsch Nr. 283/2020: Youtube. Hannover: Friedrich Verlag

4.7 Strukturieren, kooperieren und präsentieren

4.7.1 Blogging mit WordPress

https://wordpress.com/de/ WordPress

- ☑ Website, App
- ☑ kostenlos
- ☑ Englisch
- ☑ Keine Registrierung erforderlich. Personenbezogene Daten werden erhoben. Dritte haben Zugriff auf diese Daten. Es greift die EU-Datenschutz-Grundverordnung.
- ☑ Windows, macOS und Linux, Android, iOS

Um eigene Blogs (vgl. 3.3.9 für grundlegende Informationen zum Blogging) zu erstellen, braucht es ein dafür geeignetes Tool – einen sogenannten Editor. Die Zahl der häufig kostenlos verfügbaren Angebote ist groß, weshalb es empfehlenswert scheint, über entsprechende Rankings oder Bewertungsportale jene zu ermitteln, die a) in der Handhabung benutzerfreundlich (d. h. einfach und effizient zu bedienen) sind und b) in der Verwendung der veröffentlichten Daten, Informationen und Materialien europäische

Bestimmungen (DS-GVO etc.) einhalten. Das Internet bietet eine große Zahl von vergleichenden Einschätzungen von Benutzerinnen und Benutzern, die Aufschluss darüber geben, welches Tool sich für welchen Bedarf eignet, u. a. abhängig davon, ob es ein stark textbasierter Blog oder ein Foto- oder Videoblog (Vlog) werden soll, wer daran mitarbeiten und wie interaktiv er konzipiert werden soll. Nachdem das Tool *Blogspot* seinen Betrieb eingestellt hat, ist das Multifunktionstool *WordPress* bei Bloggerinnen und Bloggern sehr beliebt. *WordPress* beschreibt sich selbst als Websitebaukasten, der stetig erneuert wird. Die Funktionalität und Nutzerfreundlichkeit unterscheiden sich dabei von Version zu Version recht stark und werden von den Bloggerinnen und Bloggern entsprechend unterschiedlich bewertet. Generell ist es aber über die entsprechende *WordPress*-Startseite (https://wordpress.com/de/) in wenigen Schritten möglich, einen eigenen Blog mit spezifischer Domain zu etablieren und diesen mithilfe bereitgestellter Designelemente auch etwas zu layouten. Ist dies geschehen, können in einem von *WordPress* bereitgestellten Content-Management-System Beiträge geplant, als Entwürfe gespeichert und veröffentlicht werden, so dass es auch möglich ist, in einem einzigen Arbeitsprozess eine erzählerische Dramaturgie zu entwickeln und diese durch schrittweise Publikation von Teiltexten wirken zu lassen. Alle Beiträge können mit Fotos, Videos oder Dokumenten angereichert oder durch diese maßgeblich getragen werden, selbst reine Fotoblogs oder Vlogs lassen sich mit *WordPress* realisieren. Sollen die Inhalte aufwändiger aufbereitet werden, kommen Nutzerinnen und Nutzer nicht ohne Zusatztools (u. a. *WordFence* als Firewall und *Updraft* für Sicherheitskopien) aus. Wurden diese als Open-Source-Software von Privatpersonen entwickelt, impliziert dies leider auch, dass ihre fortlaufende Wartung und damit längerfristige Funktionalität nicht garantiert ist. Insofern empfiehlt sich auch ein Blick auf Alternativen: Gut bewertet wurden u. a. das Tool *Wix*, vor allem wegen guter Designvorlagen, viel persönlicher Gestaltungsfreiheit und einem großen Funktionsumfang, *Ionos* aufgrund der einfachen Handhabung und hohen Sicherheit, sowie *SimpleSite* und *Jimdo*, das einen persönlichen Support anbietet.

4.7.2 BookWidgets – Interaktive Elemente erstellen

https://www.bookwidgets.com/de

- ☑ Website, App
- ☑ kostenpflichtig
- ☑ Englisch, Deutsch und viele weitere
- ☑ Registrierung erforderlich. Personenbezogene Daten werden erhoben. Dritte haben Zugriff auf diese Daten. Es greift die EU-Datenschutz-Grundverordnung.
- ☑ Windows, macOS und Linux, Android, iOS

Erste Schritte

Mit der App oder Website *BookWidgets* können verschiedene interaktive Elemente, sogenannte Widgets, erstellt werden. Diese kann man direkt in der App oder auf der Website bearbeiten, in digitale Arbeitsblätter einbinden und auf *Google Classroom* oder *Microsoft Teams* teilen. Nach der Anmeldung beginnt eine 30-tägige kostenlose Testphase, anschließend muss ein Abonnement abgeschlossen werden. Für eine einzelne Lehrkraft kostet dies 9 € monatlich oder 49 € im Jahr. Für eine Gruppe von mehr als zehn Lehrkräften reduzieren sich die Kosten auf 35 € pro Jahr und Lehrkraft.

Anwendung

Um ein neues Widget zu erstellen, klickt man den entsprechenden Button auf der Startseite oder in der Widget-Bibliothek an. Es erscheint eine Auswahl an Widget-Typen, die nach folgenden Kategorien geordnet sind: Test und Überprüfungen, Spiele, Bilder und Videos sowie Mathematik. Zusätzlich lassen sich Elemente von Drittanbietern wie *Wikipedia*-Einträge oder Karten von *Google Maps* verwenden.

BookWidgets stellt über 40 verschiedene Elemente bereit, die sich ohne weitere Vorkenntnisse konfigurieren lassen. Neben einem Whiteboard, einem Quiz und einer Stundenrückmeldung gibt es zum Beispiel Widgets für ein WebQuest ebenso wie für kleine Spielformen wie Bingo, Puzzle oder Wortsuchsel. Aber auch zur Erstellung interaktiver Bilder, in die verschiedene Hotspots bzw. Popups eingefügt werden können, gibt es ein passendes Element. Das Konfigurationsfenster ist an das ausgewählte Widget angepasst und klar strukturiert. Beispielsweise sind beim Kreuzworträtsel der Titel, die gesuchten Worte und Beschreibungen als Lösungshilfe einzugeben, bevor das Widget automatisch generiert wird.

Abb. 63: Übersicht mit einer Auswahl an Widget-Elementen auf *BookWidgets* (Quelle: Screenshot)

Über den Vorschau-Button ist die Schüleransicht zu sehen. Hier lassen sich außerdem Änderungen am Design vornehmen, etwa der Hintergrund oder die Schriftart. Zudem kann die Ansicht ausgedruckt werden. Für die meisten Widgets gibt es unter dem Menüpunkt „Support“ Anleitungen und Beispiele, sodass man falls nötig bei der Erstellung Hilfe findet. Das fertige Widget wird über einen Link, QR-Code, per Mail, *Google Classroom* oder einen Kurzcode geteilt.

Abb. 64: Kreuzworträtsel in der Nutzeransicht von *BookWidgets* (Quelle: Screenshot)

Die Widgets können am PC, Tablet oder Smartphone bearbeitet werden und auch die Abgabe der Lösung erfolgt digital, indem sie über den Briefumschlag als Mail versendet wird. Auch eine Speicherung als PDF-Datei ist möglich. Die Aufgabenbearbeitung wird automatisch ausgewertet, sodass sowohl die Lernenden eine Rückmeldung erhalten und die Lehrkraft eine Übersicht über die Ergebnisse bekommt.

Ein ähnliches, ebenfalls kostenpflichtiges Angebot bietet die Website https://wordwall.net/de. Auch hier gibt es eine Reihe interaktiver Vorlagen, die zusätzlich in interaktive PDF-Dokumente umgewandelt werden können, was bei *BookWidgets* nicht möglich ist. Bei beiden lassen sich verschiedene

Sprachen einstellen. Eine kostenlose Alternative für die Erstellung interaktiver Inhalte ist *H5P* (vgl. 4.7.5), das es auch als PlugIn für *Moodle, WordPress* und andere Plattformen gibt.

Im Deutschunterricht

Die Vielfalt an Widgets und die individuellen inhaltlichen Gestaltungsmöglichkeiten eröffnen unterschiedliche Einsatzmöglichkeiten, insbesondere zum Üben und spielerischen Festigen von Unterrichtsinhalten. Mit interaktiven Arbeitsblättern können aber auch eigenständige Erarbeitungsphasen unterstützt werden, insbesondere weil die Kontrolle automatisch erfolgt. Wird *BookWidgets* in seiner ursprünglichen Anwendungsidee eingesetzt, nämlich um E-Books mit interaktiven Elementen anzureichern, sind auch Projektarbeiten oder Lernpfade denkbar, die mit einem interaktiven E-Book strukturiert und begleitet werden. Dabei ist sicherlich zu berücksichtigen, dass die Materialien digital, interaktiv, individuell und binnendifferenziert gestaltet werden können, dies aber auch mit dem Tool durchaus einen gewissen Arbeitsaufwand bedeutet. Die Möglichkeit, dass Lernende selbst Widgets erstellen, ist aufgrund der Kosten eher nicht umsetzbar.

4.7.3 Canva und Genially – Digitale Vorlagen nutzen

https://www.canva.com/
https://www.genial.ly/

Canva genially

- ☑ Website, App
- ☑ Kostenlos in der Basisversion
- ☑ Canva: Englisch, Deutsch
- ☑ Genially: Englisch, Französisch, Spanisch
- ☑ Keine Registrierung erforderlich. Personenbezogene Daten werden erhoben. Dritte haben Zugriff auf diese Daten. Es greift die EU-Datenschutz-Grundverordnung.
- ☑ Windows, macOS und Linux, Android, iOS

Erste Schritte

Mit dem webbasierten Grafikdesignprogramm *Canva* können Lehrkräfte ansprechende, individuelle Arbeitsblätter erstellen und Lernende zur produktionsorientierten Nutzung unterschiedlicher Präsentationsvorlagen motivieren. Dafür steht eine Vielzahl Grafiken, Designs und Vorlagen bereit, die ohne Vorkenntnisse individuell bearbeitet werden können, wie zum Beispiel Infografiken, Flyer, Poster, Buchcover, Lesezeichen oder Collagen. Zudem gibt es Designs für die persönliche und Social-Media-Kommunikation, etwa *Instagram*-Posts, Videos oder Postkarten und Vorlagen für Gruppenarbeiten.

Canva lässt sich sowohl am PC im Browser und auch als App auf dem Tablet oder Smartphone aufrufen. Zusätzlich besteht die Möglichkeit, die *Canva*-Software herunterzuladen und auf dem PC zu installieren. Die Anmeldung erfolgt mit Namen und E-Mail-Adresse. Für eine einzelne Lehrkraft ist die kostenlose Basisversion ausreichend, denn es stehen alle wesentlichen Funktionen, Speicher- und Kooperationsmöglichkeiten für Teams zur Verfügung. Um spezielle Designs zu speichern und zu teilen, ein Schullogo einzufügen, weitere Bearbeitungstools, mehr Bilder, digitale Inhalte und einen größeren Speicher zu nutzen, kann man sich für *Canva Pro* anmelden. Die Kosten in Höhe von 109,99 € entfallen, wenn man sich über *Canva Education* registriert. Die Bestätigung der schulischen Registrierung beansprucht allerdings gut zwei Wochen. Die Schüler/-innen können in Lerngruppen angelegt und zu *Canva* eingeladen werden.

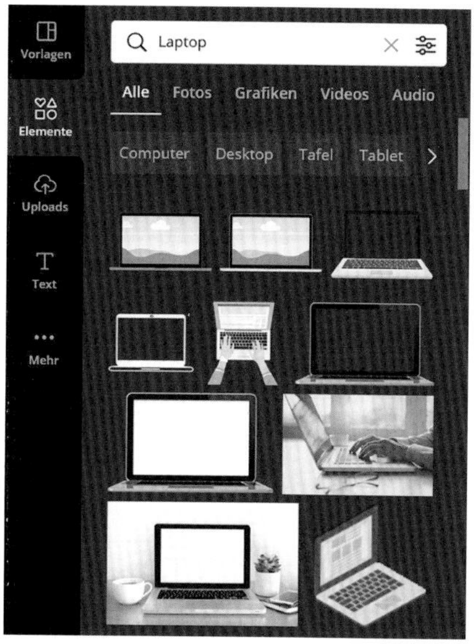

Abb. 65: Bearbeitungseditor von *Canva* (Quelle: Screenshot)

Anwendung

Von der Startseite aus kann entweder eine Blankovorlage geöffnet werden oder man begibt sich auf eine Entdeckungstour durch die nach Kategorien geordneten Vorlagen. Sie erscheinen aufgrund des Nutzungsprofils teilweise direkt auf dem Bildschirm und können über die Eingabe eines Stichwortes ins Suchfeld oder über das Vorlagenmenü ausgewählt werden. Die Bearbeitung der ausgesuchten Designvorlage erfolgt nach dem Drag-and-Drop-Prinzip. Das heißt, ein grafisches Element, egal ob Textfeld, Logo, Bild oder Rahmen, wird durch das Ziehen und Ablegen an der gewünschten Stelle eingefügt. Das kleine Kreuzsymbol dafür befindet sich unter den Elementen. Neben diversen Schriften, Bildern und grafischen Elementen können auch Audios, Videos und interaktive Bausteine teils in Verknüpfung mit anderen Apps, beispielsweise eine animierte Comicfigur von *Pixton* (vgl. 4.3.3), in die Vorlage integriert werden. Das fertige Design kann zum Zeigen und

Bearbeiten geteilt werden, dafür kann man einen Link nutzen oder eine der verknüpften Anwendungen, zum Beispiel *Microsoft Teams, Dropbox* oder auch *Facebook*. Zudem lässt es sich in andere Websites einbetten und in allen gängigen Dateiformaten und verschiedenen Qualitäten downloaden. Im *Canva*-Benutzerkonto kann die Datei ebenfalls gespeichert werden.

Auch eine kooperative Bearbeitung von Vorlagen funktioniert mit *Canva*. Dafür muss unter „Teilen" der sogenannte „Bearbeiten-Link" kopiert werden, oder die Vorlage wird in einer angelegten Gruppe freigegeben. Auch für die Begleitung und Organisation von Gruppenarbeiten gibt es passende Designvorlagen.

Abb. 66: *Canva*-Vorlage für Gruppenarbeiten (Quelle: Screenshot)

Genially

Nicht nur *Canva*-Designs können mit *Genially* interaktiv erweitert werden, indem Texte, Bilder, Links und andere Medien über Marker in die Grafik eingebunden werden. Zudem lassen sich auch Präsentationen, Infografiken, Spiele, Guides und Videos gestalten. Um die webbasierte Software zu nutzen, ist eine Registrierung erforderlich, die entweder mit einem vorhandenen *Facebook-, Twitter-* oder *Google*-Account oder mit einer E-Mail-Adresse vorgenommen werden kann. *Genially* ist kostenlos, es gibt jedoch gegen Bezahlung einige Premiumfunktionen. Für Lernende gibt es ein Abonnement für monatlich 1,25 €, die EDU PRO-Version kostet 4,99 € im Monat. Hilfreiche Zusatzfunktionen sind dabei zum einen die Möglichkeit des Speicherns im PDF- und jpg-Format und zum anderen, *Genially* nur ausgewählten Nutzerinnen und Nutzern über einen privaten Link zur Verfügung stellen zu können.

Es stehen, ähnlich wie bei *Canva*, verschiedene Vorlagen für die Erstellung eines *Genially* zur Verfügung, die auf dem Dashboard angezeigt werden, nachdem der Button „Create Genially" gedrückt wurde.

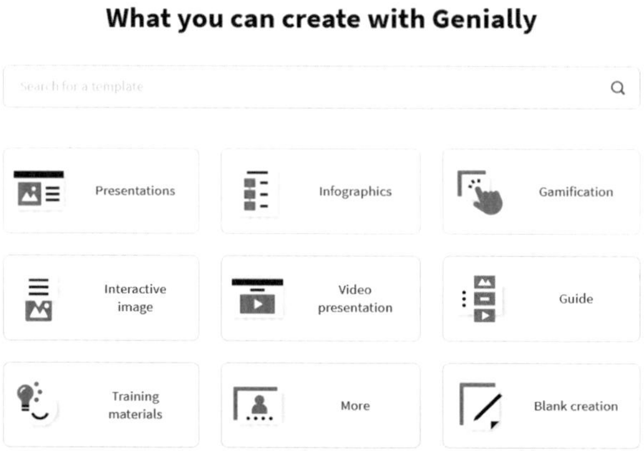

Abb. 67: Überblick über die Vorlagen auf *Genially* (Quelle: Screenshot)

Nach der Auswahl findet man neben einem kurzen Erklärvideo zur Anwendung des jeweiligen Tools auch einige Beispiele. Um zum Beispiel ein interaktives Bild zu erstellen, wird das gewünschte Bild mit einer maximalen Größe von 5 MB von der Festplatte hochgeladen, als URL-Link eingepflegt oder über die Bildsuche (Unsplash) ausgesucht. Nachdem das Format angepasst wurde, gelangt man zum Bearbeitungseditor, der ebenso wie *Canva* mit dem Drag-and-Drop-Prinzip arbeitet und auch ähnlich aufgebaut ist. Neben weiteren Texten und Grafiken, können verschiedene interaktive Elemente, Buttons mit und ohne Text sowie Social-Media-Verlinkungen hinzugefügt werden. Der passende Marker wird ausgewählt, auf dem Bild platziert und kann inhaltlich und gestalterisch bearbeitet werden, indem man auf den Marker klickt. Mit den beiden linken Buttons wird die Anzeige auf dem fertigen Bild definiert, beispielsweise ob es dort verschoben werden kann. Mit dem rechten Button kann der Marker animiert werden. Am wichtigsten ist der „Zeigefinger"-Button, denn damit wird das interaktive Element hinter dem Marker ausgewählt. Es gibt einen Tooltip für kürzere Texte, ein Fenster für längere Texte sowie eine Website oder einen Link, der in einem neuen Tab geöffnet wird. In einem weiteren Bearbeitungsfenster kann nun das gewählte Medium eingefügt und formatiert werden.

Alle Veränderungen können über das blau unterlegte Häkchen oben in der Menüleiste gespeichert werden. Die Preview über den „Auge"-Button, das Einladen zur kollaborativen Mitarbeit sowie das Speichern und Veröffentlichen funktionieren genauso wie in *Canva*. Der entscheidende Unterschied ist die digitale Interaktivität von *Geniallys*, die entsprechend digital präsentiert werden sollten. Eine Alternative zur Erstellung interaktiver Element stellt *Thinglink* (https://www.thinglink.com/) dar.

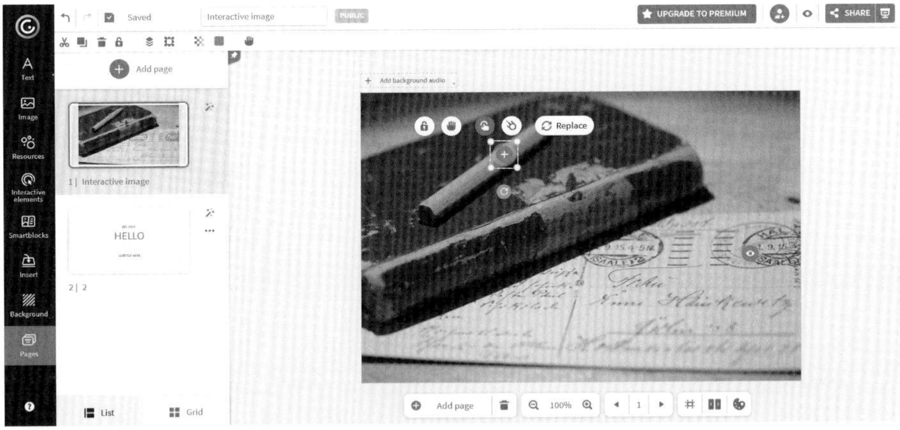

Abb. 68: *Genially*-Bearbeitungseditor für ein interaktives Bild (Quelle: Screenshot)

Im Deutschunterricht

Sowohl *Canva* als auch *Genially* sind Tools, die von Lehrkräften und Lernenden gleichermaßen eingesetzt werden können, um grafisch ansprechende Layouts und interaktive Präsentationen zu erstellen. Die vielfältigen Vorlagen eröffnen Perspektiven für die anspruchsvolle Gestaltung von Arbeitsaufträgen oder Ergebnissen. Ein besonderer Vorteil ist die Möglichkeit der kollaborativen Bearbeitung, die zeit- und ortsunabhängig erfolgen kann, weil beide Tools webbasiert arbeiten und eine Internetverbindung die einzige Voraussetzung ist.

Speziell für den Deutschunterricht kann *Canva* in produktionsorientierten Unterrichtskontexten genutzt werden, um beispielsweise ein Lesetagebuch oder ein Handout für einen Vortrag, ein eigenes Filmplakat oder ein Gruppenergebnis zu präsentieren. Die interaktiven Elemente, die mit *Genially* in Bilder, Präsentationen oder Videos eingefügt werden, eignen sich, um Erarbeitungsphasen zu unterstützen, indem zum Beispiel hinter den Zahlen-Markern auf einer Abbildung verschiedene Arbeitsaufträge oder Hintergrundinformationen zu einer Autorin/einem Autor, einem sprachlichen Phänomen oder literarischen Text verborgen sind. Auch die Lernenden können ihre Textanalyse in Form eines interaktiven Textdokuments speichern und arbeitsteilig verschiedene Analyseaspekte bearbeiteten oder unterschiedliche Deutungen verknüpfen. Auch die Auseinandersetzung mit einem Kinder- und Jugendbuch kann digital dokumentiert werden. Nicht zuletzt sind *Genially*-Präsentationen eine digitale Alternative zur Gestaltung von Plakaten und eine nicht nur visuelle Abwechslung zu *PowerPoint*-gestützten Vorträgen im Unterricht.

4.7.4 CryptPad

https://cryptpad.fr

- ☑ Website
- ☑ kostenlos
- ☑ Deutsch
- ☑ Keine Registrierung erforderlich. Personenbezogene Daten werden nur erhoben, wenn eine Bezahlversion genutzt wird. Dritte haben Zugriff auf diese Daten, wenn der Nutzer die URL teilt. Es greift die EU-Datenschutz-Grundverordnung.
- ☑ Windows, macOS und Linux, Android, iOS

Erste Schritte

Auf der Website *CryptPad* können alle gängigen Office-Anwendungen erstellt und kollaborativ bearbeitet werden. Neben einem webbasierten Textverarbeitungsprogramm stehen Anwendungen für die Erstellung von sogenannten Pads bzw. Boards in Form von Tabellen, Programmiercodes/Markdowns, Kanbans, Präsentationen, Umfragen sowie ein Whiteboard zur Verfügung. Zusätzlich hält *CryptPad* weitere Funktionen bereit, die die Zusammenarbeit von Gruppen unterstützen, dazu gehören ein Chat und eine Kontaktliste. Auf „CryptDrive“ können erstellte Dokumente gespeichert und in Ordnern verwaltet werden. „TeamDrives“ erlaubt es verschiedenen Benutzern, gemeinsam Dokumente zu verwalten.

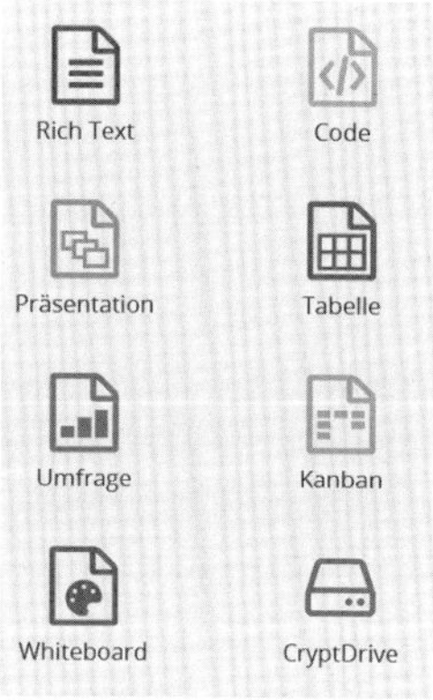

Abb. 69: *CryptPad-Anwendungen* (Quelle: Screenshot)

CryptPad ist eine Open-Source-Software, die von verschiedenen französischen und europäischen Institutionen unterstützt wird und für die Anwendung kostenlos zur Verfügung steht. Eine Registrierung ist möglich, für die gemeinsame Arbeit mit den Office-Anwendungen aber nicht nötig, wenn die begrenzte Speicherzeit von 90 Tagen und der eingeschränkte Zugriff auf „CryptDrive“ keine individuelle Einschränkung darstellt. Diese Begrenzungen fallen mit der Registrierung weg, zudem werden weitere Funktionen freigeschaltet, etwa die Nutzung der sozialen Funktionen, das Hochladen und Teilen von Dokumenten und der Zugriff auf die Speichercloud von verschiedenen Geräten. Bei der Registrierung werden keine persönlichen Daten erhoben, es muss lediglich ein Benutzername und ein Passwort festgelegt werden. Dieses sollte man sicher aufbewahren, denn es kann nicht wiederhergestellt werden. *CryptPad* ist es ein großes Anliegen, die Privatsphäre und Daten der Nutzer/-innen zu schützen, und setzt dies unter anderem durch datenlose Registrierung und die Verschlüsselung aller Dokumentdaten um. Die Plattform kann finanziell mit dem Abschluss eines Abonnements zum Preis von 5 bis 15 € unterstützt werden, dafür muss die persönliche E-Mail-Adresse angegeben werden. Im Gegenzug erhält man mehr Speicherplatz und einen bevorzugten Support.

Anwendung

Auf der Startseite wird zunächst die gewünschte Anwendung ausgewählt. In der Überschriftenzeile des automatisch erstellten Dokuments können der Titel und ggf. der Bearbeitungszeitraum angepasst werden. Die Nutzeroberfläche und Funktionalität der verschiedenen Formate sind vergleichbar mit jener von gängigen Office-Anwendungen. Texte können verfasst, bearbeitet und kommentiert werden, und es lassen sich über die verfügbaren Werkzeuge grundlegende Formatierungen (Schrift, Hintergrund- und Textfarbe, Aufzählungen, Nummerierungen usw.) vornehmen. Auch Bilder und Vorlagen können eingefügt werden.

Die Lernenden erhalten per Link Zugriff auf das Dokument oder indem das Pad an gewünschter Stelle auf einer HTML-Seite, etwa einer Lernplattform oder in einem *Padlet* (vgl. 4.7.8) eingebettet wird. Link und Quellcode findet man unter dem mittig oben verfügbaren Button „Teilen". Hier werden auch die Zugriffsrechte (Ansehen, Bearbeiten, einmaliges Ansehen mit Selbstzerstörung) festgelegt. Der Zugriff auf das Pad ist ohne Registrierung grundsätzlich für jeden möglich, sodass bei der Eingabe von Nutzernamen nicht die Klarnamen verwendet werden sollten, sondern Spitznamen, die sich dennoch eindeutig den Mitarbeitenden zuordnen lassen. Alle Nutzer/-innen erscheinen anonym oder mit ihrem Benutzernamen auf dem Pad und schreiben in verschiedenen Farben, sodass während der parallelen und zeitgleichen Bearbeitung des Dokuments jederzeit ersichtlich ist, wer was geschrieben hat. Außerdem können Inhalte über die Kommentarfunktion diskutiert und der Chat für den Austausch genutzt werden. Beide erscheinen ebenso wie die Nutzernamen neben dem Dokument. Da der Chat- und Kommentarverlauf gespeichert wird, ist der anfangs erscheinende Hinweis, sorgsam mit sensiblen Informationen umzugehen, unbedingt zu beherzigen.

Für die Begleitung und Strukturierung von Gruppenarbeitsphasen stellt das Kanban-Pad eine hilfreiche Anwendung dar. Es lässt sich ebenfalls von der Startseite oder dem „CryptDrive" aus als neues Board anlegen und gibt in Anlehnung an die analoge Form der Kanban-Methode eine Oberfläche mit verschiedenen Spalten und Kategorien zur Visualisierung eines Gruppenarbeitsprozesses vor.

Abb. 70: Kanban-Pad bei *CryptPad* (Quelle: https://www.friedrich-verlag.de/fileadmin/fachwelten/mathematik/blog/Kanban.jpg)

Die Anwendung ist vergleichbar mit der Nutzung von Post-its und leitet sich von der japanischen Wortherkunft *kan* = Signal, *ban* = Karte ab. Die unterschiedlichen Farben stehen für verschiedene Aufgaben oder verantwortliche Personen und können in die jeweils gültige Kategorie (zu erledigen, in Bearbeitung, erledigt) verschoben oder entsorgt werden. Auf diese Weise hat die Lerngruppe jederzeit eine Übersicht über die zu erledigenden Aufgaben. Wichtig sowohl für das analoge als auch digitale Arbeiten mit Kanban sind die Festlegung von Arbeitsregeln und der regelmäßige Austausch über den jeweiligen Arbeitsstand, um die Bearbeitung zu verbessern. Die Lehrkraft kann sich über den Chat daran beteiligen und das Kanban-Board ggf. für die Bewertung des Arbeitsprozesses heranziehen. Als Alternative zum Kanban-Pad bietet sich neben *Padlet* auch *Trello* (https://trello.com/de) an. Für beide Tools ist eine Registrierung erforderlich, und je nach Funktionalität fallen weitere Kosten an. Dafür gibt es mehr Gestaltungsmöglichkeiten und beispielsweise Design- und Prozessvorlagen, die bei *Trello* verschiedenste Bereiche abdecken – vom Schreiben eines Buches bis zur Entwicklung einer Software.

Im Deutschunterricht

Die verschiedenen Board-Vorlagen auf *CryptPad* und der überaus benutzer- und datenschutzfreundliche Zugriff auf die Anwendungen eröffnen eine Vielzahl an Einsatzmöglichkeiten im Deutschunterricht. Auf dem Whiteboard können gemeinsam Skizzen zum Aufbau eines dramatischen Textes oder Figurenkonstellationen gezeichnet werden. Im Rich-Text-Dokument können gemeinsam Arbeitsergebnisse festgehalten werden und insbesondere kooperativ Texte verfasst und überarbeitet werden. Da verschiedene

Versionen beim Schreiben im Dokument gespeichert werden, eignet sich *CryptPad* sehr gut, um den Schreib- und Überarbeitungsprozess sichtbar zu machen und ggf. in die Bewertung einzubeziehen. Das gemeinsame Schreiben wird enorm vereinfacht, weil das Versenden der Dateien entfällt und zeitgleich geschrieben werden kann. Darüber hinaus ist es mit dem Einbinden von Textvorlagen möglich, zum Beispiel gemeinsame Gedichte oder literarische Texte zu analysieren, Beobachtungen zu markieren und mithilfe der Kommentarfunktion zu analysieren. Die Ergebnisse können für alle sichtbar präsentiert und als Gesprächsgrundlage genutzt werden.

Die Organisation von Projekt- und Gruppenarbeiten, aber auch die Vorbereitung einer Klassenarbeit oder die Wochenplan-Arbeit kann mit einem Kanban-Pad organisiert und unterstützt werden. Denkbar ist dies auch für die Vorbereitung und Protokollierung des eigenen Unterrichts. Das Tool lässt sich zudem einsetzen, um eine analoge Ausstellung etwa selbst verfasster Texte oder Plakate digital zu erweitern. Die *CryptPad*-Präsentation mit Hintergrundinformationen, Bildern oder Textentwürfen kann über einen Link oder QR-Code geteilt werden, sodass die Besucherinnen und Besucher bei Interesse weiteres Material in einem digitalen Ausstellungsraum erkunden können. Diese Idee lässt sich auch auf den öffentlichen Raum übertragen, sodass beispielsweise während eines Stadtspaziergangs QR-Codes an besonderen Orten über Hintergründe informieren oder eine Aufgabe oder Umfrage bereithalten, die anschließend digital bearbeitet wird.

Für einzelne Funktionen von *CryptPad* gibt es verschiedenste Alternativen. Für die kollaborative Textbearbeitung bieten sich beispielsweise *ZumPad* (vgl. 4.2.2) oder *board.net* an. Eine Whiteboard-Funktion bieten sowohl https://conceptboard.com/de/ als auch https://flinga.fi/, wobei für die Nutzung jeweils eine Registrierung erforderlich ist.

4.7.5 H5P – Interaktive Inhalte erstellen

https://h5p.org/

- ☑ Website, PlugIn, freie quelloffene Software
- ☑ kostenlos
- ☑ Englisch, Deutsch und weitere Sprachen
- ☑ Registrierung erforderlich. Personenbezogene Daten werden erhoben. Dritte haben Zugriff darauf. Es greift die EU-DS-GVO.
- ☑ Windows, macOS und Linux, Android, iOS

Erste Schritte und Anwendung

H5P ist ein kostenloses, Open-Source-basiertes, englischsprachiges Tool, mit dem interaktive Inhalte, wie z. B. ein Quiz, Multimedia oder interaktive Videos niederschwellig erstellt werden können. Das browserbasierte Tool wurde speziell für den Bildungsbereich entwickelt und erfreut sich in diesem Zusammenhang großer Beliebtheit. Entsprechend gibt es auch viele deutschsprachige Anleitungen und Hilfestellungen zu *H5P*, u. a. eine kostenlose Webinarreihe unter https://www.oercamp.de/webinare/h5p/.

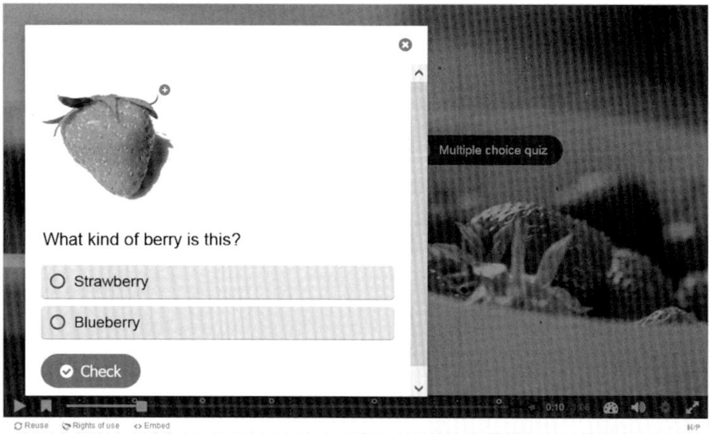

Abb. 71: *H5P* Multiple-Choice-Quiz in einem interaktiven Video (Quelle: https://h5p.org/interactive-video)

Besonders vielseitig einsetzbar ist *H5P* in Bildungszusammenhängen, da sich die selbst entwickelten interaktiven Inhalte in den unterschiedlichsten Lernmanagementsystemen wie *Moodle, itslearning* und *iServ,* aber auch in auf *WordPress*-basierten Websites einbinden lassen. Dies geschieht durch entsprechende Code-Bausteine, die man relativ einfach ausgeben kann. Die Funktionen von *H5P* werden fortlaufend von einer weltweit sehr aktiven Open Source-Community weiterentwickelt. Die aktuellen interaktiven Inhaltstypen sind dort nicht nur gelistet, sondern lassen sich auch durch konkrete interaktive und klickbare Beispiele direkt nachvollziehen: https://h5p.org/content-types-and-applications. Die aktuell bekanntesten Inhaltstypen sind:

- interaktive Lernvideos (eigene Videos oder vorhandene Videos bei *YouTube* etc.), generiert durch das Einblenden von Fragen an bestimmten Stellen des Videos,
- interaktive Präsentationen, in die ebenfalls Fragen zur Wissensabfrage integriert werden können,

- Zeitstrahl-Elemente, interaktive geografische Karten sowie Bilder,
- Lückentexte und viele weitere Quiz-basierte Inhaltstypen, wie Multiple-Choice-Fragen oder Memo-Paar-Spiele.

Im Deutschunterricht

Besonders für den digitalen Deutschunterricht ergeben sich daraus vielfältige Anwendungsmöglichkeiten, die sowohl im Präsenz- als auch im Distanzunterricht genutzt werden können. Die Schülerinnen und Schüler können beispielsweise anhand eines interaktiven Zeitstrahles Epochen und Werke kennenlernen. Ebenso können Videos mit Poetry-Slam-Vorträgen abgespielt und Lernende mit Zwischenfragen zur Reflexion angeregt werden. Darüber hinaus lassen sich textbasierte interaktive Quiz-Formate gestalten, beispielsweise in Form von Lückentexten. Auch klassische Wissensabfragen wie Drag & Drop-Elemente, in denen Schülerinnen und Schüler Begriffe Kategorien zuweisen müssen, sind für den Einsatz im Deutschunterricht denkbar.

4.7.6 Lernpfad

https://lernpfad.ch/ Lernpfad

- ☑ Website
- ☑ kostenlos
- ☑ Deutsch
- ☑ Registrierung erforderlich. Personenbezogene Daten werden erhoben. Dritte haben Zugriff auf diese Daten. Es greift die EU-Datenschutz-Grundverordnung.
- ☑ Windows, macOS und Linux, Android, iOS

Erste Schritte

Lernpfad ist ein digitales Tool, mit dem das Lernen entlang einer Reihung von aufeinander aufbauenden Arbeitsaufträgen strukturiert und organisiert werden kann. In einen *Lernpfad* lassen sich verschiedene auf der Festplatte gespeicherte Medieninhalte integrieren, sodass alle Materialien für die einzelnen Lernschritte bereitstehen und ein individuelles, selbstgesteuertes Lernen möglich wird. Ein wichtiges Grundprinzip der Arbeit mit Lernpfaden ist die Bearbeitung der Lernabschnitte in der vorgegebenen Reihenfolge und die Dokumentation des Lernzuwachses nach jedem Schritt. Eine digitale Grundstruktur dafür stellt die Website lernpfad.ch bereit.

Die Nutzung ist kostenlos, erfordert aber sowohl von der Lehrkraft als auch den Lernenden eine Registrierung. Eine E-Mail-Adresse muss nicht, kann aber freiwillig angegeben werden. Neben der Möglichkeit, selbst *Lernpfade* zu erstellen, gibt es eine Bibliothek mit *Lernpfaden* anderer Nutzer/-innen, die geteilt, kopiert und weiter bearbeitet werden können.

Anwendung

Auf der Startseite lässt sich mit dem Drücken des „Plus"-Buttons ein neuer *Lernpfad* anlegen. In die Eingabemaske werden der Name, die Lernziele und die einzelnen Lernschritte eingetragen. Weitere Schritte können mit dem Plus am Ende der Schrittfolge eingefügt werden.

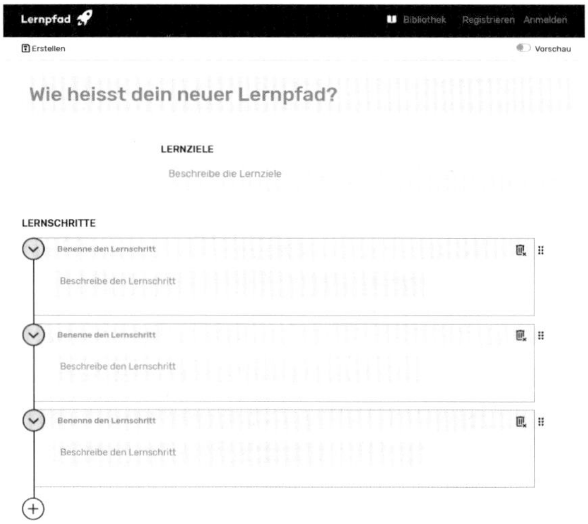

Abb. 72: Anlegen eines *Lernpfades* (Quelle: Screenshot)

Auf der nachfolgenden Seite besteht die Möglichkeit, Dateien von einer Größe bis zu 100 MB im passenden Lernabschnitt hochzuladen. Mit dem „Sechs-Punkte"-Button lassen sich die Abschnitte verschieben, mit dem Papierkorb löschen. Um den „Lernpfad" anschließend zum Lernen freizugeben, kann unter „Teilen" entweder ein Link erstellt werden oder der Pfad wird im Profil oder der öffentlichen *Lernpfade*-Bibliothek freigeschaltet.

Über den „Vorschau"-Button ist die Ansicht der Lernenden zu sehen. Neben vier Icons zur Selbsteinschätzung – das Herz steht beispielsweise für „Ich mochte diesen Auftrag", die Sanduhr für „Ich brauche für diesen Auftrag mehr Zeit" – gibt es ein Text-Antwortfeld, das für die Bearbeitung der Aufgabe bereitsteht. Die Lernenden können ihre Aufgabenbearbeitung aber auch in einem der gängigen Datei-Formate hochladen.

Die Lehrkraft kann anhand der einzelnen Lernschritte im *Lernpfad* den Stand der Aufgabenbearbeitung ablesen, der graue Punkt steht für die Anzahl der beigetretenen Schülerinnen und Schüler, der orangfarbene für diejenigen, die mit der Arbeit begonnen haben, und der grüne für die abgeschlossenen *Lernpfade*. Nach Beendigung der Bearbeitung wird den einzelnen Lernenden ein individuelles Feedback in Textform oder als Emoji zurückgemeldet.

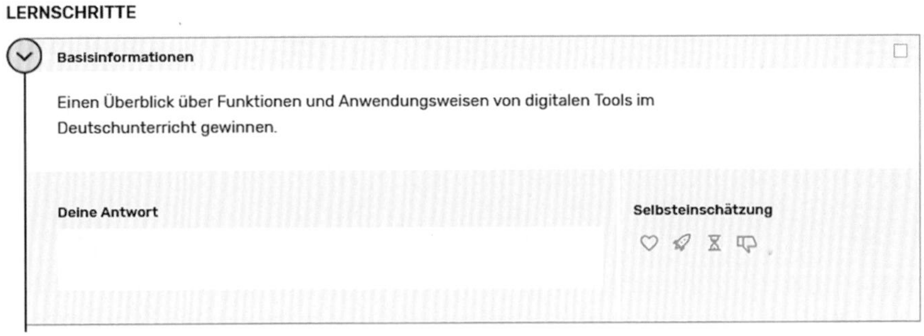

Abb. 73: Schüleransicht bei der Bearbeitung eines *Lernpfads* (Quelle: Screenshot)

Im Deutschunterricht

Lernpfade unterstützen selbstständige Lernprozesse, indem Ziele transparent gemacht, Unterrichtsinhalte in einzelne Lernschritte gegliedert und Arbeitsergebnisse schrittweise dokumentiert und reflektiert werden. Die Aufgabenbearbeitung erfolgt in der Regel in Einzelarbeit, sodass das eigene Tempo den Lernfortschritt bestimmt. In allen Lernbereichen des Faches Deutsch sind dafür geeignete Gegenstände zu finden. Im Bereich „Sprache und Sprachgebrauch untersuchen" können beispielsweise *Lernpfade* zu einzelnen Wortarten, zu Satzgliedern oder einem Rechtschreibphänomen entwickelt werden. Denkbar wäre im Umgang mit Texten und Medien die Erarbeitung einer Gedicht- oder Erzähltextanalyse. Hierbei würden einzelne Aspekte, wie die Untersuchung der sprachlichen Stilmittel oder die Zeitgestaltung eines Erzähltextes, jeweils einem Lernabschnitt zugeordnet und im letzten Arbeitsschritt zu einer vollständigen Textanalyse und -interpretation zusammengefügt werden. Auch die selbstständige Vorbereitung auf eine Diskussion mit der Erarbeitung einer Argumentation lässt sich in einem *Lernpfad* gut darstellen.

Die Website *Lernpfad* ist klar strukturiert, intuitiv bedienbar und ein hilfreiches Werkzeug, um Lernwege zu gestalten. Sehr arbeitserleichternd ist die Möglichkeit, dass die Ergebnisse innerhalb des Tools zurückgemeldet werden können. Ein Nachteil gegenüber alternativen Tools ist die Beschränkung auf Materialien, die auf der Festplatte gespeichert sind.

4.7.7 Oncoo

https://www.oncoo.de/

- ☑ Website
- ☑ online
- ☑ kostenlos, werbefrei
- ☑ Deutsch
- ☑ Keine Registrierung erforderlich. Personenbezogene Daten werden erhoben. Es greift die DS-GVO und EU-Datenschutz-Grundverordnung.
- ☑ Windows, macOS und Linux, Android, iOS

Erste Schritte

Oncoo steht für „Online Cooperation“ und ist eine webbasierte Plattform, die verschiedene interaktive und multimediale Tools umfasst. Eine Anmeldung oder Registrierung ist nicht erforderlich, denn die Projektentwickler Olaf Müller und Thomas Rohde vom Fachseminar Informatik an berufsbildenden Schulen in Osnabrück haben Wert auf eine datenschutzkonforme und niedrigschwellige Anwendung gelegt. Die Idee hinter dem kostenfreien Angebot ist die digitale Umsetzung von in der schulischen Praxis erprobten kooperativen Unterrichtsmethoden.

Anwendung

Auf der Startseite der Plattform *Oncoo* erscheint zunächst ein Textfeld zur Eingabe eines Codes, der über den Klick auf die entsprechende Rolle (Lehrkraft oder Schülerin/Schüler) bestätigt wird. Der Code wird generiert, wenn man ein neues *Oncoo* erstellt. Dies erfolgt über das Anklicken des gelben Buttons.

Es stehen folgende Methoden und Werkzeuge zur Verfügung, die unter Nutzung digitaler Endgeräte interaktiv gestaltet werden: Kartenabfrage, Lerntempoduett, Placemat und Zielscheibe. Zudem gibt es ein Helfersystem, womit die unterstützende Zusammenarbeit organisiert werden kann, wenn einzelne Lernende ihre Aufgaben bereits erledigt haben und andere ihre Hilfe gebrauchen können. Es wird gestartet, indem die Methode angeklickt wird. Die Lerngruppe kann entweder den von der Lehrkraft festgelegten oder automatisch generierten Code oder einen QR-Code nutzen, um sich auf der Startseite einzutragen. In der Lehrerübersicht erscheinen die Namen der Arbeitenden und Helfenden, sodass sich die Unterstützung ohne wortreichen

Austausch organisieren lässt. Ähnlich angelegt ist die Umsetzung im Werkzeug für das Lerntempoduett.

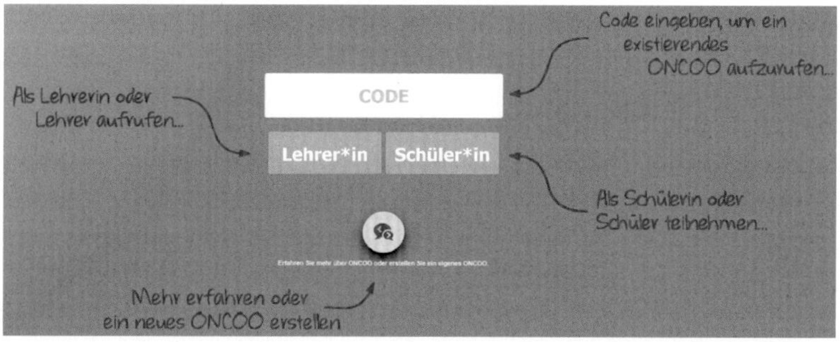

Abb. 74: Startseite von *Oncoo* (Quelle: Screenshot)

Für die Kartenabfrage legt man ein Thema oder eine Frage fest, zu denen auf Karten zentrale Begriffe, Ideen, Fragen und Aussagen gesammelt werden. Während in der Lernendenansicht ein Textfeld erscheint, in welches die Assoziationen eingetragen und auf einen Stapel gelegt werden können, erscheint in der Ansicht der Lehrkraft eine Tafel mit den Karten der Lernenden, nachdem diese mit dem Raketen-Button an die Tafel geschickt wurden.

Abb. 75: Schüleransicht der Kartenabfrage mit *Oncoo* (Quelle: Screenshot)

An der Tafel können die Karten in der Auswertungsrunde besprochen, sortiert und in einem Cluster angeordnet werden. Die Abfrage kann durch die Lehrkraft über das Raketensymbol beendet werden, außerdem können Überschriften und Pfeile eingefügt, Karten aus anderen Abfragen ergänzt und das fertige Cluster schließlich als Bild heruntergeladen werden. Mit der Zielscheibe lässt sich ohne Gedränge an der Tafel nach demselben Grundmuster eine Feedbackrunde umsetzen. Die Lehrkraft gibt die Items vor und die Lerngruppe markiert ihre Zustimmung auf einer Skala von 2 bis 10, die auf einer Zielscheibe in der Lehreransicht visualisiert wird.

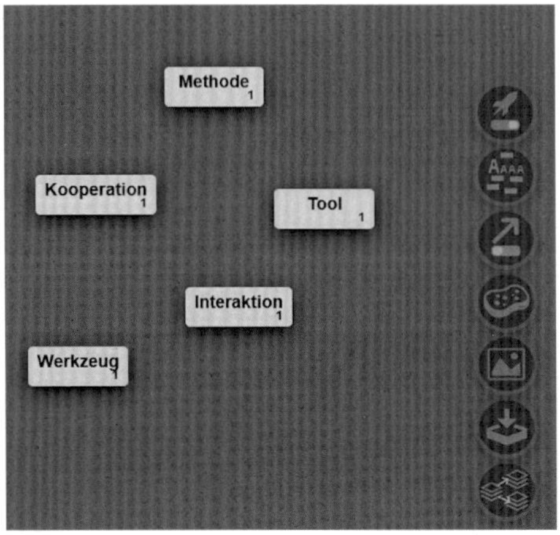

Abb. 76: Lehreransicht zur Auswertung der Kartenabfrage mit *Oncoo* (Quelle: Screenshot)

Nicht nur für den Deutschunterricht ist die Think-Pair-Share-Vorgehensweise ein sinnvoller Ansatz für die Gestaltung von Gruppenarbeiten. *Oncoo* unterstützt dies mit einem digitalen Placemat, das anders als die anderen Werkzeuge aber nicht mit dem Smartphone bearbeitet werden kann. Auf dem Placemat wird ein Schreibgespräch geführt, das in verschiedenen Phasen mit einer zeitlichen Begrenzung abläuft. In der Think-Phase schreibt jedes Gruppenmitglied in Stichworten oder Sätzen seine/ihre Überlegungen auf.

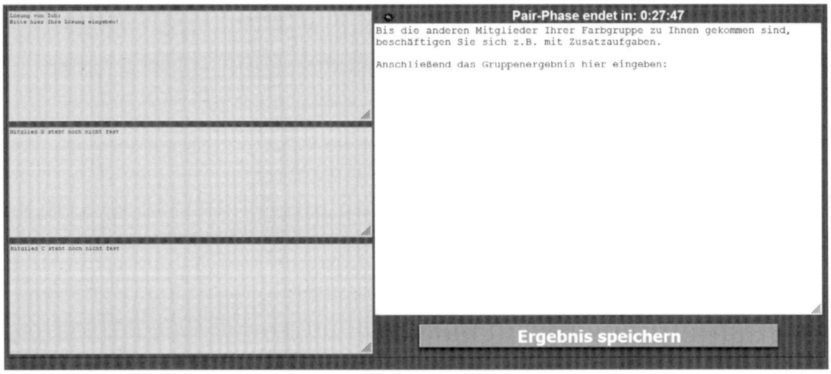

Abb. 77: Gruppenarbeit mit einem Placemat auf *Oncoo* (Quelle: Screenshot)

In der zweiten Phase, deren Aufbereitung in *Oncoo* hier im Screenshot zu sehen ist, erfolgt der Austausch über das Geschriebene zunächst lesend und dann sprechend in der Gruppe. Es wird gemeinsam ein Gruppenergebnis formuliert, das in der letzten Phase mit der gesamten Lerngruppe geteilt und vorgestellt wird.

Im Deutschunterricht

Die Bedienoberfläche von *Oncoo* ist einfach und entspricht vielleicht nicht unbedingt den ästhetischen Ansprüchen junger Nutzerinnen und Nutzer, aber die klare Strukturierung und einfache Handhabung machen die Website dennoch zu einem hilfreichen Tool für den Deutschunterricht. Zu berücksichtigen ist, dass alle ein internetfähiges Endgerät benötigen, um mit *Oncoo* zu arbeiten. Die beschriebenen Methoden werden auf der Website digital umgesetzt, entsprechen aber ansonsten den analogen Prinzipien und verringern vor allem den Vorbereitungsaufwand, weil keine Placemats oder Karteikarten vorbereitet werden müssen. Die Platzdeckchen-Methode ist gut geeignet, wenn das Vorwissen zu einem Thema, die Meinung zu einer Diskussionsfrage, die Leseeindrücke oder Interpretationsansätze zu einem literarischen Text oder die Leitfragen für eine Projektarbeit gesammelt und gewichtet werden sollen. Das Lerntempoduett ist eine gute Methode zur Binnendifferenzierung, beispielsweise bei der Auseinandersetzung mit sprachlichen und grammatikalischen Erscheinungen. Lernende, die Übungsaufgaben in ähnlichem Tempo bearbeiten, können früher oder später ihre Ergebnisse miteinander vergleichen und so entsprechend des individuellen Lernfortschritts weiterarbeiten.

4.7.8 Padlet

https://padlet.com/ padlet

- ☑ Website, App, zusätzliche Plugins und Add-ons
- ☑ kostenlos in der Basisversion
- ☑ Deutsch, Englisch
- ☑ Registrierung erforderlich. Personenbezogene Daten werden erhoben. Dritte haben Zugriff auf diese Daten. Es greift nicht die EU-Datenschutz-Grundverordnung.
- ☑ Windows, macOS und Linux, Android, iOS

Erste Schritte

Ein *Padlet* ist ein Tool, um digitale Pinnwände anzulegen, auf der verschiedene Inhalte wie Texte, Bilder, Videos, Audiodateien, Zeichnungen oder Links gepostet oder verlinkt werden können. Als Tool geht *Padlet* allerdings über die reine Ablagefunktion hinaus und schafft eine digitale Lernumgebung, die kommunikative Kooperation ermöglicht, denn alle gepinnten Beiträge können zeit- und ortsunabhängig gemeinsam bearbeitet, erweitert, um eigene Beiträge ergänzt, kommentiert, geliket und bewertet werden. *Padlet* gibt es sowohl als browserbasierte Anwendung als auch als App für Android-, Apple- und Kindle-Geräte.

Für die Verwendung von *Padlet* muss ein Account angelegt werden. Dafür kann das vorhandene *Google-*, *Apple-* oder *Microsoft*-Konto genutzt oder mit einer E-Mail-Adresse und der Vergabe eines Passworts ein neuer Zugang eingerichtet werden. Im kostenlosen Basistarif können drei *Padlets* angelegt werden. Diese Beschränkung fällt weg, wenn der Backpack-, Briefcase- oder Premium-Tarif gewählt wird. Letzterer kostet 8 € pro Monat und erlaubt nicht nur eine unbegrenzte Anzahl an Pinnwänden, sondern auch das Hochladen von größeren Dateien. Für die schulische Nutzung wurde inzwischen der Backpack-Tarif etabliert, der als Schullizenz 500 Accounts für Lehrkräfte und Lernende umfasst. Die Kosten dafür belaufen sich auf 1000 Dollar pro Jahr plus weitere 2 Dollar für jede Lehrkraft. Als einzelne Lehrkraft wählt man am besten den Pro-Tarif, weil das Verhältnis von Funktionalität und Preis angemessen ist. Lernende müssen sich nicht registrieren, denn das *Padlet* kann in eine Lernplattform eingebettet und als Link oder QR-Code geteilt werden. Zudem kann in den Einstellungen festgelegt werden, ob es privat oder öffentlich zugänglich sein soll. Bei Bedarf lässt es sich mit einem Passwort schützen.

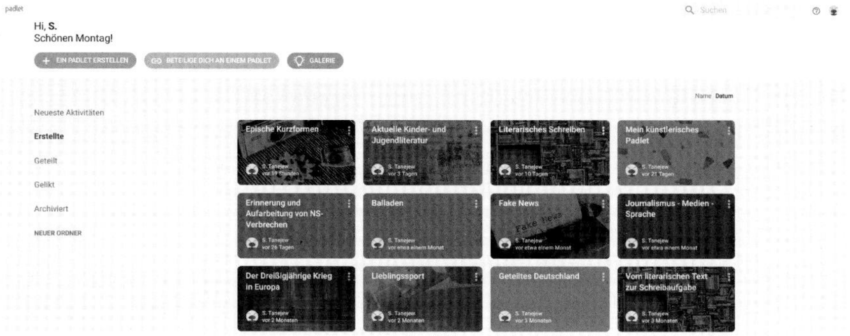

Abb. 78: Dashboard eines *Padlet*-Accounts (Quelle: Screenshot)

Anwendung

Nach dem Log-in gelangt man zum Dashboard, das einen Überblick über die bereits erstellten Pinnwände bietet. Geteilte *Padlets,* die gemeinsam mit einer anderen Person erstellt werden, gelikte (also *Padlets,* die von anderen Nutzerinnen/Nutzern gestaltet wurden und die man sich merken möchte) und archivierte *Padlets* sind hier ebenfalls abgebildet. Die Sortierung des Dashboards erfolgt nach Namen in alphabetischer Reihenfolge oder nach dem Datum, das heißt, das zuletzt bearbeitete *Padlet* steht an erster Stelle.

Ein neues *Padlet* wird mit dem Klick des „+“-Buttons generiert. Es stehen verschiedene Formate zur Wahl, die je nach Nutzungsabsicht und Inhalt eine unterschiedliche Anordnung der Posts ermöglicht. Auf der Wand können die Posts variabel angeordnet werden, in der Liste erscheinen sie untereinander, im Regal lassen sie sich Spalten zuordnen. Zudem ist die Gestaltung als Zeitleiste, als Chat oder als Landkarte möglich.

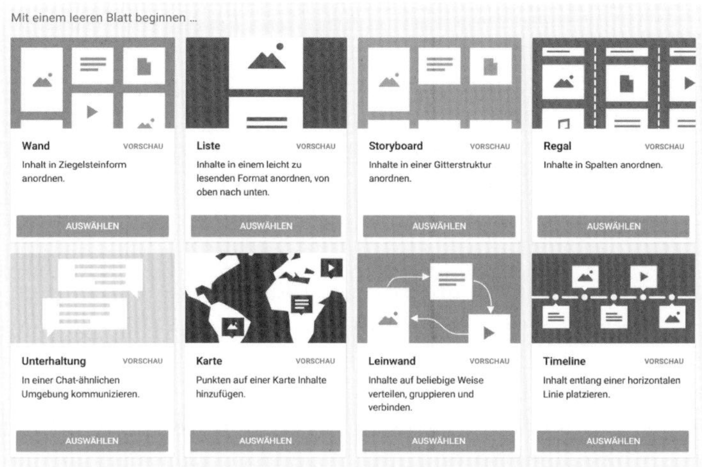

Abb. 79: Überblick über die Formate bei *Padlet* (Quelle: Screenshot)

Alle weiteren Einstellungen werden im automatisch angezeigten Menü (Zahnradsymbol) des neuen *Padlets* vorgenommen, das zunächst einen zufälligen Hintergrund und Namen hat. Titel und Untertitel, Hintergrundbild, Farbschema oder Schriftart sind variabel gestaltbar. Außerdem kann festgelegt werden, welche Regeln beim Posten gelten, beispielsweise ob Kommentare und Reaktionen zugelassen sind und die Namen der Verfasser/-innen erscheinen sollen. Um das *Padlet* zu teilen und für eine Lerngruppe per Link, QR-Code oder Einbettung auf einer Website zugänglich zu machen, ist ein Klick auf den entsprechenden Button nötig. Auch ein Ausdruck oder Export als Bild, PDF- oder csv-Datei und *Excel*-Tabelle ist möglich. Bei den Einstellungen zum Datenschutz kann zwischen einem öffentlichen, privaten, geheimen und nur auf *Padlet*-Mitglieder beschränkten Modus gewählt werden. Außerdem ist eine Passwortvergabe möglich und die Besucherberechtigung (kann lesen, kann schreiben, kann bearbeiten) ist anpassbar.

Abb. 80: Menü für Modifikationen in einem *Padlet* (Quelle: Screenshot)

Ein Post auf der Pinnwand lässt sich mit einem Doppelklick an der gewünschten Stelle oder der Benutzung des runden „Plus"-Buttons erzeugen. Neben Titel- und Textfeld gibt es verschiedene Symbole zum Einfügen unterschiedlicher Medieninhalte, die als Datei hochgeladen, im Internet gesucht und eingebettet oder verlinkt werden können. Bewegt man den Mauszeiger auf einen Post, erscheint der „Drei-Punkte"-Buttons, über den weitere Optionen einstellbar sind, etwa ein Farbwechsel, das Kopieren, Erweitern oder Löschen des Posts und auf einem Leinwand-*Padlet* die Verknüpfung mit einem anderen Post durch eine Pfeillinie.

Die Bedienfunktionen sind strukturiert und übersichtlich, alle Anwendungs- und Gestaltungsmöglichkeiten erschließen sich dennoch erst im Laufe der Zeit. Inzwischen werden auch alternative Angebote entwickelt, darunter *TaskCards*, das ein besonderes Augenmerk auf die Datenschutzkonformität legt.

Im Deutschunterricht

Padlets können in verschiedenen Unterrichtskontexten zum Einsatz kommen. Das erste *Padlet* erstellt zumeist die Lehrkraft und organisiert auf diese Weise die Kommunikation wichtiger Informationen für die Klasse, visualisiert die Struktur einer Unterrichtseinheit, eines Projektes oder eines Semesters und postet Aufgaben und Materialien. Auch die Darstellung eines Themas oder einer Methode lässt sich mit einem *Padlet* anstelle eines Plakats oder Arbeitsblattes umsetzen.

Die Pinnwand lässt sich aber auch so gestalten, dass sie von den Lernenden bearbeitet werden kann. Die Schülerinnen und Schüler werden beispielsweise aufgefordert, einen Beitrag zu kommentieren oder zu bewerten, eigene Posts anzulegen und Ideen, Texte, Fragen, Materialien oder Arbeitsergebnisse beizutragen (vgl. 3.4.7). Schließlich können Lernende selbst ein *Padlet* gestalten und es beispielsweise als Grundlage für einen Vortrag oder eine Buchvorstellung nutzten, ein Lesejournal erstellen, den Handlungsverlauf eines Dramas oder Figurenkonstellationen visualisieren. Die kollaborativen Potenziale lassen sich ausschöpfen, wenn kleine Gruppen gemeinsam ein *Padlet* bearbeiten und zum Beispiel Material zu einer literarischen Epoche, einem Autor, einem grammatischen Phänomen oder einem Bereich des Wortschatzes zusammentragen, eine virtuelle Ausstellung literarischer Texte gestalten, gemeinsam die Analyse eines Sachtextes dokumentieren oder auf der Basis verschiedener Materialen Kommentare verfassen, diese untereinander wiederum kommentieren oder bewerten und dies als Basis für die Überarbeitung nutzen. Im Unterhaltungs-*Padlet* kann ein Gespräch zwischen Figuren, Diskussionsteilnehmerinnen und -teilnehmern oder ein Interview festgehalten werden. Die Arbeit erfährt mit der Einbindung von Unter-*Pad-*

lets eine zusätzliche Erweiterung. Die Aufzählung ließe sich fortsetzen, denn es sind in der Tat vielfältige schülerorientierte und kollaborative Gestaltungsweisen möglich, die auch zur Bewertung und Benotung herangezogen werden können, weil sich ein *Padlet* unkompliziert teilen und archivieren lässt.

4.7.9 Mind- und Conceptmaps erstellen

Das Mindmapping als Methode wurde in den 1970er Jahren auf der Basis lern- und neuropsychologischer Erkenntnisse von Tony Buzan etabliert und wird seither nicht nur im Deutschunterricht gern genutzt, um beispielsweise ein Thema zu visualisieren, Assoziationen oder Ideen zu sammeln, ein Projekt zu planen, Inhalte zum Lernen aufzubereiten oder gedankliche Strukturen darzustellen. Für die Gestaltung einer „Gedankenkarte“ gibt es Regeln, die sowohl bei der analogen Einzel- als auch bei der digitalen Gruppenarbeit berücksichtigt werden sollten, damit sich die Mindmap tatsächlich als strukturiertes Visualisierungs-Hilfsmittel beim Denken und Lernen eignet.

- In der Mitte der Mindmap steht das zentrale Thema in einem Kreis.
- Von dem Kreis gehen Hauptäste ab, auf denen in Großbuchstaben zentrale Begriffe notiert werden. Die Schlüsselbegriffe werden im Uhrzeigersinn beginnend bei 12 Uhr um das Thema herum notiert. Eine Beschränkung auf sechs bis acht Hauptäste trägt zur Übersichtlichkeit bei.
- Weitere Assoziationen zu den zentralen Begriffen werden auf die verzweigten Nebenäste geschrieben. Die Länge der Äste ist angepasst an die Wortlänge.
- Die Verwendung von Farben unterstützt die Strukturierung. Schlüsselbegriffe werden auf verschiedenfarbigen Ästen in derselben Farbe aufgeschrieben. Auch die Unterbegriffe bekommen eine gemeinsame Farbe.
- Bilder, Symbole und Zeichen werden genutzt, um die begrifflichen Assoziationen zu ergänzen und Verbindungen zu verdeutlichen.

Eine erweiterte Form der Mindmap ist die Concept Map, die sich durch zusätzliche Verbindungen und eine Priorisierung der begrifflichen Assoziationen auszeichnet. Die Schlüsselbegriffe werden um ein zentrales Thema herum notiert, nachdem sie gewichtet und in eine Rangfolge gebracht wurden. Alle weiteren Stichworte werden ohne vorherige Beurteilung an Zweigen notiert. Wichtig ist, die Äste und Zweige miteinander durch Linien und Pfeile zu verbinden und diese Verbindungen in einem Wort zu beschreiben und entsprechend zu beschriften. Auf diese Weise wird die Denkrichtung visualisiert und die Zusammenhänge werden verdeutlicht.

Bei der analogen Gestaltung von Mindmaps und Concept Maps erfolgt das schreibende Denken mit der Hand, was für den gehirngerechten Methodenansatz durchaus zentral ist. Allerdings leidet mitunter die Übersichtlichkeit darunter, weil auf dem Papier Verschiebungen und Änderungen schwieriger umzusetzen sind. Hier liegt ein Vorteil digitaler Mindmapping-Tools, denn Ergänzungen und Überarbeitungen sind unkompliziert möglich. Ein weiterer Vorzug besteht in der zeit- und ortsunabhängigen Anwendbarkeit, insbesondere wenn Gedankenkarten in Partner- oder Gruppenarbeit entstehen sollen. Aus der Vielzahl webbasierter Mindmapping-Tools sollen einige ausgewählte Beispiele vorgestellt werden, weil sie gegenüber der Arbeit mit *Word* oder anderen Textverarbeitungsprogrammen eine Zusammenarbeit in Echtzeit ermöglichen.

Mindmup (http://www.mindmup.com/)
Mit dem englischsprachigen Tool *Mindmup* lassen sich mithilfe eines übersichtlichen, webbasierten Editors in der Basisversion kostenlos Mindmaps erstellen. Weitere Funktionen und ein Speichern der erstellten Mindmap sind nur mit einer Registrierung und einem kostenpflichtigen Upgrade auf die *MindmupGold*-Version möglich. Die erstellte Grafik kann aber als Bildschirmfoto aufgenommen und zudem in verschiedene Dateiformate exportiert werden. Die Anwendung ist insgesamt benutzerfreundlich und leicht zu bedienen.

MindMeister (http://www.mindmeister.com/)

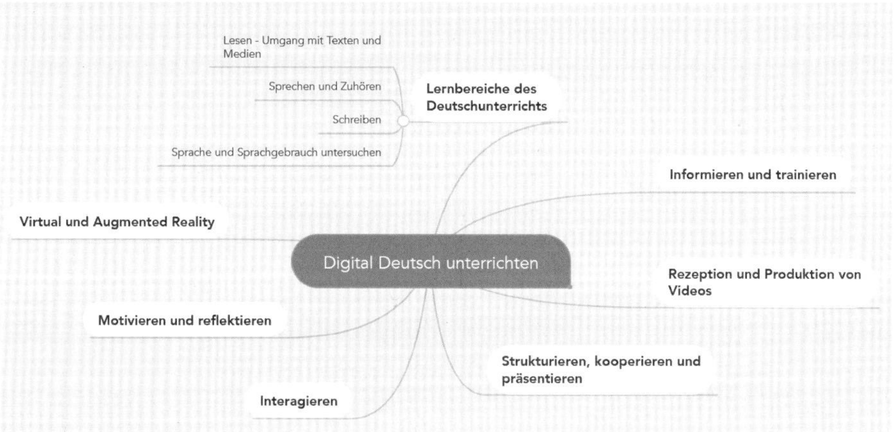

Abb. 81: Mindmap „Digital Deutsch unterrichten" erstellt mit *MindMeister* (Quelle: Screenshot)

Um *MindMeister* zu nutzen, ist eine Registrierung mit einem *Google*- oder *Facebook*-Account oder einer E-Mail-Adresse notwendig. Für Lehrkräfte und Lernende gibt es neben der kostenfreien Basisversion verschiedene Edu-

Abonnements für 0,99 bis 2,50 € monatlich. Nach der Anmeldung werden in einer kurzen Einführung die Grundfunktionen vorgestellt, sodass die erste Mindmap mit wenigen Schritten erstellt ist. Zu den Hauptwerkzeugen gehören die Tab-Taste auf der Tastatur bzw. der „+“-Button – damit wird ein neuer Zweig erstellt – und die Enter-Taste, um die Eingabe des Begriffs zu bestätigen. Die Strukturierung und das Verschieben in der Mindmap erfolgt per „Drag & Drop“. Es gibt zahlreiche Gestaltungsmöglichkeiten: Es lassen sich z. B. Text- und Hintergrundfarben, Schriften, Umrisse und das Design formatieren. Auch Bilder, Links und Dateien lassen sich einfach einfügen. Indem man Verbindungspfeile einfügt, ist auch die Erstellung von Concept Maps mit *MindMeister* möglich. In der Basisversion können drei Mindmaps gespeichert werden, zudem ist es möglich, andere Personen zur Mitarbeit einzuladen. Zum Exportieren und Ausdrucken wird ein Abo benötigt.

Insgesamt funktioniert der Creator sehr intuitiv und die Ergebnisse sind hochwertig. Ergänzt durch Werkzeuge zur Zusammenarbeit und Aufgabenverwaltung vereinigt das Tool viele hilfreiche Funktionen.

SimpleMind (http://www.simplemind.eu/)
Den Mindmap-Creator *SimpleMind* gibt es als kostenpflichtiges Programm für *Windows* und *MacOS* sowie als App für *iOS*- und *Android*-Geräte. In der Basisversion ist die App kostenlos, um weitere Funktionen wie das Teilen oder Ändern des Stils freizuschalten, wird ein Upgrade auf die Pro-Version benötigt. In der App kann man eine neue Mindmap anlegen, indem man den „+“-Button drückt. Es gibt eine Auswahl an Style-Sheets mit unterschiedlichen Farbakzenten, eine individuelle Gestaltung ist nicht möglich. Um die Werkzeuge zu benutzen, zoomt man an den jeweiligen Begriff heran. Mit dem Plus wird ein neuer Zweig hinzugefügt, mit dem „T“-Button ein Kommentar ergänzt, und mit dem Pfeil lässt sich der Zeilenumbruch anpassen.

Die Funktionalität der App ist in der Basisversion begrenzt und v. a. das Teilen einer fertigen Mindmap nicht möglich, sodass *SimpleMind* für den Unterricht nur bedingt nutzbar ist.

Miro (http://miro.com/)
Miro ist ein Kooperationstool, mit dem man unter anderem auch Mindmaps erstellen kann. Im Mittelpunkt der Anwendung steht ein Whiteboard, für das unterschiedliche Vorlagen zur Verfügung stehen. Es gibt Vorlagen für das Brainstorming und Mapping, Kanban und Brainwriting, aber auch für die Planung und Durchführung von Teamsitzungen und Projekten wie Retrospektiven und Zeitleisten. Die Bearbeitung erfolgt mit einem Editor, der ähnlich wie bei *Creately, Canva* und *Genially* (vgl. 4.7.3) funktioniert und verschiedene Werkzeuge und Gestaltungsoptionen bereithält. Zentral ist aber

die Ausrichtung des Tools auf die Zusammenarbeit im Team. Dafür lässt sich das Whiteboard teilen und im Präsentationsmodus anzeigen. Zudem gibt es u. a. einen Text- und Video-Chat, eine Kommentarfunktion, die Möglichkeit, eine Umfrage oder Kartenabfrage durchzuführen und einen Timer. Die Anwendungsmöglichkeiten von *Miro* sind dementsprechend vielfältig und zur digitalen Gestaltung ganz verschiedener Lehr-Lern-Settings geeignet.

Creately (http://creately.com/de/home/)
Creately bietet Vorlagen für Mindmaps und Concept Maps, aber auch für verschiedene andere Diagramm- und Grafik-Formate. Der Editor ist ähnlich aufgebaut wie bei *Canva* und *Genially* (vgl. 4.7.3): Man wählt die passende Vorlage aus und gestaltete sie nach dem „Drag & Drop"-Prinzip, wobei viele Gestaltungsoptionen genutzt werden können. Das Exportieren und Teilen ist auch in der Basisversion möglich, sodass die Vorlage kooperativ bearbeitet werden kann. Eingeladene Nutzerinnen und Nutzer müssen sich nicht anmelden, nur die Lehrkraft muss demnach beim Anlegen eines Accounts eine E-Mail-Adresse angeben. Im Vergleich bietet *Creately* die meisten Funktionen und eignet sich nicht nur für die gemeinsame Gestaltung von Mindmaps, sondern für unterschiedliche Szenarios, in denen hochwertige Visualisierungen benötigt werden.

4.7.10 Word-Clouds gestalten

Word-Clouds, auch Tag Clouds und im Deutschen oftmals Wortwolken genannt, sind grafische Darstellungen, die auf einer zumeist alphabetisch sortierten Schlagwortliste basieren. Die Wörter erscheinen in zufälliger Anordnung als flächiges Bild in Wolkenform oder anderen Umrissen. Word-Clouds dienen der Visualisierung eines Themas oder eines Begriffs, wobei die Häufigkeit der Nennung eines Schlagwortes die Größe der Einzelwörter bestimmt und somit deren Relevanz abbildet. Es ist aber auch möglich, ganze Texte oder Textteile in einer Word-Cloud abzubilden, sodass Schlüsselbegriffe, aber auch (zu) häufig verwendete Füllwörter identifiziert werden können.

Abb. 82: Word-Cloud zum Thema Deutsch digital erstellt mit *Wordart* (Quelle: Screenshot)

Es gibt eine Vielzahl an webbasierten Generatoren, mit denen in der Regel kostenfrei digitale Word-Clouds gestaltet und in verschiedene Dateiformate exportiert werden können. Die Schlagworte oder der Text werden dabei mit „Copy & Paste“ in die Eingabemaske der jeweiligen Website oder des Programms eingefügt, für das ein entsprechendes Plugin heruntergeladen wurde. Die automatisch generierte Wortwolke kann anschließend formatiert und gespeichert werden. Zu den bekanntesten Web-2.0-Anwendungen gehört *Wordle,* das aber derzeit nicht verfügbar ist.

Wordle (http://www.wordle.net/)
Auf *Wordle* können nach dem Hochladen oder Einfügen eines Textes die Farbe, der Schrifttyp und das Layout der Word-Cloud variiert werden. Die fertige Wortwolke kann ausgedruckt oder als Bildschirmfoto gespeichert werden. Die Nutzung erfordert keine Registrierung und ist kostenlos. Zu beachten ist, dass im Browser ein Java-Applet zugelassen werden muss.

Wordart (https://wordart.com/)
Auf *Wordart* können Wörter in die Eingabemaske eingetragen oder über „Import“ Texte und Websites eingefügt werden. Die Wörter lassen sich in Schriftart und -farbe bearbeiten. Zudem kann über die klassische Wolkenform hinaus aus einer großen Vielfalt der passende Umriss (shape) ausgewählt werden und die Schriftart der Word-Cloud als Ganzes (font), das Layout, also die Ausrichtung der Schrift, und die farbliche Gestaltung (style) nach Belieben verändert werden.

Abb. 83: Bearbeitung einer Word-Cloud mit *Wordart* (Quelle: Screenshot)

Die Wortwolke kann wahlweise als Screenshot kopiert, ausgedruckt oder in verschiedenen Dateiformaten gespeichert und per Email, Link oder auf *Twitter* und *Facebook* geteilt werden. Die Einbindung in eine Website und das Speichern zur späteren Bearbeitung sind erst möglich, wenn man sich mit Angabe einer E-Mail-Adresse registriert hat. Wer einen hochaufgelösten Download oder Ausdruck benötigt, kann diesen kostenpflichtig erwerben und im *Wordart*-Shop zum Beispiel auf Poster, T-Shirts oder Tassen drucken lassen.

Tagxedo-Creator (http://www.tagxedo.com/app.html)
Für den *Tagxedo-Creator* wird das Browser-Plugin *MS Silverlight* benötigt, das man kostenlos installieren kann. Ohne weitere Einstellungen läuft die Anwendung am besten im *Internet Explorer*. Sowohl Websites als auch eigene Texte können als Word-Cloud in verschiedenen Konturen, Farben, Schriften und Layouts gestaltet werden. Darüber hinaus ist es möglich, eigene Formen zu kreieren oder Fotos als Umriss hochzuladen. Die Wortwolke kann kostenlos und ohne Registrierung im jpeg- oder png-Format gespeichert oder bei *Facebook* und *Twitter* geteilt werden. Auch einen Shop mit diversen bedruckbaren Artikeln gibt es.

Wortwolken (https://www.wortwolken.com/)
Auch die Website *wortwolken.com* ist ein kostenloser Generator für Word-Clouds, der sich auf dem PC, Tablet oder Smartphone anwenden lässt und in englischer, spanischer, französischer, niederländischer und deutscher Sprache bedient werden kann. Die Sprache lässt sich mit einem Klick auf die Flagge ändern. Die auf der Basis einer Wortliste, eines Links, hochgeladenen Dokuments oder eingefügten Textes erzeugte Wortwolke kann in Größe, Form, Farbe, Schriftart und Wortabstand verändert werden. Es stehen verschiedene Speicher- und Teiloptionen zur Verfügung. Einziger Nachteil ist die auf der Website angezeigte Werbung.

ABCya!-Word-Clouds und Spiele für Kinder
(https://www.abcya.com/games/word_clouds)
Die englischsprachige Website ist für den Einsatz in Bildungseinrichtungen konzipiert und kindlich gestaltet. Neben einer sehr großen Anzahl verschiedener Spiele und spielerischen Anwendungen wie Tangrams, Puzzle oder Steckbriefen gibt es auch die Möglichkeit, eine Word-Cloud zu erstellen. Einzelne Wörter und Texte können eingeschrieben oder kopiert und eingefügt werden. Die Benutzeroberfläche ist übersichtlich, kindgerecht und bietet eine Auswahl an Gestaltungsmöglichkeiten. Die Wortwolke kann als jpeg-Datei gespeichert oder ausgedruckt werden.

Tagcrowd (https://tagcrowd.com/)
Tagcrowd ist ein kostenloses, werbefreies Tool zum Gestalten von Word-Clouds, geht aber darüber hinaus, weil es vornehmlich zur Analyse eigener und fremder Texte und Websites in Hinblick auf die Häufigkeit der verwendeten Wörter geeignet ist. Bestimmte Wortarten, etwa Artikel oder Pronomen, können von der Analyse ausgeschlossen werden, sodass die Schlüsselwörter leichter erkannt werden können. Es stehen verschiedene Sprachen zur Auswahl, sodass auch deutschsprachige Texte problemlos verarbeitet werden können. Die Tag-Cloud kann auf einer Website eingebettet, ausgedruckt oder als PDF-Datei gespeichert werden.

Voyant Tools (https://voyant-tools.org/)
Mit dem webbasierten Lese- und Analysetool *Voyant* lassen sich digitale Texte quantitativ erschließen und auch als Word-Cloud, als Wortliste oder als „Links" bezeichnete Grafik, in der die Verbindung einzelner Begriffe visualisiert wird, darstellen. Darüber hinaus gibt es viele weitere Korpus-, Dokument-, Visualisierungs- und Rastertools, die jeweils über das Fragezeichen aufgerufen werden können.

Abb. 84: Link-Grafik erstellt mit *Voyant* zum Gedicht „Inventur" von Günter Eich (Quelle: Screenshot)

Über die Anzeige besonders häufig verwendeter Wörter hinaus, analysiert *Voyant* die Wortschatzdichte, die durchschnittliche Satzlänge und auch die Verteilung der Worte in einem bestimmten Textsegment. Insbesondere bei längeren Texten gewinnt man dadurch einen Überblick über zentrale Begriffe und kann diesen digitalen analytischen Blick zu den eigenen Leseerfahrungen in Beziehung setzten. *Voyant* ist kostenlos, es wird keine Registrierung benötigt und die Bediensprache ist Deutsch.

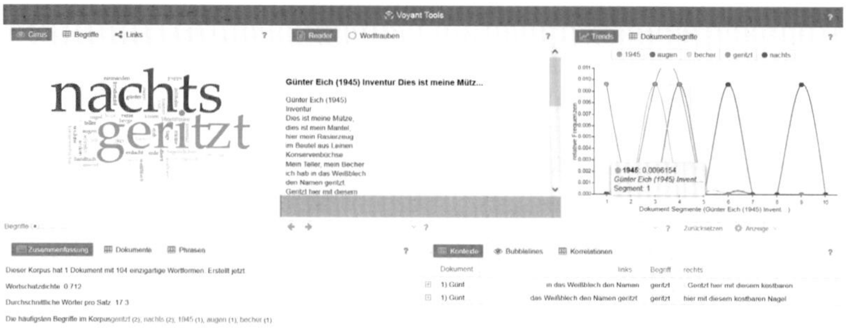

Abb. 85: Verschiedene Analysetool auf *Voyant* (Quelle: Screenshot)

Neben den beispielhaft vorgestellten Anwendungen gibt es viele weitere, etwa *Urim* (https://addons.mozilla.org/en-US/firefox/addon/urim/), ein Add-on, mit dem Schlagwortwolken zu Webseiten erstellt werden können, um schnell den Inhalt zu erfassen, oder *CloudArt* (http://cloudart-app.com/), eine App für das iPad, mit der sich hochaufgelöste Wortwolken kreieren lassen.

4.7.11 Wikis

Wikis sind kollaborativ erarbeitete Zusammenstellungen von Informationen zu einem Hypertext. Diese können von den Nutzerinnen und Nutzern nicht nur gelesen, sondern auch fortlaufend bearbeitet, d. h. kontinuierlich erweitert, aktualisiert und ggf. auch korrigiert werden. Sie eignen sich also dazu, in einer Lerngruppe Wissen und auch Erfahrungen zu einem Thema oder Themenkomplex zusammenzutragen, fortlaufend zu ergänzen und durch wechselseitige Kontrolle zu verifizieren. Alle vollzogenen Bearbeitungen werden dokumentiert und sind rückblickend einsehbar, was den gemeinsamen Arbeitsprozess und die Art der Informationsakkumulation für alle Beteiligten transparent macht. Das bekannteste Produkt und damit die häufigste Assoziation mit dem Begriff „Wiki" ist die Plattform *Wikipedia,* das umfangreichste online verfügbare Nachschlagewerk und für viele Lernende die wichtigste erste Informationsquelle zur Orientierung in Bezug auf ein neues Thema. Die über Plattformen wie diese bereitgestellten Seiten werden mithilfe einer serverseitig installierten Technologie erstellt – sogenannten Wiki-Engines. Die verschiedenen Engines weisen leichte Unterschiede in Handhabung und Syntax auf. Für die Unterrichtsarbeit empfiehlt sich deshalb eine Untersuchung, welche davon für den jeweiligen Zweck geeignet ist. Entsprechende Vergleiche sind über Vergleichsportale wie http://wikimatrix.org möglich. Auf Portalen wie http://www.opensourcecms.com können Demoversionen von kostenlos verfügbaren Wikis angesehen und damit eine fundierte Auswahlentscheidung getroffen werden. In schulischen

Kontexten bereits erprobt wurden u. a. die Open-Source-Softwares *MediaWiki* (https://www.mediawiki.org/wiki/MediaWiki/de), *DokuWiki* (https://www.dokuwiki.org/dokuwiki), *XWiki* (https://www.xwiki.org/xwiki/bin/view/Main/WebHome) sowie *Wiki.js* (https://js.wiki/) – eine angesichts der Schnelllebigkeit entsprechender Technologieentwicklungen notwendig unvollständige Auflistung. Mit Tools wie diesen können Lernende gemeinsam Projekte durchführen oder Präsentationen ausarbeiten, was eine wechselseitige Überprüfung von Rechercheergebnissen und deren Nachvollziehbarkeit für die anderen Gruppenmitglieder durch Quellennachweise einschließt.

4.8 Motivieren und reflektieren

4.8.1 AnswerGarden

https://answergarden.ch/ AnswerGarden

- ☑ Website, App
- ☑ kostenlos
- ☑ Englisch
- ☑ Keine Registrierung erforderlich. Personenbezogene Daten werden erhoben. Dritte haben Zugriff auf diese Daten. Es greift die EU-Datenschutz-Grundverordnung.
- ☑ Windows, macOS und Linux, Android, iOS

Erste Schritte

Mit *AnswerGarden* können die Antworten, Assoziationen und Ideen zu einer Frage oder These gesammelt bzw. das Feedback einer Gruppe zu einem Thema, einem Projekt oder einer Stunde zusammengetragen und direkt in einer Wortwolke dargestellt werden. Die Erstellung eines „Gartens" ist auf der Website oder in der iPad-App kostenlos möglich. Es ist keine Registrierung erforderlich, sodass datenschutzrechtlich keine Vorkehrungen getroffen werden müssen. Allerdings benötigen die Lernenden ein internetfähiges Gerät, denn das Umfragetool funktioniert nur online. Auch ist die Bedienung nur in Englisch möglich, aber intuitiv genug, so dass dadurch keine Nachteile entstehen sollten.

Anwendung

Das Anlegen eines *AnswerGardens* ist ganz unkompliziert möglich, indem auf der Website oder in der App der „+"-Button oder „Create AnswerGarden" angeklickt wird. In die Eingabemaske kann nun ein Thema oder eine Frage (topic) eingetragen werden, und der Garten wird durch Klick auf den „Create“-Button erstellt. Für die Teilnehmenden wird der Zugriff entweder mittels QR-Code oder Versenden oder Einbetten eines Links auf einer Lernplattform ermöglicht. Die in der Eingabezeile notierten Begriffe und Antworten erscheinen unmittelbar nach dem Absenden als Wortwolke. Je nach Häufigkeit der Erwähnung heben sich die Worte in der Größe voneinander ab. Führt man die Maus auf eine Antwort, wird die Anzahl der Nennungen angezeigt, zudem kann der Betrag mit Anklicken des „x“-Buttons gelöscht werden.

Abb. 86: Wortwolke als Ergebnis einer Umfrage mit *AnswerGarden* (Quelle: Screenshot)

Ist die Bearbeitung abgeschlossen, kann der *AnswerGarden* in diversen sozialen Medien geteilt, als Bilddatei exportiert und beispielsweise auf *Wordle* (vgl. 4.7.10) bearbeitet werden. Weitere Einstellungen, wie die Nutzung eines Spam-Filters, die Festlegung der zulässigen Antwortlänge oder des Modus, lassen sich sowohl beim Anlegen als auch beim Bearbeiten des *AnswerGardens* vornehmen. Während im Basismodus „Brainstorm“ alle Antworten beliebig oft direkt in der Wortwolke erscheinen, sind im „Classroom“-Modus keine Wiederholungen möglich. Im „Moderator“-Modus sieht zunächst nur die Lehrkraft die Antworten und kann diese nach einer Kontrolle freigeben, sodass ggf. unangemessene Beiträge nicht visualisiert werden. Der „Locked“-Modus schließt den Garten, sodass keine neuen Einträge erfolgen können.

Im Deutschunterricht

Ein Vorteil der Nutzung von *AnswerGarden* im Deutschunterricht besteht in der Verknüpfung von Antworteingabe und zeitgleicher Visualisierung in einer

Wortwolke. Auf diese Weise können die Ergebnisse eines Brainstormings ohne Tafelanschrieb sichtbar gemacht und für eine spätere Erweiterung und Nutzung gespeichert werden. Aber nicht nur die naheliegende Verwendung für das Sammeln von Assoziationen zu einem Buchtitel oder Vorwissen zu einem Thema ist denkbar, sondern z. B. auch das kooperative Erfassen von Argumenten für eine Diskussion. Mit dem Hervorheben einzelner Antworten durch die Schriftgröße lässt sich sogar eine Gewichtung der Argumente vornehmen. Auch andere Arbeitsergebnisse können mit *AnswerGarden* zusammengetragen werden, wobei die Begrenzung auf 40 Zeichen zu bedenken ist.

4.8.2 Mentimeter

https://www.mentimeter.com/
https://www.menti.com/

Mentimeter

- ☑ Website, App
- ☑ kostenlos
- ☑ Englisch
- ☑ Registrierung erforderlich, personenbezogene Daten werden erhoben. Dritte haben Zugriff auf diese Daten. Es greift die EU-Datenschutz-Grundverordnung.
- ☑ Windows, macOS und Linux, Android, iOS

Erste Schritte

Mentimeter ist ein interaktives Umfrage-, Brainstorming- und Präsentationstool, das als Website und als App zur Verfügung steht. Die Nutzung ist in der Free-Version kostenlos und erfordert nur eine Registrierung der Lehrkraft. Für die Teilnahme ist keine Anmeldung nötig, sie erfolgt anonym, setzt aber voraus, dass alle Lernenden ein mobiles Endgerät sowie Zugang zum Internet haben. Der zur Teilnahme an der Umfrage auf der Seite https://www.menti.com/ einzugebende Code, wird automatisch generiert und erscheint am oberen Bildrand einer Umfragepräsentation.

Anwendung

Insgesamt ist die Bedienung intuitiv angelegt, sodass mit wenigen Eingaben das gewünschte Format erstellt werden kann, auch wenn die Bediensprache des Tools Englisch ist. Die Umfragen erscheinen als Folienpräsentation, sodass zunächst eine „New presentation“ erstellt und ein Name vergeben werden muss. In der Grundversion können zwei Folien angelegt werden, bei den kostenpflichtigen Versionen (Basis, Pro und Enterprise) ist die Anzahl unbegrenzt. Unter „Type“ wird das Abstimmungslayout bestimmt. Zur Wahl stehen neben offenen Antworten eine Wortwolke sowie eine Multiple-Choice-, Skalen- oder Ranking-Abstimmung.

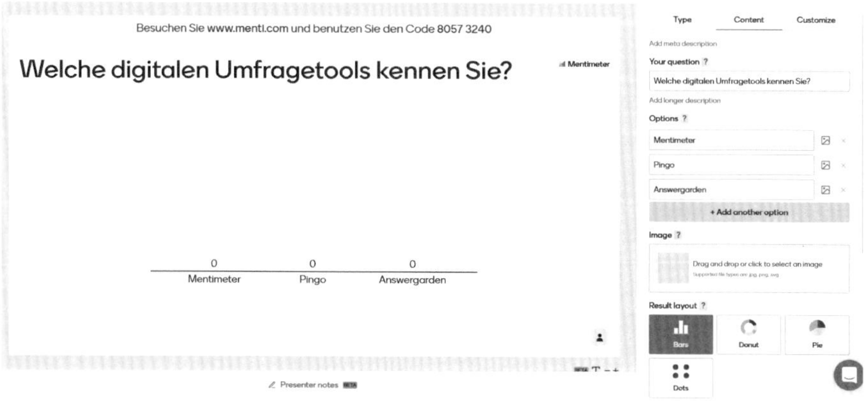

Abb. 87: Skalen-Abstimmung mit *Mentimeter* (Quelle: Screenshot)

Je nachdem, welcher Typ gewählt wird, sind im Bereich „Content“ die Frage/-n, die entsprechenden Optionen für die Antwort/-en, die Dimensionen für den Grad der Zustimmung und die grafische Darstellungsvariante für das Ergebnis der Umfrage einzutragen. Weitere Einstellungen sind unter „Customize“ möglich, bevor die Umfrage mit dem Button „Present“ auf einem Bildschirm freigegeben werden kann. Neben dem Zahlencode, der oben in der Präsentation eingeblendet wird, können zur Teilnahme an der Umfrage über „Share“ auch ein QR-Code angezeigt oder ein Link versendet werden. Die Ergebnisse erscheinen in Echtzeit zur Eingabe auf dem Bildschirm und können nach Abschluss der Umfrage als PDF-Dokument heruntergeladen und bei Bedarf zurückgesetzt werden, wenn die Umfrage erneut verwendet werden soll.

Im Deutschunterricht

Die Ergebnisse einer *Mentimeter*-Umfrage werden in Echtzeit erfasst und sind mit einer unbegrenzten Anzahl an Abstimmenden möglich. Darin liegt ein besonderes Potenzial für die Anwendung von *Mentimeter* sowohl im digitalen Distanz- als auch im Deutschunterricht in Präsenz, denn die gesamte Klasse kann gleichzeitig aktiviert und die Meinungen, Antworten, Assoziationen und Stimmungen können simultan präsentiert und im weiteren Unterrichtsverlauf aufgegriffen werden. Zum Einstieg in eine Unterrichtssequenz können beispielsweise Assoziationen zu einem Thema, einem Titel oder einer These in einer Wortwolke gesammelt werden. Im Vergleich zu einem Unterrichtsgespräch, bei dem sich zurückhaltende Menschen vielleicht nicht äußern, werden hierbei alle Lernenden berücksichtigt, und zugleich wird mit der Darstellung die Gewichtung der verschiedenen Assoziationen in der Klasse deutlich. Rankingabstimmungen können bei der Wahl der nächsten Klassenlektüre oder bei der Themenfindung für eine Diskussion hilfreich sein. Auch in der Erarbeitungs- und Ergebnissicherungsphase kann *Mentimeter* hilfreich sein. Wenn etwa die Deutung eines Motives oder der Inhalt eines Textes in eigenen Worten zusammengefasst werden sollte, kann mit der Präsentation der offenen Antworten, für die eine begrenzte, in der Regel aber ausreichende Anzahl von Zeichen zur Verfügung stehen, die gemeinsame Diskussion oder Überarbeitung vereinfacht werden, da alle die Ergebnisse sehen können oder diese in gespeicherter Form für die spätere Arbeit zur Verfügung stehen. Nicht zuletzt bietet sich das Tool für Feedback zu einer Präsentation oder einer Unterrichtsstunde an.

Alternativen

Diese animierende, unkomplizierte Möglichkeit der Partizipation und der Ergebnispräsentation macht den Wert dieses, aber auch anderer Umfragetools wie *Socrative* (https://www.socrative.com/), *PINGO* (http://trypingo.com/de/) oder *Invote* (https://invote.de/) aus. Sie sind ebenfalls kostenlos und verfügen über ähnliche Funktionen wie z. B. verschiedene Frage- oder Präsentationstypen. Mit *Socrative* können darüber hinaus Quizzes erstellt werden.

Abb. 88: Übersicht über die Fragetypen bei *PINGO* (Quelle: Screenshot)

Erweiterte Möglichkeiten, wie die Nutzung von Abstimmungsgeräten, bieten zudem kostenpflichtige Angebote für den Bildungsbereich, etwa von *quizzbox* (https://www.quizzbox.com/de/Education) oder *eduVote* (https://www.eduvote.de/), an. Eine Liste weiterer Tools und Programme ist im Wiki des Vereins *Elan* zu finden (https://ep.elan-ev.de/wiki/Audience_Response). Einen Blick lohnen auch: https://fragmich.xyz/ und https://bittefeedback.de/.

4.8.3 Plickers

https://get.plickers.com/ plickers

- ☑ Website, App
- ☑ kostenlos
- ☑ Englisch
- ☑ Registrierung erforderlich, personenbezogene Daten werden erhoben. Dritte haben Zugriff auf diese Daten. Es greift nicht die EU-Datenschutz-Grundverordnung.
- ☑ Windows, macOS und Linux, Android, iOS

Erste Schritte

Mit *Plickers* lassen sich Umfragen, Multiple-Choice- sowie Wahr-/Falsch-Fragen erstellen, die mithilfe der App live und digital ausgewertet werden können, ohne dass die Lernenden dafür ein eigenes Endgerät benötigen. Die Abfrage erfolgt über individualisierte QR-Codes, die nach dem Anlegen einer Klasse auf der Website als sogenannte *Plickers*-Cards ausgedruckt und immer wieder genutzt werden können. Die Verwendung von *Plickers* ist in der Basisversion kostenlos und erfordert eine Registrierung der Lehrkraft, wobei personenbezogene Daten erhoben werden. Die kostenpflichtige Version *Plickers-Pro* bietet neben einer unbegrenzten Fragenanzahl, den Zugriff auf eine Bilderbibliothek und einen Support bei Fragen. Beim Anlegen einer neuen Klasse sollte ggf. auf Pseudonyme zurückgegriffen werden, und bei der Abfrage der in die Höhe gehaltenen QR-Codes, die von der Lehrkraft mithilfe der App gescannt werden, sollte darauf geachtet werden, dass die Gesichter nicht miterfasst werden, sodass die Daten der Lernenden geschützt bleiben. Zudem sollten sie bei wiederholter Nutzung mit einer matten Folie laminiert werden. Diese Arbeit kann über *Plickers* auch online in Auftrag gegeben werden.

Anwendung

Die verschiedenen Funktionen des Tools sind im Menü auf der Startseite abgebildet. Die Struktur ist einfach und übersichtlich. Die angelegten Klassen erscheinen im unteren Bereich. Mit dem Klick auf „New Class" wird eine neue Klasse angelegt. Die Namen werden untereinander im Textfeld eingetragen und können anschließend nach Vor- oder Nachnamen sortiert werden. Ein „Set", also ein Fragen-Katalog zu einem Thema, kann in der Basisversion fünf Fragen umfassen, wird in der Bibliothek gespeichert und kann der gewünschten Lerngruppe zugeordnet werden („Add to Queue"), sodass man im Unterricht gezielt darauf zugreifen kann. Zudem lassen sich die Ergebnisse der Umfragen unter dem Menüpunkt „Reports" abrufen und auf einem Bildschirm gemeinsam in der Klasse auswerten. Die Funktion „Scoresheet" ermöglicht die Nutzung von *Plickers* zur individuellen Lernerfolgskontrolle, denn darüber kann ein Ergebnisprotokoll für einzelne Lernende in einem festlegbaren Zeitraum (ein Tag, eine Woche oder ein Monat; in der Pro-Version auch 90 Tage oder ein benutzerdefinierter Zeitraum) abgerufen werden.

Das Erstellen eines Sets ist aufgrund der klaren Strukturierung einfach möglich. In der Überschriftenzeile wird das Thema eingetragen. Die Frage wird auf der Folie notiert. Eine neue Folie kann über den „+"-Button hinzugefügt werden.

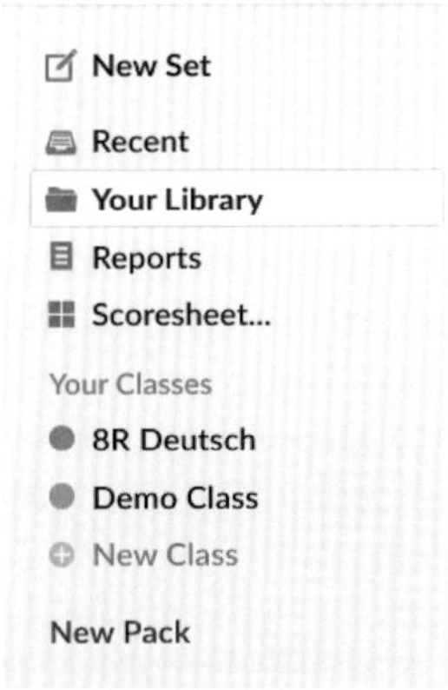

Abb. 89: Startseite / Menü von *Plickers* (Quelle: Screenshot)

Abb. 90: Multiple-Choice-Umfrage bei *Plickers* (Quelle: Screenshot)

Beim Antwortformat kann zwischen den beiden Optionen „Graded" (Testfragen, für die es eine richtige Lösung gibt) und „Survey" (Feedback- oder Diskussionsfragen, Umfragen) gewählt werden. Pro Folie können maximal vier Antwortmöglichkeiten eingegeben werden. Im Graded-Modus kann eine Antwort als richtige Lösung markiert werden. In der Grundeinstellung erscheinen die Sets als Multiple-Choice-Fragen. Möchte man die Auswahl auf die Optionen falsch/richtig beschränken, klickt man auf den Button „Set as True/False" unterhalb der Folie. Die Einstellung lässt sich jedoch nicht rückgängig machen. Mit dem Bild-Symbol kann der Folie ein passendes Bild von der Festplatte hinzugefügt werden. Zur Präsentation der Umfrage drückt man am Ende des Editierens den „Play"-Button, sodass die Folien in

Bildschirmgröße angezeigt werden. Es kann zwischen den Anzeigeoptionen „Show Graph" und „Reveal Answer" gewählt werden, sodass entweder die Fragen oder ein Graph mit der Antwortverteilung der Teilnehmenden eingeblendet wird. Weitere Einstellungsmöglichkeiten sind jeweils über den „..."-Button zu finden. Beispielsweise lassen sich darüber in der Bibliothek nicht nur neue Sets und Ordner, sondern auch einzelne Fragen erstellen.

Die Abfrage erfolgt, indem die Frage-Folien per PC und Beamer oder Whiteboard präsentiert werden. Zugleich benötigt die Lehrkraft ein Smartphone oder Tablet mit Kamera, auf dem die *Plickers*-App installiert ist. Nach dem Einloggen werden die Lerngruppe, die das Fragen-Set spielt, und die erste Frage aufgerufen. Die Lernenden halten ihre QR-Code-Karten in die Höhe, und zwar so gedreht, dass die Längsseite jenes Codes oben ist, die mit dem entsprechenden Buchstaben A-D der Antwortmöglichkeiten gekennzeichnet ist. Mithilfe der Kamera erfasst die Lehrkraft alle QR-Codes und kann in der App sehen, welche Schülerinnen und Schüler bereits erfasst wurden, welche Antwort sie gegeben und ob sie ggf. die richtige Lösung gewählt haben. In der Basisansicht auf dem Präsentationsbildschirm erscheint die nummerische Verteilung der Antworten in Form eines Balkendiagramms. Zudem kann über „Reveal Answer" die richtige Lösung kenntlich gemacht werden. Die individuellen Ergebnisse lassen sich ebenfalls zeigen oder später über „Results" in der Menüleiste zur Auswertung abrufen.

Im Deutschunterricht

Die Anwendungsmöglichkeiten von *Plickers* im Deutschunterricht reichen über jene des vergleichbaren Tools *Mentimeter* (vgl. 4.8.2) insofern hinaus, als dass mit der Quiz-Funktion und der Möglichkeit, die einzelnen Schülerinnen-Ergebnisse zu speichern, auch eine Nutzung zur Lernkontrolle möglich ist. Hilfreich für die Lehrkraft ist dabei, dass die Auswertung digital mit der Abfrage erledigt wird und keine weiteren Korrekturen notwendig sind. Zudem kann sich, je nach Rahmenbedingungen, als Vorteil erweisen, dass die Nutzung ohne technische Geräte der Lernenden möglich ist. Ein Nachteil ist hingegen, dass keine offenen Fragen gestellt werden können und der Umfang der Sets in der Basisversion begrenzt ist. Die Aktivierung und Interaktion der gesamten Lerngruppe bei einer Umfrage und die einfache Handhabung sind in jedem Fall vorteilhaft.

4.8.4 ScrumLR

https://scrumlr.io

- ☑ Website
- ☑ kostenlos
- ☑ Englisch
- ☑ Keine Registrierung erforderlich, personenbezogene Daten werden erhoben. Dritte haben Zugriff auf diese Daten. Es greift die EU-Datenschutz-Grundverordnung.
- ☑ Windows, macOS und Linux, Android, iOS
- ☑ Die Bedienung ist nur in englischer Sprache möglich, aber intuitiv genug, damit dadurch keine Nachteile entstehen sollten.

Erste Schritte

ScrumLR ist eine webbasierte Anwendung der *inovex GmbH,* die die gemeinsame Arbeit auf einer digitalen Pinnwand, einem sogenannten Board, ermöglicht. Das IT-Unternehmen hat *ScrumLR* entwickelt, um die Zusammenarbeit von Teams in der Fernarbeit zu unterstützen und die digitale Durchführung von Teamsitzungen unterschiedlichen Formats zu erleichtern. Der Name des Tools ist an die gleichnamige, agile Methode angelehnt und bildet die Basis für die Funktionen des Tools. In einem Scrum (engl. Begriff im Rugby = dichtes Gedränge) wird in verschiedenen Phasen, sogenannten Sprints, gemeinsam ein Produkt entwickelt, das am Ende allen Anforderungen genügt und durch die entsprechende Planung und Organisation der Teamabläufe in einer begrenzten Zeit entsteht.

Mit der Erstellung und Nutzung eines Boards sind keine Kosten verbunden und auch eine Registrierung ist nicht erforderlich, aber mit einem *Google-, Twitter-* oder *GitHub*-Account möglich. Auf der Startseite von *ScrumLR* kann der eigene Name oder ein vorgeschlagener Name als Alliteration aus Adjektiv und Tier genutzt werden. Zudem legt man fest, ob die Pinnwand öffentlich oder privat zugänglich sein soll, wobei bei Letzterem eine Bestätigung der Teilnahme durch die moderierende Person notwendig ist.

Anwendung

Es stehen verschiedene Board-Formate zur Verfügung, die sich an den gängigen Methoden der Teamarbeit orientieren und über den Drei-Punkte-Button ausgewählt werden. Im voreingestellten Format „Simple Retro“ erscheint eine Pinnwand mit einer Positiv- und einer Negativ-Spalte, um in einer Retrospektive die gemeinsame Arbeit auszuwerten und neue Aufgaben abzuleiten. Darüber hinaus gibt es zwei Vorlagen für die Durchführung eines „Lean Coffee“, einer Teamsitzung ohne vorher festgelegte Inhalte, Abläufe oder Ziele, die dem individuellen, eigenverantwortlichen Wissensaustausch in Coffee-Shop-Atmosphäre dient.

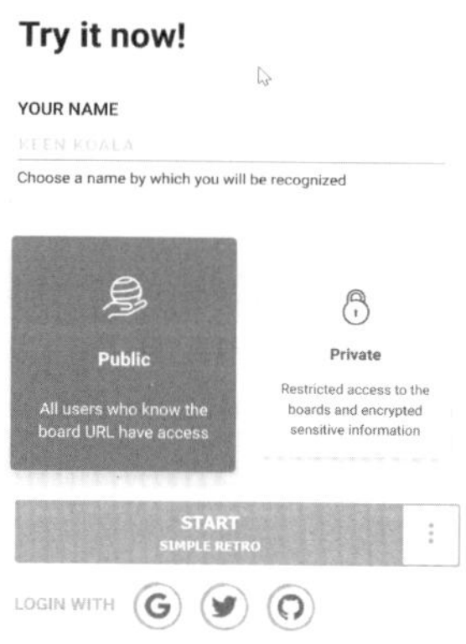

Abb. 91: Startseite *ScrumLR* (Quelle: Screenshot)

Als weitere Board-Formate stehen „Start, Stop, Continue“, „Mad, Sad, Glad“, „KALM (Keep, Add, Less, More)“, „Plus & Delta“ sowie „4L (Liked, Learned, Lacked, Longed for)“ zur Verfügung. Die Kategorien entsprechen jeweils den Spalten auf der Pinnwand, die mit dem Drücken des „Start“-Buttons erstellt wird.

Um Lernende zur Mitarbeit an der Pinnwand einzuladen, können im Menü (Drei-Punkte-Button) unter „Share“ ein QR-Code generiert oder ein Link zum Teilen kopiert werden. Hier lassen sich zudem weitere Einstellungen vornehmen, beispielsweise die Nutzung eines Timers oder über „Settings“ die Vergabe eines Namens für die Teamsitzung und die Anzeige der Pin-Karte während des Schreibens sowie der Namen der Schreibenden. Die Zusammenarbeit ist in drei Phasen gegliedert – write, vote, discuss (schreiben, bewerten, diskutieren) – die über die Pfeiltasten oben links im Bildschirm angesteuert werden.

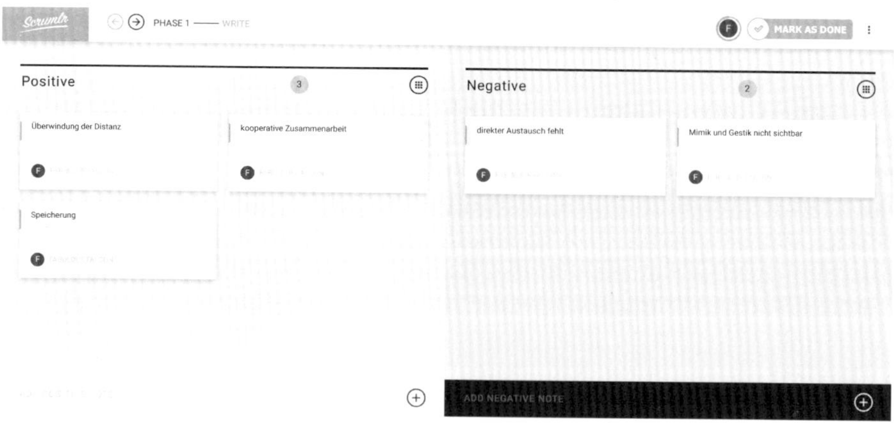

Abb. 92: Simple Retro-Board in der ersten Phase auf *ScrumLR* (Quelle: Screenshot)

In der Schreibphase werden die Meinungen zum Thema gesammelt, indem die Teilnehmenden sie unten in der Textzeile der gewünschten Spalte hinzufügen. Möchte man keine Pins mehr ergänzen, wird dies mit dem Anklicken des Häkchens „mark as done“ angezeigt, sodass die Lehrkraft im Überblick hat, wie weit die Lernenden sind, um die nächste Phase zu eröffnen. In dieser geht es darum, die Pins zu bewerten und die Zustimmung zu den einzelnen Vorschlägen zu ermitteln, die in der letzten Phase genauer diskutiert werden sollen. Eine treffende Aussage wird mit einem Klicken des Plus-Zeichens markiert. Die Anzahl der Klicks erscheint am Ende auf den Pin-Karten, sodass sich ein Ranking ablesen lässt. Der Abstimmung voran kann eine fokussierte Betrachtung und Besprechung der verfassten Vorschläge gehen. Dies wird erleichtert, indem man die Notiz vergrößert. Dafür bewegt man die Maus auf die Pin-Karte und drückt den „Share“-Button. In der abschließenden Phase werden die ausgewählten Anmerkungen diskutiert und gemeinsam Handlungen abgeleitet, die beispielsweise bei der nächsten Projektarbeit berücksichtigt werden sollen. Wenn man die Ergebnisse der Teamarbeit nicht mehr benötigt, kann das Board im Menü gelöscht werden. Aber auch der Export als PDF-/csv-Datei ist möglich, sodass die Inhalte des Boards gespeichert und geteilt werden können. Die intuitive Bedienung und klare Strukturierung ermöglichen eine Anwendung ohne weiteren Vorbereitungsaufwand. Von Vorteil ist zudem die vorgegebene Phasierung, mit der sich Gruppenarbeitsphasen nach dem Prinzip Think-Pair-Share gut umsetzen lassen.

Im Deutschunterricht

ScrumLR lässt sich nicht nur im Deutschunterricht nutzen, um Teamarbeiten zu unterstützen, sondern beispielsweise auch, um Entscheidungen im Klassenverband zu treffen oder ein gemeinsames Projekt zu planen oder auszuwerten und Feedback zu formulieren.

Fachspezifisch lässt sich *ScrumLR* für die Vorbereitung und Durchführung von Diskussionen einsetzen, für die Planung von Referaten und die kooperative Erstellung einer Gliederung und auch für die Auswertung von Präsentationen, indem etwa positives und negatives Feedback formuliert wird. Für den Einsatz des Tools im digitalen Distanzunterricht spricht die Aktivierung aller Lernenden insbesondere in den ersten beiden Phasen (schreiben und bewerten) und die transparente Strukturierung des Arbeitsprozesses. Ein Vorteil gegenüber analogen Formen der Zusammenarbeit, der sich auch im Präsenzunterricht als nützlich erweist, ist die digitale Visualisierung der Ideen und die Möglichkeit, diese zu bearbeiten und zu speichern. Eine ähnliche Anwendung, wenn auch weniger smart, ist auf der Website https://ideaboardz.com/ zu finden.

4.8.5 StrangeGarden

https://strange.garden/

- ☑ Website
- ☑ kostenlos
- ☑ Englisch
- ☑ Keine Registrierung erforderlich, personenbezogene Daten werden erhoben. Es greift die EU-DS-GVO.
- ☑ Windows, macOS und Linux, Android, iOS

Erste Schritte und Anwendung

StrangeGarden ist ein kostenfreies, offenes Webtool, mit dem kollaborativ digitale Fotocollagen erstellt werden können. Eine Registrierung ist nicht erforderlich. Auch die Gestaltung eines „Gartens“ ist unkompliziert möglich.

Auf der Startseite werden das Thema, der Hintergrund und die Zeit für die Erstellung einer neuen Collage festgelegt. Zu beachten ist, dass jeder Name für einen Garten nur einmal vergeben werden kann. Möchte man also ein zweites Mal zum selben Thema eine Collage gestalten, muss eine neue Bezeichnung gefunden werden. Über „Random“ kann ein Hintergrund aus einer Auswahl ausgesucht, über „Create one“ selbst gestaltet oder über „Upload“ als Bild hochgeladen werden. Mit dem Klick auf „Create“ öffnet sich ein neuer Bildschirm mit einem QR-Code.

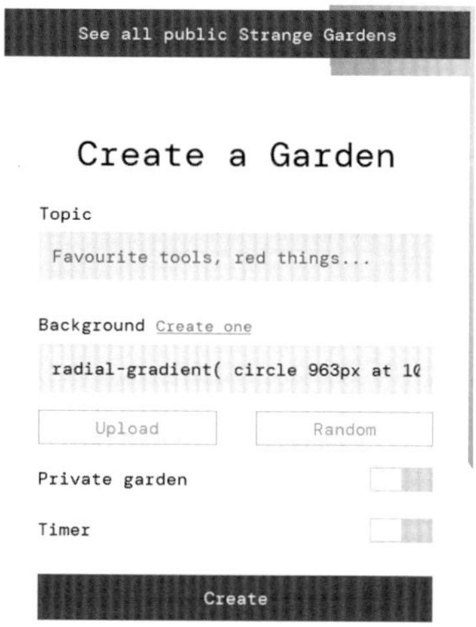

Abb. 93: Eingabemaske *StrangeGarden* (Quelle: Screenshot)

Die Lernenden können die Collage mitgestalten, indem sie mit dem Smartphone den Code scannen oder den Link eingeben und ihre Kamera aktivieren, um passend zum Thema einen Gegenstand, einen Ort, sich selbst, eine andere Person, einen Text oder ein Bild fotografieren. Die Fotos aller Teilnehmenden erscheinen in Echtzeit auf der Collage und können darauf bewegt, aber nicht mehr verändert oder gelöscht werden. Dies gilt auch für Texte, die durch das Anklicken der Collage in einem Textfeld geschrieben werden können. Ein Hochladen von Bildern oder Texten ist nicht möglich. Die Qualität der Bilder ist relativ gut, wobei jeweils das Zentrum des Bildes als Ausschnitt ohne Hintergrund erscheint.

Erste Schritte und Anwendung

Trotz der begrenzten Funktionalität gibt es vielfältige Anwendungsmöglichkeiten des Tools im Deutschunterricht. Beispielsweise können Assoziationen zum Einstieg in ein Thema, zu einem Titel oder Text in verbildlichter Form gesammelt werden. Insbesondere in der Einstiegsphase ist die Funktion des „Timers“ dabei hilfreich, die Lerngruppe mit dem Herunterzählen der Uhr zum spontanen Mitmachen zu motivieren.

Abb. 94: *StrangeGarden*-Collage zur Vorbereitung einer literarischen Schreibaufgabe (Quelle: Screenshot)

Wenn Figuren aus Erzählungen oder passende Gegenstände in die Collage eingefügt werden, kann mit *StrangeGarden* auch ein einfaches szenisches Spiel digital umgesetzt werden. Einzelnen Lernenden wird dabei in der Videokonferenz eine Figur zugewiesen, die im „Garten“ bewegt und zu der im Dialog der passende Text erzählt wird. Ähnlich ließe sich das Erzählen oder Nacherzählen von Geschichten mit dem Tool unterstützen. Die Collage kann aber auch zur Dokumentation individueller oder kollaborativer Arbeitsergebnisse verwendet werden, indem zentrale Begriffe oder Argumente auf der Collage notiert und anschließend erläutert werden oder Einzelergebnisse einer Projektarbeit fotografisch dokumentiert werden.

Die gemeinsame Arbeit an der Collage in Echtzeit macht zweifelsohne den besonderen Wert des Tools aus, denn so können Distanzen auch beim

Onlinelernen ein Stück weit überbrückt werden, indem beispielsweise beim Sammeln von Sinneseindrücken für das Schreiben eines Gedichtes oder beim Zusammentragen von Werbung oder sprachlichen Besonderheiten im öffentlichen Raum für die gemeinsame Sprachbetrachtung Orte und Wahrnehmungen geteilt werden. Diese Brücke lässt sich auch in der Videokonferenz nutzen, wenn das Lieblingsbuch, die Sockenfarbe, der Blick aus dem Fenster oder auf den Arbeitsplatz in einer Collage geteilt wird und somit einen Einblick eröffnet und den Austausch anregt.

4.9 Interagieren – Apps und Tools für die Gestaltung von Audioguides, Touren und spielerischen Rallyes

4.9.1 Actionbound

https://actionbound.com/ Actionbound

- ☑ Website, App – online, offline
- ☑ kostenlos für Privatpersonen
- ☑ Deutsch und viele weitere Sprachen
- ☑ Registrierung für die Erstellung erforderlich, personenbezogene Daten werden erhoben. Dritte haben Zugriff auf diese Daten. Es greift die EU-DS-GVO.
- ☑ Windows, macOS und Linux, Android, iOS

Erste Schritte

Ein *Actionbound* ist eine interaktive Smartphone- oder Tablet-Rallye, ähnlich einer Schnitzeljagd oder Schatzsuche. Bounds können auf der gleichnamigen Website mit dem sogenannten „Bound-Creater“ erstellt und mit der App gespielt werden. Dies ist auch offline möglich, wenn die Bound-Inhalte vor dem Spielen vorgeladen wurden. Im privaten Bereich ist die Nutzung von *Actionbound* kostenlos. Für den Bildungsbereich gibt es verschiedene „EDU-Lizenzen“, je nachdem, ob in der Schule, der Hochschule, der Bibliothek oder der außerschulischen Bildung mit der Anwendung gearbeitet werden soll. Eine Lehrkraft bezahlt für eine Jahreslizenz 49 €, für fünf Lehrkräfte fallen 145 € und für eine Schule 420 € an. Die Nutzung mit den entsprechenden Lerngruppen ist inbegriffen und nur die Lehrkraft muss sich mit einer E-Mail-Adresse sowie der Festlegung eines Benutzer/-innen-Namens und eines Passwortes registrieren.

Anwendung

In der App gibt es eine Vielfalt an öffentlichen Bounds, die zum Spielen bereitstehen. Die Suche nach Bounds an bestimmten Orten ist über eine Karte möglich oder man sucht nach einem thematischen Stichwort. Für jeden Bound gibt es zudem einen QR-Code, der direkt gescannt werden kann. Das Erstellen eines *Actionbounds* ist nur auf der Website möglich. Nach dem Einloggen klickt man entweder den Button „Bound erstellen" an oder geht über das Menüfeld zu „Meine Bounds" und klickt hier auf „Neuer Bound". In die erscheinende Eingabemaske werden ein Titel und die URL-Adresse eingetragen, außerdem legt man fest, ob der Bound von einer Einzelperson oder einer Gruppe und in festgelegter Reihenfolge der Stationen oder in einer beliebigen Abfolge gespielt werden kann. Für die inhaltliche Gestaltung eines Bounds gibt es verschiedene Elemente: Mit dem Anlegen eines Abschnitts wird der Bound strukturiert, eine Information kann neben einem Text auch andere Medieninhalte umfassen, für das Lösen eines Quiz gibt es Punkte, eine Aufgabe erfordert kreative Lösungen in Form eines Textes, eines Bildes, eines Videos oder einer Audiodatei. Außerdem kann man die Bound-Spielerinnen und Spieler einen Ort oder einen QR-Code finden und sie an einer Umfrage oder einem Turnier teilnehmen lassen, wofür es jeweils Punkte gibt. Die Eingabemaske ist immer ähnlich strukturiert und kann mit verschiedenen Optionen gestaltet werden, bevor das Element dem Bound hinzugefügt wird.

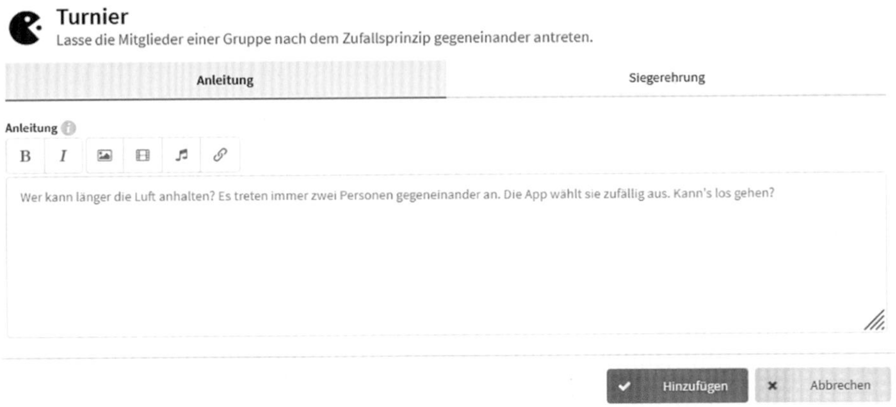

Abb. 95: Eingabemaske für das Anlegen eines Turniers mit *Actionbound* (Quelle: Screenshot)

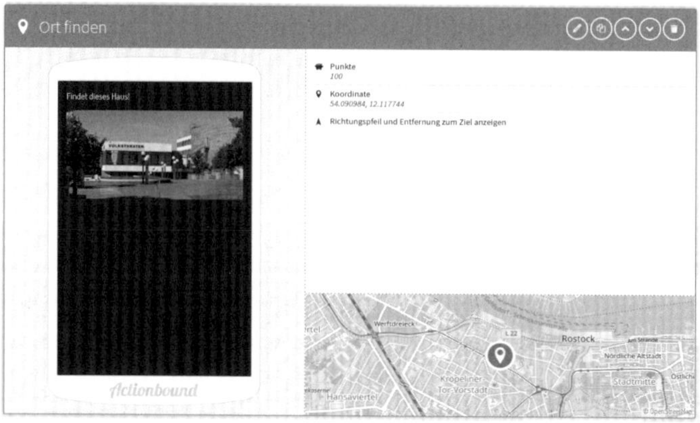

Abb. 96: Erstellte Station „Ort finden" in einem *Actionbound* (Quelle: Screenshot)

Die einzelnen Elemente können im Menüpunkt „Inhalt" jederzeit bearbeitet, kopiert und in einem anderen Bound verwendet, nach oben und unten verschoben oder gelöscht werden. Bevor der Bound gespielt werden kann, muss er aktiviert werden, zudem sollte man die weiteren Einstellungen prüfen und einen Testlauf durchführen. Auf der *Actionbound*-Website gibt es hilfreiche Tutorials für alle Funktionen und auch Fortbildungsveranstaltungen für unterschiedlich erfahrene Anwenderinnen/Anwender, sodass man bei der Nutzung des Tools stets Hilfe findet.

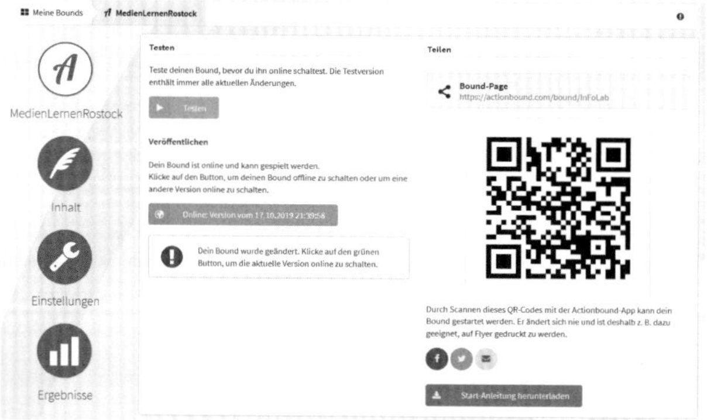

Abb. 97: Menü-Übersicht und Teile eines erstellten *Actionbounds* (Quelle: Screenshot)

Im Deutschunterricht

Für die Anwendung von *Actionbound* im Unterricht ist es sehr hilfreich, dass die Ergebnisse der Erlebnis-Rallye auf der Website angeschaut und für die Auswertung oder auch zur Bewertung herangezogen werden können. Die interaktiven Bounds können in verschiedenen Sozialformen gespielt und von den Lernenden allein oder gemeinsam erstellt werden. Die Aktivierung der Lernenden ist bei beiden Anwendungsmöglichkeiten hoch und fördert zudem ein fachlich, methodisch und medial verknüpftes Lernen, was auch im Deutschunterricht genutzt werden sollte. Das Spielen und Erstellen eines *Actionbounds* bietet sich im Sinne des reflektierten Umgangs mit Medien selbst als Unterrichtsgegenstand an, z. B. um Aspekte des Datenschutzes und der Mediennutzung zu thematisieren. Es lässt sich aber auch als Lehr-Lernmittel verwenden, um spielerische, interaktive Touren zu literarischen Motiven, Genres oder Gattungen zu gestalten, eine Stadtrallye zu einer Schriftstellerin/einem Schriftsteller oder einem regionalsprachlichen Phänomen zu erstellen oder die Erkundung der Stadtbibliothek mit Aufgaben zu unterstützen. Auch andere außerschulische Lernorte wie das Theater, ein Museum oder das Literaturhaus bieten sich als Stationen für einen *Actionbound* hervorragend an (vgl. Wrobel/Ott 2019). Vor allem wenn die Lernenden selbst einen Bound anlegen und zu erarbeiteten Inhalten Anwendungsbeispiele, Spielformen und Quizfragen finden müssen, werden Kooperation, Kreativität und fachlich-methodische Kompetenzen in besonderer Weise gefördert.

Alternativen

Als Alternative zu *Actionbound* ist *Geocaching* (https://www.geocaching.com) denkbar, auch wenn der Fokus stärker auf dem Navigieren liegt. Unter *Geocaching* versteht man eine Schnitzeljagd, bei der mithilfe eines GPS-Gerätes, dies kann auch ein Smartphone mit einer *Geocaching*-App sein, ein sogenannter Cache (engl. Versteck, geheime Lage) gefunden werden muss. Dieser Schatz ist ein wasserdichter Behälter, der ein Logbuch und mitunter auch eine kleine Erinnerung des vorherigen Finders des Caches enthält. Die ursprüngliche Idee des *Geocachings* war die freie Nutzung der GPS-Technik nach der Freigabe durch das US-Militär. Aus dem Aufruf, ein geheimes Versteck nur mithilfe der GPS-Daten zu finden und die erfolgreiche Suche mit dem Eintragen ins Logbuch zu dokumentieren, ist eine weltweite Bewegung geworden, mit einer Vielzahl an unterschiedlichsten *Geocaching*-Touren, Cache-Arten, wie Multi- oder Rätsel-Caches, und Themen. Oft sind auch für den Deutschunterricht interessante außerschulische Lernorte eingebunden oder fachlich relevante Rätselaufgaben mit dem Finden eines Caches verbunden. Ein solcher Schatz kann beispielsweise auch eine Bücher(tausch)-kiste sein, die die Lernenden einer Klasse finden müssen, um neuen Lesestoff zu bekommen. Selbst einen Geocache zu erstellen, ist schwieriger, denn es muss ggf. nicht nur die Genehmigung zum Verstecken eines Caches eingeholt, sondern der Cache auch von der *Geocaching*-Plattform freigegeben, gelistet und in die Karte aufgenommen werden. Etwas unkomplizierter ist dies, wenn das Finden eines Versteckes in einen *Actionbound* eingebunden wird.

Literaturhinweis:

Wrobel, Dieter/Ott, Christine 2019): Außerschulische Lernorte für den Deutschunterricht. Anschlüsse – Zugänge – Kompetenzerwerb. Seelze: Kallmeyer/Klett

4.9.2 Adventure Maker

https://www.adventuremaker.com

- ☑ Software
- ☑ kostenlos
- ☑ Englisch

Erste Schritte und Anwendung

Die Software *Adventure Maker* erlaubt es Lehrkräften, auf den konkreten Unterrichtsinhalt zugeschnittene digitale Lernspiele, sogenannte Point'n-Klick-Adventures, zu erstellen. Hierfür bedarf es keiner Programmierkenntnisse sondern lediglich der Installation der gleichnamigen Software. Ist dies erfolgt, führt das Programm in kleinen, detailliert angeleiteten Schritten durch das Programm. Die Nutzung durch die Lernenden ist über verschiedene Geräte, darunter sowohl PCs, Smartphones als auch ausgewählte Playstations möglich.

Die Eröffnung des von der Lehrkraft entwickelten Spiels bildet in jedem Fall eine hypermediale Szene, in der Regel eines Bildes oder Fotos, in dem zahlreiche Elemente durch Anklicken aktiviert werden können. Geschieht dies, öffnet sich jeweils ein Textfenster, ein kleiner Film oder eine Audiodatei, die eine Aufgabenstellung formulieren. Das Ziel des Spiels für die Lernenden (allein oder im Team zu erreichen) besteht darin, alle aktivierbaren Elemente zu finden und die damit verbundenen Aufgaben zu lösen. Das Spektrum der möglichen Aktivitäten ist, in Abhängigkeit von den Voreinstellungen durch die Lehrkraft, groß: Es kann sich um die Formulierung von Texten (Zusammenfassungen, Faktenzusammenstellungen, Meinungsäußerungen, kreative Schreibprodukte etc.), aber auch das Hochladen von thematisch relevanten Motiven (eigenen oder aus einem bereitgestellten Set ausgewählten Fotos, aber auch eigenen Gestaltungen, wie etwa Buchcovern), kurzen Filmen, Musikstücken oder anderen Audiodateien handeln.

Im Deutschunterricht

Ein mit dem *Adventure Maker* entwickeltes Lernspiel kann beispielsweise für eine Vertiefung von Unterrichtsinhalten, Festigungen oder Ergebnisüberprüfungen eingesetzt werden – beispielsweise in Bezug auf eine Autorin, einen Autor oder eine literarische Epoche, die für das Spiel symbolträchtig visualisiert wurden. Alternativ bieten sich hier Möglichkeiten zur Beschäftigung mit Sprache oder die Arbeit mit Text-Bild-Verbünden. Das Spiel kann Lernende zu gelenkten Analysen oder Interpretationen literarischer Texte animieren. Aber auch kreative Schreibprozesse können mit dem *Adventure Maker* ansprechend angeleitet werden. Die Lernenden erhalten ein bebildertes Buch oder einen Comic und sind aufgefordert, Sprechtexte oder kleinere Textbeiträge, ggf. aber auch passende Geräusche, Musikstücke, kleine Filme oder Animationen zu ergänzen. Und nicht zuletzt ermöglicht die Software eine Beschäftigung mit Sprachvariationen. Dies kann beispielsweise in Bezug auf eine Region mit spezifischem Dialekt, ein soziales Setting mit charakteristischem Sprachgebrauch oder einen Tätigkeitsbereich mit bestimmten Fachtermini erfolgen.

Literaturhinweise:

Luptowicz, Corinna/Schieder, Sandra 2017: Deine Sprache – dein Adventure. In: Praxis Deutsch Nr. 265: Deutsch per Smartphone, S. 12–20

4.9.3 DigiWalk

https://www.digiwalk.de/ DigiWalk

- ☑ Website, App
- ☑ kostenlos, werbefrei
- ☑ Bediensprache Deutsch, viele weitere Sprachen verfügbar.
- ☑ Registrierung erforderlich, personenbezogene Daten werden erhoben. Dritte haben Zugriff auf die Daten. Es greift die EU-Datenschutz-Grundverordnung.
- ☑ Windows, macOS und Linux, Android, iOS

Erste Schritte

Mit *DigiWalk* können digitale Führungen erstellt und über die dazugehörige App kosten- und werbefrei abgerufen werden. In der Basisversion kann ein „Walk" mit 15 Stationen, also eine geführte Tour mit verschiedenen Haltepunkten angelegt werden. Mit entsprechendem Nachweis ist es für gemeinnützige Organisationen und Bildungseinrichtungen möglich, insgesamt drei Walks mit jeweils 30 Stationen kostenlos zu gestalten. Darüber hinaus gibt es verschiedene kostenpflichtige Optionen, um im privaten, gemeinnützigen oder kommerziellen Bereich mehr und umfangreichere Touren zu erstellen. Die Voraussetzung dafür ist eine Registrierung mit Name und E-Mail-Adresse auf der Website.

Anwendung

Die Bedienung ist sehr übersichtlich und intuitiv aufgebaut. Man wählt zunächst zwischen den beiden Optionen „Neuen Walk erstellen“ oder „Stationsübersicht“. Da die Stationen unabhängig von den Führungen sind, können sie einzeln bearbeitet und gleichzeitig in verschiedene Walks eingebunden werden. Für einen neuen *DigiWalk* müssen ein Name, ein Bild sowie eine genauere Beschreibung eingegeben werden. Dazu gehören beispielsweise die Dauer, die Sprache, der Ort und der Ablauf, wobei zwischen einer festgelegten oder freien Reihenfolge sowie einer Navigationsoption gewählt werden kann.

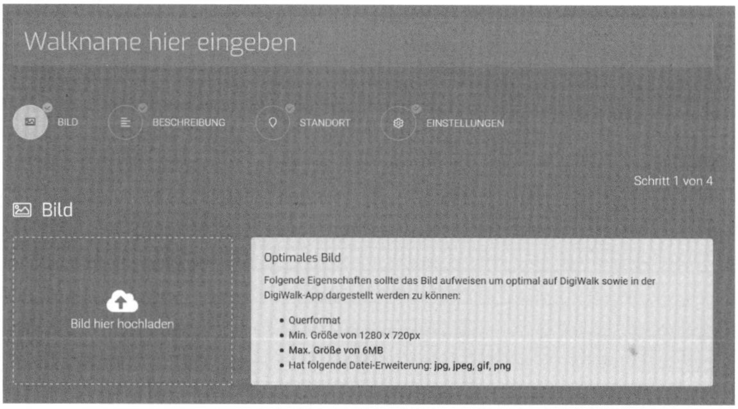

Abb. 98: Anlegen eines *DigiWalk* (Quelle: Screenshot)

Auch beim Erstellen einer Station wird zuerst ein Name vergeben und eine Beschreibung formuliert. Zusätzlich können Bilder, eine Audiodatei oder ein Video von den Plattformen *Vimeo* oder *YouTube* eingefügt werden. Mit der Festlegung eines genauen Standortes ist eine Navigation während des Walks möglich. Unter Einstellungen kann zudem eine Website, ein *Facebook*- oder *YouTube*-Account verlinkt werden. Zuletzt muss der Walk aktiviert werden und kann dann über einen Link oder QR-Code geteilt werden.

Im Deutschunterricht

DigiWalk lässt sich im Unterricht entweder nutzen, indem über die App mithilfe der Stichwort- oder Standortsuche ein passender Walk aus dem vielfältigen Angebot ausgewählt wird. Oder die Anwendung wird genutzt, um als Lehrkraft oder mit den Lernenden gleichsam handlungs- und produktionsorientiert selbst einen Walk zu gestalten.

Da die Touren sowohl in einem Raum oder Gebäude als auch in einer Stadt oder an einem anderen Ort stattfinden können, sind verschiedene Themen und Unterrichtsszenarien für die Einbindung von *DigiWalk* denkbar. Eine Möglichkeit wäre beispielsweise eine „Autoren-Tour" zu einer Schriftstellerin oder einem Autor der eigenen Heimatstadt oder der Region durchzuführen, wobei die Stationen an biografischen oder für die Texte relevanten Orten orientiert sein sollten. Auch sprachliche Reflexionen etwa zum Thema Werbung, Sprache im Wahlkampf oder Jugend- und Umgangssprache können mit einem *DigiWalk* erkundet werden. Mithilfe der Texte und eingebunden Audio- oder Videodateien können die Lernenden in Einzel-, Partner- oder Gruppenarbeit Aufgaben an den einzelnen Stationen bearbeiten. Dies hat im Distanzunterricht zugleich den Vorteil, dass auch eine körperliche Aktivierung erfolgt. Wenn die Schülerinnen und Schüler selbst einen Walk erstellen, sollten die Kriterien für die Qualität und Quantität gemeinsam besprochen werden, da die Anforderungen, ähnlich wie bei der Präsentation eines Vortrages, komplex sind und neben der Fachkompetenz auch mediale Fertigkeiten benötigt werden. Zu bedenken ist zudem, dass für die Erstellung eines Walks eine Registrierung mit einer gültigen E-Mail-Adresse notwendig ist, wobei diese für die Partner- oder Gruppenarbeit auch geteilt werden kann. Neben *DigiWalks* zu einer literarischen Epoche oder Gattung wären auch „Touren" durch ein Gedicht oder Sachtext eine Chance, um fachliches und mediales Lernen zu verbinden.

Abb. 99: Menüführung in *DigiWalk* (Quelle: Screenshot)

4.10 Virtual und Augmented Reality im Deutschunterricht

Virtual Reality

Virtuelle Realitäten sind inzwischen in aller Munde – doch viele Menschen beziehen ihr Wissen darüber eher aus filmischen Darstellungen als aus eigenem Erleben. Über die umfangreichste praktische Erfahrung mit Virtual Reality verfügen häufig Computerspiel-Nutzerinnen und Nutzer. Diesen und anderen digitalen Umgebungen kann man über eine VR-Brille (ein sog. Head-Mounted Display, das durch Stereodarstellungen eine Räumlichkeitserfahrung generiert und in Kombination mit einem Computer, einem Smartphone oder einer Spielkonsole betrieben wird) beitreten und sich dann frei darin bewegen. Eigene reale Bewegungen werden in den virtuellen Raum übertragen, in der Regel folgt die Darstellung der Umgebung der Blickrichtung der Nutzerinnen und Nutzer. Damit können diese in hohem Maße autonom entscheiden, was sie wahrnehmen. Ihr Agieren ist demnach stark interessengeleitet oder von einer vorbereiteten Dramaturgie abhängig, die sich häufig aus einem bestimmten „Arbeitsauftrag“ ergibt, der in die virtuelle Realität eingeschrieben ist (etwas finden, etwas ansehen, etwas besiegen, etwas kreieren usw.). Dies wiederum ermöglicht ein vergleichsweise starkes Einfühlen in eine Situation, ein Pseudo-Erleben etwa eines Handlungsortes oder ein Nachvollziehen von Eindrücken einer (literarischen) Figur. Für eine Reflexion dieser Erfahrung sollten im Verlauf des Besuchs in der virtuellen Realität gewonnene Eindrücke und Beobachtungen dokumentiert werden – ganz unmittelbar durch Tonaufzeichnung fortlaufender Kommentare oder, mittelbarer, durch nachträgliches Notieren. Die ausgeprägtere Perspektivbindung als beim Betrachten von Bildern oder Ansehen von Filmen macht einen Vergleich dieser Wahrnehmungen reizvoll. Alternativ können solche Erlebnisse beispielsweise den Auftakt für eine binnendifferenzierende Schreibaufgabe oder Diskussionsrunde in kleinen Gruppen bilden.

Die Arbeit mit virtuellen Realitäten im Unterricht scheitert oft an den hohen Anschaffungskosten für die entsprechende Technik, zumal wenn es um die Bereitstellung von Klassensätzen geht. Einen vergleichsweise preiswerten Zugang offerieren die sogenannten *Google*-Cardboards. Hierbei handelt es sich um aus entsprechenden Linsen und einer Papphülle bestehende Brillen, die in Kombination mit einem Smartphone betrieben werden können. Deren Anbieter stellt Nutzerinnen und Nutzern zahlreiche thematische Animationen von Orten (Dörfern, Stränden, unberührten Wäldern etc.), Spiele und kleine Geschichten, mit denen sich 360-Grad-(Buch-)Welten in den Unterricht integrieren lassen, zu Verfügung.

Bislang vergleichsweise selten unterrichtspraktisch erprobt, aber zweifellos zukunftsträchtig sind Tools wie *CoSpaces* (Edu) oder *Minecraft Education*, mit denen Lernende produktionsorientiert arbeiten können. Hier können sie selbst eine in einem literarischen Text konturierte Welt visualisieren. Auf diese Weise wird etwa die Auseinandersetzung mit der Handlung aus der Sicht einer bestimmten Protagonistin möglich oder lässt sich das Bewusstsein dafür schärfen, welche Funktion Leerstellen in literarischen Texten haben bzw. welche Rolle sie in Sinnbildungsprozessen spielen. Sind derlei virtuelle Räume einmal erschaffen, können hier verschiedene literarische Figuren miteinander interagieren und dadurch Alternativhandlungen oder Konkretisierungen von in Texten entwickelten Situationen erproben. Weniger umfangreiche, aber mit Gestaltungsspielräumen ausgestattete Anwendungen bieten immerhin die Möglichkeit der Beeinflussung der Handlung durch Sprachbefehle (nach dem sog. Sandbox-Prinzip) oder der Umgestaltung einer Handlung (z. B. in der App *MyStory*) und damit einhergehend der Vergegenwärtigung von Erzählmustern, Figurencharakterisierungen (inklusive Stereotypisierungen), Problemlösungsstrategien etc.

Augmented Reality

Anders als bei der virtuellen Realität handelt es sich bei der Augmented Reality nicht um eine alternative Realität, sondern um eine computergestützte Erweiterung der bestehenden durch ergänzende Bereitstellung digitaler Inhalte (Texte, Bilder, Videos oder Animationen). Das am häufigsten mit der Augmented Reality assoziierte technische Verfahren sind die sogenannten Smart Glasses, also Brillen, die dem Sichtfeld eines Menschen Informationen hinzufügen. Diese funktionieren in der Regel über Spracherkennung oder Berührungen, kommen also ohne Texteingabe aus. Eine preiswertere und wohl auch deshalb verbreitetere Alternative dazu bieten Tools wie *Google Expeditions* (Edu), mit denen sich dreidimensionale Objekte, etwa Gebäude, Modelle, Landschaften oder Kultur- und Kunstobjekte, im Unterrichtsraum präsentieren lassen. Die Auswahl des geeigneten Objekts erfolgt über eine Übersicht, auf die Nutzerinnen und Nutzer nach Starten der App zugreifen und in der sie auch stichwortbasiert suchen können. Der Präsentationsort lässt sich über sogenannte Marker individuell und bedarfsgerecht festlegen. Die Lernenden betrachten das damit platzierte Objekt dann auf dem Bildschirm ihres Smartphones oder Tablets, auf dem es dreidimensional und von allen Seiten in der realen Klassenzimmerumgebung erscheint. Sind die dafür nötigen Endgeräte nicht in ausreichender Zahl vorhanden, können mehrere Lernende ein Smartphone oder ein Tablet gemeinsam nutzen.

Eine reizvolle Möglichkeit, Augmented Reality gewinnbringend in den Deutschunterricht zu integrieren, bietet etwa die Applikation *LeYo!*, über die sich analoge Bücher mit digitalen Endgeräten kombinieren lassen: Die Lernenden halten ihr Smartphone oder Tablet auf eine Buchseite und erwecken damit Figuren der Erzählung zum Leben. Diese erzählen Hintergrundinformationen zur Geschichte, stellen Aufgaben oder Rätsel, präsentieren aber auch Lieder oder Geräuschkulissen. Dadurch bietet sich die Möglichkeit eines erweiterten Zugriffs auf den Text, aber auch der Reflexion auf der Metaebene, wie solche Erweiterungen den Rezeptionsprozess verändern. Reizvoll könnte eine Kombination solcher Erfahrungen mit literarischen Texten sein, die Augmented Realitiy thematisieren (z. B. Karl Olsbergs *Girl in a Strange Land* oder Ursula Poznanskis *Layers*) und damit weiterführende Implikationen einer solchen Verflechtung von Wahrnehmungsebenen aufzeigen. Die App *Quiver* bietet eine Möglichkeit, produktionsorientiertes Unterrichtshandeln um eine virtuelle Dimension zu erweitern: Mit ihr können selbstgestaltete Bilder „zum Leben erweckt“, d. h. in Animationen transferiert und als kleine Filme abgespeichert werden, die sich dann wiederum in eigene Geschichten, Weiterführungen oder Illustrationen literarischer Texte integrieren lassen.

Statt eines Nachwortes

Digitale Medien sind in aller Regel eher schnell- als langlebig. Insofern obliegt ein Buch über den Einsatz neuer Medien und digitaler Tools und Apps von Natur aus einer geringen Halbwertszeit. Zum einen veralten Links, zum anderen entstehen interessante neue technische Möglichkeiten, um Bewährtes besser zu machen oder um auf neue Herausforderungen zeitgemäß zu reagieren. Was nach Argumenten klingt, eher die Finger von einem Buchprojekt zur Digitalisierung zu lassen, macht aber gleichzeitig dessen Notwendigkeit deutlich: Unter der Corona-Pandemie konnten wir flächendeckend beobachten, wie händeringend nach Lösungen gesucht wurde, um Unterricht unter den gegebenen Bedingungen am Laufen zu halten. Unser Anspruch war bei diesem Buch ein größerer: Wir wollten nicht nur aufzeigen, wie herkömmlicher Deutschunterricht digital gerettet werden kann, sondern zugleich Perspektiven aufzeigen, wie er künftig auch wieder in Präsenz besser werden kann, indem man neue Medien und digitale Werkzeuge sinnvoll nutzt. Dabei steht stets die Ausrichtung an den Anforderungen des Faches an erster Stelle.

Und doch ist auch dieses Buch nur ein erster Schritt und bewegt sich größtenteils in den gegebenen Grenzen nationaler Bildungsstandards und länderspezifischer Rahmenvorgaben. Zu Recht wird von einzelnen Kolleginnen und Kollegen darauf hingewiesen, dass auch diese Vorgaben an die Herausforderungen der digitalen Zeit angepasst werden müssen (dazu immer wieder lesenswert: https://axelkrommer.com), weil die lebenspraktischen Erfordernisse sich durch Digitalisierung gerade auch in den Lernbereichen des Faches – *Lesen, Schreiben, Sprache und Sprachgebrauch untersuchen, mit Medien umgehen,* ja, selbst *Sprechen und Zuhören* – fundamental gewandelt haben und dieser Prozess stetig anhält. Insofern ist nicht nur danach zu fragen, wie Medien sinnvoll eingesetzt werden können, um Ziele des Faches zu erreichen, sondern auch, welche Ziele neu gesetzt werden müssen.

Dieser zweite Schritt wird möglicherweise durch die Corona-Pandemie schneller in Angriff genommen werden. Denn gerade in dieser Zeit war eindrucksvoll zu beobachten, wie weit die Schulen vom aktuellen Stand der digitalen Entwicklung noch entfernt sind. Und das betrifft mitnichten nur die Ausstattung mit entsprechender Infrastruktur, sondern auch nicht gelöste Fragen des Datenschutzes oder auch den Mangel an moderner Kommunikation und Kollaboration. Hier besteht dringender Nachhol- und Nachhilfebedarf.

Literaturverzeichnis

Abraham, Ulf 2008: Sprechen als reflexive Praxis. Mündlicher Sprachgebrauch in einem kompetenzorientierten Deutschunterricht. Freiburg im Breisgau
Abraham, Ulf 2018: Filme im Deutschunterricht. 4., aktualisierte Auflage. Seelze: Kallmeyer/Klett
Abraham, Ulf 2021: Literarisches Wissen materialgestützt erarbeiten. Wissensbasiertes Verstehen und Gestalten von Literatur im Deutschunterricht der Sekundarstufen. Hannover: Kallmeyer / Klett
Arnold, Patricia/Kilian, Lars/Thillosen, Anne/Zimmer, Gerhard 2018: Handbuch E-Learning. Lehren und Lernen mit digitalen Medien. 5. Auflage. Bielefeld: Bertelsmann
Arnold, Sebastian/Zech, Jonas 2019: Kleine Didaktik des Erklärvideos. Erklärvideos für und mit Lerngruppen erstellen und nutzen. Braunschweig: Westermann
Baurmann, Jürgen 2017: Beurteilen und Bewerten im Deutschunterricht. In: Ders./Kammler, Clemens/Müller, Astrid (Hg.): Handbuch Deutschunterricht. Theorie und Praxis des Lehrens und Lernens. Seelze: Kallmeyer/Klett, S. 410–415
Baurmann, Jürgen/Kammler, Clemens/Müller, Astrid (Hg.) 2017: Handbuch Deutschunterricht. Theorie und Praxis des Lehrens und Lernens. Seelze: Kallmeyer/Klett
Baurmann, Jürgen/Otto Ludwig 1996: Schreiben: Texte und Formulierungen überarbeiten. Basisartikel. In: Praxis Deutsch 137, S. 13–21
Baurmann, Jürgen/Stengel-Kühl, Katja 2007: Hin zur Fragelawine und darüber hinaus. In: Praxis Deutsch Nr. 203, S. 16–20
Baurmann, Jürgen/von Brand, Tilman/Menzel, Wolfgang/Spinner, Kaspar H. 2020: Methoden im Deutschunterricht. Exemplarische Lernwege für die Sekundarstufe I und II. 4. Auflage. Hannover: Kallmeyer/Klett
Bitkom 2019: Kinder und Jugendliche in der digitalen Welt. Abgerufen am 24. Januar 2021. URL: https://www.bitkom.org/sites/default/files/2019-05/bitkom_pk-charts_kinder_und_jugendliche_2019.pdf
Blume, Bob 2020: 33 Ideen Digitale Medien Deutsch. Step-by-step erklärt, einfach umgesetzt – Das kann jeder! 2. Auflage. Augsburg: Auer
BMWI 2021: Europäische Datenschutz-Grundverordnung. URL: https://www.bmwi.de/Redaktion/DE/Artikel/Digitale-Welt/europaeische-datenschutzgrundverordnung.html
Bobsin, Julia 1996: Textlupe: neue Sicht aufs Schreiben. In: Praxis Deutsch Nr. 137, S. 45–49
Boettcher, Wolfgang/Spinner Kaspar H. 2018: Von sprachlichen Pannen zum grammatischen Nachdenken. Beispiele – Analysen – Impulse für den Unterricht in der Sekundarstufe I und II. Seelze: Kallmeyer
Böhnert, Katharina/Lemke, Ilka 2018: Haten, hashtaggen, posten, liken. Kommunikationspraktiken in den Social Media und ihre sprachliche Realisierung als Gegenstand im Deutschunterricht. In: Praxis Deutsch Nr. 267: Sprache – Denken – Wirklichkeit, S. 40–43
Brand, Tilman von 2019: Handlungs- und Produktionsorientierung im Literaturunterricht. In: Praxis Deutsch H. 276, S. 4–11
Brand, Tilman von 2020: Deutsch unterrichten. Einführung in die Planung, Durchführung und Auswertung in den Sekundarstufen. 7., Aktualisierte Auflage. Hannover: Kallmeyer/Klett
Brand, Tilman von 2021: Ganzschriften im Deutschunterricht. Mittelfristige Unterrichtsplanung zu Romanen, Novellen, Dramen und Graphic Novels. 2. Auflage. Hannover: Kallmeyer/Klett
Busch, Michael 2020: 55 Webtools für den Unterricht. Einfach, konkret, step by step. 4. Komplett überarbeitete und aktualisierte Auflage. Augsburg: Auer
Computerwoche 2021: Die besten IT-Sprüche 2015. URL: https://www.computerwoche.de/g/die-besten-it-sprueche-2015,106507,3
Czerwionka, Thomas/de Witt, Claudia 2007: Mediendidaktik. Bielefeld: W. Bertelsmann Verlag
Dreier, Ricarda/Krommer, Axel/Nölte, Björn/Schmitz, Oliver 2020: Zeitgemäße Prüfungsformate für den Distanzunterricht. Online-Ressource: https://medium.com/@szcgn/zeitgem%C3%A4%C3%9Fe-pr%C3%BCfungsformate-f%C3%BCr-den-distanzunterricht-adb4a1ffda91

Eickelmann, Birgit/Gerick, Julia 2017: Lehren und Lernen mit digitalen Medien – Zielsetzungen, Rahmenbedingungen und Implikationen für die Schulentwicklung. In: Schulmanagement-Handbuch, 164 (4), 54–81

Emmermann, Ralf/Fastenrath, Silke/Spalke, Thorsten 2021: digital unterrichten. praxisnah – toolbasiert – innovativ. Haan-Gruiten: Europa Lehrmittel

Europäische Kommission 2017: Europäischer Rahmen für die Digitale Kompetenz von Lehrenden (DigCompEdu). URL: https://ec.europa.eu/jrc/sites/jrcsh/files/digcompedu_leaflet_de-2018-09-21pdf.pdf

Europäische Kommission 2019: Education and training monitor 2019. Abgerufen am 24. Januar 2021. URL: https://op.europa.eu/en/publication-detail/-/publication/d41a0625-e00e-11e9-9c4e-01aa75ed71a1/language-en

Fix, Martin 2006: Texte schreiben. Schreibprozesse im Deutschunterricht. Paderborn: Schöningh

Forum Bildung Digitalisierung 2020: Datenschutz und Bildungsauftrag in der digitalen Welt. URL: https://magazin.forumbd.de/ausgabe01/datenschutz-und-bildungsauftrag-in-der-digitalen-welt/

Frederking; Volker/Krommer, Axel/Maiwald, Klaus 2018: Mediendidaktik Deutsch. 3., völlig neu bearbeitete und erweiterte Auflage. Berlin: Erich Schmidt

Frederking; Volker/Krommer, Axel/Möbius, Thomas (Hg.) 2014: Digitale Medien im Deutschunterricht. Reihe Deutschunterricht in Theorie und Praxis. Band 8. Herausgegeben von Winfried Ulrich. Baltmannsweiler: Schneider

Gailberger, Steffen/Wietzke, Frauke 2018: Deutschunterricht in einer digitalisierten Gesellschaft: Unterrichtsanregungen für die Sekundarstufen. Weinheim/Basel: Beltz/Juventa

Gailberger, Steffen 2011: Lesen durch Hören. Leseförderung in der Sek. I mit Hörbüchern und neuen Lesestrategien. Weinheim/Basel: Beltz

GEW 2019: Empfehlungen zur Umsetzung des Digitalpakts. URL: https://www.gew.de/fileadmin/media/sonstige_downloads/hv/Digitale-Medienbildung/2019-04-30_Empfehlungen_zur_Umsetzung_des_Digitalpakts.pdf

Gilroy, Patrick 2020: Fähigkeiten für die digitale Welt – Engagement als Chance. URL: https://www.ziviz.de/download/file/fid/656

Gora, Stephan 2021: Praktische Rhetorik. Rede und Gesprächstechniken in der Schule. 2. Auflage. Hannover: Kallmeyer/Klett

Graham, Charles R. 2006: Blended Learning Systems: Definition, Current Trends, and Future Directions. In: Bonk, Curt J./Graham, Charles R. (Eds.): Handbook of Blended Learning: Global Perspectives, Local Designs. San Francisco: Pfeiffer Publishing, 3–21

Grundler, Elke/Vogt, Rüdiger 2000: Diskutieren und Debattieren: Argumentieren in der Schule. In: Michael Becker-Mrotzek (Hg.): Mündliche Kommunikation und Gesprächsdidaktik. 2. Auflage. Baltmannsweiler: Schneider, S. 487–511

Heiderich, Jens F. 2018: „Willkommen in der neuen Reality-Dokusoap". Das Himbeerreich – Theatertrailer und -text im Zusammenspiel betrachten. In: Praxis Deutsch Nr. 270: Nebentexte, S. 49–57

Herzig, Bardo/Martin, Alexander 2018: Lehrerbildung in der digitalen Welt. Konzeptionelle und empirische Aspekte. In: Ladel, Silke/Knopf, Julia/Weinberger, Armin (Hrsg.): Digitalisierung und Bildung. Wiesbaden: Springer

Heusinger, Monika 2020: Lernprozesse digital unterstützen. Ein Methodenbuch für den Unterricht. Weinheim/Basel: Beltz

Hintz, Ingrid 2011: Das Lesetagebuch. Intensiv lesen, produktiv schreiben, frei arbeiten. Bestandsaufnahme und Neubestimmung einer Methode zur Auseinandersetzung mit Kinder- und Jugendbüchern im Deutschunterricht. 6. Auflage. Baltmannsweiler: Schneider

Hirsch, Nele 2020: Unterricht digital. Methoden, Didaktik und Praxisbeispiele für das Lernen mit Online-Tools. URL: https://epale.ec.europa.eu/sites/default/files/nele_hirsch-unterricht_digital.pdf

Hornung, Antonie 1993: Einen Vorgang beschreiben. Wie automatisches Schreiben Aufsätze verändert. In: Praxis Deutsch Nr.119, S. 48–51

Jach, Daniel 2020: QuAX-DaF – Quantitative Analyse von Texten für den DaF-Unterricht.2., überarbeitete und erweiterte Auflage. URL: https://www.researchgate.net/publication/339439432_QuAX-DaF_-_Quantitative_Analyse_von_Texten_fur_den_DaF-Unterricht_2_uberarbeitete_und_erweiterte_Auflage

Kantereit, Tim (Hg.) 2020: Hybridunterricht 101. Ein Leitfaden zum Blended Learning für angehende Lehrer:innen. Karlsruhe: Visual Ink. Online-Ressource: https://visual-books.com/download/1539/

Kerres, Michael 2018: Mediendidaktik. Konzeption und Entwicklung mediengestützter Lernangebote. 5. Auflage. München: Oldenbourg

Kerres, Michael/Jechle, Thomas: Hybride Lernarrangements: Personale Dienstleistungen in multi- und telemedialen Lernumgebungen. Abgerufen am 12.5.2021. URL: https://learninglab.uni-due.de/sites/default/files/j17a3.pdf

Klee, Wanda/Wampfler, Philippe/Krommer, Axel (Hg.) 2021: Hybrides Lernen. Zur Theorie und Praxis von Präsenz- und Distanzlernen. Weinheim/Basel: Beltz

KMK 2012: Medienbildung in der Schule. URL: https://www.kmk.org/fileadmin/veroeffentlichungen_beschluesse/2012/2012_03_08_Medienbildung.pdf

KMK 2017: Bildung in der digitalen Welt. Strategie der Kultusministerkonferenz. URL: https://www.kmk.org/fileadmin/Dateien/veroeffentlichungen_be-schluesse/2018/Strategie_Bildung_in_der_digitalen_Welt_idF._vom_07.12.2017.pdf

Knopf, Julia (Hrsg.) 2015: Medienvielfalt in der Deutschdidaktik. Erkenntnisse und Perspektiven für Theorie, Empirie und Praxis. Baltmannsweiler: Schneider

Knopf, Julia/Abraham, Ulf (Hg.) 2016: Deutsch Digital. Bd. 1: Theorie. Baltmannsweiler: Schneider

Knopf, Julia/Abraham, Ulf (Hg.) 2016: Deutsch Digital. Bd. 2: Praxis. Baltmannsweiler: Schneider

Knutzen, Sönke 2020: Hochschullehre in einer digitalen Welt – Eine Skizze. In: E. Toepfer Stiftung gGmbH (Hrsg.): Lernen im Hochschulzusammenhang Lehren – Das Bündnis für Hochschullehre 2010–2010, S. 95–105. URL: https://lehrehochn.de/wp-content/uploads/2020/12/lehre_n_abschlusspublikation.pdf

Koebe, Kristina/von Brand, Tilman 2018: Das Verfassen von Weblogs im Deutschunterricht. Motivierendes und differenzierendes Arbeiten in einem vielversprechenden Format. In: Gailberger, Steffen/Wietzke, Frauke (Hg.): Deutschunterricht in einer digitalisierten Gesellschaft. Unterrichtsanregungen für die Sekundarstufen. Weinheim/Basel: Beltz Juventa, S. 178–193

Kowalski, Guido 2013: Im Blickpunkt: Digital Storytelling. Marl: Grimme-Institut. URL: https://imblickpunkt.grimme-institut.de/wp/wp-content/uploads/2014/12/IB-Digital-Storytelling.pdf

Kreft, Jürgen 1977: Grundprobleme der Literaturdidaktik. Eine Fachdidaktik im Konzept sozialer und individueller Entwicklung und Geschichte. Heidelberg: Quelle & Meyer (UTB)

Krommer, Axel 2014: Digitale Informations-, Kommunikations- und Kooperationsmedien im Deutschunterricht. In: Frederking, Volker/Krommer, Axel/Möbius, Thomas (Hrsg.): Digitale Medien im Deutschunterricht (Deutschunterricht in Theorie und Praxis Bd. 8). Baltmannsweiler: Schneider, S. 290–312

Krommer, Axel 2018: Wider den Mehrwert oder Argumente gegen einen überflüssigen Begriff. URL: https://axelkrommer.com/2018/09/05/wider-den-mehrwert-oder-argumente-gegen-einen-ueberfluessigen-begriff/

Krommer, Axel/Lindner, Martin/Mihajlović/Muuß-Merholz, Jöran/Wampfler, Philippe 2019: Routenplaner #digitale Bildung. Auf dem Weg zu zeitgemäßem Lernen. Eine Orientierungshilfe im digitalen Wandel. Mit Beiträgen von Lisa Rosa und Kathrin Passig. Hamburg: ZLL21. URL: https://routenplaner-digitale-bildung.de/wp-content/uploads/2020/10/Routenplaner%20Digitale%20Bildung%20mit%20Cover%20und%20Ruecken%2004092020%20v1.pdf

Labusch, Amelie/Eickelmann, Birgit/Conze, Daniela 2020: Gestaltung digitaler Schulentwicklung in Deutschland. Münster: Waxmann Verlag

Lankau, Ralf 2017: Kein Mensch lernt digital. Über den sinnvollen Einsatz neuer Medien im Unterricht. Weinheim Basel: Beltz

Leisen, Josef 2013: Handbuch Sprachförderung im Fach. Sprachsensibler Fachunterricht in der Praxis. Stuttgart: Klett

Leubner, Martin/Saupe, Anja 2009: Erzählungen in Literatur und Medien und ihre Didaktik. Baltmannsweiler: Schneider

Luptowicz, Corinna/Schieder, Sandra 2017: Deine Sprache – dein Adventure. In: Praxis Deutsch Nr. 265: Deutsch per Smartphone, S. 12–20

Möbius, Thomas/Wieland, Regina 2006: Was ist das für ein Film? Webseiten und Weblogs für Inhaltsangaben nutzen und erstellen in Praxis Deutsch Nr. 197: Inhalte wiedergeben, S. 34– 39

mpfs 2021. JIM-Studie 2020. URL: https://www.mpfs.de/fileadmin/files/Studien/JIM/2020/JIM-Studie-2020_Web_final.pdf

Müller, Astrid 2010: Rechtschreiben lernen. Die Schriftstruktur entdecken – Grundlagen und Übungsvorschläge. Seelze: Kallmeyer

Müller, Karla 2004: Literatur hören und hörbar machen. In: Praxis Deutsch H. 185, S. 6–13

Müller, Karla 2012: Hörtexte im Deutschunterricht. Poetische Texte hören und sprechen. Seelze: Kallmeyer/Klett

Muuß-Merhol, Jöran 2018: Freie Unterrichtsmaterialien finden, rechtssicher einsetzen, selbst machen und teilen. Weinheim/Basel: Beltz

Nix, Daniel: Förderung der Leseflüssigkeit. Theoretische Fundierung und empirische Überprüfung eines kooperativen Lautlese-Verfahrens im Deutschunterricht. Weinheim/München 2011

Notari, Michele/Döbeli Honegger, Beat (Hg.) 2013: Der Wiki-Weg des Lernens. Gestalten und Begleiten von Lernprozessen mit digitalen Kollaborationswerkzeugen. Bern: hep

Nüsse, Sebastian 2020: Toolkit Digitale Unterrichtsmedien. 60 Tools für gelungenen digitalen Unterricht. 3. Auflage. Essen: Mediencoaching NRW

OECD 2021: 21st-Century Readers: Developing Literacy Skills in a Digital World, PISA, OECD Publishing, Paris. URL: https://doi.org/10.1787/a83d84cb-en

Petko, Dominik 2014: Einführung in die Mediendidaktik. Lehren und Lernen mit digitalen Medien. Weinheim/Basel: Beltz Verlag

Philipp, Maik 2019: Grundlagen der effektiven Schreibdidaktik und der systematischen Schreibförderung. 7., erweiterte Auflage. Baltmannsweiler: Schneider

Philipp, Maik/Schilcher, Anita (Hg.) 2012: Selbstreguliertes Lesen. Ein Überblick über wirksame Leseförderansätze. Seelze: Kallmeyer/Klett

Pietraß, Manuela 2010: Digital Literacies. In: Bachmair, Ben (Hrsg.): Medienbildung in neuen Kulturräumen. Die deutschprachige und britische Diskussion. Wiesbaden: VS Verlag für Sozialwissenschaften. URL: https://doi.org/10.1007/978-3-531-92133-4_5

Plath, Verena 2018: Von Wutbürgern und Gutmenschen. (Un-)Wörter des Jahres als Gegenstand der Sprachreflexion. In: Praxis Deutsch 271, S. 54–59.

Praxis Deutsch Nr. 244/2014: Präsentieren multimedial

Praxis Deutsch Nr. 265/2017: Deutsch per Smartphone. Seelze: Friedrich-Verlag

Praxis Deutsch Nr. 283/2020: Youtube. Hannover: Friedrich Verlag

Praxis Deutsch Nr. 289/2021: Spielend lernen. Hannover: Friedrich Verlag

Purschke, Christoph 2018: Sprachliche Vielfalt entdecken. In: Der Deutschunterricht Nr. 4, S. 70–75

Rat für kulturelle Bildung 2019: Jugend/YouTube/Kulturelle Bildung. Horizont 2019. Repräsentative Umfrage unter 12- bis 19-Jährigen zur Nutzung kultureller Bildungsangebote an digitalen Kulturorten. Essen

Rode-Florin, Uwe 2000: Kooperativ streiten: Die amerikanische Debatte. In: Praxis Deutsch Nr. 160, S. 50–54

Rosebrock, Cornelia/Nix, Daniel 2020: Grundlagen der Lesedidaktik und der systematischen schulischen Leseförderung. 9. aktualisierte Neuauflage. Baltmannsweiler: Schneider

Rosebrock, Cornelia/Nix, Daniel/Rieckmann, Carola/Gold, Andreas 2011: Leseflüssigkeit fördern. Lautleseverfahren für die Primar- und Sekundarstufe. Seelze: Kallmeyer/Klett

Scheller, Ingo 2019: Szenische Interpretation. Theorie und Praxis eines handlungs- und erfahrungsbezogenen Literaturunterrichts in der Sekundarstufe I und II. 5. Auflage. Seelze: Kallmeyer/Klett

Schneider, Benedikt J. 2019: Digital unterrichten. Apps & Co im Deutschunterricht gezielt einsetzen. Fertige Stundenentwürfe. 2. Auflage. Berlin: Cornelsen

Schröder, Etje 2014: Über Fehler sprechen – Schreibungen untersuchen lernen. In: Praxis Deutsch. H. 248. S. 24–30

Spiegler, Thomas 2008: Home Education in Deutschland. Hintergründe – Praxis – Entwicklung. Wiesbaden: VS Verlag für Sozialwissenschaften

Spinner, Kaspar H. 2000: Szenisches Vortragen von Gedichten. In: Ensberg, Claus u. a. (Hg.): Deutschunterricht: Zugang zu den Lernenden finden. Braunschweig: Westermann, S. 101–113

Spitta, Gudrun 1992: Schreibkonferenzen in Klasse 3 und 4. Berlin: Cornelsen

Steinbrenner, Marcus/Mayer, Johannes/Rank, Bernhard/Heizmann, Felix (Hg.) 2014: „Seit ein Gespräch wir sind und hören voneinander". Das Heidelberger Modell des Literarischen Unterrichtsgesprächs in Theorie und Praxis. 2. Auflage. Baltmannsweiler: Schneider

Steinig, Wolfgang/Huneke, Hans-Werner 2007: Sprachdidaktik Deutsch. Eine Einführung. 3., neu bearbeitete und erweiterte Auflage. Berlin: Erich Schmidt

Steppuhn, Detlef 2019: Smart School. Die Schule für morgen. Wiesbaden: Springer

Trepkau, Christine 2015: WebQuests im Deutschunterricht. Eine qualitativ-empirische Studie zur Handlungsorientierten Förderung der Hypertext-Lesekompetenz. München: Kopaed

Vodafone Stiftung 2020: URL: https://www.vodafone-stiftung.de/wp-content/uploads/2020/10/Studie_Vodafone-Stiftung_Digitale-Optimalschulen.pdf

Wagner, Wolf-Rüdiger 2006: WebQuests – Eine Chance und Herausforderung für den Deutschunterricht. In: Der Deutschunterricht. H. 6. S. 82–86

Waldmann, Günter 2016: Produktiver Umgang mit Literatur im Unterricht. 12. Auflage. Baltmannsweiler Schneider

Wampfler, Philippe 2017: Digitaler Deutschunterricht. Neue Medien produktiv einsetzen. Göttingen: Vandenhoeck & Ruprecht

Wampfler, Philippe 2020: Digitales Schreiben. Blogs & Co. Im Unterricht. Stuttgart: Reclam

Welt 2015: Die Smartwatch revolutioniert das Spicken. URL: https://www.welt.de/politik/deutschland/article143001410/Die-Smartwatch-revolutioniert-das-Spicken.html

Winter, Felix 2012: Leistungsbewertung. Eie neue Lernkultur braucht einen anderen Umgang mit den Schülerleistungen. 5. überarbeitete und erweiterte Auflage. Baltmannsweiler: Schneider

Winter, Felix 2018: Lerndialog statt Noten. Neue Formen der Leistungsbeurteilung. 2., überarbeitete und illustrierte Edition. Weinheim/Basel: Beltz

Wrobel, Dieter 2006: Weblog – alle schreiben mit im Internet. Kommentar einer Medientextart in didaktischer Perspektive. In: Jahrbuch Medien im Deutschunterricht. München: kopaed, S. 50–65

Wrobel, Dieter 2019: Comic/Graphic Novel. In: Baurmann, Jürgen/Kammler, Clemens/Müller, Astrid: Handbuch Deutschunterricht. Theorie und Praxis des Lehrens und Lernens. 2. Auflage. Hannover: Kallmeyer/Klett, S. 226–229

Wrobel, Dieter/Ott, Christine 2019: Außerschulische Lernorte für den Deutschunterricht. Anschlüsse – Zugänge – Kompetenzerwerb. Seelze: Kallmeyer/Klett

Zabka, Thomas: Gespräche über Literatur. In: Praxis Deutsch Nr. 280/2020, S. 4–11

Verzeichnis der verwendeten Apps und Tools

Die folgende Übersicht führt alle im Buch genannten Apps und Tools auf. Dazu wird angegeben, ob es sich um eine Website, eine App für Handy/Tablet handelt oder um ein PC-Programm. Die Seitenzahl verweist wiederum auf eine prägnante Textstelle. Im Downloadbereich ist das Verzeichnis um Weblinks und Seitenangaben aller Erwähnungen ergänzt abrufbar.

App/Tool	Android/ IOS	Seite	Pro-gramm	Seiten-zahl
ABCya! Word Clouds		x		260
Adobe Connect	x		x	41
Adobe Spark	x	x		97
Adventure Maker		x		97
AnswerGarden		x		263
AntConc		x		145
Antolin	x (Klasse 1–4)	x		179
Anton	x	x		199
Audacity			x	155
Audiorekorder			x	165
AUDIYOU		x		156
AUDIYOUkids		x		156
BigBlueButton		x		39
BlaBlaMeter		x		125
BoardNet		x		169
Book Creator	x	x		165
BookWidgets	x	x		233
CamScanner	x			43
Canva	x	x		235
Chrome	x	x		132
ClassroomScreen		x		44
Comic Life	x	x		186
CoSpace	x	x		284
Creately		x		258
Cryptpad		x		240
Deutschland schreibt		x		173
digiLL		x		22

App/Tool	Android/ IOS	Seite	Pro-gramm	Seiten-zahl
DigiWalk	x	x		281
DokuWiki		x		263
Doodle	x	x		44
Dragonframe			x	96
Dropbox	x	x		237
Duden Mentor		x		126
Edge	x	x		166
EduPad		x		169
Edutags		x		43
eduVote	x	x		267
elgg.org			x	92
Etherpad Lite		x		116
Evernote	x		x	43
Facebook	x	x		33
FilmoraPro	x		x	95
Findsounds		x		156
Firefox	x	x		157
Flinga		x		243
Fobizz		x		22
FreeMind			x	87
FWU Mediathek		x		202
Genially		x		235
Geocaching	x	x		279
Gimp			x	113
GitHub	x		x	271
Google	x	x		170
Google Classroom	x	x		233
Google Docs	x	x		168
Google Expeditions				285
Google Maps	x	x		233

App/Tool	Android/IOS	Seite	Programm	Seitenzahl
Grammarly (Erweiterung Chrome)	x	x		132
Grammatik-Checker (Ad on, Plugin)			x	132
Greenshot			Win	44
H5P		x		243
Hemmingway App		x		132
Hörspielbox		x		159
Ilias		x		92
iMooX	x	x		22
Ink/Inky			x	97
Instagram	x	x		215
Invote		x		267
Ionos	x	x		232
Iserv	x	x		37
Itslearning	x	x		37
Jimdo	x	x		232
Jitsi Meet	x	x	x	40
Kahoot!	x	x		203
Karteikarten – Vokabeln und Wortschatz (Option bei Learning-Apps)		x		79
Keynote			x	168
Kialo		x		160
Kialo Edu		x		160
Klexikon		x		110
Language Tool			x	125
Learning Snacks		x		210
LearningApps.org		x		207
Lernpfad		x		245
Lesbarkeitsindex (LIX)		x		125
LeYo!	x			285
LibreOffice	x	x		32

App/Tool	Android/IOS	Seite	Programm	Seitenzahl
LibriVox	x	x		228
Lightworks			x	113
LingoFox			x	132
Lingscape	x	x		197
Linius		x	x	114
lumen5		x		215
Mahara.de	x	x		92
MediaWiki		x		263
Mentimeter	x	x		265
Microsoft (MS) Teams	x		x	40
Microsoft Excel	x		x	118
Microsoft Office	x		x	240
Microsoft OneNote	x		x	43
Microsoft Photostory			x	114
Microsoft Power-Point	x		x	114
Microsoft Sway		x		65
Microsoft Word	x		x	87
MindManager	x		x	116
MindMeister	x	x		256
MindMup		x		256
Mindomo	x	x	x	87
Minecraft Education	x		x	284
Minibooks		x		92
Miro	x	x		257
Molol	x	x		23
Monkey Jam			x	95
Moodle	x	x		36
Movie Maker Online		x		217
MyStory	x		x	284
NAPS2			x	43
Ngram Viewer (auch Google Books Ngram Viewer)		x		144
Notenbox	x		x	44
Ohrenspitzer	x	x		163
Ohrka		x		163

App/Tool	Android/ IOS	Seite	Pro-gramm	Seiten-zahl
Tutory		x		143
Twine		x		192
Twitter	x			23
Updraft			x	232
Urim (Add-on)			x	262
URL-Shortener		x		45
Vimeo	x	x		282
Vision Kino		x		195
Visme		x		65
Voice Rekorder		x		164
Voyant		x		261
VSDC			x	113
Wattpad	x	x		170
WebQuest		x		107
WhatsApp	x	x		206
Wiki.js		x		263
Wikibu.ch		x		107
Wikipedia	x	x		105
Windows Movie Maker			x	217
WiseMapping		x		116
Wix.com	x	x		92
Wonder.me		x		41
Wordart		x		25
WordFence (Plugin)			x	232
Wordle		x		259
WordPress		x		231
WordSmith			x	145
Wortliga Textanalysetool		x		125
Wortsport		x		171
Wortwolken		x		260
Wortwuchs		x		228
XWiki		x		263
YouTube	x	x		229

App/Tool	Android/ IOS	Seite	Pro-gramm	Seiten-zahl
Zoom	x		x	40
ZUM-Wiki		x		213
ZUMPad		x		169

Unter **www.friedrich-verlag.de** finden Sie Materialien zum Buch als Download.
Bitte geben Sie den achtstelligen Download-Code in das Suchfeld ein.

DOWNLOAD-CODE: d31576dd

Hinweis:

Das Download-Material enthält das „Verzeichnis der verwendeten Apps und Tools", das Sie bei der Vorbereitung Ihres Unterrichts unterstützen und/oder Ihnen vertiefende Hintergrundinformationen liefern soll. Es enthält alle Weblinks und Seitenangaben aller Erwähnungen sowie Kurzbeschreibungen.

Durch den Kauf dieses Buches (ISBN 978-3-7727-1576-1) haben Sie das Recht erworben, das ergänzende Download-Material in Ihren derzeitigen und zukünftigen Lerngruppen und Klassen einzusetzen und zu vervielfältigen. So können Sie etwa einzelne Seiten ausdrucken und verteilen oder mit Beamer oder Whiteboard verwenden.

Was Sie **nicht** dürfen:

- Das Download-Material oder Teile davon an Kolleginnen und Kollegen weitergeben.
- Das Download-Material oder Teile davon in Netzwerke einstellen, wie etwa Schulserver oder Cloud-Systeme, sodass Kolleginnen und Kollegen darauf Zugriff erhalten.
- Die Lizenzinformation und Quellenhinweise auf dem Downloadmaterial entfernen.
- Bei einer Bibliotheksausleihe des Buches das Download-Material herunterladen.

Bitte tragen Sie im Sinne dieser Lizenz dazu bei, dass wir weiterhin digitales Ergänzungsmaterial für Lehrerinnen und Lehrer bereitstellen können. Der Verlag behält sich dabei vor, auch gegen urheberrechtliche Verstöße vorzugehen.

Unsere Autorinnen und Autoren sowie der Verlag wünschen Ihnen viel Erfolg bei der Nutzung des Materials!

Haben Sie Fragen zum Download? Dann wenden Sie sich bitte
an den Leserservice der Friedrich Verlags GmbH.
Schreiben Sie uns oder rufen Sie uns an!

Sie erreichen unseren Leserservice
Montag bis Donnerstag von 8 – 18 Uhr
Freitag von 8 – 14 Uhr
Tel.: 0511/40004-150
Fax: 0511/40004-170
E-Mail: *leserservice@friedrich-verlag.de*

Wir freuen uns über Ihre Rückmeldung und helfen Ihnen gerne weiter!